财政部规划教材

会计信息系统实训教程

(用友 ERP - U8V10.1 版)

齐莲花　康　莉　主　编
苏丽娟　庞海鹰　娜　拉　副主编

中国财经出版传媒集团
经济科学出版社
Economic Science Press

图书在版编目（CIP）数据

会计信息系统实训教程：用友 ERP - U8V10.1 版 / 齐莲花，康莉主编. —北京：经济科学出版社，2020.6
财政部规划教材
ISBN 978 - 7 - 5218 - 1549 - 8

Ⅰ.①会… Ⅱ.①齐… ②康… Ⅲ.①会计信息 - 财务管理系统 - 高等职业教育 - 教材 Ⅳ.①F232

中国版本图书馆 CIP 数据核字（2020）第 075548 号

责任编辑：刘殿和
责任校对：王苗苗
责任印制：李　鹏　范　艳

会计信息系统实训教程
（用友 ERP - U8V10.1 版）
齐莲花　康　莉　主　编
苏丽娟　庞海鹰　娜　拉　副主编
经济科学出版社出版、发行　新华书店经销
社址：北京市海淀区阜成路甲 28 号　邮编：100142
教材分社电话：010 - 88191355　发行部电话：010 - 88191522
网址：www.esp.com.cn
电子邮箱：bailiujie518@126.com
天猫网店：经济科学出版社旗舰店
网址：http://jjkxcbs.tmall.com
北京密兴印刷有限公司印装
787×1092　16 开　20.75 印张　470000 字
2020 年 7 月第 1 版　2020 年 7 月第 1 次印刷
ISBN 978 - 7 - 5218 - 1549 - 8　定价：62.00 元
（图书出现印装问题，本社负责调换。电话：010 - 88191510）

前言

本教材以用友 ERP－U8V10. 1 为蓝本，结合财经类院校人才培养目标的要求，组织教学与科研一线的骨干教师并集合社会各方面力量共同参与编写，为学习者提供一个可以了解企业实际经济业务的环境，为社会培养具有实际动手能力的复合型、应用型人才。

本教材采用一个近似真实的应用案例，来演绎会计信息系统的具体操作过程和方法，重点演绎系统管理、总账系统、UFO 报表管理系统、薪资管理系统、固定资产系统、应收款管理系统和应付款管理系统的各自功能及相互关联，将复杂的理论具体化，以适应应用型财经类院校会计信息系统课程的理论与实验讲授，同时为了学和练的有机结合，还附有原始凭证及上机实际操作练习。

本教材的特点如下：

1. 可操作性

本教材以一套完整的会计资料为数据源，从初始设置开始进而执行各子系统日常业务处理，理解和掌握各子系统的关联，最终完成会计报表的编制，充分体现了会计业务核算和管理流程，具有可操作性和实用性。

2. 前沿性

本教材及时反映最新的会计信息系统技术，紧随软件的开发步伐，把最前沿的科技知识引入教材，结合应用型财经类院校的教学特点设计教学环节，遵循学习者的认知规律，循序渐进，完全符合教学规律。

3. 创新性

本教材在会计业务中提供了原始凭证，使教材更接近于实际业务工作，做到理论结合实际；采用一套完整的模拟数据为主线，按照会计核算程序设计教学任务，从而赋予本教材以全新的面貌。

4. 多样性

本教材提供了多种学习的方式，如“实验指导”详细介绍实验操作的全过程；文中“提示”强调学习的关键与要点；文中“二维码”生动地呈现操作流程；“课件”资料便于系统学习各系统的基本原理。多种学习方式有助于理解和应用。

5. 资源丰富

本教材提供了授课计划、教案、章节练习答案，为教师提供授课资源及参考；为学习者提供学习帮助，便于掌握学习要点。

为了适用不同的教学需要，本教材提供了 51 学时、34 学时共 2 份授课计划，以及配套的教案；可以另行索取章节练习的参考答案。

本教材由内蒙古财经大学职业学院教授齐莲花、副教授康莉担任主编，负责全书的总体设计和总撰，由内蒙古师范大学青年政治学院副教授苏丽娟、内蒙古师范大学鸿德学院讲师庞海鹰、内蒙古师范大学青年政治学院副教授娜拉担任副主编。各章编写分工（以章次为序）：第一章由娜拉编写；第二章由苏丽娟编写；第三章由庞海鹰编写；第四章、第五章、第六章由康莉编写；第七章、第八章、第九章、附录由齐莲花编写。全书由齐莲花、康莉负责主审工作。

在编写过程中，参考了有关专家、学者编写的教材和专著，并从中吸取了丰富的知识和内容，这些书籍对本教材的编写起到了很大的参考作用，同时经济科学出版社的编辑为本书的修改、校对付出了很多心血，在此一并表示衷心的感谢。

由于编写水平有限，加之时间仓促，书中难免存在疏漏和不妥之处，敬请广大读者批评指正。

编者

2020 年 2 月

目录

第一章

会计信息系统概述

学习目标

通过本章的学习，了解会计信息系统的概念、发展、构成，了解会计信息系统管理体制，了解会计信息系统和传统手工会计的区别，掌握用友 ERP－U8V10.1 财务系统的功能结构，掌握各个模块之间的数据联系和操作步骤，为以后的学习提供理论支持。

第一章 PPT：会计信息系统概述

第一节 会计信息系统的概念

一、会计信息系统的概念和作用

（一）会计信息系统的概念

会计信息是企事业单位最重要的经济信息，它连续、系统、全面、综合反映和监督企业经营状况，并为管理、经营决策提供重要依据。而在现代科学技术的背景下，这样的信息系统无疑就是计算机管理信息系统。

会计信息系统以计算机为主要工具，对各种会计数据进行收集、记录、存储、处理与输出，并完成对会计信息的分析，向使用者提供所需会计信息，辅助使用者管理、预测和决策，提高企业管理水平与经济效益。

可以看出，在提出会计信息系统概念时，我国计算机使用还未普及。1981 年 8 月，在财政部、原第一机械工业部、中国会计学会的支持下，中国人民大学和第一汽车制造厂联合召开了“财务、会计、成本应用电子计算机问题讨论会”，第一次正式提出了“电子计算机在会计工作中的应用”问题，引入了“会计电算化”的概念。作为一种新的处理工具，会计信息系统的出现，极大地提高了会计业务处理的速度，同时也带来了会计信息系统在我国的快速发展。最初的使用仅仅局限在替代手工操作，如处理工资或库管工作这样重复量大、处理过程简单的业务。在对这个概念的理解上，经常存在误区，认为会计信息系统无非是同计算器、珠算等处理工具等同的一种处理工具。但是，应该看到，随着计算机的普及，会计软件功能的不断强大，到目前为止，会计信息系统软件已不仅仅是替代传统的手工操作，完成有关的会计核算，更重要的是，它形成了一套能够建立和完善企业业务处理和会计核算、财务管理于一体，充分利用企业内部业务处理及核算信息和企业外部经济信息，准确分析现状和预测未来，为企业提供管理、分析、决策服务的电算化会计信息系统。

会计信息系统是管理信息系统的一个子系统，是以电子计算机网络技术和现代信息技术为基础，以人为主导，充分利用计算机硬件、软件、网络通信设备以及其他办公设备，进行企事业单位会计业务数据的收集、存储、传输和加工，输出会计信息，并将其反馈给各有关单位，为企业的经营活动和决策活动提供帮助，为投资者、债权人、政府部门提供财务信息的系统。

对会计信息系统的概念应当从以下几个要点进行理解：

（1）会计信息系统是管理信息系统的子系统；

（2）会计信息系统采用计算机和信息技术；

（3）会计信息系统运用软件工程学的开发方法；

（4）会计信息系统处理会计核算业务；

（5）会计信息系统能够进行财会分析、预测、决策和控制等管理。

（二）会计信息系统的发展历程

会计信息系统是社会发展到一定阶段、特定的环境下才发展起来的，体现了会计的本质特征。以信息系统化为核心所形成的理论和方法体系能适应具体社会环境的要求。根据信息技术对会计信息系统的影响程度不同，将会计信息系统模式划分为四种。

1. 手工会计信息系统（15 世纪）

其核心是会计恒等式、会计循环、会计科目表、分录和账簿。该模式可追溯到 13～14 世纪威尼斯商人的借贷记账法，后由意大利数学家、近代会计之父卢卡·帕乔利经过 6 年调查研究和整理，于 1494 年 11 月 10 日出版了《数学大全》一书。该模式一直沿用至今。

2. 电算化会计信息系统（20 世纪 50 年代）

电子计算机应用于手工会计信息系统之中，即为电算化会计信息系统模式，该模式正逐步取代手工会计信息系统。1946 年 2 月 14 日，由美国政府和宾夕法尼亚大学合作开发的世界上第一台电子计算机 ENIAE 在费城公诸于世。1954 年美国通用电气公司第一次使用计算机计算职工工资，从而引起了会计处理的变革，标志着电算化会计信息系统模式的开始。电算化会计信息系统横向扩展，最后形成整个企业管理信息系统，纵向发展并按职能结构可分为“会计信息处理系统、会计管理信息系统、会计决策支持系统”。

3. 准现代会计信息系统（20 世纪 60 年代末）

计算机数据管理技术经历了人工管理、文件系统、数据库系统三个阶段。数据库会计的理论模型可以追溯到 1939 年，由戈茨（Goetz）提出，该系统是保存最原始状态的数据，以便数据可以按照最切合每一个用户需求的形式进行组织。遗憾的是，在建立数据模型时，主要按传统会计模式的数据逻辑模型组织数据，利用数据库技术对数据进行更多的分类操作；只描述与复式记账会计体系有关的数据，未能用先进的数据结构描述会计处理的对象本身，以便系统能产生更多的视图。

4. 现代会计信息系统（1982 年）

1982 年 7 月，美国密歇根州立大学会计系教授麦卡锡（Me. Carthy）在《会计评论》上发表文章，提出了 REA 模型，标志着现代会计信息系统模式的开始。其核心是集成业务处理、信息处理、实时控制和管理决策。它不仅仅局限于财务管理，而是面向整个企业管理，从详细记录最原始经济业务事件的属性或语义表述于数据库中开始，而不是从记录经过人为加工后的会计分录开始，其基本元素不再是科目、分录、账簿。充分利用信息技术并克服了电算化会计信息系统的弊端，因此称其为现代会计信息系统。

（三）会计信息系统的作用

会计信息系统的应用是会计发展史上的一次重大变革，在市场经济环境中，其意义不仅在于替代传统手工操作，而且，在提高企业会计数据处理水平和质量、转变会计人员的职能、提高会计辅助管理等方面有着重要的作用。具体表现在：

1. 提高数据处理的时效性，提高会计核算质量，减轻会计人员的劳动强度

首先，在会计信息系统条件下，会计凭证录入计算机后，即可审核入账，产生最新的账户余额和发生额资料。手工操作条件下表现为一个周期（月、季、年）的会计循环在会计信息系统条件下能以实时方式完成，因此，极大地提高了会计数据处理的时效性。

其次，在手工操作条件下，会计核算不规范，核算工作出现误差是不可避免的现象。而在会计信息系统条件下，由于数据处理工作由计算机根据合法规范的会计核算软件自动处理，只要保证输入会计数据的正确性和合法性，一般也保证了整个会计数据处理过程及其结果的准确性和合法性。

最后，在会计信息系统条件下，除会计凭证由人工录入和审核外，其余各项工作都由计算机自动完成。会计人员可以从繁重的记账、算账、报账中解脱出来，凭借计算机的自动化处理，能及时完成各项会计核算任务，极大地提高了会计人员的工作效率，减轻了劳动强度。

2. 提高经营管理水平，由事后管理向事中控制、事先预测转变

首先，在手工操作条件下，受人工处理信息能力的限制，日常企业管理很难建立在科学、及时的定量决策基础上，管理和决策的随意性很大。会计信息系统的实现，使准确及时提供各类管理所需信息成为可能，提高了经营管理水平。

其次，在手工操作条件下，受人工处理信息能力的限制，日常企业管理是建立在事后定期核算管理基础上的。实现会计信息系统后，可以实现对经营管理过程的事中控制、反馈和管理，还可通过计算机管理决策模型对各项管理活动进行事先预测和决策。

最后，会计信息系统的实现，将为企业全面管理信息化奠定基础。这是因为会计信息是企业管理信息中的最重要的一个子集。企业组织的全部成员均在一定程度上参与会计数据的产生，并且所有管理人员均在一定程度上利用会计信息。在实际工作中，企业管理信息系统的建立往往是从会计信息系统开始的，以会计信息系统为中心发展起来的。

3. 推动会计技术、方法、理论创新和观念更新

会计信息系统的产生和发展，使传统会计学的理论和实践都受到了影响，许多地方需要改革，才能适应这一情况。会计信息系统不仅使传统会计使用的介质、工具、簿记格式等形式上都发生了变化，而且对会计的核算方式、程序、内容和方法以及控制、管理制度都提出

了变化的要求，涉及了会计学的理论问题。

因此，会计信息系统的发展，不是一次微小的变动，而是一场深刻的变革，是会计学发展历史上的一次改革。会计信息系统的发展，必然对会计理论和会计实践提出许多新的问题和新的要求，从而促进会计理论与实践的进一步发展和提高。

（四）会计信息系统软件

我国会计信息系统是从 20 世纪 80 年代初开始运用。最初会计信息系统软件由企业自制，后来出现了用友、金碟等财务软件公司，财务软件的发展逐渐走向规范与成熟。

20 世纪 90 年代末，传统的财务软件的缺陷渐渐显现出来，企业不再简单地要求软件系统进行记账与报表输出，还要求软件系统能够提供业务相关的成本、盈利以及绩效等方面的支持信息，这就促使财务软件逐渐向 ERP 等高度集成化的软件发展，国内各大财务软件厂商也纷纷从单独的财务软件设计转型为 ERP 厂商。ERP 是基于企业价值链的现代管理系统，它集企业的物流、价值流和信息流于一体。会计信息系统是 ERP 的重要组成部分，是 ERP 中的重心，是整合企业各个部门各种资源的最佳手段，完全实现了管理会计与财务会计的一体化以及财务业务的一体化。

会计信息系统软件的分类与管理如下。

1. 按会计信息系统层次划分

按会计信息系统层次划分，会计信息系统软件分为核算型、管理型、决策型三种。

（1）核算型财务软件。其功能是完成日常的会计核算业务，一般包括账务处理、薪资核算、固定资产核算、存货核算、成本核算、销售核算、往来核算和报表处理等。

（2）管理型财务软件。其功能是完成会计管理和控制工作，主要包括资金筹集、流动资金、成本控制、销售收入和利润管理等。

（3）决策型财务软件。其功能是帮助会计问题的决策者制定科学的经营决策和预测工作，主要包括量本利分析、利润决策、投资决策等。

2. 按使用范围划分

按使用范围划分，会计信息系统软件可分为通用财务软件和专用财务软件。

（1）通用财务软件。它是指直接用于或通过简单修改后可以直接用于各行业、各单位的财务软件。通用财务软件通常是由专门从事软件开发公司编写的，作为商品出售给使用单位，所以又叫商品化财务软件，如用友、万能、安易、金蝶、先锋、蜘蛛、天财、国强、通用、新中大等都是商品化的财务软件。

（2）专用财务软件。它是指应用于某一特定行业或某一特定单位的财务软件，通常是由某一单位自行组织开发或使用单位委托计算机公司进行开发的，开发财务软件就是从开发专用财务软件入手的。

3. 按会计信息共享划分

按会计信息共享划分，会计信息系统软件可分为单用户软件和网络与多用户软件。

（1）单用户财务软件。它是指将会计信息系统软件安装在一台或几台计算机上，各个计算机上的会计软件单独运行，生成的数据只存贮在本计算机上，各机之间不能直接进行数据交换和共享。

（2）网络与多用户财务软件。它是指不同工作站或终端上的会计人员可以共享会计信息，保证各用户之间数据共享和数据一致性。

二、会计信息系统的管理体制

会计信息系统的实施，给会计数据处理技术带来了巨大的变革，也给传统的财务会计的管理工作带来了重大的变化和新的要求。作为一项新兴的事业，国家应在宏观上用制度加以引导，使全国的会计信息系统工作逐步走向规范化、制度化。因此，会计信息系统管理体制的建设是会计信息系统管理的重要内容。

我国会计信息系统的管理体制是：财政部管理全国的会计信息系统工作，地方各级财政部门管理本地区的会计信息系统工作，各单位在遵循国家统一的会计制度和财政部门会计信息系统发展规划前提下，结合本单位具体情况，具体组织实施本单位的会计信息系统工作。

财政部门管理会计信息系统的基本任务是：

1. 制定会计信息系统发展规划并组织实施

各级财政部门和业务部门要在摸清本地区、本部门会计信息系统现状的基础上，结合经济发展对会计信息系统工作的需要，制定本地区、本部门的会计信息系统事业发展规划，并采取切实措施组织实施，有计划、有步骤地推动我国会计信息系统事业的发展。

2. 制定会计信息系统法规制度

财政部门负责对会计核算软件及生成的会计资料是否符合国家统一的会计制度情况实施监督。加强会计信息系统法规制度的建设，是会计信息系统工作顺利发展的重要保证。各级财政部门要加强会计信息系统法规制度建设，对商品化会计核算软件评审、会计核算软件的基本功能、会计核算软件。

为了指导和规范公司财务信息管理工作，保证财务信息管理工作的顺利开展，根据财政部《财务信息管理办法》和《财务信息管理工作规范》，结合公司财务管理和会计核算的有关规定制定《会计信息系统管理制度》。本制度包括财务信息管理岗位责任制度、财务信息系统操作管理制度、计算机软硬件和会计数据管理制度、信息档案管理制度。

三、会计信息系统与手工会计的比较

（一）会计数据的采集

手工会计由财务人员收集、填制及审核各种原始凭证，根据有关会计制度将反映经济业务的会计数据集中在记账凭证中。

在会计信息系统中，会计数据的采集有多种方式：

1. 直接输入

财务人员根据原始凭证或记账凭证，通过输入设备将数据直接送入计算机，存入凭证文件中。

2. 间接输入

会计信息系统环境下，会计人员可以将数据存放在存储介质上，然后再将其转换成计算机所能接受的凭证，并保存在凭证文件中。

3. 自动输入

会计信息系统下，有很多凭证可以由系统自动编制，如总账系统期末转账处理、薪资管理系统自动编制凭证传递到总账系统、固定资产管理系统自动计提折旧业务等。

（二）会计数据的处理流程

手工会计条件下，会计数据的处理需要各个岗位人员协同处理才能完成。企业设置总分类账户和明细分类账户，采用平行登记的方法记录。由多个人员来共同完成，不可避免地会出现各种错误，所以要进行对账工作。手工会计处理流程见图 1－1。

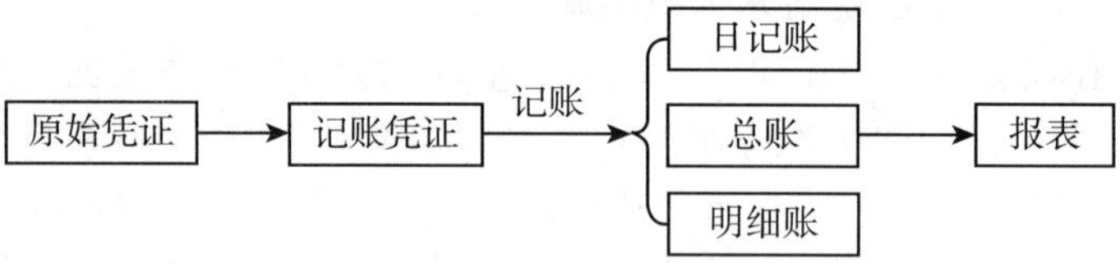

图 1－1　手工处理流程

会计信息系统环境下，由计算机自动完成记账、算账、编制会计报表的工作，没有必要采用平行登账的方式，记账凭证的数据不必重复处理，也没有必要区分总分类账和明细分类账，从而调整和取消了由于手工操作而人为增加的重复环节，处理流程更加简捷、合理。会计信息系统处理流程见图 1－2。

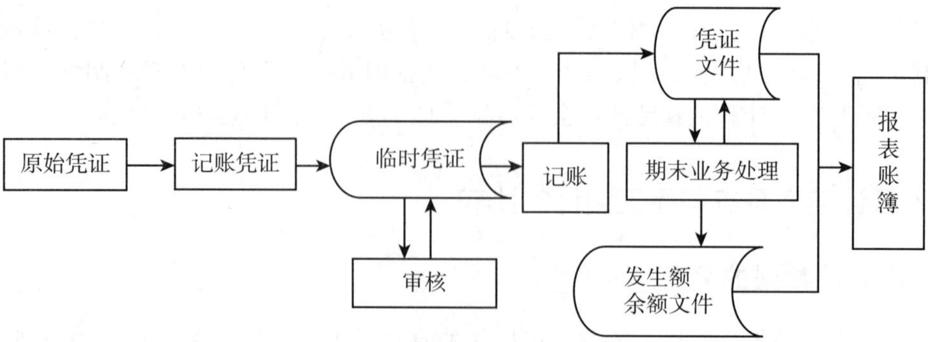

图 1－2　会计信息系统处理流程

（三）会计信息的存储

手工会计环境下，采用纸质介质进行存储。纸质介质记录的信息转抄困难，这是手工会计工作记账工作量大的主要原因。但纸质介质记录的内容有很强的证据性，对于会计工作是很重要的优点。

会计信息系统环境下，采用硬盘或软盘进行存储。优点是复制方便，查找迅速；但相应的缺点是修改难以保留痕迹，这个特性给审计工作带来一些新的问题。

（四）输出方式

手工会计环境下，最终输出只有各种报表，将报表发送给企业管理者、投资人及税务部门等信息的使用者。

会计信息系统环境下，会计数据保存在存储介质中，只要从存储介质中提取信息，即可输出。常见的输出方式有：屏幕显示输出、打印输出、软盘输出、网络输出等。

（五）会计内部控制制度

手工会计环境下，有岗位责任制和各种内部牵制制度，保证手工会计信息系统的正确性，企业资产的完整和安全。

会计信息系统环境下，原来的内部控制方式部分被改变或取消。例如，原来靠账簿之间核对实现的查错、纠错控制基本上已经不复存在，而代之以更加严密的输入控制。控制范围已经从财务部门转变为财会部门和计算机部门；控制的方式也从单纯的手工控制转化为组织控制、手工控制和程序控制结合的全面内部控制。

（六）会计职能

手工会计环境下，会计的基本职能是核算和监督经济活动的过程。

会计信息系统环境下，会计在传统的核算和监督职能的基础上，更加侧重于发展管理职能，进行事中控制、事前预测并参与经营决策。

四、会计信息系统的构成

会计信息系统由以下几方面构成：

（一）系统人员

系统人员是直接从事系统研制开发、使用和维护的人员。这些人可以分为两类：一类是系统开发人员，包括系统分析员、系统设计员、系统编程人员；另一类是系统使用人员，包括系统管理人员、系统维护人员、系统操作员、数据录入员、审核人员、档案管理员和财务分析人员等。

（二）计算机硬件

计算机硬件包括数据输入设备、处理设备、存储设备和输出设备等。硬件的作用是实现数据的输入、处理和输出等一系列操作。例如，键盘、光电扫描仪、条形码扫描仪等输入设备，计算机主机等数据处理设备，磁盘、光盘等存储设备，打印机、显示器等输出设备。

计算机硬件设备的不同组合方式构成了不同的硬件体系结构，也决定了计算机具有不同的工作方式。

1. 单机结构

整个系统只有一台计算机和相应的外部设备，所用的计算机一般为微型计算机，属于单用户、单任务工作方法。其优点是开发周期短，价格低廉，操作简便，数据共享程度高。缺点是输入速度慢。

2. 多用户结构

整个系统配置一台主机和多个终端，通过通信线路连接而成。允许多个用户同时在不通过的终端上分散输入数据，由主机集中处理，处理结果又可直接返回各个终端用户。其优点是分散输入、输出，解决了输入、输出的“瓶颈”问题，集中处理实现了数据库共享，提高了系统效率。缺点是一旦主机发生故障会造成整个系统中断工作。

3. 计算机网络结构

将地理上分散的具有独立功能的多个计算机通过通信设备和线路连接起来，由功能完善的网络软件实现资源共享，组成一个功能更强的计算机网络系统。系统的软件、硬件和数据资源可以共享，实现分布式处理，即可以将一项复杂任务分解，在网内各计算机上独立进行数据输入和处理，系统的功能和灵活性增强。

（三）计算机软件

计算机软件包括系统软件和应用软件。

系统软件是指对计算机资源的管理、监控和维护以及对各类应用软件进行解释和运行的软件。系统软件是计算机必备的软件，包括操作系统软件、语言处理程序、支撑服务程序、数据库管理系统软件等，如许多计算机采用的 Windows 操作系统即是系统软件。

应用软件是在硬件和系统软件的支持下，为解决各类具体应用问题而编制的软件，如文字处理软件、表格处理软件等。会计软件属于应用软件。

（四）会计规范

会计规范是为了保证会计信息系统正常运行而制定的法律、法规、准则和会计信息系统内部管理制度，主要包括两大类：一是政府的法令、条例，如我国财政部发布的《会计信息系统管理办法》；二是基层单位在会计信息系统工作中的各项具体规定，如岗位责任制度、软件操作管理制度、会计档案管理制度等。

五、会计信息系统的实施

在企业管理领域中的计算机应用项目必须采用系统的方法予以组织，其方案的制定则成为一个企业管理信息系统能否成功构架并健康运行的关键步骤。会计信息系统是企业管理信息系统中的一个核心子系统，其应用实施绝不仅仅是某种会计软件的使用过程，而更多地包含着系统目标规划、业务流程和系统功能调整以及各类系统档案的管理等诸方面内容。

（一）会计信息系统应用实施的目标规划

会计信息系统的目标规划是一个多目标问题，涉及企业管理信息系统的方方面面，且对于不同的组织形式会有不同的目标约束，其中，以下三个目标是必须充分考虑的：

1. 企业内部信息充分共享

在会计信息系统中，某些资金占用情况的变动，必须实时获取、实时处理，并且能够提供给相关部门使用。这种信息实时共享的目标，仅依靠财务管理的日清月结制度显然难以保证目标的实现，只有通过先进的计算机网络技术，合理地设置信息采集点，才可能真正实现资金占用信息的实时处理。

信息的共享规划问题还体现在原有会计信息系统的其他方面。在一般会计软件的往来账管理功能中，已经记录着各个往来客户的资金交往信息，如果能够很好地规划这些信息的共事方案，就能有效地处理往来客户的资信度信息。另外，通过有效的信息共事目标规划，还有可能扩充生产成本管理功能，使其具有处理劳动生产率信息的功能，扩充材料采购和产品销售管理功能，处理供销市场的变化与趋势信息的功能等。

2. 全面参与企业经营决策过程

为了能实现这一目标，除了前面谈到的以外，信息的处理方式以及信息的处理结果也是至关重要的。会计信息系统的信息处理结果一般为各类会计报告，而这些会计报告的需求及时化及其形式多样化将成为企业管理人员的必然要求。

传统的会计报告根据持续经营和会计分期假设，按月、季、年编制。随着生命周期不断缩短、竞争日趋激烈、经营活动的不确定性日趋显著，会计信息的决策有效期明显缩短，这就要求会计信息系统有能力提供适时的会计报告。同时，企业经营规模的扩大，总括的财务信息很可能会掩盖某些经营项目的实质，因此，必须要求会计信息系统有能力提供分部会计报告和多元计价报告等多种形式的会计报告。

3. 适应高新技术发展

现代计算机技术与通信技术的飞速发展正是顺应人类社会对信息传播与共享的需求，以实时信息共享为目标的会计信息系统必须充分利用这一类高新技术发展所取得的相关技术成果。

以当前的计算机技术发展水平来看，在实施会计信息系统时，可以采用宽带网接入技术实现与企业组织外部的信息交换功能，在企业组织内部构建 Internet 以实现企业内部的信息共享功能。随着电子商务技术的引入与发展，企业的经营方式会发生巨大的变化。在实施会计信息系统时，必须充分考虑电子商务技术带来的经营结算方式的变化，以便能够满足将来电子交易、电子结算等业务的功能需要。

（二）会计信息系统的会计业务流程与功能调整

在企业的生产经营活动中，各项高新技术的应用，诸如电子签约、电子交割、电子结算、电子报关、网上采购等现代电子商务技术的应用，都必须要求有一个能够与之相匹配的会计信息系统作为基础，在组织实施会计信息系统过程中，必须对传统的会计业务流程及其相关功能进行必要的调整。

1. 会计业务流程的调整

在一般的会计软件中，会计业务流程起始于原始凭证以及依此编制的记账凭证，基于输入系统的凭证数据，即可形成各类账、表及其相关会计报告。凭证被称为会计软件的数据源，而各类账、表及其相关会计报告则为会计软件所提供的财务信息。就目前的技术水平来看，会计业务流程的调整主要表现在会计数据的采集上。

在会计信息系统中，数据源形式会变得复杂一些，其实时性也会要求更高一些。例如，在一笔电子结算业务过程中，会计信息系统既可以接受电子数据作为数据源，也可以接受业务发生以后的相关纸介质传票作为数据源。无疑，前者的实时性明显优于后者，但其安全性尚有待于电子商务技术应用的发展与普及。会计信息系统可以以接受电子数据作为即时数据源，同时辅之以接受纸介质传票作为验证数据源的方式，重组会计业务流程。这样，才能够满足现代财务管理对会计信息系统的要求。

2. 会计业务的功能调整

在一般情况下，作为会计信息系统基础的会计软件很难全面满足上述的多元化要求。但同时，在会计软件的数据库中又确实存储着足以产生相关会计报告所需的数据，这显然是一种功能上的缺陷，对此，有两种方案可供选择：第一种方案，要求会计软件提供上述功能；第二种方案，根据工作需要即时进行数据库数据的人工提取操作。若采用第一种方案，系统成本会增大，且很难保证能够满足所有的即时需求；若采用第二种方案，则对相关会计人员的职业素质有很高的要求，并要求他们必须具备很强的计算机相关软件的使用技能。

总之，应该将二者结合起来，从而制订会计信息系统的招生方案。也就是说，既要求会计软件提供可以预见的各项公用功能，又同时设立会计数据分析员岗位，进行必要的会计数据人工提取处理工作。为了保证系统安全，会计数据的人工提取操作必须限定在数据库的只读方式下进行。

（三）会计信息系统的档案管理

会计信息系统是一个极为复杂的人机系统。为了系统能够安全、健康运行，档案管理就成为一项重要的基础性工作。在制订会计信息系统的招生方案时，档案管理制度必须是严格且具有实际操作性的。

会计信息系统的档案可以分为三大类：会计数据档案、系统开发与维护更新文本档案和系统操作痕迹记录档案。每一类档案又可分别以纸介质、磁介质、光介质予以存储。对于磁介质档案，又可以有联机与脱机两种不同的存储方式。因此，有效实施系统档案管理是有一定难度的。

1. 会计数据档案管理

纸介质会计数据档案指用计算机的打印机输出的会计凭证、会计账簿及会计报表，应该按照财政部颁布的《会计档案管理办法》实施管理。

光、磁介质会计数据档案可分为历史数据和当前数据分别进行管理。对于历史数据，应至少制作两个备份，分别脱机保存；对于当前数据，则应采用定期备份、脱机保存的方式，以保证在系统发生故障时，能够及时恢复，尽可能降低故障损失。

2. 系统开发与维护更新文本档案管理

这一类档案包括系统设计说明书、系统使用说明书、程序源代码以及系统数据字典等各项文本。这类档案既有纸介质，也有光、磁介质，均应保存至系统停止使用或有重大更改后3年。

3. 系统操作痕迹记录档案管理

这是最容易被忽略的一类档案。按照财政部的规定，各类通过评审的会计软件均必须具有保存操作痕迹记录的功能，某一人在何时以何种身份调用了哪些功能、进行了哪些操作，均应记录在案，以定期备份、妥善保存。这既构成了一种安全性保障，也提供了在发生事故后追查事故原因的依据。

第二节 用友 ERP－U8 管理软件简介

一、会计信息系统软件概述

会计信息系统软件要完成各项会计工作，必须具备各种功能。我们把相对独立地实现某种功能的一组程序，叫作会计信息系统软件的功能模块。

会计信息系统软件的功能模块主要包括：总账模块、薪资管理模块、固定资产管理模块、采购管理模块、应付款管理模块、存货核算模块、成本核算模块、销售管理模块、应收款管理模块、UFO 报表处理模块、会计分析模块等。

会计信息系统软件各个功能模块之间不是独立的，而是相互作用、相互依赖、共同完成会计信息系统的反映、控制和监督。其中，总账处理模块处于核心地位，它与其他各个模块之间都有十分密切的联系，不仅可以直接接收记账凭证的输入，而且可以接收来自各核算子模块的凭证，进行总分类核算。同时，它还为会计报表和会计分析等子模块提供有关数据和信息，以便编制会计报表和进行会计分析，满足投资者、债权人、企业管理人员和政府有关部门等企业内外各方面对会计信息的需要。

会计信息系统软件模块间关系见图 1－3。

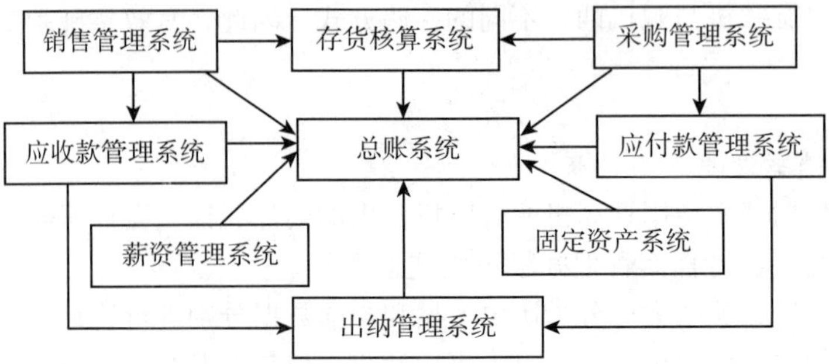

图 1－3　会计信息系统软件模块间关系

二、用友 ERP－U8 管理软件简介

用友 ERP－U8 软件帮助企事业单位解决财务核算问题，提高工作效率和提升管理的系统工具。可以满足企业不同角色的会计人员处理日常业务，系统可以自动编制收款、付款、转账凭证，自动进行期末记账与结账，自动形成总分类账、明细分类账和财务报表，自动进行财务分析。既可以提高企业财务核算效率，又可以实时反映业务运营状况，真正实现了业务财务一体化。

（一）用友 ERP－U8 管理软件各功能简介

1. 总账系统

总账系统适用于各类企事业单位进行凭证管理、账簿处理、个人往来款管理、部门管理、项目核算和出纳管理等。

2. 出纳管理系统

出纳管理系统是专门进行现金日记账、银行存款日记账的管理，进行现金盘点和银行存款对账的操作，进行票据管理，并与总账进行对账。

3. UFO 报表

UFO 报表主要提供各行业报表模板、进行报表文件管理、实现报表格式管理和数据处理，它与其他电子表软件的最大区别在于它是真正的三维立体表，在此基础上提供了丰富的实用功能，完全实现了三维立体表的四维处理能力。

4. 薪资管理系统

薪资管理系统适用于各类企业、行政事业单位进行工资核算、工资发放、工资费用分摊、工资统计分析和个人所得税核算等。可以与总账系统集成使用，将工资凭证传递到总账中；也可以与成本管理系统集成使用，为成本管理系统提供人员的费用信息。

5. 固定资产管理系统

固定资产管理模块适用于各类企业和行政事业单位进行固定资产管理、折旧计提等。可同时为总账系统提供折旧凭证，为成本管理系统提供固定资产的折旧费用依据。

6. 应收款管理系统

应收款管理系统，通过发票、其他应收单、收款单等单据的录入，对企业的往来账款进行综合管理，及时、准确地提供客户的往来账款余额资料，提供各种分析报表，帮助您合理地进行资金的调配，提高资金的利用效率。

7. 应付款管理系统

应付款管理系统，通过发票、其他应付单、付款单等单据的录入，对企业的往来账款进行综合管理，及时、准确地提供供应商的往来账款余额资料，提供各种分析报表，帮助您合理地进行资金的调配，提高资金的利用效率。

8. 采购管理系统

采购管理系统主要针对企业采购业务的全部流程进行管理，提供请购、订货、到货、入库、开票、采购结算的完整采购流程，企业可以根据实际情况进行采购流程的定制。本系统可以单独使用，也可以与其他系统集成使用。

9. 销售管理系统

销售管理系统体现了企业经营成果的实现过程，它提供了报价、订货、发货、开票的完整销售流程，包括普通销售、受托代销、分期收款销售、直运销售、零售、销售调拨等多种类型的销售业务，并可以对销售价格和信用进行实时监控。企业可以根据实际情况对销售管理系统进行定制。

10. 库存管理系统

库存管理系统主要是通过对仓库、货位等管理及出入库业务的管理，来及时反映各种物资的仓储和流向情况，为企业其他的日常业务活动和财务核算提供依据，并通过必要的分析，为企业管理人员提供各类统计分析信息。

11. 存货核算系统

存货核算系统主要是进行存货核算，正确计算存货购入成本，反映和监督存货的收发、领退、保管情况以及存货资金的占用情况。

（二）用友 ERP－U8 管理软件的应用价值

1. 财务核算自动化

用友 ERP－U8 总账系统可以满足企业不同角色的会计人员处理日常业务，系统可以自动编制收款、付款、转账凭证，自动进行期末记账与结账，自动形成总分类账、明细分类账和财务报表，自动进行财务分析。既可以提高企业财务核算效率，又可以实时反映业务运营状况。

2. 真正的财税一体化

为企业提供财税一体化的应用，解决企业所得税纳税填报困难，防止因不熟悉税收政策和财税差异而造成的计算和填报错误，从根本上提高纳税申报质量。

3. 实时的银企互联

利用网上银行，帮助企业会计和出纳人员不必每天往来于企业和银行之间办理烦琐的业务，实现网上付款，余额查询、交易明细查询和实时对账。

4. 全面支持新会计准则

用友 ERP－U8 财务方案，不论从科目体系、财务报表、合并报表财务体系设计上，还是从存货、固定资产、薪资、收入等各种业务处理的规则上，都提供了全面、实用的新会计准则解决方案、帮助企业轻松应对新会计准则。

5. 健全的资金管理机制

通过对现金的追踪、货款的追踪、费用的控制，帮助企业实现对资金的合理分配与运用，减少应收账款，降低存货资金占用，加速资金周转，提高资金运作效率。

6. 适用的出纳管理平台

出纳管理是面向出纳人员使用的一款工具软件，它包含库存现金、银行日记账、资金日（月）报表、银行对账、支票管理等功能，自动生成银行存款余额调节表、专用的库存现金、银行存款日记账、资金日、月报表，做到日清日结，做好账实相符、账账相符。

7. 固定资产价值的动态核算

对资产变动业务处理，包括原值变动、部门转移、使用状况变动、使用年限调整、折旧方法调整、净残值（率）调整、工作总量调整，累计折旧调整、资产类别调整、折旧的自动计提等业务，及时反映固定资产的增加、减少、原值变化及其他变动，从而实现固定资产价值的动态核算。

8. 快速准确的薪资核算

每到月底，人事部门统计考勤时，每个部门或多或少会有人请年假、事假、病假、婚假、丧假等带薪假期以及迟到、早退、旷工等情况，用友 ERP－U8 薪资管理可以自动设置工资数据项与计算公式，快速准确的完成薪资计算，保证工资发放的及时性。

9. 支持个人所得税自动计算与申报

根据个人所得税税法规定，企业的任何人员个人工资所得超过法定的金额，必须缴纳个人所得税，用友 ERP－U8 薪资管理系统提供个人所得税自动计算，用户只需自定义所得税率，系统自动计算个人所得税，既减轻了用户的工作量，又提高了工作效率。

10. 账簿的动态查询与打印

通过用友 ERP - U8 账簿查询，你可以在账务处理的任一时段，随时查询到包含未记账凭证的所有账表，并可以实现由凭证连查明细账、总账、报表、单据，充分满足你对信息及时性管理的要求，并可实现所见即所得的打印效果。

章节练习

文本：章节练习参考答案

一、单项选择题

1. 在我国，“会计电算化”一词产生在（　　）。

A. 1981 年 8 月　　B. 1980 年 10 月

C. 1976 年 1 月　　D. 2000 年 6 月

2. 下列各项中，不属于我国《会计信息系统管理制度》内容的是（　　）。

A. 财务信息管理岗位责任制度　　B. 财务信息系统操作管理制度

C. 信息档案管理制度　　D. 会计核算软件基本功能规范

3. 会计核算软件中采用的总分类会计科目名称、编号方法，必须符合国家统一的（　　）规定。

A. 会计制度　　B. 会计准则

C. 会计守则　　D. 会计通则

4. 会计核算软件分为通用会计核算软件和（　　）会计核算软件。

A. 试验　　B. 财政部门

C. 专用　　D. 事业单位

5. 1954 年，（　　）公司第一次采用计算机来计算职工工薪，开创了电子数据处理会计业务的新起点。

A. 德国汉高　　B. 美国通用

C. 中国一汽　　D. 日本索尼

二、多项选择题

1. 与手工方式相比，会计信息系统具有（　　）的特征。

A. 处理流程自动化　　B. 数据管理集中化

C. 数据管理分散化　　D. 严格的内部控制

2. 在会计信息系统中，会计数据的采集方式有（　　）。

A. 直接输入　　B. 间接输入

C. 自动输入　　D. 系统初始化

3. 按会计信息系统层次划分，会计信息系统软件分为（　　）。

A. 通用型　　B. 核算型

C. 管理型　　D. 决策型

4. 会计信息系统的档案可以分为（　　）三大类。

A. 会计数据档案　　B. 系统开发与维护更新文本档案

C. 会计凭证档案　　D. 系统操作痕迹记录档案

5. 会计信息系统使用人员包括（　　）。

A. 系统管理人员　　B. 系统维护人员

C. 系统操作员　　D. 档案管理员

三、判断题

1. 会计信息系统是管理信息系统的子系统。（　　）

2. 会计信息系统软件按照使用范围，可分为通用财务软件和商品化财务软件。（　　）

3. 会计信息系统环境下，由计算机自动完成记账、算账、编制会计报表的工作，没有必要采用平行登账的方式。（　　）

4. 会计信息系统环境下的会计职能与手工环境下是一致的。（　　）

5. 会计信息系统软件各个功能模块之间不是独立的，而是相互作用、相互依赖。（　　）

第二章

系统管理

学习目标

通过本章的学习，了解系统管理和基础设置的基本内容，理解系统管理在整个会计信息系统中的作用以及基础设置的重要性，掌握建立和修改账套、增加操作员以及操作员权限等工作；熟悉账套的输出和引入方法；明确系统管理和基础设置对日常工作的影响。

第二章 PPT：
系统管理

第一节 系统管理概述

一、系统管理的功能

（一）系统管理的特点

用友 ERP－U8 软件是由多个产品组成的，各个产品是为同一个主体的不同层面服务，并且产品与产品之间相互联系、数据共享，完全实现财务业务一体化的管理。对于企业资金流、物流、信息流的统一管理提供了有效的方法和工具。因此，这些产品应具备以下特点：

（1）具备公共的基础信息；

（2）用友相同的账套和年度账；

（3）操作员和操作权限集中管理并且进行角色的集中权限管理；

（4）业务数据共用一个数据库。

（二）系统管理的主要功能

系统管理是用友 ERP－U8 管理系统中一个非常特殊的组成部分。它的主要功能是对用友 ERP－U8 管理系统的各个子系统进行统一的操作管理和数据维护，具体包括账套管理、操作员及其权限的集中管理、系统数据及运行安全的管理等几个方面。

系统管理的主要功能包括：

（1）对账套的统一管理，包括账套的建立、修改、引入和输出；

（2）对操作员及其功能权限实行统一管理，设立统一的安全机制，包括用户、角色权限设置；

（3）允许设置自动备份计划，系统根据这些设置定期进行自动备份处理，实现账套的自动备份；

（4）对账套库的管理，包括账套库的建立、引入、输出，重新初始化，清空年度数据；

（5）对系统任务的管理，包括查看当前运行任务、清除指定任务、清退站点等。

系统管理操作流程见图 2－1。

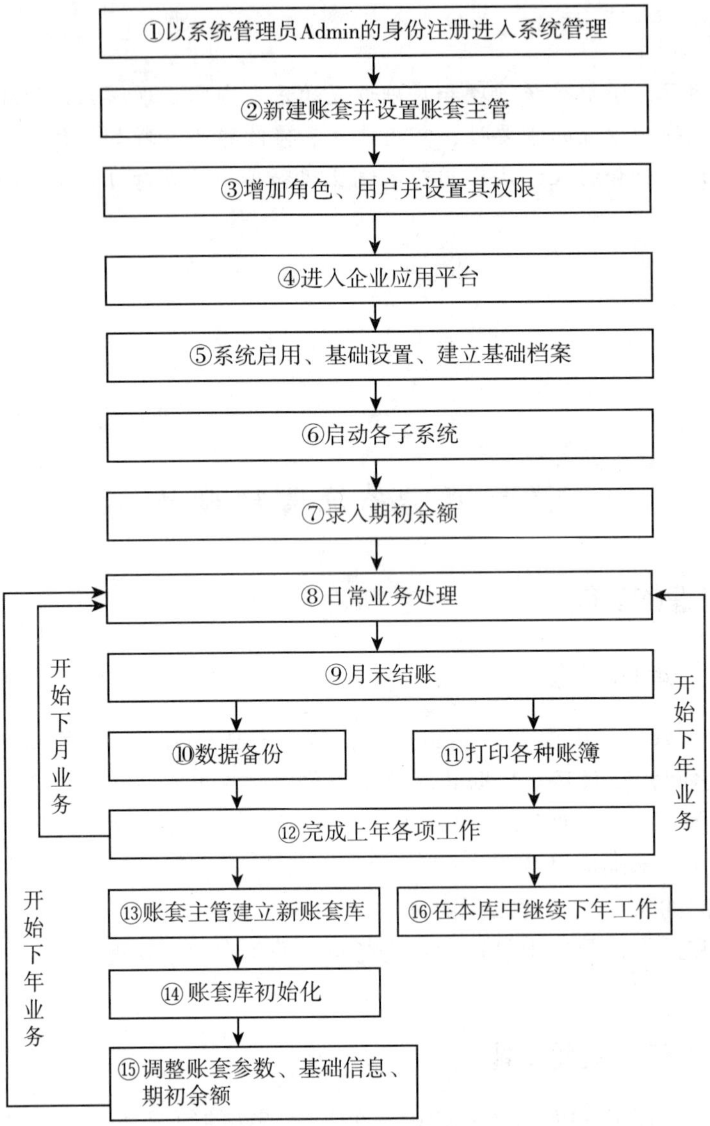

图 2－1　系统管理操作流程

系统管理操作流程说明：

（1）步骤①～⑦是建账的过程，其中：步骤①～③在系统管理模块中操作，在建账向导中设置账套，设置用户组和用户，并设置其功能权限；步骤④是登录企业门户后在控制台中操作；步骤⑤设置系统的基础信息；步骤⑥～⑦在各子系统中完成。

（2）步骤⑧～⑫是子系统在一个会计年度内的日常处理工作，各子系统的具体日常业务处理不尽相同。

（3）步骤⑬～⑮是建立新账套库。一个会计年度的工作结束后，可以新开设账套库，并调整账套参数、基础信息、各子系统期初余额。步骤⑬～⑭在系统管理模块中完成；步骤⑮在基础设置和各子系统中完成。

（4）步骤⑯是继续本账套库的操作。即一个会计年度的工作结束后，在本账套库中进行新年度的工作。

二、系统管理的使用者

系统管理的使用者为企业的信息管理人员，即系统管理员 Admin、安全管理员 Sadmin、管理员用户和账套主管。

（一）系统管理员（Admin）

系统管理员是用友软件系统管理的系统管理员操作名，在软件开发时已经被设定好的，负责整个应用系统的总体控制和维护工作，可以管理用友 ERP - U8 管理系统中所有的账套。以系统管理员身份注册进入系统管理，可以对账套进行管理，设置用户、角色及其权限；可以设置备份计划，监控系统运行过程以及清除异常任务等，而且系统管理员是不可以修改和删除的。

（二）安全管理员（Sadmin）

安全管理员是 SQL 数据库的超级用户操作员名，是用 python Django 开发的后台用户管理系统，包含完善的用户管理和权限管理功能，最大的特色是根据 URL 来定义方便的权限管理。

（三）管理员用户

管理员用户是进行账套管理、协助系统维护的用户，他们只能登陆“系统管理”进行操作，为系统管理员 Admin 分担一部分管理工作。

（四）账套主管

账套主管负责所管账套的维护工作，主要包括对所管理的账套进行修改，对所选年度内的账套进行管理（包括账套库的创建、清空、引入、输出和各子系统的年末结转），以及设置本账套操作员的权限。

系统管理员（Admin）和账套主管的操作权限见表 2 - 1。

表 2 - 1　系统管理员和账套主管的操作权限对比

主要功能	详细功能 1	详细功能 2	系统管理员	账套主管
账套操作	账套建立	新账套建立	有	无
		账套库建立	无	有
	账套修改		无	有
	数据清除	账套数据清除	有	无
		账套库数据清除	无	有

续表

主要功能	详细功能 1	详细功能 2	系统管理员	账套主管
账套操作	账套备份	账套数据输出	有	无
		账套库数据输出	无	有
	设置备份计划	设置账套数据输出计划	有	无
		设置账套库数据输出计划	有	有
	账套数据恢复	账套数据恢复	有	无
		账套库数据恢复	无	有
	升级 SQL Server 数据		有	有
	清空账套库数据		无	有
人员和权限	角色	角色操作	有	无
	用户	用户操作	有	无
	权限	权限操作	有	有
其他操作	清除异常任务		有	无
	清除所有任务		有	无
	清除选定任务		有	无
	清退站点		有	无
	清除单据锁定		有	无
	上机日志		有	无
	视图	刷新	有	有

第二节　角色、用户及权限管理

一、角色与用户

（一）角色

角色是指在企业管理中拥有某一类职能的组织，这个角色组织可以是实际的部门，也可以是由拥有同一类职能的人构成的虚拟组织。例如，实际工作中最常见的会计和出纳两个角色（他们可以是一个部门的人员，也可以不是一个部门但工作职能是一样的角色统称）。我们在设置角色后，可以定义角色的权限，再选择归属于某一角色的用户，如果用户归属此角色其相应具有角色的权限。设置角色的好处是方便控制操作员权限，可以依据职能统一进行权限的划分。

文本：知识点拓展与提示 1

（二）用户

操作员即通常意义上的“用户”，是指有权登录系统，对应用系统进行操作的人员。每次注册登录应用系统，都要进行用户身份的合法性检查。只有设置了具体的用户之后，才能进行相关的操作。

通常用户包括：系统管理员（Admin）、账套主管、一般的操作员。

（三）用户与角色的联系

一个角色可以拥有多个用户，一个用户也可以分属于多个不同的角色。用户自动拥有所属角色所拥有的所有权限，同时可以额外增加角色中没有包含的权限。若角色已经设置过，系统则会将所有的角色名称自动显示在角色设置中的所属角色名称的列表中。若修改了用户的所属角色，则该用户对应的权限也跟着角色的改变而相应改变。所有新增用户默认都属于“普通用户”角色。

用户和角色设置不分先后顺序，用户可以根据自己的需要先后设置。但对于自动传递权限来说，应该首先设定角色，然后分配权限，最后进行用户的设置。这样在设置用户的时候，如果选择其归属哪一个角色，则用户将自动具有该角色的权限。

二、权限

用友 ERP – U8 提供了几种权限管理，除了提供用户对各模块操作的权限之外，还相应地提供了金额权限管理和对于数据的字段级和记录级的控制，不同的组合方式将为企业的控制提供有效的方法。上述权限管理具体如下：

第一，功能级权限管理。该权限提供划分更为细致的权限管理功能，包括各功能模块相关业务的查看和分配权限。

第二，数据级权限管理。该权限可以通过两个方面进行权限控制，即字段级权限控制和记录级权限控制。

第三，金额级权限管理。该权限主要用于完善内部金额控制，实现对具体金额数量划分级别，对不同岗位和职位的操作员进行金额级别控制，限制其制单时可以使用的金额数量，不涉及内部系统控制的不在管理范围内。

功能级权限管理在“系统管理”中设置完成。数据级权限管理和金额级权限管理在“企业应用平台”中进行设置。数据级权限管理和金额级权限管理的设置必须是在功能级权限管理设置完成后才能进行。

三、功能级权限管理的设置

在系统管理中，用户管理只有系统管理员或账套主管有权进行。账套主管是系统管理员指定的，并且只能对所管辖账套的用户进行赋权。而系统管理员可以对系统内所有账套的所有用户进行管理。

系统一次只能对一个账套的某一个年度账进行分配，一个账套可以有多个账套主管；一个用户可以是多套账的账套主管。正在使用的用户权限不能进行修改、删除的操作。如果对某角色分配了权限，则在增加新用户时（该用户属于此角色）该用户自动拥有此角色具有的权限。如果操作员只拥有某一子系统的账表权限，而没有其他子系统的任何其他功能权限，则企业应用平台中业务列表不显示该子系统。

1. 增加用户

除了账套主管以外，不得少于两名普通用户，便于企业内部财务分工和相互牵制。传统的用户认证方式为“用户＋口令”。

文本：知识点拓展与提示 2

2. 设置口令

为了防止非法和越权操作、确保数据安全与完整，必须设置、保密、“修改口令”的权限，而且密码不能太少、太简单，还要不定期更改。

3. 分工授权

财务分工即设置用户权限，是指对允许使用财务软件的操作员设置操作权限。使用系统之前，需对操作员进行岗位分工，对指定的操作员实行使用权限控制，防止与业务无关的人擅自使用软件，以保证会计数据的安全和保密。同时，还应遵循“人尽其能、便于操作、账套安全”的原则。

文本：知识点拓展与提示 3

虽然某些权限可以授权几个操作员，或者某些操作员可以拥有几个权限，但在具体分工授权时，会计管理工作应与其他工作分开授权，有利于保证账套数据的安全和完整。

系统管理员和账套主管都有权进行权限设置，但两者权限又有所区别。系统管理员可以指定某账套的账套主管，还可以对各个账套的操作员进行权限设置，而账套主管只可以对所管辖账套的操作员进行权限设置。

文本：知识点拓展与提示 4

4. 注销用户

对于已注册但因工作变动等原因不再操作会计软件的操作员，目前的会计软件有两种处理方式：

其一，可以注销。这类会计软件约定：凡是不再操作会计软件的操作员，都可以从系统中注销，但不会删除该操作员以前的操作内容；每个账套至少要有一个操作员，即账套主管。否则，该账套有些功能可能无法使用将会作废，也就是说，账套主管千万不要注销。因为有了账套主管，就可以重新分工授权。因此，有些会计软件对此就采取了严密的控制措施。用友系统允许注销操作员。

其二，不能注销。这类会计软件约定：已注册的操作员一旦进入系统相应的功能模块，就不能从系统中注销，只能删除拥有的权限。其目的是为了保全该系统所有的操作员。

第三节　账套管理

在系统管理中，用户不仅可以建立多个账套，而且每个账套中可以把会计数据按年度进行划分，即为账套库。这样对不同核算单位、不同时期的数据只需要设置相应的系统路径，就可以存放不同年度的会计数据，因而对历年数据的查询和比较分析也很方便。

一、账套的实质与类型

（一）账套管理

账套是指一组相互紧密关联的数据。一般来说，可以为每一个独立核算的会计主体在系统中建立一个账套，用友 ERP - U8 管理系统中最多可建立 999 套账。不同的账套数据之间彼此独立。

在使用系统之前必须建立本单位的账套，只有系统管理员才有权创建新的账套。账套管理包括账套的建立、修改、引入和输出（恢复备份和备份）等。

（二）账套库管理

账套库管理主要包括：建立账套库、账套库的输出和引入、账套库初始化、清空账套库。对账套库的管理只能由具有账套主管权限的用户进行有关账套库的操作。

1. 建立账套库

新年到来时，应首先建立新年度核算体系，即建立账套库，再进行与年度账相关的其他操作。账套库的建立是在已有上年度账套的基础上，通过账套库的建立，自动将上个年度账的基本档案信息结转到账套库中。对于上年余额等信息需要在年度账结转操作完成后，由上年自动转入下年的新账套库中。

2. 账套库的输出和引入

账套库操作中输出和引入与账套操作中的输出和引入的含义基本一致，作用都是对数据的备份和恢复。但两者的数据范围不同，账套库操作中引入和输出的不是整个账套的全部数据，而且针对账套中的某一年度的数据。为了区分这两种不同类型的备份文件，系统会用特定的文件名称或扩展名来进行标识。

3. 账套库初始化

新建账套库后，为了支持新旧账套库之间业务衔接，可以通过账套库初始化功能将上一个账套库中相关模块的余额及其他信息结转到新账套库中。为了统计分析的完整性，每个账套库包含的数据都以上一年为单位，上一账套库的结束年 +1 即为新账套库的开始年。

4. 清空账套库

如果账套库中错误太多，或不希望上年度的余额或其他信息全部转到下一年度，这时便可使用清空账套库的功能。“清空”并不是指将账套库的数据全部删除，并不是清除基础设置、档案的内容，而且还要保留一些信息的，如账套基础信息、系统预置的科目报表等。保留这些信息主要是为了方便用户使用清空后的账套库重新作账。清空年度的数据一定要先备份，然后再进行清空操作。

（三）账套与年度账的联系

账套是账套库的上一级，账套是由账套库组成的。

一个账套可以拥有多个年度的账套库。如果某企业拥有多个核算单位，则企业可以拥有多个账套（最多可以拥有 999 个账套），即每个核算单位设置一个账套，而每个账套下又可以存在多个账套库。

账套和账套库的两层结构方式便于企业的管理，如进行账套的上报，跨年的数据管理结构调整等；方便数据备份输出和引入；减少数据的负担，提高应用效率。

二、账套建立

根据会计核算的需要设置账套参数，它决定了系统数据输入、处理和输出的内容和形式，至关重要。只有系统管理员才能创建新账套。系统提供了“新建空白账套”和“参照已有账套”两种建账方式。

（一）新建空白账套

如果是新用户或老用户需要建立一个与已有账套没有关联的账套，可以选择“新建空白账套”。

1. 已存账套

此处显示现有已经存在的账套，用户只能参照，而不能输入或修改。其作用是在建立新账套时避免与已存账套重复。

2. 账套号

用来输入新建账套的编号，用户必须输入，可输入 3 个字符（只能是 001 ~999 的数字，而且不能是已存账套中的账套号）。它是系统区别不同核算单位的唯一标志，因此，在同一会计信息系统中不能重复。

3. 账套名称

用来输入新建账套的名称，用户必须输入，可以输入 40 个字符。它是账套使用的会计主体，在用户操作和打印账套时，系统将自动显示和调用，因而不能为空，并与账套代码相互对应。

4. 账套路径

用来输入新建账套所要被保存的路径，用户必须输入，可以参照输入，但不能是网络路径中的磁盘。它指明了利用该账套数据的报表管理系统所在的路径，其目的都是为了账务处理系统与其他子系统之间进行传递和共享数据。

5. 启用会计期

用来输入新建账套将被启用的时间，具体到“月”，用户必须输入。系统根据“启用会计期”的设置，自动将启用月份以前的日期标识为不可修改的部分；而将启用月份以后的日期（仅限于各月的截止日期，至于各月的初始日期则随上月截止日期的变动而变动）标识为可以修改的部分，用户可以任意设置。

如果由于企业需要，每月 25 日结账，那么可以在“会计日历—建账”界面双击可修改日期部分（白色部分），在显示的会计日历上输入每月结账日期，下月的开始日期为上月截止日期 +1（26 日），年末 12 月份仍以 12 月 31 日为截止日期。设置完成后，企业每月 25 日为结账日，25 日以后的业务记入下个月。每月的结账日期可以不同，但其开始日期为上一个截止日期的下一天。

6. 单位信息

用于记录本单位的基本信息，单位名称为必输项。

7. 本币代码和本位币名称

用来输入新建账套所用的本位币的代码（系统默认“人民币”的代码 RMB）和本位币的名称（系统默认的是“人民币”）。

8. 企业类型

系统提供工业、商业和医药流通三种选择，必须从下拉框中选择输入与自己企业类型相同或最相近的类型。

9. 行业性质

用户必须从下拉框中选择输入本单位所处的行业性质。系统提供了 37 个行业，选择适合本企业的行业性质，为下一步“是否按行业预置科目”确定科目范围，并且系统会根据企业所选行业（工业和商业）预制一些行业的特定方法和报表。

10. 是否按行业预置科目

如果企业希望采用系统预置所属行业的标准一级科目，则在该选项前打钩，那么进入企业应用平台后，会计科目由系统自动设置；如果不选，则由企业自己设置会计科目。

11. 存货是否分类

如果企业存货较多且类别繁多，可以在存货是否分类选项前打钩，表明要对存货进行分类管理；如果企业存货较少且类别单一，可以不进行存货分类。如果选择了存货分类，那么在进行基础信息设置时，必须先设置存货分类，然后才能设置存货档案。

12. 客户是否分类

如果企业客户较多且希望进行分类管理，可以在客户是否分类选项前打钩，表明要对客户进行分类管理；如果企业客户较少，可以不进行客户分类。如果选择了客户分类，那么在进行基础信息设置时，必须先设置客户分类，然后才能设置客户档案。

13. 供应商是否分类

如果企业供应商较多且希望进行分类管理，可以在供应商是否分类选项前打钩，表明要对供应商进行分类管理；如果企业供应商较少，可以不进行供应商分类。如果选择了供应商要分类，那么在进行基础信息设置时，必须先设置供应商分类，然后才能设置供应商档案。

14. 是否有外币核算

如果企业有外币业务，可以在此选项前打钩。

15. 编码规则

它包括分级级数和每级位长两项内容的设置，一般采用群码即组合码，即本级总编码＝上级编码＋本级编码。主要有科目、客户、部门、项目和现金流量等编码规则。例如，会计科目的编码规则：分 4 级，每级位长分别 4－2－2－2。

16. 系统启用

账套建立完成后，系统提示“系统启用”设置。选择“是”则进入系统启用设置界面，选择“否”则以后进入“企业应用平台—基础信息—基本信息”进行设置。

（二）参照已有账套

如果是老用户，由于扩展分支机构等其他原因，需要建立一个与已有账套相似的账套，包含相同的基础档案和某些期初数据，则可以选择“参照已有账套”。

1. 参照选择

（1）账套：选择某个账套作为本次建账的来源账套，只能选择不能输入或修改。

（2）会计年度：下拉选择所选来源账套的所有会计年度，表示要参照这个账套该年度的档案和产品信息进行建账。

（3）结转期初：如果需要把来源账套中某些子产品的期初数据结转到新账套中，则勾选此项，后续还将具体产品结转；如果不勾选，新账套中可以手工录入各种业务期初数据。

2. 账套详细信息

（1）账套信息：如果不勾选“结转期初”，与新建空白账套一样，可以自由设置启用会计期间；如果勾选“结转期初”，只能在“建立方式”页所选来源账套的会计年度的下一年 1 月开始。

（2）核算类型：与来源账套一致，不可修改。

（3）基础信息：与来源账套一致，不可修改。

3. 选择结转内容

分别选择需要结转的业务产品，包括各子系统的产品档案和期初数据，系统将在建账后按照勾选从来源账套结转相应数据。

4. 建账检查

分别检查来源账套的数据是否满足各项结转要求，并列出详细检查结果。如果有系统不满足结转要求，则不允许继续建账。

5. 开始建账

如果建账检查全部通过，则系统开始建账，并显示建账的主要步骤的执行进度，直至建账完成。

三、账套修改

账套修改功能可以帮助查看某个账套的账套信息，也可以修改这个账套的账套信息。当账套或账套库建立后，如果发现账套的某些信息需要修改，可以通过“修改账套”功能来完成。只有账套主管才能修改账套，系统管理员无权修改。修改账套是更正账套中有些错误的或者过期的信息项目，如账套名称、单位所有信息、行业性质、基础信息的全部内容。但是，有些信息不得修改，包括账套号、账套语言、账套路径、启用会计期、本位币代码和名称、企业类型、账套主管。因此，在建立账套时必须认真设置相关参数。

四、账套输出、引入、删除

1. 账套输出

账套输出是将账务处理系统中的账套数据备份（或输出）到软盘、硬盘或可写光盘上，以便安全保管。并防备在硬盘因意外事故造成数据丢失、非法篡改和破坏时使用。每次备份后，一定要标明备份数据所属的时间，以免恢复数据时发生错误。为了确保账套数据万无一失，最好进行双重备份。

2. 账套引入

账套引入是把备份的账套数据恢复（或引入）到账务处理系统中。恢复后硬盘上相应年份的会计数据将被取代，因此，恢复数据一定要谨慎操作。

3. 账套删除

当账务处理系统运行需要的硬盘空间不足时，可以删除机内账套中的往年数据。为了便于使用，只要硬盘有足够的空间，尽量不要删除往年数据。为了保证账套数据的安全和完整，有的会计软件就强制要求：只有已备份的数据系统才允许删除。此功能可以一次将该账套下的所有数据彻底删除。

文本：知识点拓展与提示5

五、设置备份计划

设置备份计划的作用是自动定时对设置好的账套或账套库进行输出（备份），多个账套或账套库同时输出功能，实现无人干预自动输出，它在很大程度上减轻了系统管理员的工作量，可以更好地对系统进行管理。

以系统管理员身份 Admin 或账套主管身份或有权限的管理员用户身份，进入系统管理模块设置备份计划。

无论是使用账套输出、账套库输出或设置备份计划输出，其目的都是将数据输出备份，三者的区别见表 2－2。

表 2－2　三种输出对比

账套输出	账套库输出	设置备份计划输出		
		设置账套备份计划	设置账套库备份计划	设置账套库增量备份计划
一次只能输出一个账套数据	一次只能输出一个账套中的一个账套库的数据	一次可以输出多个账套的数据	一次可以输出多个账套的多个账套库数据	一次可以输出多个账套的多个账套库的增量变化

第四节　其他功能

当前，企业信息的安全性、重要性日益凸显，保护企业信息的私密性、完整性、真实性、可靠性已成为企业的重要需求。用友 ERP－U8 为用户提供了一套完整的系统运行安全策略，主要包括用户身份和密码管理，子系统和用户特权管理，数据、功能等权限管理，登录控制，安全日志等。

一、安全策略设置

该设置由 U8 安全管理员（Sadmin）在系统管理下设置，主要包括新用户管理、密码策略管理、安全管理。

1. 新用户管理

新用户管理包括用户使用初始密码登录时强制修改密码，新增用户初始密码设置。

2. 密码策略管理

密码策略管理包括密码长度设置，密码使用天数设置，登录时密码输入次数设置，拒绝客户端用户修改密码。

3. 安全管理

安全管理包括不允许同一操作员在不同客户端同时登录的设置，客户端自动清退时间的设置。

二、上机日志管理

为了保证系统的安全运行，系统随时对各个系统或模块的每个操作员的上下机时间、操作的具体功能等情况都进行登记，形成上机日志，以便使用者的操作都有所记录、有迹可循。

1. 查看上机日志

以系统管理员的身份登录系统管理，在“视图”菜单下执行“上机日志”即可执行。系统提供了上机日志的过滤功能、排序功能、实时刷新功能。

2. 清除上机日志

本功能适用于各种日志类数据的清除，包括业务功能操作日志、数据操作日志、系统管理操作日志。已清除的数据还可以恢复，只有安全管理员才能执行此功能。

3. 还原上机日志

上述通过“数据清除”功能备份出去的历史数据，可以通过此功能再次恢复到系统中，以便追溯历史、分析问题。同一备份文件不允许多次还原，只有安全管理员才能执行此功能。

三、视图管理

视图管理包括刷新、清除任务、清退站点、清除单据锁定。

1. 刷新

系统管理的一个重要用途就是对各个子系统的运行进行实时监控，系统将正在登录的子系统及其正在执行的功能在界面上列示出来，如果需要查看最新的内容，即可执行刷新功能。

2. 清除任务

用户使用过程中可以在 U8 服务管理器中设置服务端异常和服务端失效的时间，以提高使用中的安全性和高效性。如果用户服务端超过异常限制时间未工作或由于不可预见的原因非法退出系统，系统会提示异常，用户可执行清除任务，包括清除异常任务、清除所有任务、清除选定任务。

3. 清退站点

系统管理员或有权限的管理员用户可以选定客户端手动清除任务，同时释放该客户端所占的所有系统。被清退客户端上弹出提示，等待 15 秒后强制结束客户端的门户进程。

4. 清除单据锁定

在使用过程中由于不可预见的原因可能造成单据锁定，此时单据的正常操作将不能使用，此时使用该功能即可恢复功能正常使用。

实验一　系统管理设置

【实验内容】

（1）设置角色、用户及其权限；
（2）建立单位账套；
（3）设置备份计划；
（4）修改账套；
（5）备份账套数据。

【实验资料】

1. 设置角色及权限（见表 2－3）

表 2－3　　角色及权限

编码	角色名称	权限
C01	总账会计	（1）“基本信息”的所有权限；（2）“财务会计”中除了“出纳签字和出纳管理”以外的所有权限
C02	出纳	“总账”中“出纳签字和出纳管理”的所有权限
C03	资产管理会计	固定资产管理的全部权限
C04	薪资管理会计	薪资管理系统的全部权限
C05	应收会计	应收款管理系统的全部权限
C06	应付会计	应付款管理系统的全部权限

2. 设置用户及权限（见表 2－4）

表 2－4　　设置用户

编码	姓名	口令	所属部门	所属角色
001	韩冬	1	财务部	账套主管
002	夏雪	2	财务部	C01、C03、C04、C05、C06
003	申秋	3	财务部	C02

3. 建立账套

（1）建账方式：新建空白账套。

（2）账套信息：

账套号：789；账套名称：北京嘉禾有限责任公司；

账套路径：按系统默认的路径，不需修改。启用会计期：2019 年 8 月。

视频：建立账套

（3）单位信息：
单位名称：北京嘉禾有限责任公司；单位简称：嘉禾公司；
单位地址：北京市海淀区花园路甲 1 号；邮政编码：100088；
电话：010 – 68064123；法人代表：马璐；
开户银行：中国工商银行海淀支行；银行账号：682476300012；
纳税人登记号：547183447851339；企业记账本位币：人民币（RMB）；
企业类型：工业；行业性质：2007 年新会计制度科目；
账套主管：默认；要求：按行业性质预置科目。

（4）基础信息。对存货、客户进行分类，供应商不分类，有外币核算。数据精度默认。分类编码方案如下：

科目编码级次 4222　　客户分类编码级次 123
存货分类编码级次 122　　部门编码级次 122
结算方式编码级次 12　　收发类别编码级次 12

（5）系统启用：启用总账系统，启用时间为 2019 年 8 月 1 日。

4. 设置备份计划

在 D 盘中新建“账套备份”文件夹，用于系统自动备份，如表 2 – 5 所示。

表 2 – 5　　备份计划详细情况

计划编号	计划名称	备份类型	发生频率	开始时间	备份路径	备份账套
2019 – 789	789 账套备份	账套备份	每天	18：00	D:\账套备份\	789 账套

5. 修改账套

将账套名称修改成自己的姓名。

6. 账套输出与引入

输出新建账套，并练习账套引入。

文本：知识点拓展与提示 6

【实验指导】

实验指导 1：设置角色及权限

1. Admin 登录系统管理

（1）执行“开始｜程序｜用友 ERP – U8V10.1｜系统服务｜系统管理”命令，登录系统管理。

（2）执行“系统｜注册”命令，打开“系统管理员登录”对话框。

（3）系统中预先设定了一个系统管理员 Admin，第一次运行时，系统管理员密码为空，单击“确定”按钮，以系统管理员身份进入系统管理，如图 2 – 2 所示。

2. 增加角色

（1）执行“权限｜角色”命令，打开“角色管理”对话框。

（2）单击工具栏“增加”按钮，打开“角色详细情况”对话框，录入编号“C01”，角色名称“总账会计”，单击“增加”，同理，继续增加其他角色，如图 2 – 3 所示。

图 2－2　系统管理员登录系统管理

角色编码	角色名称	备注
C01	总账会计	
C02	出纳	
C03	固定资产会计	
C04	薪资管理会计	
C05	应收会计	
C06	应付会计	
DATA-MANAGER	账套主管	
MANAGER-BG01	预算主管	
OPER-HR20	普通员工	

图 2－3　增加角色

3. 设置角色权限

（1）执行“权限|权限”命令，打开操作员权限窗口。

（2）选择账套，选中角色“C01 总账会计”，单击“修改”按钮，设置其权限，包括“基本信息”和“财务会计（除出纳签字及出纳的所有权限）”的全部权限，单击“保存”。

（3）同理，设置其他角色的相应权限。

实验指导 2：设置用户及权限

（1）执行“权限|用户”命令，进入“用户管理”窗口，窗口中显示系统预设的四位用户：admin、demo、SYSTEM 和 UFSOFT。

（2）单击工具栏“增加”按钮，打开“增加用户”对话框，录入编号“001”，姓名“韩冬”，口令及确认口令“1”，所属部门“财务部”，设置所属角色为“账套主管”，如图 2－4 所示。

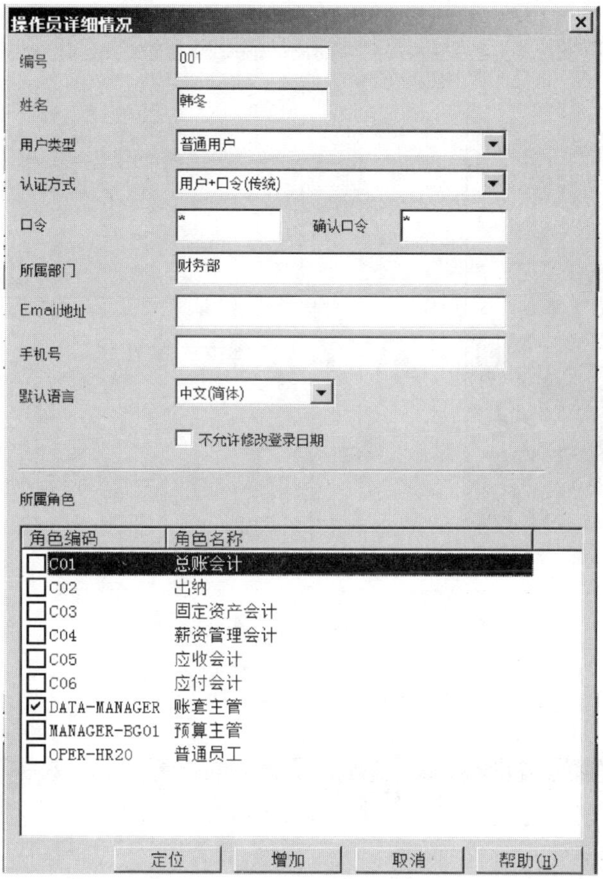

图 2 –4　用户 001

文本：知识点拓展与提示 7

(3) 同理，依次增加其他的操作员，如图 2 –5 所示。

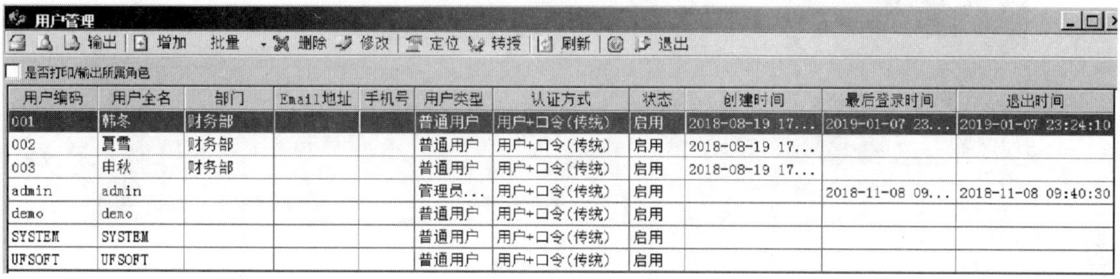

图 2 –5　增加的所有用户

(4) 最后，单击“退出”按钮结束，返回“用户管理”窗口，所有操作员以列表方式显示。单击工具栏中的“退出”按钮，返回“系统管理”窗口。

实验指导 3：建立账套

(1) 执行“账套|建立”命令，打开“建账方式”对话框，选择“新建空白账套”复选框，如图 2 –6 所示。

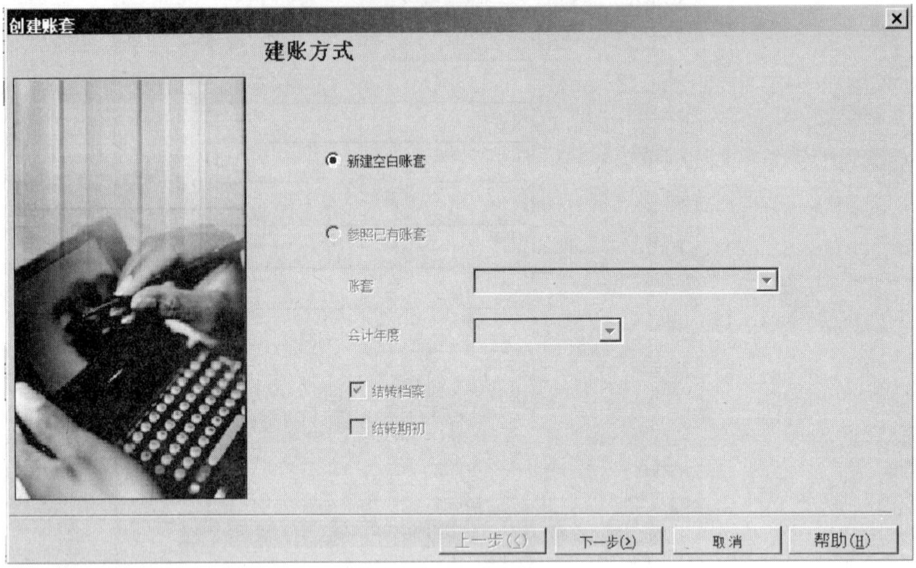

图 2－6　建账方式

（2）输入账套信息，如图 2－7 所示。

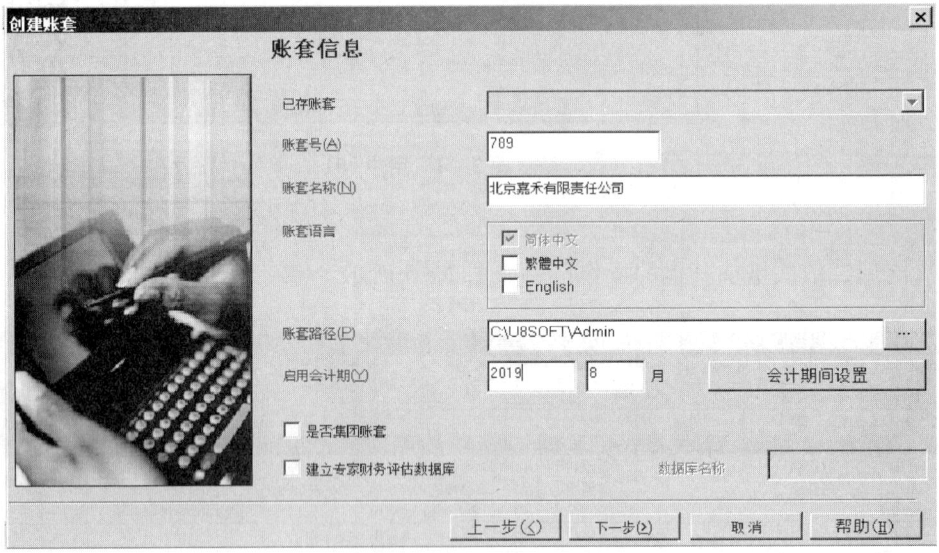

图 2－7　账套信息

（3）输入单位信息，如图 2－8 所示。

（4）输入核算类型，如图 2－9 所示。

（5）确定基础信息，如图 2－10 所示。

（6）确定分类编码方案。单击“完成”按钮后，弹出系统提示“可以创建账套了么?”，单击“是”，系统提示“创建账套成功”，自动打开“分类编码方案”对话框，如图 2－11 所示。

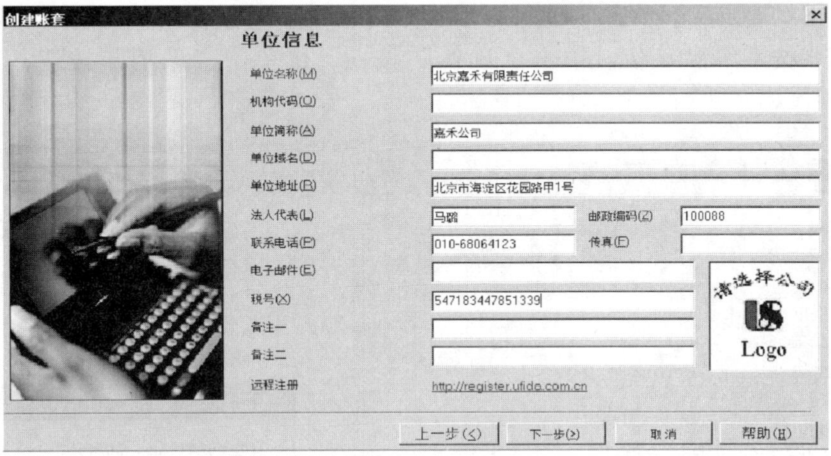

图 2－8　单位信息

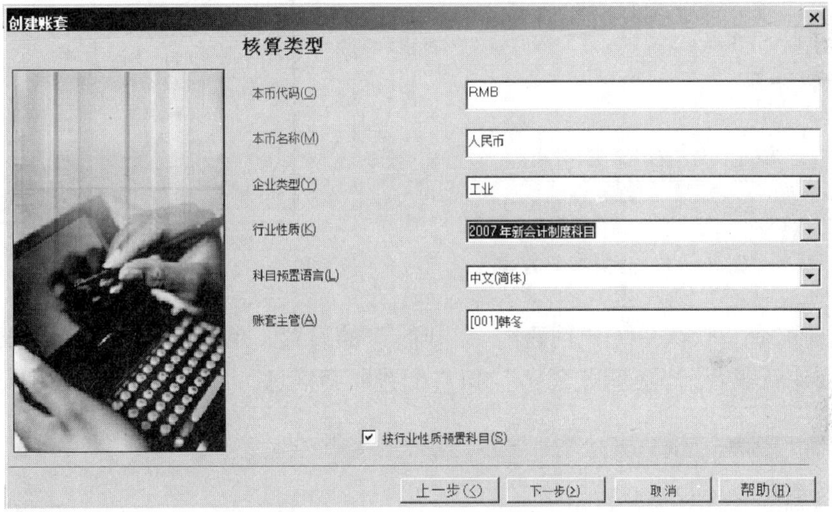

图 2－9　核算类型

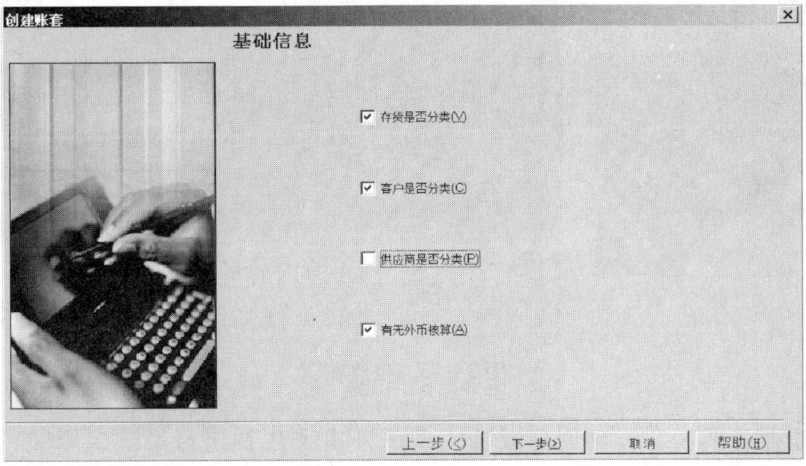

图 2－10　基础信息

（7）数据精度定义。单击“确定”后，单击“取消”按钮，自动进入“数据精度定义”对话框。按系统默认值，单击“确认”按钮，再单击“取消”按钮，如图 2－12 所示。

项目	最大级数	最大长度	单级最大长度	第1级	第2级	第3级	第4级	第5级	第6级	第7级	第8级	第9级
科目编码级次	13	40	9	4	2	2	2					
客户分类编码级次	5	12	9	1	2	3						
存货分类编码级次	8	12	9	1	2	2						
部门编码级次	9	12	9	1	2	2						
地区分类编码级次	5	12	9	2	3	4						
费用项目分类	5	12	9	1	2							
结算方式编码级次	2	3	3	1	2							
货位编码级次	8	20	9	2	3	4						
收发类别编码级次	3	5	5	1	2							
项目设备	8	30	9	2	2							
责任中心分类档案	5	30	9	2	2							
项目要素分类档案	6	30	9	2	2							

图 2－11　分类编码方案

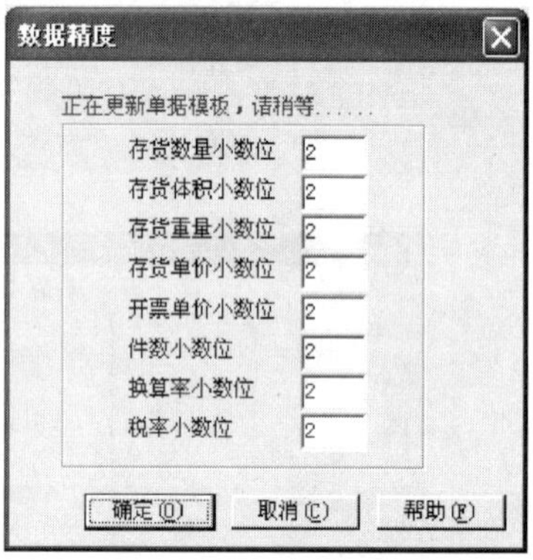

图 2－12　数据精度

（8）创建账套。默认系统“创建账套/开始”的设置，单击“完成”，数据更新“初始化环境”“创建新账套”“更新账套库”和“配置账套信息”，如图 2－13 所示。

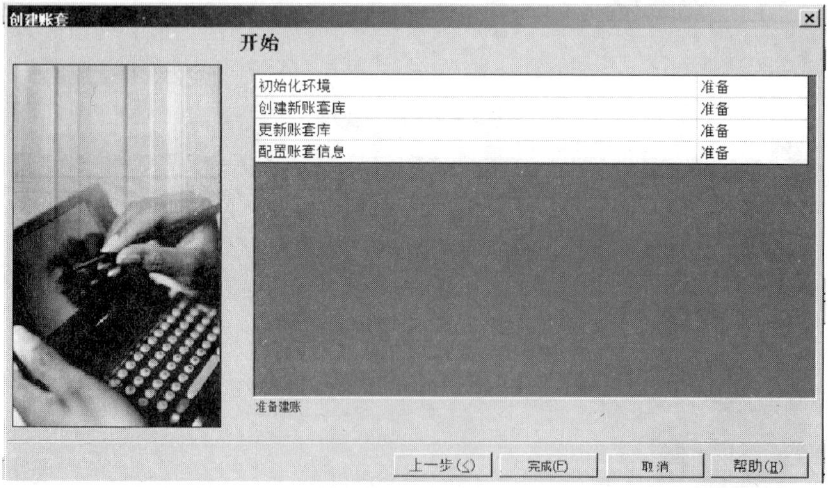

图 2－13　创建账套

（9）建立账套成功。账套创建成功完毕后弹出“现在进行系统启用”的对话框，如图 2－14 所示。

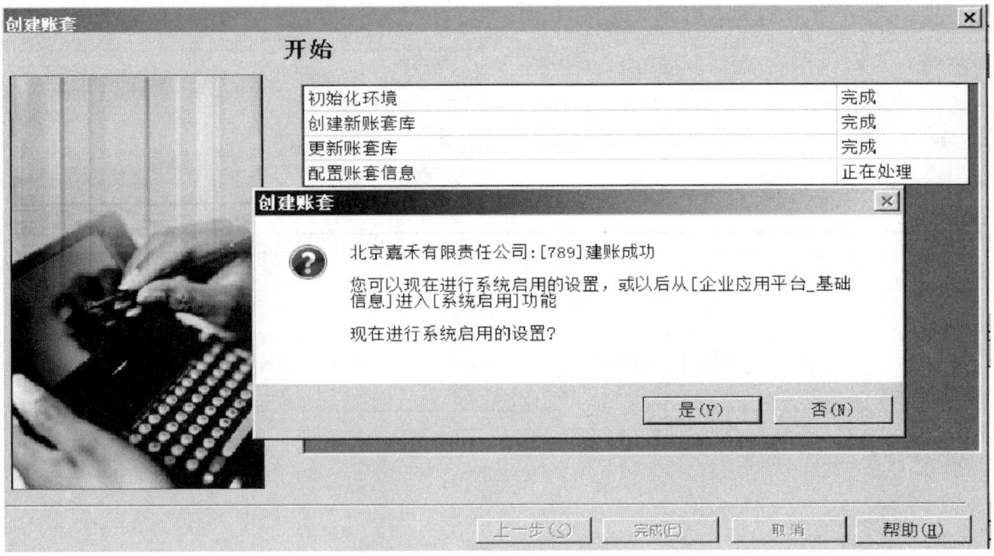

图 2－14　建立账套成功

（10）系统启用。“系统启用”可以现在设置，单击“是”，也可以从“企业应用平台”进行设置（单击“否”退出）。根据资料要求，启用总账系统，如图 2－15 所示。

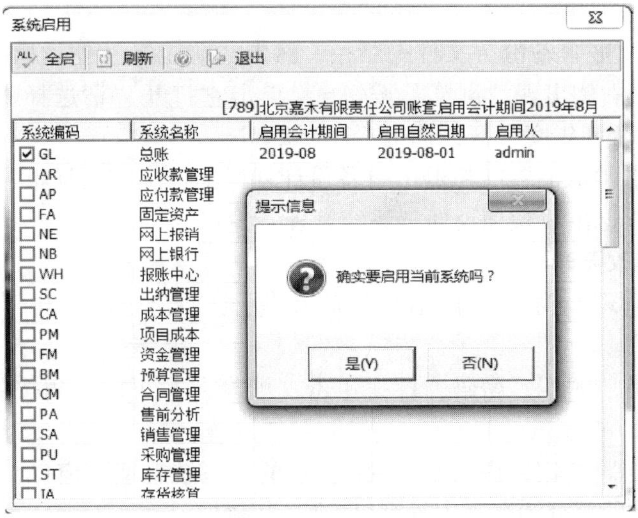

图 2－15　系统启用

实验指导 4：设置备份计划

（1）在 D 盘新建“账套备份”文件夹。

（2）在“系统管理”窗口中，单击“系统/设置备份计划”菜单项，打开“备份计划设置”对话框。然后单击工具栏的“增加”按钮，打开“备份计划详细情况”对话框。

（3）输入“计划编号”为“2019－789”，计划名称为“789 账套备份”，发生频率“每天”，开始时间“18：00”，选择备份路径为“D:\账套备份\”，备份账套为“789 账套”，如图 2－16 所示。

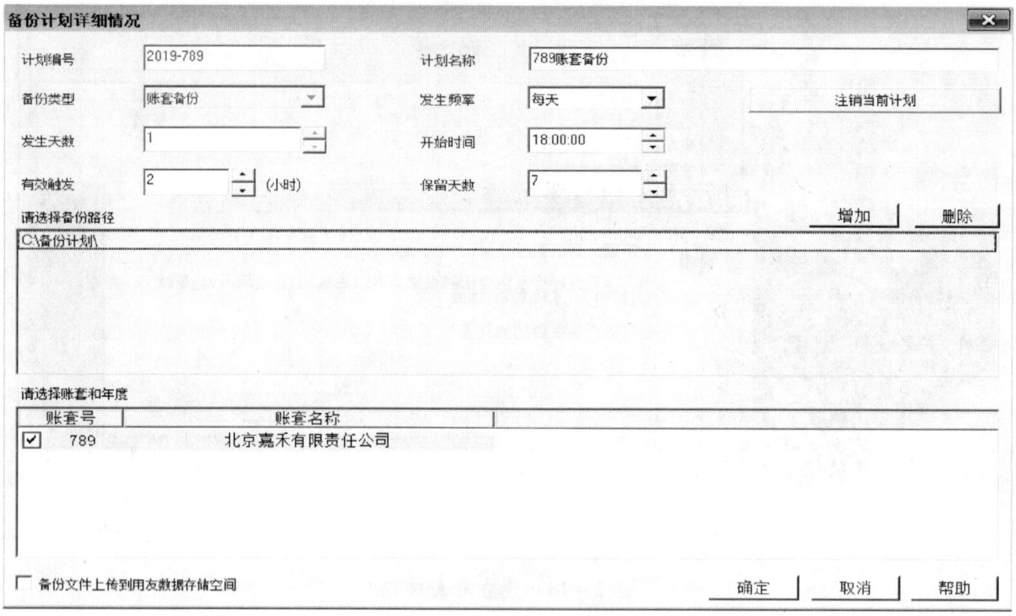

图 2－16　设置备份计划

（4）单击对话框中间的“增加”按钮，系统弹出选择“D 账套备份”文件夹为备份路径，下拉列表框。

（5）选择“D：/账套备份”文件夹路径，然击“确定”按钮返回，此时在备份路径”区中增加了一行，其右侧出现“浏览”按钮，（单击它打开“请选择账套备份路径”对话框），在“请选择账套和年度”区，选中“789 账套”。

（6）退出。单击“取消”按钮退出“备份计划详细情况”对话框，返回“备份计划设置”窗口，再单击“退出”按钮返回“系统管理”窗口。

实验指导 5：修改账套

（1）在“系统管理”窗口，单击“系统”|“注册”命令，打开“注册系统管理”对话框。

（2）录入操作员“001”，密码“1”，单击“账套”栏下的三角按钮，选择自己的账套。

（3）单击“确定”按钮，进入账套主管注册的“系统管理”窗口，菜单中显示为黑色字体的部分为账套主管可以操作的内容。

文本：知识点拓展与提示 8

（4）执行“账套”|“修改”命令，打开“修改账套”对话框，可修改的账套信息以白色显示，不可修改的账套信息以灰色显示，将账套名称改为自己姓名。

（5）修改完成后，单击“完成”按钮，弹出系统提示信息“确认修改账套了么?”，单击“是”按钮，确定“分类编码方案”和“数据精度定义”，单击“确认”按钮，弹出系统提示“修改账套成功!”，如图 2－17 所示。

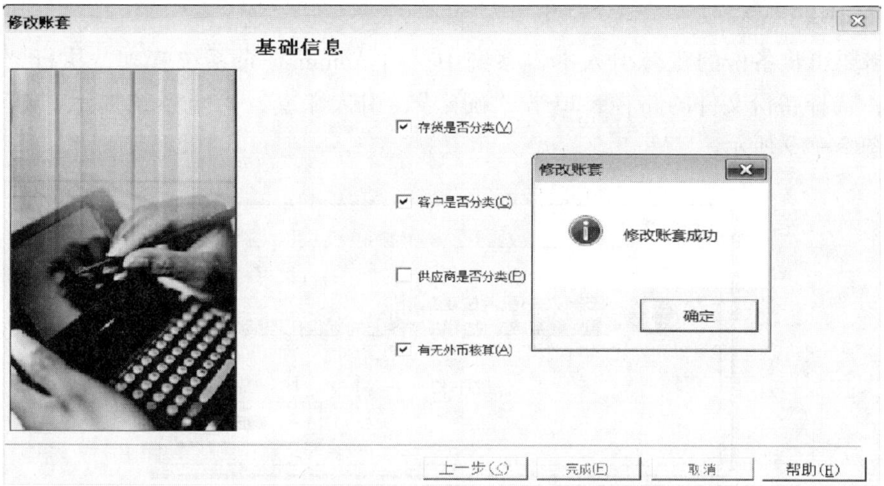

图 2-17　修改账套

实验指导 6：账套输出与引入

1. 账套输出

（1）在 C 盘（或 D 盘）新建“会计信息系统实训教程”文件夹，其中新建“实验一”文件夹。

（2）以系统管理员的身份注册进入系统管理。执行“账套”|“输出”命令，打开“账套输出”对话框，选择需要输出的账套，单击“确认”按钮，弹出系统提示信息，选择备份的文件夹。

（3）系统压缩完成所选账套数据后，弹出“选择备份目标”对话框。单击下拉列表框，选择需要将账套数据输出的驱动器及所在目录，将账套数据保存在新建的“会计信息系统实训教程”文件夹中新建的“实验一”文件夹中，单击“确认”按钮。

（4）系统开始进行备份，备份完成后，弹出系统提示“备份完毕!”，单击“确定”按钮返回，如图 2-18 所示。

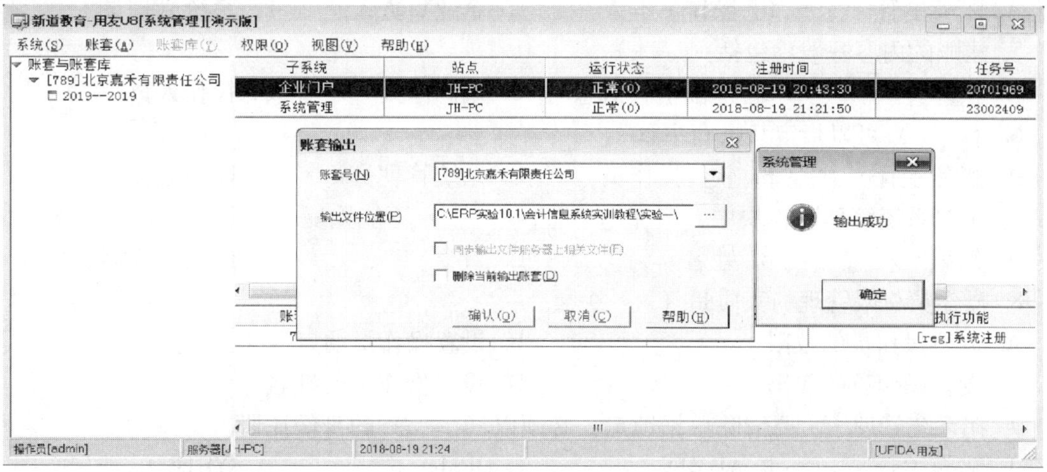

图 2-18　账套输出

2. 账套引入

根据需要可将备份的账套引入本机系统中。由 Admin 登录系统管理，执行“账套｜引入”命令，选择备份文件的路径，单击“确定”，引入账套，直至系统提示“账套引入成功!”，如图 2－19 所示。

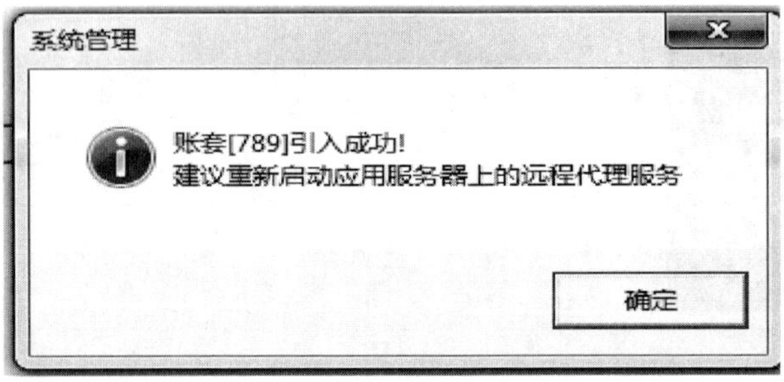

图 2－19　账套引入

章节练习

文本：章节练习参考答案

一、单项选择题

1. 第一次运行用友软件的系统管理模块时，应由（　　）进行登录。

A. 账套主管　　B. 出纳

C. 系统管理员　　D. 任意操作员

2. 财务分工的工作应由（　　）来进行。

A. 系统管理员　　B. 系统分析员　　C. 数据录入员　　D. 数据审核员

3. 账套建立后若需要修改，（　　）有权进行修改。

A. 账套主管　　B. 操作员本人　　C. 企业负责人　　D. 系统管理员

4. 账套的引入与输出是由（　　）进行的。

A. 账套主管　　B. 操作员本人　　C. 企业负责人　　D. 系统管理员

5. 建账的内容一般不包括（　　）。

A. 核算类型　　B. 单位基础信息　　C. 编码原则　　D. 操作人员

6. （　　）可以指定某账套主管。

A. 账务主管　　B. 软件操作员　　C. 系统管理员　　D. 账务总监

7. 在“系统管理”模块中，增加用户时，（　　）不能重复。

A. 编码　　B. 姓名　　C. 口令　　D. 编码、姓名、口令

8. 操作员权限管理的实质是（　　）。

A. 调协操作员的权限　　B. 设置操作员的口令

C. 设置操作员的代码　　D. 设置操作员的姓名

9. 在系统管理中，要清除单据锁定，必须以（　　）的身份注册。

A. 账套主管　　B. ADMIN　　C. DEMO　　D. SYSTEM

10. 在账套输出和引入前均要以（　　）的身份进行系统管理。

A. 账套主管　　B. 系统管理员　　C. 公司总管　　D. 总账主管

二、多项选择题

1. 财务软件由多个功能模块组成，为了实现一体化的管理应用模式，要求这些功能模块（　　）。

A. 具备公用的基础信息　　B. 用户和操作权限集中管理
C. 拥有相同的账套和年度账　　D. 所有数据不能用同一个数据库

2. 在系统管理中，以 ADMIN（系统管理员）的身份注册，可以做（　　）工作。

A. 建立账套、引入账套、输出账套　　B. 清除异常任务
C. 修改账套　　D. 清除单据锁定

3. 财务软件系统管理功能模块包括（　　）。

A. 账套管理　　B. 年度账管理　　C. 岗位管理　　D. 系统管理

4. 账务系统是财务软件的核心，主要进行（　　）。

A. 会计凭证　　B. 工资　　C. 存货　　D. 会计账簿

5. 会计软件的基本功能包括（　　）。

A. 系统初始化　　B. 会计数据的输入　C. 会计数据的处理　D. 会计数据的输出

6. 如果科目编码规则是 4－2－2－2 时，下列科目代码正确是（　　）。

A. 1001　　B. 100201　　C. 2201001　　D. 4001020301

7. 下列账套参数中，（　　）可以修改。

A. 单位代码　　B. 单位名称　　C. 所属行业　　D. 会计主管

8. （　　）账套参数一旦建立，将不能改动。

A. 账套主管　　B. 账套名称　　C. 账套代码　　D. 启用日期

9. 辅助客户往来核算与管理的初始设置包括（　　）。

A. 设置往来客户编码规则　　B. 建立“客户往来”辅助核算科目
C. 建立客户档案资料　　D. 装入初始未核销客户往来业务

10. 关于删除账套，正确的说法是（　　）。

A. 只有账套主管才能删除账套　　B. 正在使用的账套不能删除
C. 删除账套前系统会进行强制备份　　D. 只有系统管理员才能删除账套

三、判断题

1. 只有系统管理员才有权进行账套修改的操作。（　　）
2. 用户必须按照初始设置的科目编码规则来建立会计科目代码。（　　）
3. 会计科目的编码和名称均可由企业自行确定。（　　）
4. 只有系统管理员和账套主管，才能删除和备份账套数据。（　　）
5. 只有系统管理员才能进行账套的引入与输出。（　　）
6. 修改账套只能由账套主管来进行。（　　）
7. 软件操作员的权限最大。（　　）
8. 建立账套完成后所有信息都不能删除。（　　）
9. 只有系统管理员可以启动系统管理。（　　）
10. 只有系统管理员可以进行角色和用户设置。（　　）

第三章

企业应用平台

学习目标

通过本章学习，了解基础档案设置包括的主要内容；掌握基础档案设置操作的权限和方法；理解基础档案设置是系统运行的基础，熟悉它们在整个系统中的共享作用；理解设置基础档案对日常业务处理的影响。

第三章 PPT：
企业应用平台

第一节 企业应用平台概述

用友 ERP－U8 管理软件是由多个子系统组成的，这些子系统存在一些共同之处，一方面都需要先进行启用后才能进入相应模块中实施操作；另一方面各个子系统之间存在许多公共使用的信息。为了使整个系统的资源得以共享并有效合理的利用，我们应通过“企业应用平台”功能来实现。

企业应用平台是用于企业存储内部和外部的各种信息，使企业员工、用户和合作伙伴能够从单一的渠道访问其所需的个性化信息。通过企业应用平台，企业员工可以通过单一的访问入口访问企业的各种信息，定义自己的业务工作，并设计自己的工作流程。通过企业应用平台，信息及时沟通，资源有效利用，与合作伙伴在线、实时链接，提高了企业员工的工作效率以及企业的总处理能力。

企业应用平台是一个方便用户通过单一入口进入各模块对公共信息进行集中管理的一个平台。

企业应用平台以场景驱动业务工作，由“视图”组成，“视图”是指用于用户处理或监控某项工作、完成某种功能的窗口。系统预置常用工作场景：简易桌面、工作场景、高级桌面、流程导航。

1. 简易桌面

简易桌面是系统预置的进入门户的默认显示布局，用户可以修改，包括业务导航视图、我的工作、消息中心（隐藏）、子产品许可管理（隐藏）。

2. 高级桌面

高级桌面包括业务导航视图、我的报表、许可管理视图、我的工作、工作日历、消息中心。用户可修改。

3. 工作场景

工作场景是系统预置的业务处理时默认进入的“工作场景”，用户可以修改，门户会自动切换到此场景，包括我的工作（最小化）、审批视图（隐藏）、助手视图、审批进程表（隐藏），用户可修改。

4. 流程导航

流程导航包括个性流程和企业流程，选择树形图显示的流程节点，打开流程图，完成业务处理。

第二节　基本信息

一、系统启用

对于已经安装的各功能模块，在使用之前必须操作系统启用，记录启用日期和启用人。所有系统进入时都要判断系统是否已经启用，未启用的系统不能登录。

（一）系统启用的方式

1. 系统管理员在建立账套时直接启用

用户创建一个新账套后，自动进入系统启用界面，用户可以同时完成创建账套和系统启用。此时，系统启用人为系统管理员 Admin。

2. 账套主管在企业应用平台的基本信息中进行系统启用

由“用友 ERP－U8 企业应用平台—基础信息—基本信息”进入，做系统启用设置。此时，系统启用人为账套主管。

文本：知识点拓展与提示 1

（二）系统启用的步骤

第一步，创建一个新账套后或由“用友 ERP－U8 企业应用平台—基础信息—基本信息”进入，打开“系统启用”菜单，列示所有功能模块；

第二步，选择要启用的系统模块，在前方复选框内打钩；

第三步，在启用会计期间内输入启用的年、月数据；

第四步，用户按“确认”按钮后，保存此次启用信息，并将当前操作员写入启用人。

二、编码方案

编码方案主要用于设置有级次档案的分级方式和各级编码长度，可分级设置的内容有：科目编码、客户分类编码、部门编码、存货分类编码、地区分类编码、货位编码、供应商分类编码、收发类别编码和结算方式编码。编码级次和各级编码长度的设置将决定用户单位如何编制基础数据的编号，进而构成用户分级核算、统计和管理的基础。

（一）科目编码

系统最大限制为九级 15 位，且任何一级的最大长度都不得超过九位编码。一般单位用

42222 即可。用户在此设定的科目编码级次和长度将决定用户单位的科目编号如何编制。例如，某单位将科目编码设为 42222，则科目编号时一级科目编码是四位长，二至五级科目编码均为两位长。

（二）客户分类编码

系统的最大限制为五级 12 位，且任何一级的编码长度都不得超过九位编码。用户在此设定的客户分类编码级次和长度将决定用户单位的客户编号如何编制。例如，某单位将客户分类编码设为 234，则编号时，一级客户分类编码为二位长，二级编码为三位长，三级编码为四位长。

（三）部门编码

系统的最大限制为五级 12 位，且任何一级的编码长度都不得超过九位编码。用户在此设定的部门编码级次和长度将决定用户单位的部门编号如何编制。例如，某单位将部门编码设为 234，则编号时，一级部门编码为二位长，二级编码为三位长，三级编码为四位长。

（四）存货分类编码

系统最大限制为八级 12 位，且任何一级的最大长度都不得超过九位编码。

（五）地区分类编码

系统的最大限制为五级 12 位，且任何一级的编码长度都不得超过九位编码。用户在此设定的地区编码级次和长度将决定用户单位的地区编号如何编制。如，某单位将地区编码设为 234，则编号时，一级地区编码为二位长，二级编码为三位长，三级编码为四位长。最大限制为 5 级 30 位，任何一级的最大长度都不得超过 9 位编码。

（六）供应商分类编码

系统的最大限制为五级 12 位，且任何一级的编码长度都不得超过九位编码。用户在此设定的供应商分类编码级次和长度将决定用户单位的供应商编号如何编制。例如，某单位将供应商分类编码设为 234，则编号时，一级供应商分类编码为二位长，二级编码为三位长，三级编码为四位长。

（七）收发类别编码

系统将收发类别编码级次固定为三级，总长度不得超过五位编码。用户在此设定的收发类别编码级次和长度将决定用户单位的收发类别编号如何编制，系统默认收发类别编码为 12，即编号时，一级收发类别编码为一位长，二级编码为二位长。

（八）结算方式编码

系统将结算方式编码级次固定为二级，总长度不得超过三位编码。用户在此设定的结算方式编码级次和长度将决定用户单位的结算方式类别编号如何编制，系统默认结算方式类别编码为 12，即编号时，一级结算方式

文本：知识点拓展与提示 2

类别编码为一位长，二级编码为二位长。

修改编码方案时，单击要修改的编码方案中的级次和长度，可以直接按数字键定义级长。但设置的编码方案级次不能超过最大级数；同时系统限制最大长度，只能在最大长度范围内，增加级数，改变级长。灰色区域表示不可修改。

三、数据精度

数据精度的设置适用于各企业对数量、单价的核算精度的不同要求。需要设置的数据精度主要有：存货数量小数位、存货单价小数位、开票单价小数位、件数小数位数、换算率小数位数和税率小数位数。用户可根据企业的实际情况来进行设置。应收、应付、销售、采购、库存、存货、采购计划系统均需使用数据精度。

（一）存货数量小数位

根据企业的实际情况，输入在进行存货数量核算时所要求的小数位数，只能输入 0～6 之间的整数，系统默认值为 2。

（二）存货单价小数位

根据企业的实际情况，输入在进行存货单价核算时所要求的小数位数，只能输入 0～8 之间的整数，系统默认值为 4。

（三）开票单价小数位

根据企业的实际情况，输入在开票时所要求的单价的小数位数，只能输入 0～8 之间的整数，系统默认值为 4。

（四）件数小数位数

根据企业的实际情况，输入在进行开票时所要求的件数小数位数，只能输入 0～6 之间的整数，系统默认值为 2。

（五）换算率小数位数

根据企业的实际情况，输入在进行单位换算时所要求的换算率的小数位数，只能输入 0～6 之间的整数，系统默认值为 2。

（六）税率小数位数

税率小数位数只能输入 0～6 之间的整数，系统默认值为 2。

第三节　基础档案

基础设置是会计软件的系统初始化模块，是所有子系统共用的模块，其作用是将手工作业的基本业务移植到计算机中所进行的一系列准备工作。使用系统基础信息模块之前，应根据单位实际情况与业务要求，按计算机的要求手工整理一份基础信息资料，以便于初始建账工作顺利进行。

基础档案包括机构人员、客商信息、存货、财务、收付结算、业务、生产制造、对照表、其他。

基础档案设置的顺序如图 3－1 所示。

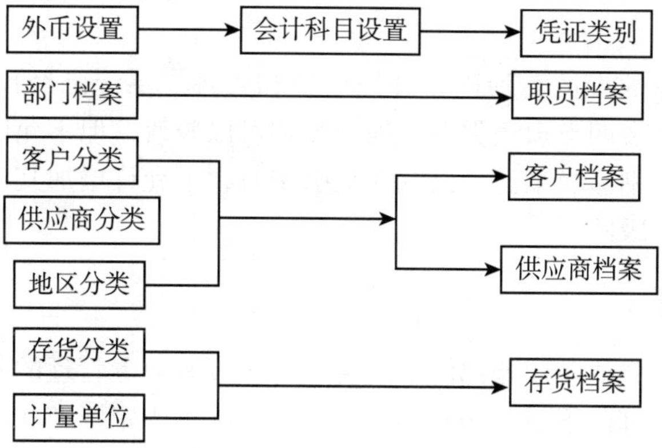

图 3－1　基础档案设置顺序

一、机构人员

（一）部门档案

部门档案主要用于设置企业各个职能部门的信息，部门可以是实际中的部门机构，也可以是虚拟的核算单元。按照已经定义好的部门编码级次原则输入部门编号及其信息。

1. 部门编号

部门编号要求符合编码级次原则，必须录入，必须唯一。

2. 部门名称

部门名称必须录入，负责人、电话、地址、部门的辅助信息，可以为空，其中地址为 255 字符，127 个汉字。

3. 部门属性

输入的部门是车间、采购部门、销售部门等部门分类属性，可以为空。

4. 信用信息

信用信息包括信用额度、信用等级、信用天数，指该部门对本部门负责的客户的信用额度和最大信用天数，可以不填。

5. 成立日期

成立日期是指部门的成立时间，默认为当前登录时间。

6. 撤销日期

撤销日期是指部门的撤销时间，通过撤销按钮输入。

（二）人员类别

人员类别是对企业的人员类别进行分类设置和管理。系统已经预置在岗人员、离退人员、离职人员和其他人员四类顶级类别，顶级类别可以修改，但不允许增加和删除。用户可以自定义扩充人员子类别。当某类别已有人员引用时，不允许增加其子类别。新增或修改人员信息时，只能选择末级的人员类别。

（三）人员档案

人员档案用于设置企业各职能部门中需要进行核算和业务管理的职员信息，必须先设置好部门档案才能在这些部门下设置相应的职员档案。除了固定资产和成本管理产品外，其他产品均需使用职员档案。

1. 人员编号、人员名称、性别

人员编号、人员名称、性别必须录入，人员编号必须唯一，人员名称可以重复。

2. 行政部门名称

行政部门名称是指职员所属的行政部门，可参照部门档案。

3. 人员属性

填写职员是属于采购员、库房管理人员还是销售人员等人员属性。

4. 人员类别

人员类别必须录入，可参照人员类别档案。

5. 是否业务员

指此人员是否可操作 U8 其他的业务产品，如总账、库存等。

6. 是否操作员

指此人员是否可操作 U8 产品，可以将本人作为操作员，也可与已有的操作员设为对应关系。

7. 生效日期

作为业务员时可操作业务产品的日期，默认为建立人员时的登录日期，可修改。

8. 注销日期

已经做业务的业务员不能被删除，当他不再做业务时，取消其使用业务功能的权利；已注销的业务员可以取消注销日期。

文本：知识点拓展与提示3

二、客商信息

（一）客户分类及其档案

企业为进行客户往来管理，那么必须将企业中客户的详细信息录入客户档案中，建立客户档案直接关系到对客户数据的统计、汇总和查询等分类处理。客户信息的主要内容有：

1. 客户编码和名称

编码和名称不能为空，编码必须唯一。以后使用时只需录入“编码”便可得到对应单位的名称等固定信息，从而大大提高了输入和处理的效率。

2. 类别名称

如果需要进行分类，则选择正确的客户类别。

3. 性质

可根据单位性质选取。

（二）供应商分类及其档案

企业为进行供应商往来管理，则需要将企业中供应商的详细信息录入供应商的档案中，建立供应商档案直接关系到对供应商的统计、汇总和查询等分类处理。供应商信息的内容包括：

1. 供应商编号、名称和简称

供应商编号、名称和简称必须输入，不能与已有的供应商档案重复。

2. 应付余额

应付余额是企业应付给供应商的欠款额。

3. 折扣率

折扣率是供应商给企业的固定折扣率。

4. 信用额度和信用期间

信用额度和信用期间是供应商与企业商定应付款的一般额度，超过这个额度，供应商就发出催款单（函）。

5. 付款条件

付款条件用于采购单据中付款条件的缺省取值。

6. 其他

最后交易日期、最后交易金额、最后付款日期、最后付款金额由计算机自动记录。

三、财务

（一）外币设置

建立新账时如果选择了“有外币核算”，则必须对外币作出设置。外币设置的内容主要包括外币的名称、折算方式、折算汇率。

1. 币符及币名

币符及币名是所定义外币的符号及其名称，币符为必输项。

2. 折算方式

折算方式分为直接汇率与间接汇率两种，用户可以根据外币的使用情况选定汇率的折算方式。直接汇率即“外币×汇率＝本位币”，间接汇率即“外币/汇率＝本位币”。

3. 固定汇率与浮动汇率

“固定汇率”即按照当月月初汇率折算外币；“浮动汇率”即按照当月外币业务发生时的汇率折算。

（二）会计科目

会计科目是填制会计凭证、登记会计账簿、编制会计报表的基础。会计科目是一个完整的体系，是复式记账和分类核算的基础。会计科目设置的完整性影响着会计过程的顺利实施，会计科目设置的层次深度直接影响会计核算的详细、准确程度。

文本：知识点拓展与提示4

1. 科目编码

科目编码是科目的唯一标志，体现上下级逻辑关系，能减少会计科目输入的工作量，便于计算机识别和处理（在传递、汇总、分类等过程中）。科目代码必须是数字码、不能重复，且应符合会计科目编码规则。

2. 科目名称

科目名称是便于人机交流以及企业与外部交流信息。要求一级科目和有些明细科目的名称有规定、只需输入本级科目的名称、在同一上级科目下不能有同名科目。

3. 科目性质

科目性质便于会计核算与管理。《企业会计准则（2007 年）》将会计科目分为 6 大类，首位是“1”代表资产类科目、“2”代表负债类科目、“3”代表共同类科目、“4”代表权益、“5”代表成本、“6”代表损益类科目。因此，科目性质是系统根据录入的科目代码来自动确定。

4. 账户格式

账户格式决定了提供数据的内容和详细程度，一般有金额式、外币金额式、数量金额式、数量外币式。

文本：知识点拓展与提示 5

5. 外币核算

外币核算用于需要进行外币核算的科目，其账户格式一般为外币金额式。从已经设置好的外币中选择本科目核算所用的外币币种。

6. 计量单位

计量单位用于需要进行数量核算的科目，其账户格式一般为数量金额式或数量外币式。根据计量需要可将计量单位设置为公斤、吨、台、件、个等。

7. 科目性质（余额方向）

科目的余额方向一般取决于科目的性质，即一般情况下，资产类科目余额在借方；负债类科目余额在贷方；所有者权益类科目余额在贷方；成本类科目余额在借方；收入收益类科目余额在贷方；费用类科目余额在借方。但某些科目例外，如增加“坏账准备”科目时，其性质为资产类科目，但其余额为贷方。因此，设置科目性质后可以根据需要修改科目的余额方向。

8. 辅助核算

选择辅助核算其作用相当于会计手工处理下给某科目设置了明细账。辅助核算包括部门核算、个人往来、客户往来、供应商往来、项目核算和自定义项。科目设置辅助核算后，系统自动为该科目开设辅助账，用于统计明细。例如，将“应收账款”科目设置为“客户往来”，则系统中已存在的所有客户就成为本科目的明细账。有辅助核算的科目发生业务时，系统要求录入该科目相应的辅助核算，系统自动将该科目金额记录到辅助账中，总账科目金额应等于辅助账金额合计。

文本：知识点拓展与提示 6

9. 指定会计科目

指定会计科目是指指定出纳员专管的会计科目，只有指定会计科目后才能执行出纳签字，从而实现现金科目、银行科目的保密性管理，以及查看现金、银行存款日记账。

指定会计科目包括三项指定：指定为“现金科目”则本科目为日记账科目，是出纳员的专管科目；指定为“银行科目”则本科目既是日记账科目，属于出纳员的专管科目，又是银行科目，即每月至少和银行对账一次；指定为“现金流量科目”则本科目与现金流量表的编制有关。

现金流量表编制有两种方法：一是利用总账中的现金流量辅助核算编制；二是利用专门的现金流量表软件编制。采用第一种方法时必须通过指定设置现金流量科目。

（三）凭证类别

为了便于管理或登账方便，一般对记账凭证进行分类编制，系统提供了五种凭证类别设置的方法，凭证类别设置的内容包括类别名称、限制类型、限制科目。

1. 类别名称

类别名称分为全称和简称（即类别字），如收款凭证（简称“收”）等。

2. 限制类型和限制科目

其作用是防止凭证类型错误。某些类别的凭证在制单时对科目有一定的限制，通常系统有 5 中限制类型供选择：

（1）借方必有：制单时，此类凭证借方至少有一个限制科目有发生额；

（2）贷方必有：制单时，此类凭证贷方至少有一个限制科目有发生额；

（3）凭证必有：制单时，此类凭证无论借方还是贷方至少有一个限制科目有发生额；

（4）凭证必无：制单时，此类凭证无论借方还是贷方不可有一个限制科目有发生额；

（5）无限制：制单时，此类凭证可使用所有合法的科目。

限制科目由用户输入，可以是任意级次的科目，科目之间用逗号分隔，数量不限；也可参照输入，但不能重复录入。

在录入凭证之前，应进行凭证类别的设置；已使用的凭证类别不能删除，也不能修改类别字；若限制科目为非末级科目，则在制单时，其所有下级科目都将受到同样的限制。

文本：知识点拓展与提示 7

（四）项目目录

企业在实际业务处理中可以将具有相同特性的一类项目定义成一个项目大类，例如，在建工程、对外投资、技术改造项目、项目成本管理、合同等均可设为一个项目大类。一个项目大类可以核算多个项目，如在建工程项目大类中可以包含多个工程项目。为了便于管理，我们还可以对这些项目进行分类管理。

项目核算与管理的首要步骤是设置项目档案，包括：增加或修改项目大类，定义项目核算科目、项目分类、项目栏目结构，并进行项目目录的维护。

1. 核算科目

在总账系统“会计科目”功能中设置项目辅助核算，如对产成品、生产成本、商品采购、库存商品、在建工程、科研课题、科研成本等科目设置项目核算的辅助账类。

2. 项目分类定义

为了便于统计，可对同一项目大类下的项目进行进一步划分，这就需要进行项目分类的定义。

3. 项目结构

一个项目除了项目名称外，有时还应加一些其他备注说明，如课题项目可以设置课题名称、课题性质、课题承担单位、课题负责人等备注说明，这些备注说明均可以设置为项目栏目。

4. 项目目录

项目目录可以列出所选项目大类下的所有项目。

四、收付结算

收付结算主要包括结算方式和付款条件的设置，这里主要介绍结算方式。

结算方式用于管理企业在经营活动中所涉及的结算问题，如现金结算、支票结算等。结算方式最多可以分为2级。结算方式一旦被引用，不能进行修改和删除的操作。

1. 结算方式编码

用以标识某种结算方式。企业必须按照结算方式编码级次的先后顺序来进行录入，录入值必须唯一。

2. 结算方式名称

根据企业的实际情况，必须录入所用结算方式的名称，录入值必须唯一。结算方式名称最多可写6个汉字（或12个字符）。

3. 票据管理标志

根据企业实际情况，通过单击复选框来选择该结算方式下的票据是否要进行票据管理，即该结算方式下的票据是否要进行支票登记簿管理。

五、其他

这里主要介绍常用摘要。企业在处理日常业务数据时，在输入单据或凭证的过程中，因为业务的重复性较大，经常会有许多摘要完全相同或大部分相同，如果将这些常用摘要存储起来，在输入单据或凭证时随时调用，必将大大提高业务处理效率。

1. 常用摘要编码

用以标识某常用摘要。在制单中录入摘要时，用户只要在摘要区输入该常用摘要的编码，系统即自动调入该摘要正文和相关科目。

2. 常用摘要正文

结合本单位的实际情况，输入常用摘要的正文。

3. 相关科目

如果某条常用摘要对应某科目，则可以在此输入，在调用常用摘要的同时，也将被一同调入，以提高录入速度。

第四节　权限管理

一、数据权限控制设置

本功能是数据权限设置的前提，用户可以根据需要先在数据权限默认设置表中选择需要进行权限控制的对象，数据权限的控制分为记录级和字段级两个层次，对应系统中的两个页签“记录级”和“字段级”，系统将自动根据该表中的选择在数据权限设置中显示所选对象。其中，敏感数据权限控制是对不同业务对象（如单据、报表、列表、参照等）同一含义的字段统一控制数据权限，以避免用户对每个业务对象都要进行权限设置及分配，提高了字段级权限控制的易用性。系统预置了 3 个敏感业务对象：存货、供应商、客户。

账套主管不参加数据权限分配。

二、数据权限分配

在系统管理中定义角色或用户，并分配完成功能级权限后才能进行“数据权限分配”。数据权限分配包括记录权限分配和字段权限分配。

记录权限分配是指对具体业务对象进行权限分配。包括对科目、工资权限、用户、仓库的权限分配。

字段权限分配是对单据中包含的字段进行权限分配，是出于安全保密性考虑，对一些单据或者列表中有些栏目限制查看权限，如限制仓库保管员看到出入库单据上的有关商品价格信息。

三、金额权限分配

用于设置用户可使用的金额级别，对业务对象提供金额级权限设置，包括采购订单的金额审核额度、科目的制单金额额度。

在设置这两个金额权限之前必须先设定对应的金额级别，金额级别总共分六级，从级别一至六，金额必须逐级递增，不允许有中间为空的情况存在，但允许最后有不设置的级别存在。对于科目来说，可以根据需要设置对应科目的金额级别，可以直接对上级科目设置级别，也可以明细到末级进行级别设置，但不允许对有上下级关系的科目同时进行级别设置。采购订单的金额审核级别设置一条记录即可。

四、功能权限转授

功能权限转授实现了除系统管理员外允许其他用户进行功能权限的授权，以减少系统管理员的压力和责任，完善功能权限的管理，提供功能权限授权的灵活性。只有系统管理员才可以指定哪个用户有权进行权限转授。

实验二　企业应用平台基础设置

【实验准备】

已经完成了实验一的操作，可以引入 E 盘中“会计信息系统实训教程”文件夹中“实验一”的备份数据，将系统日期修改为“2019 年 8 月 1 日”。

【实验内容】

（1）启用总账系统；
（2）设置部门档案、人员类别和人员档案；
（3）设置客户分类、客户档案和供应商档案；
（4）总账系统参数设置；
（5）基础档案设置：会计科目、凭证类别、外币设置、项目目录等。

【实验资料】

1. 系统启用
启用总账系统，启用日期为 2019 年 8 月 1 日。
2. 部门档案
部门档案如表 3－1 所示。

表 3－1　部门档案

部门编码	部门名称
1	总经理办公室
2	人事部
3	财务部
4	市场部
401	供应科
402	销售科
5	生产车间

3. 人员类别

（1）修改一级类别名称，增加二级类别。将“正式工”名称修改为“正式人员”；在“正式人员（101）”类别下增加二级类别，如表 3－2 所示。

表 3－2　正式人员二级类别

分类编码	分类名称
10101	企业管理人员
10102	经营人员
10103	车间管理人员
10104	甲产品生产人员
10105	乙产品生产人员

（2）增加一级类别：退休人员（编码 102）。

4. 人员档案

（1）正式人员档案，如表 3－3 所示。

表 3－3　正式人员档案

职员编码	职员姓名	性别	人员类别	所属部门	是否业务员
001	马璐	男	企业管理人员	总经理办公室	是
002	李杰	男	企业管理人员	总经理办公室	是
003	赵菲	女	企业管理人员	人事部	是
004	韩冬	男	企业管理人员	财务部	是
005	夏雪	女	企业管理人员	财务部	是
006	申秋	男	企业管理人员	财务部	是
007	刘佳	男	经营人员	供应科	是
008	吴军	男	经营人员	销售科	是
009	孙媛	女	车间管理人员	生产车间	是
010	肖宏	男	甲产品生产人员	生产车间	是
011	季伟	男	乙产品生产人员	生产车间	是

（2）退休人员档案，如表 3－4 所示。

表 3－4　退休人员档案

职员编码	职员姓名	性别	人员类别	所属部门	是否业务员
012	黎明	男	退休人员	人事部	是
013	郭成	男	退休人员	人事部	是

5. 客户分类（见表3－5）

表3－5　客户分类

类别编码	类别名称
1	北京地区
2	上海地区
3	东北地区
4	华北地区
5	西北地区

6. 客户档案（见表3－6）

表3－6　客户档案

客户编码	客户简称	所属分类
01	北京华景公司	1（北京地区）
02	北京远洋公司	1（北京地区）
03	上海白云公司	2（上海地区）
04	上海锦江公司	2（上海地区）
05	鞍山钢铁厂	3（东北地区）
06	山西金成公司	4（华北地区）
07	兰州新风公司	5（西北地区）

7. 供应商档案（见表3－7）

表3－7　供应商档案

供应商编码	供应商简称	所属分类
01	畅想公司	00
02	联创公司	00
03	中信公司	00
04	大华加工厂	00

视频：外币设置

8. 外币设置（见表3－8）

表3－8 外币设置

币名	币符	汇率方式	记账汇率
美元	USD	固定汇率	1∶6.872
日元	JPY	浮动汇率	1∶0.063

9. 增设和修改会计科目（见表3－9）

表3－9 会计科目

科目名称	方向	辅助核算	币别、计量
库存现金（1001）	借	日记账	
银行存款（1002）	借	银行账、日记账	
工行存款（100201）	借	银行账、日记账	
中行存款（100202）	借	银行账、日记账	美元
应收票据（1121）	借	客户往来	
应收账款（1122）	借	客户往来	
预付账款（1123）	借	供应商往来	
其他应收款（1221）	借	个人往来	
原材料（1403）	借		
生产用（140301）	借	数量核算	吨
其他（140302）	借	数量核算	吨
库存商品（1405）	借		
甲产品（140501）	借	数量核算	件
乙产品（140502）	借	数量核算	件
周转材料（1411）	借		
包装物（141101）	借		
低值易耗品（141102）	借		
固定资产（1601）	借		
办公楼（160101）	借		
厂房（160102）	借		
A生产线（160103）	借		
B生产线（160104）	借		
办公设备（160105）	借		

续表

科目名称	方向	辅助核算	币别、计量
应付票据（2201）	贷	供应商往来	
应付账款（2202）	贷	供应商往来	
预收账款（2203）	贷	客户往来	
应付职工薪资（2211）	贷		
应付工资（221101）	贷		
应付福利费（221102）	贷		
工会经费（221103）	贷		
应交税费（2221）	贷		
应交增值税（222101）	贷		
进项税额（22210101）	贷		
销项税额（22210102）	贷		
应交消费税（222102）	贷		
应交城市维护建设税（222103）	贷		
应交教育费附加（222104）	贷		
应交所得税（222105）	贷		
利润分配（4104）	贷		
未分配利润（410401）	贷		
生产成本（5001）	借		
直接材料（500101）	借	项目核算	
直接人工（500102）	借	项目核算	
制造费用（500103）	借	项目核算	
主营业务收入（6001）	贷		
甲产品（600101）	贷	数量核算	件
乙产品（600102）	贷	数量核算	件
主营业务成本（6401）	借		
甲产品（640101）	借	数量核算	件
乙产品（640102）	借	数量核算	件
管理费用（6602）	借		
工资（660201）	借	部门核算	
福利费（660202）	借	部门核算	

续表

科目名称	方向	辅助核算	币别、计量
招待费（660203）	借	部门核算	
办公费（660204）	借	部门核算	
差旅费（660205）	借	部门核算	
折旧费（660206）	借	部门核算	
其他（660207）	借	部门核算	

10. 指定会计科目

指定现金科目为“1001 库存现金”；指定银行科目为“1002 银行存款”；指定现金流量科目为“1001 库存现金”“1002 银行存款”“1012 其他货币资金”。

视频：指定会计科目

11. 设置项目目录（见表 3－10）

表 3－10　项目目录

项目设置步骤	设置内容
第一步：项目大类	生产成本项目
第二步：核算科目	直接材料（500101） 直接人工（500102） 制造费用（500103）
第三步：项目分类	1. 自制产品　2. 委托加工产品
第四步：项目名称	甲产品所属分类：1 乙产品所属分类：2

视频：设置凭证类别

12. 设置凭证类别（见表 3－11）

表 3－11　凭证类别

类别名称	限制类型	限制科目
收款凭证	借方必有	1001，1002
付款凭证	贷方必有	1001，1002
转账凭证	凭证必无	1001，1002

13. 设置结算方式（见表 3－12）

表 3－12　结算方式

编号	结算方式	是否票据管理	编号	结算方式	是否票据管理
1	支票		4	商业汇票	
101	现金支票	是	401	商业承兑汇票	
102	转账支票	是	402	银行承兑汇票	
2	电汇		5	借款凭证	
3	银行汇票				

14. 账套备份

设置完成，对账套进行备份。

【实验指导】

实验指导 1：系统启用

（1）执行“开始｜程序｜用友 ERP－U8V10.1｜企业应用平台”命令（或单击桌面的企业应用平台），打开注册“企业应用平台”对话框。输入用户名为“001”；在“账套”下拉列表框中选择自己的账套；单击“确定”按钮，进入“用友 ERP－U8V10.1｜企业应用平台”窗口，如图 3－2 所示。

文本：知识点拓展与提示 8

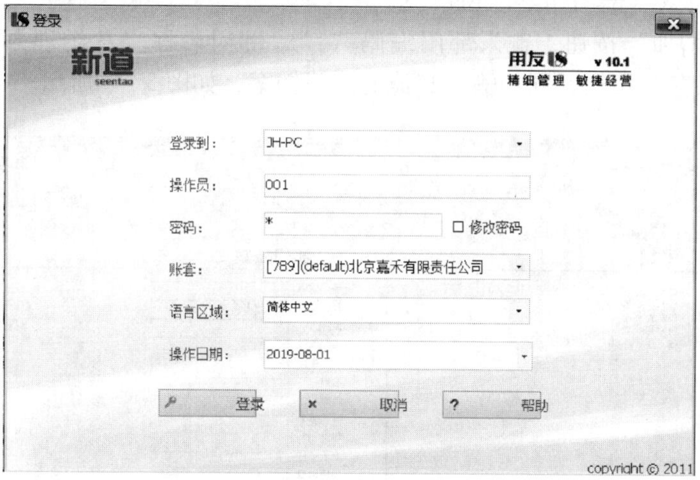

图 3－2　企业应用平台

（2）单击“确定”按钮，打开“用友 ERP－U8V10.1｜企业应用平台”窗口。

（3）单击“基础设置”，打开“基本信息”窗口。双击“系统启用”，选中“GL 总账”前的复选框，弹出“日历”对话框。

（4）选择“日历”对话框中的“2019 年 08 月 01 日”，如图 3－3 所示。

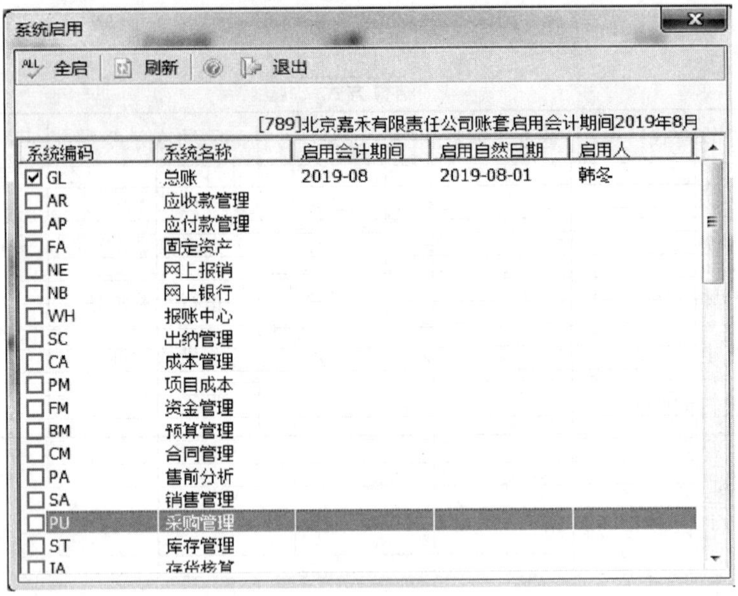

图 3－3　系统启用

（5）单击“确定”按钮，系统提示“确实启用当前系统吗?”信息提示框，单击“是”按钮，完成总账系统的启用。

文本：知识点拓展与提示 9

实验指导 2：部门档案

（1）在“基础设置”选项卡中，执行“基础档案”|“机构人员”|“部门档案”命令，进入“部门档案”窗口。

（2）单击“增加”按钮，输入部门编码“1”，部门名称“总经理办公室”，单击“保存”按钮，同理输入其他的部门档案，如图 3－4 所示。

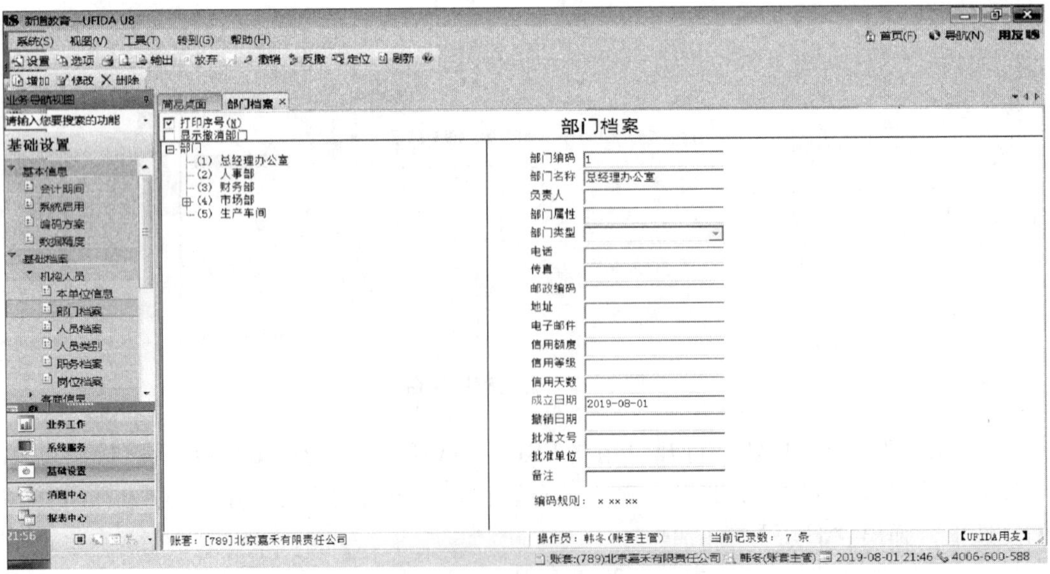

图 3－4　设置部门档案

实验指导3：人员类别

1. 修改一级类别名称并增加二级类别

在“基础设置”选项卡中，执行“基础档案”|“机构人员”|“人员类别”，将一级类别“正式工”名称修改为“正式人员”。单击“增加”按钮，进入“增加档案项”窗口，在“档案编码”输入“10101”，档案名称内输入“企业管理人员”，单击“确定”。依此类推分别输入“经营人员”“车间管理人员”“甲产品生产工人”和“乙产品生产工人”，如图3－5所示。

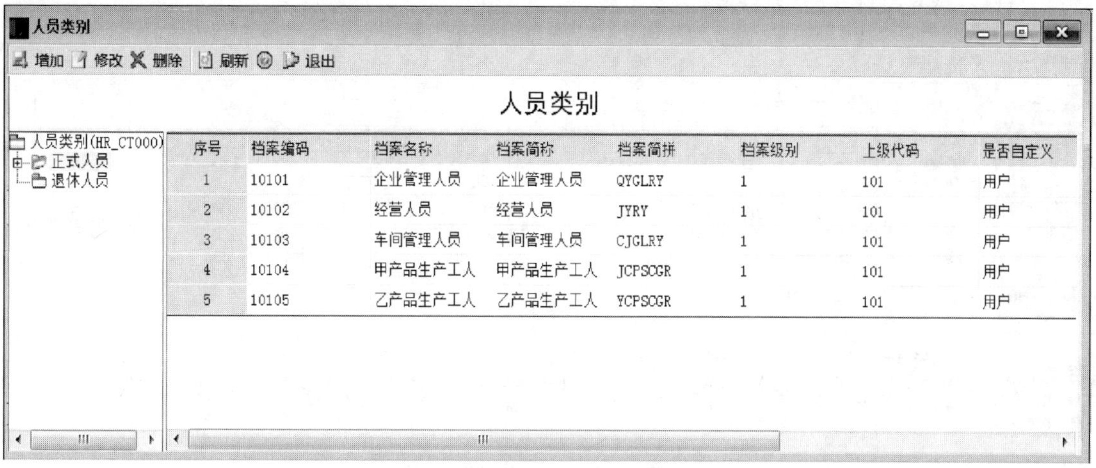

图3－5 增加二级人员类别

2. 增加一级类别“退休人员”

执行“基础设置|基础档案|机构人员|人员类别”命令，单击“增加”进入“增加档案项”窗口，增加一级类别“退休人员”，单击“确定”，如图3－6所示。

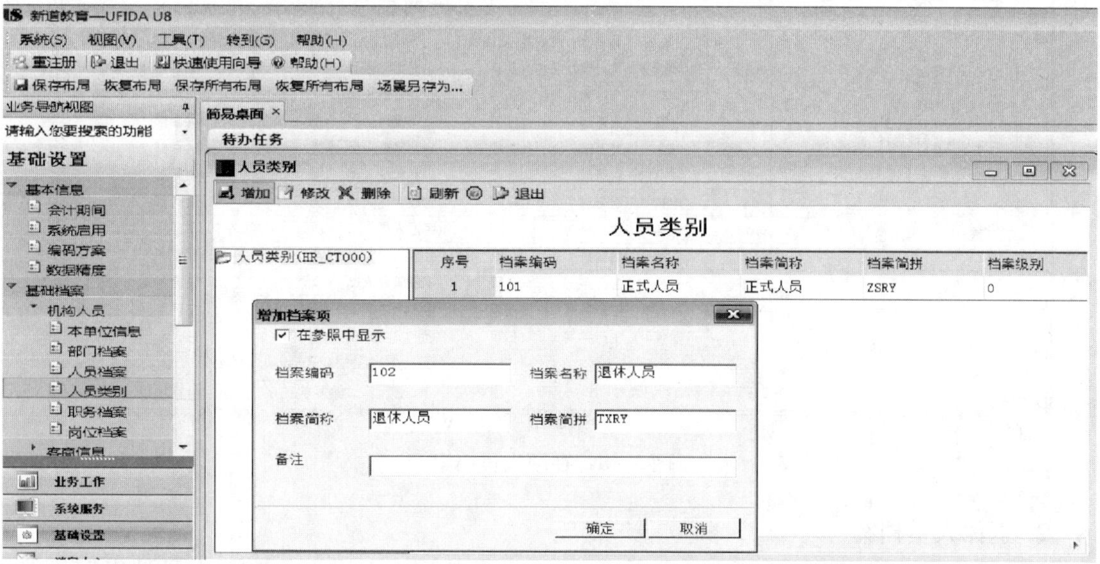

图3－6 增加一级人员类别

实验指导4：正式人员档案

1. 正式人员档案

（1）执行“基础设置｜基础档案｜机构人员｜人员档案”命令，进入“人员列表”窗口。

（2）单击左窗口“部门类别”下的“总经理办公室”。单击“增加”按钮，雇用状态全部为“在职”，根据实验资料输入人员信息，如图3－7所示。

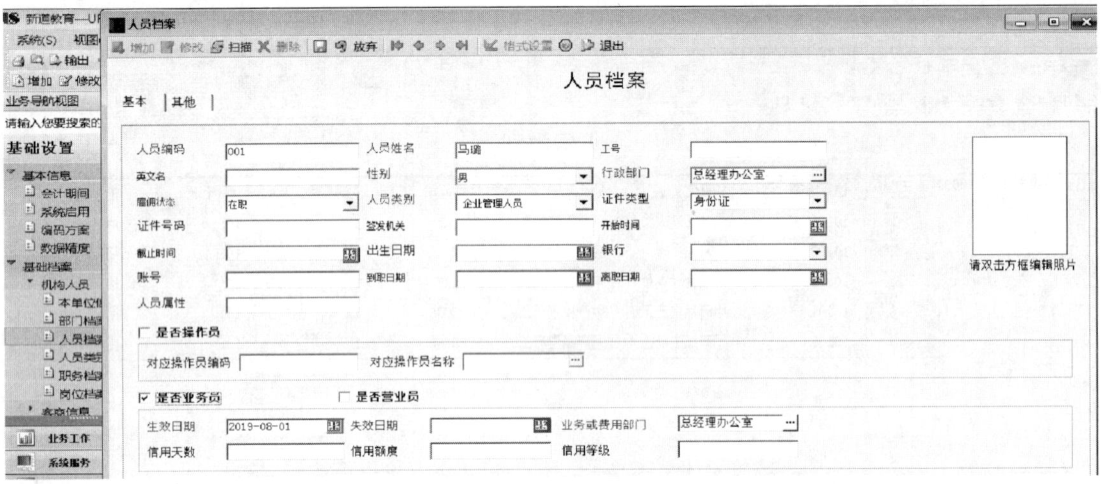

图3－7 增加人员档案

（3）单击“保存”按钮。同理依次输入其他人员档案，如图3－8所示。

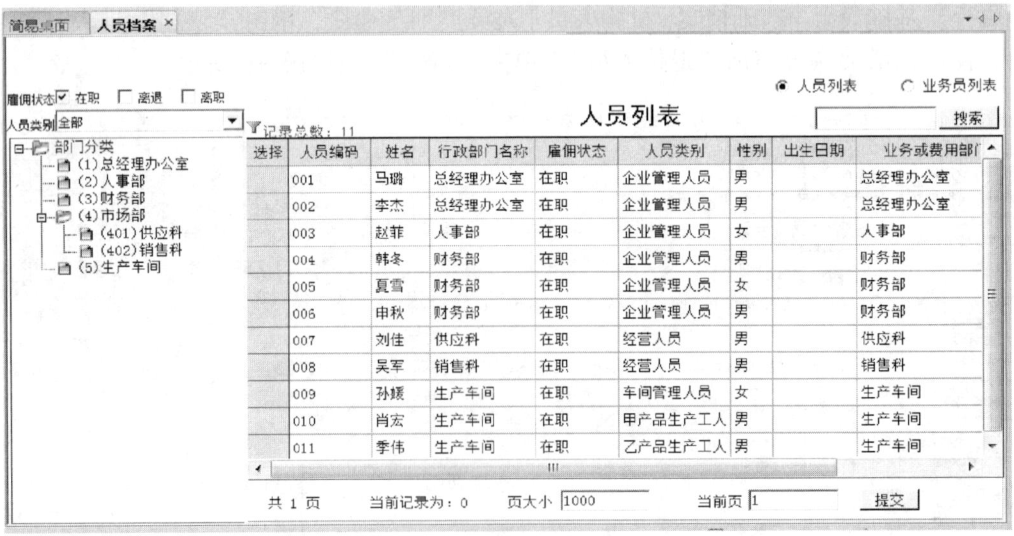

选择	人员编码	姓名	行政部门名称	雇佣状态	人员类别	性别	出生日期	业务或费用部门
	001	马璐	总经理办公室	在职	企业管理人员	男		总经理办公室
	002	李杰	总经理办公室	在职	企业管理人员	男		总经理办公室
	003	赵菲	人事部	在职	企业管理人员	女		人事部
	004	韩冬	财务部	在职	企业管理人员	男		财务部
	005	夏雪	财务部	在职	企业管理人员	女		财务部
	006	申秋	财务部	在职	企业管理人员	男		财务部
	007	刘佳	供应科	在职	经营人员	男		供应科
	008	吴军	销售科	在职	经营人员	男		销售科
	009	孙媛	生产车间	在职	车间管理人员	女		生产车间
	010	肖宏	生产车间	在职	甲产品生产工人	男		生产车间
	011	季伟	生产车间	在职	乙产品生产工人	男		生产车间

图3－8 在职人员档案

2. 退休人员档案

（1）在“基础设置”选项卡中，执行“基础档案”｜“机构人员”｜“人员档案”命令，进入“人员列表”，单击“增加”按钮，打开“人员档案”窗口。

（2）单击左窗口“部门类别”下的“人事部”，单击“增加”按钮，根据实验资料输入人员信息，单击“保存”按钮。同理依次输入其他人员档案，如图 3－9 所示。

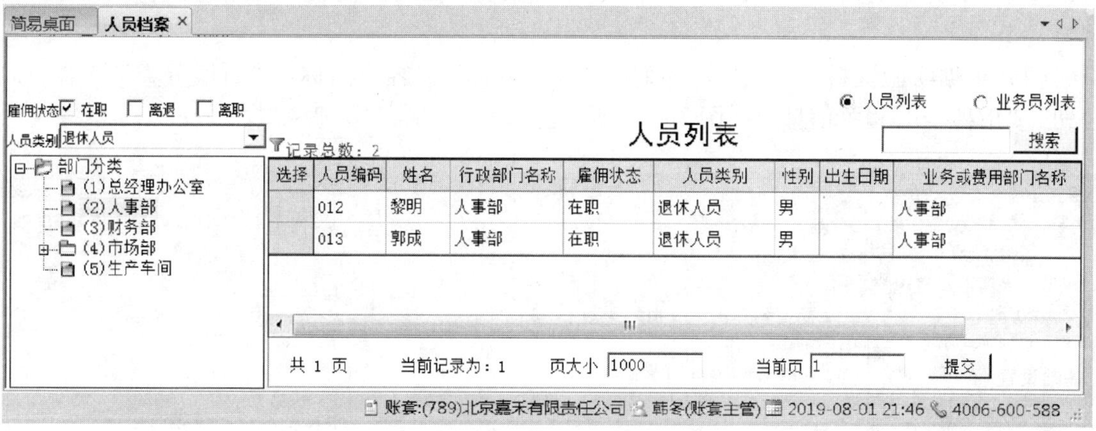

图 3－9　退休人员

实验指导 5：客户分类

（1）执行“基础设置｜基础档案｜客商信息｜客户分类”，进入“客户分类”窗口。

（2）单击工具栏中的“增加”按钮，根据实验资料输入客户分类信息，如图 3－10 所示。

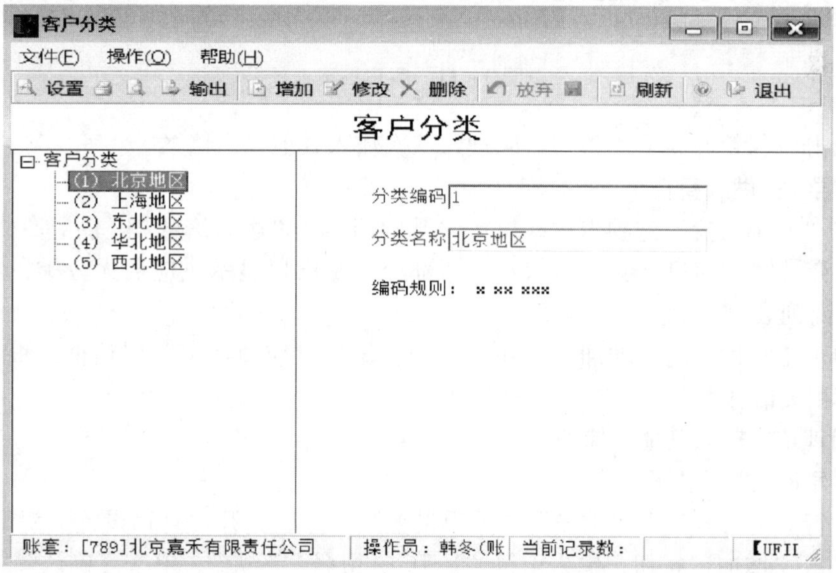

图 3－10　客户分类

实验指导 6：客户档案

（1）在“基础设置”选项卡中，执行“基础档案”｜“客商信息”｜“客户档案”命令，打开“客户档案”窗口。窗口显示左右两部分，左窗口显示已经设置的客户分类，单击选中某一客户分类，右窗口显示该分类下所有的客户列表。

（2）单击工具栏中的“增加”按钮，打开“增加客户档案”对话框。对话框共包括 4 个选项卡，即“基本”“联系”“信用”“其他”，用于对客户不同的属性分别归类记录。

（3）根据实验资料输入“客户编码”“客户名称”“客户简称”“所属分类”“客户总公司”“币种”等相关信息，如图 3－11 所示。

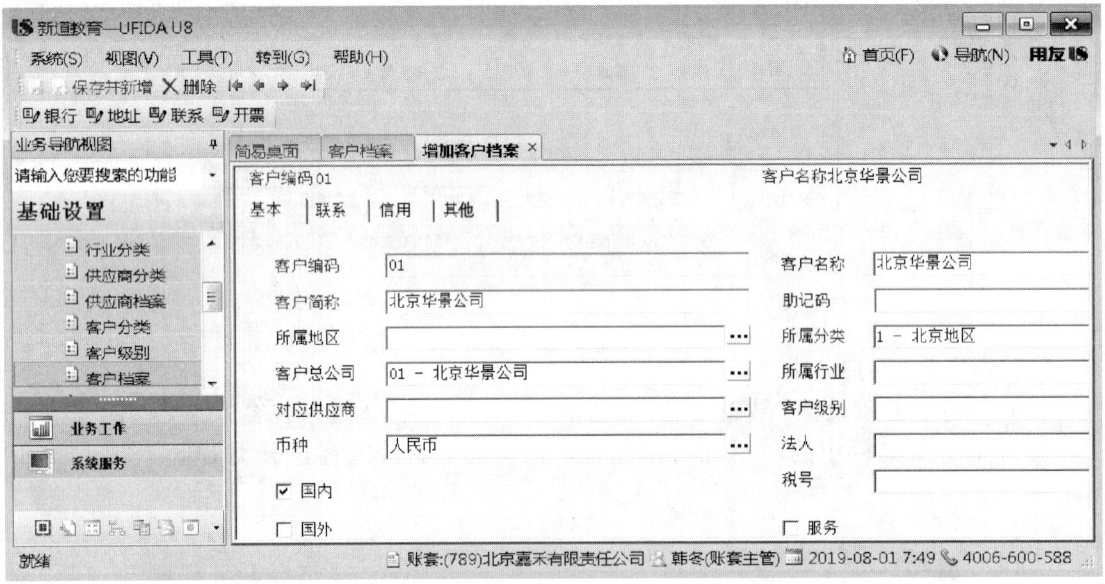

图 3－11 客户档案

（4）单击“保存并新增”按钮。同理，依次输入其他客户档案。

实验指导 7：供应商档案

（1）在“基础设置”选项卡中，执行“基础档案”|“客商信息”|“供应商档案”命令，打开“供应商档案”窗口。窗口显示左右两部分，左窗口显示供应商无分类，右窗口显示所有的供应商列表。

（2）单击工具栏中的“增加”按钮，打开“增加供应商档案”对话框，根据实验资料输入供应商相关信息。

（3）同理依次输入其他供应商档案。

实验指导 8：外币设置

（1）执行“基础档案”|“财务”|“外币设置”命令，打开“外币设置”对话框。

（2）单击“增加”按钮，输入币符“USD”、币名“美元”，单击“确认”按钮。

（3）输入 8 月份的记账汇率 6.872，如图 3－12 所示。

（4）单击“增加”按钮，输入日元的币符、币名及汇率，单击“退出”按钮。

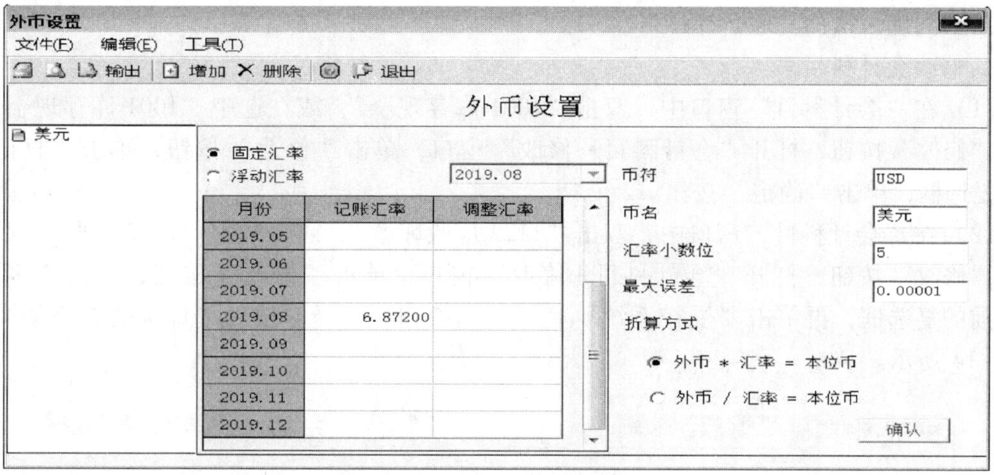

图 3-12 设置外币及汇率

实验指导 9：增设和修改会计科目

1. 增设会计科目

（1）执行“基础设置|基础档案|财务|会计科目”，打开“会计科目”窗口。

（2）单击“增加”按钮，打开“会计科目—新增”窗口。

（3）输入科目编码“100201”、科目中文名称“工行存款”，选中“日记账”“银行账”复选框，单击“确定”，如图 3-13 所示。

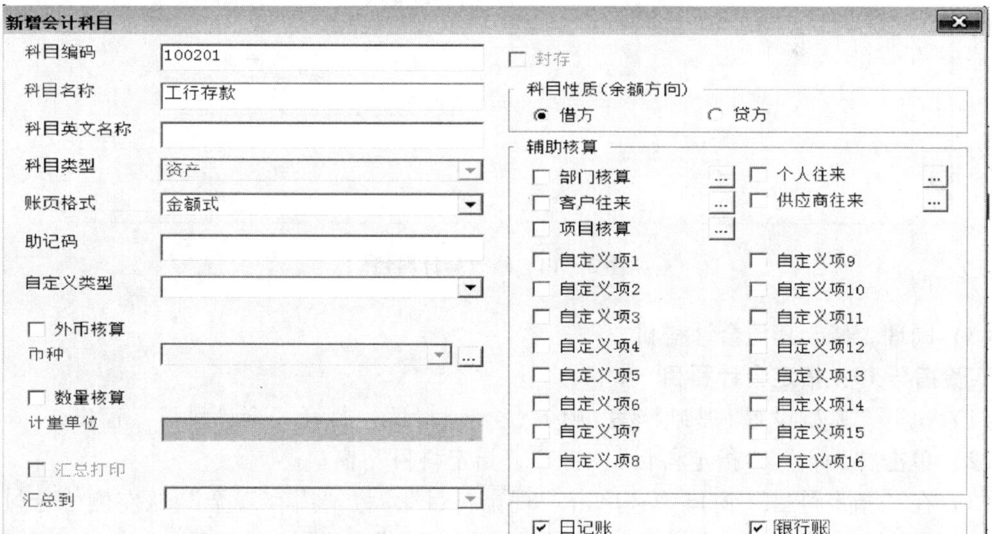

图 3-13 新增会计科目

（4）同理，增加其他会计科目。

2. 修改会计科目

（1）在“会计科目”窗口中，双击“1001 库存现金”，或在选中“1001 库存现金”后单击“修改”按钮，打开“会计科目—修改”窗口，单击“修改”按钮，单击“日记账”前的复选框，单击“确定”按钮。

（2）在“会计科目”窗口中，双击“1122 应收账款”，或在选中“1122 应收账款”后单击“修改”按钮，打开“会计科目—修改”窗口，单击“修改”按钮，单击“客户往来”前的复选框，再单击“受控系统”栏下三角按钮，选择空白处（即无受控系统），如图 3－14 所示。

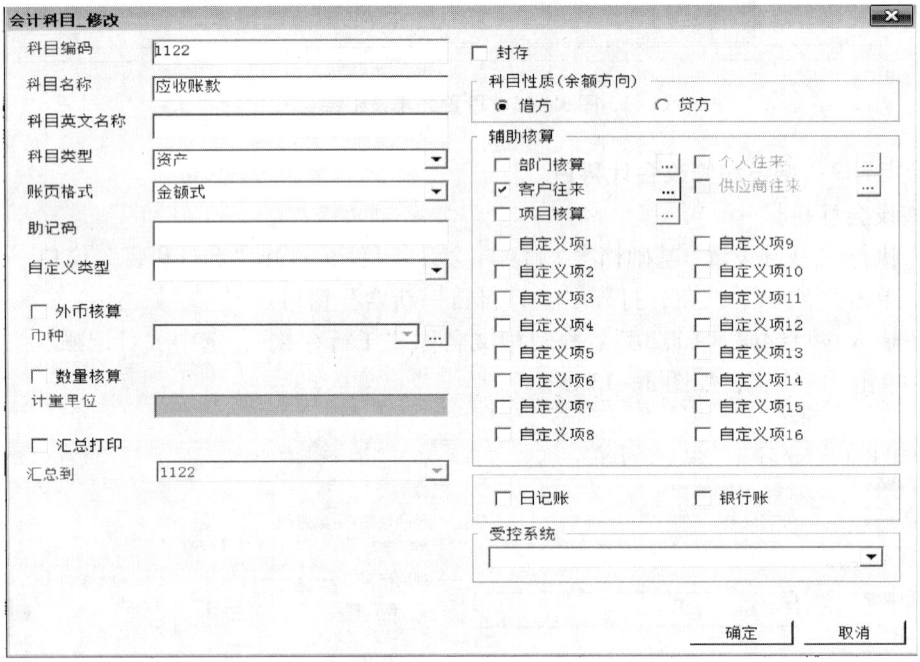

图 3－14　修改会计科目

（3）同理，修改其他会计科目。

实验指导 10：指定会计科目

（1）执行“基础设置｜基础档案｜财务｜会计科目”，打开“会计科目”窗口。

（2）单击“编辑”｜“指定科目”，打开“指定科目”窗口。

（3）在“指定科目”窗口中，单击“现金科目”，将“库存现金”从左侧待选科目选到右侧已选科目（单击“＞”按钮），即将“库存现金”科目指定为现金科目，如图 3－15 所示。

（4）同理，指定“银行科目”和“现金流量科目”，选中对应的科目，再单击“＞”按钮。指定完成后，单击“确认”按钮，退出。

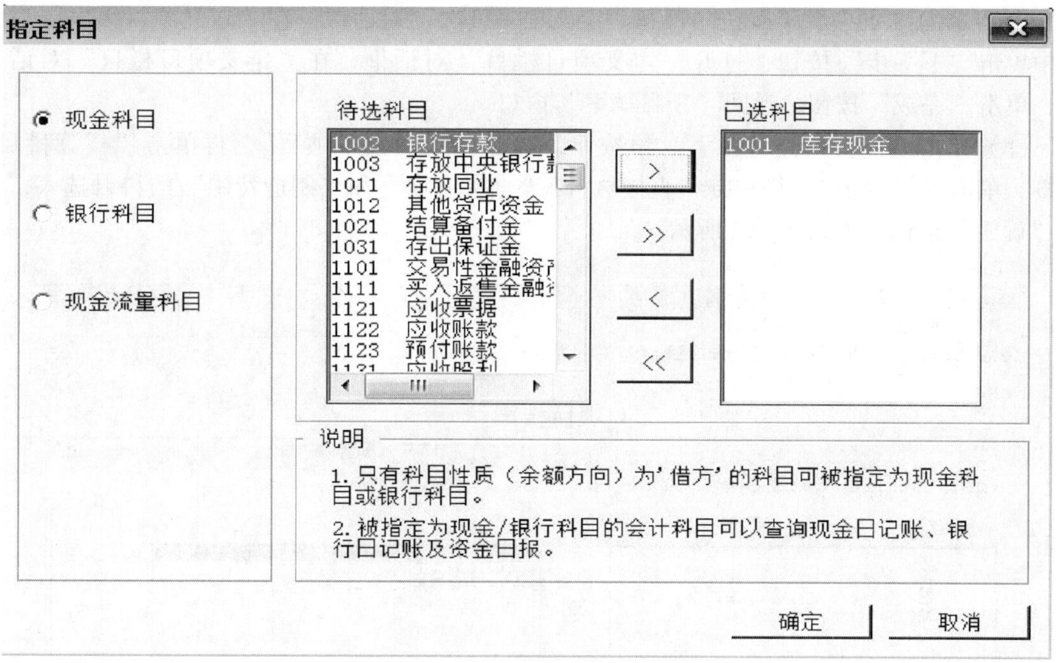

图 3 – 15　指定会计科目

实验指导 11：设置项目目录

（1）执行“基础设置”|“财务”|“项目目录”命令，打开“项目目录”对话框。

（2）单击“增加”按钮，打开“项目大类定义—增加”对话框。

（3）输入新项目大类名称“生产成本项目”，如图 3 – 16 所示。

视频：项目目录设置

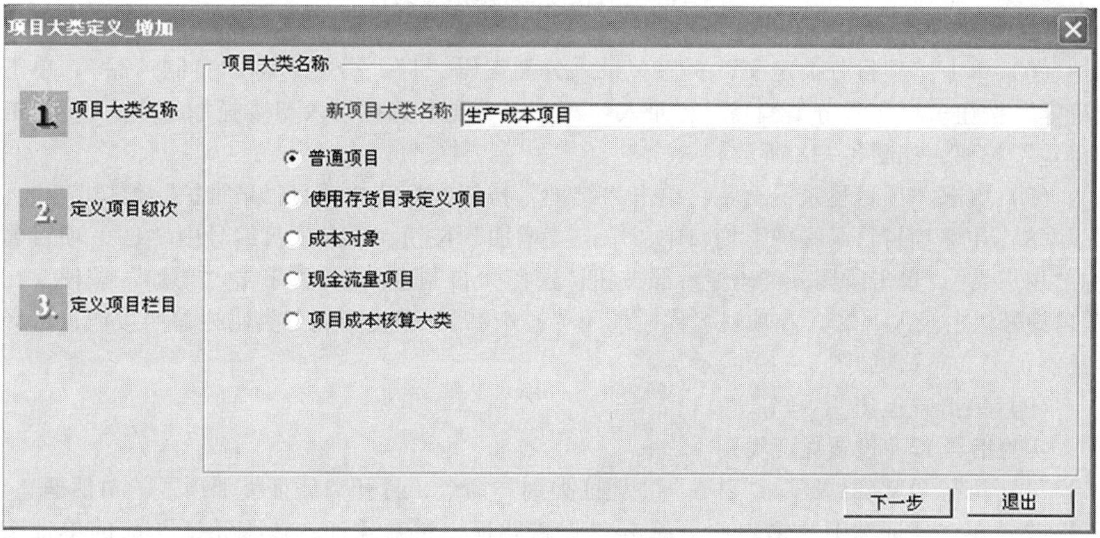

图 3 – 16　增加生产成本项目大类

（4）单击“下一步”按钮，打开“定义项目级次”对话框，在“定义项目级次”对话框中单击“下一步”按钮，打开“定义项目栏目”对话框，在“定义项目栏目”对话框中，单击“完成”按钮，返回“项目档案”窗口。

（5）单击“项目大类”栏下三角按钮，选择“生产成本项目”，再单击“核算科目”页签，单击“》”按钮。将左方“直接材料”“直接人工”和“制造费用”的科目选入，单击“确定”按钮，如图 3－17 所示。

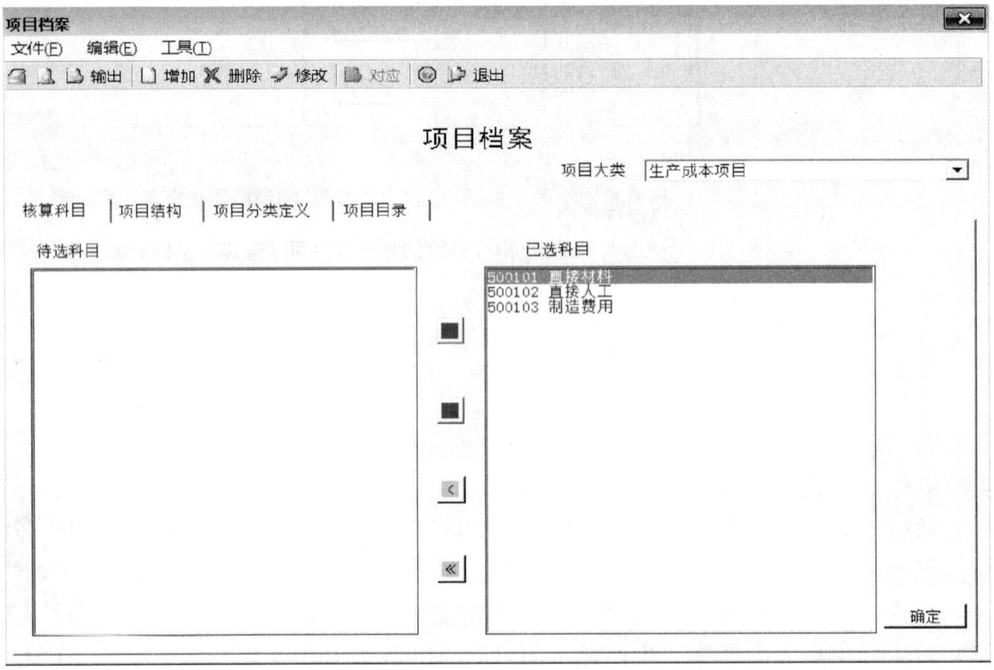

图 3－17　项目档案—选择核算科目

（6）单击“项目分类定义”页签。录入分类编码“1”，分类名称“自制产品”，单击“确定”按钮。再在“分类编码”栏录入“2”，在分类名称栏录入“委托加工产品”，单击“确定”按钮，如图 3－18 所示。

（7）单击“项目目录”页签，单击“维护”按钮，打开“项目目录维护”窗口。

（8）在“项目目录维护”窗口中，单击“增加”按钮，录入项目编号中“1”，项目名称“甲产品”，单击所属分类码栏参照按钮，选择“自制产品”；再单击“增加”按钮，在项目编号栏中录入“2”，在项目名称栏录入“乙产品”，单击所属分类码栏参照按钮，选择“委托加工产品”，如图 3－19 所示。

（9）单击“退出”，按钮。

实验指导 12：设置凭证类别

（1）执行“基础档案”|“财务”|“凭证类别”命令，打开“凭证类别预置”对话框。

（2）在“凭证类别”窗口中，单击“收款凭证、付款凭证、转账凭证”前的单选按钮，如图 3－20 所示。

（3）单击“确定”按钮，打开“凭证类别”窗口。

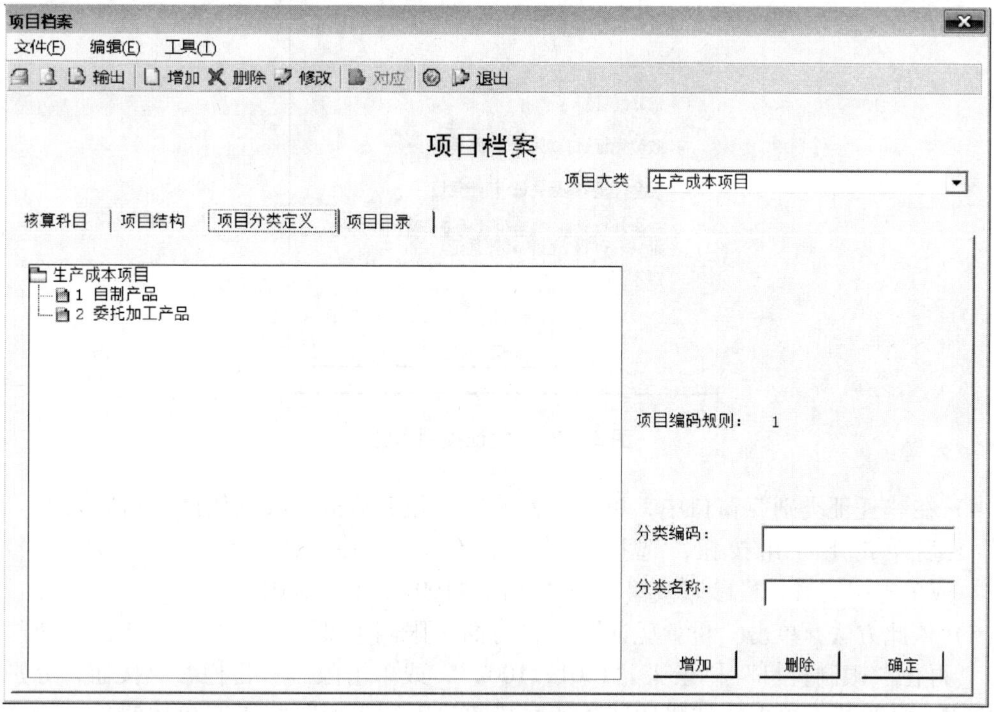

图 3－18　项目档案—项目分类

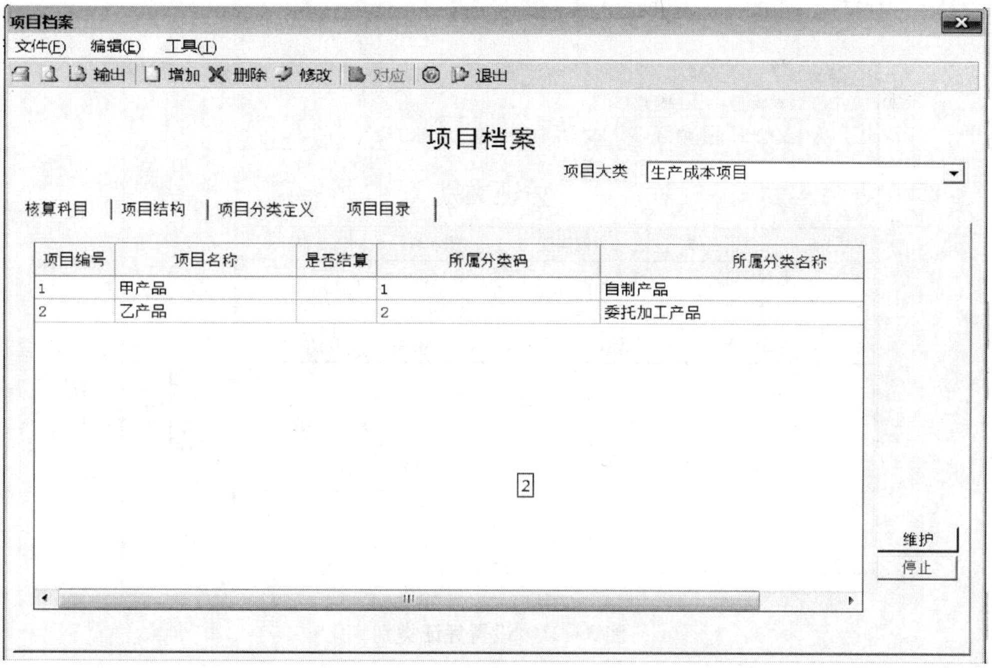

图 3－19　项目维护

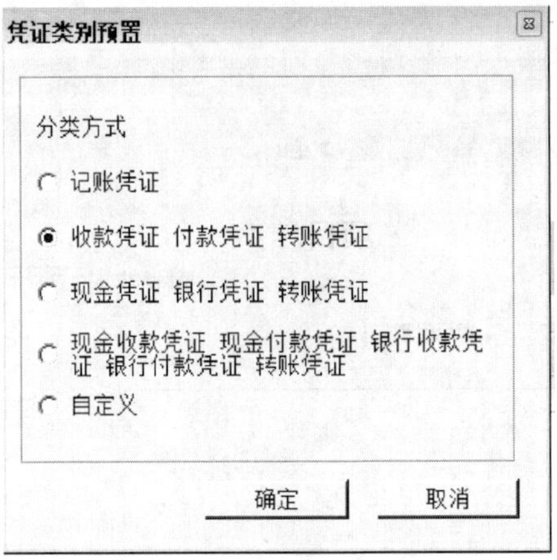

图 3－20　凭证类别预置

（4）在“凭证类别”窗口中，单击“修改”按钮后双击“收款凭证”所在行的“限制类型”栏后单击下三角按钮，选择“借方必有”，再在“限制科目”栏录入“1001，1002”，或单击限制科目栏参照按钮，分别选择“1001”及“1002”。

（5）依此方法，单击“付款凭证”所在行的“限制类型”栏下三角按钮，选择“贷方必有”，再在“限制科目”栏录入“1001，1002”，或单击限制科目栏参照按钮，分别选择“1001”及“1002”。单击“转账凭证”所在行的“限制类型”栏下三角按钮，选择“凭证必无”，再在“限制科目”栏录入“1001，1002”，或单击限制科目栏参照按钮，分别选择“1001”及“1002”，如图 3－21 所示。

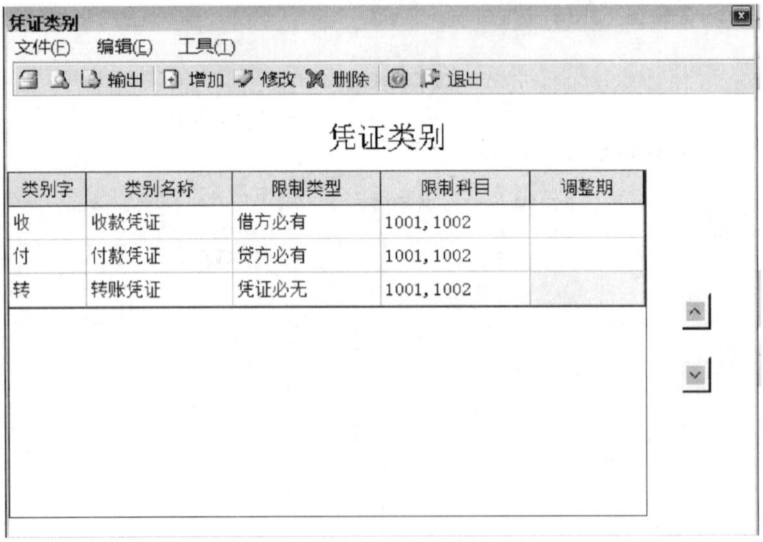

图 3－21　设置凭证类别

（6）单击“退出”按钮。

实验指导 13：设置结算方式

（1）执行“基础档案”|“收付结算”|“结算方式”命令，打开“结算方式”对话框。

（2）单击“增加”按钮，录入结算方式编码“1”，输入结算方式名称“支票”，单击“保存”按钮，再单击“增加”按钮，录入编码“101”，输入结算方式名称“现金支票”，依此方法继续录入其他的结算方式，如图3－22所示。

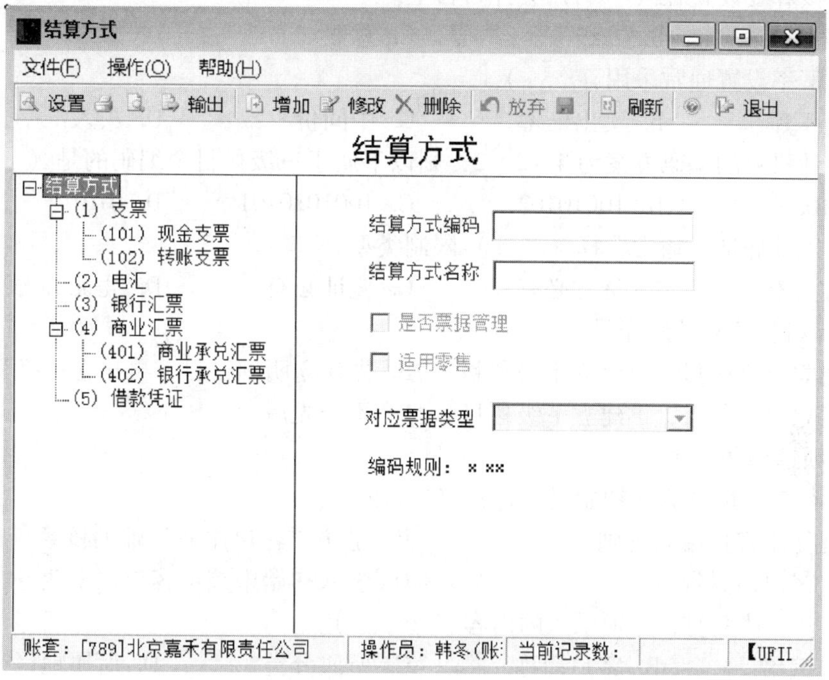

图3－22　结算方式

（3）单击“退出”按钮。

实验指导14：账套备份

在E盘（或D）盘中的“会计信息系统实训教程”文件夹中新建“实验二”文件夹。将账套输出至“实验二”文件夹中。

章节练习

文本：章节练习参考答案

一、单项选择题

1. 基础信息的设置在（　　）中进行。

A. 企业门户　　B. 系统管理　　C. 总账　　D. UFO报表

2. 企业的基本信息不包括（　　）。

A. 系统启用　　B. 编码方案　　C. 数据精度　　D. 基础档案

3. 由于没有录入职员档案，所以录入部门档案时（　　）暂不录入。

A. 负责人　　B. 部门编码　　C. 部门名称　　D. 部门属性

4. 一般将“应收账款”科目的辅助核算设置为（　　）。

A. 项目核算　　B. 部门核算　　C. 客户往来　　D. 供应商往来

5. 下列关于会计科目的说法，正确的是（　　）。
A. 会计科目使用后，不能删除　　B. 会计科目编码可以修改
C. 会计科目建立后，不能删除和修改　　D. 会计科目可以随时删除
6. 辅助核算要设置在（　　）会计科目上。
A. 一级　　B. 二级　　C. 总账　　D. 末级
7. 外币汇率设置通常采用（　　）。
A. 固定汇率　　B. 卖出汇率　　C. 中间价　　D. 买入汇率
8. 若会计科目的编码方案为 4－2－2，则以下属于三级科目全编码的是（　　）。
A. 100101　　B. 10010102　　C. 1001010101　　D. 0101
9. 对于收款凭证，通常选择（　　）限制类型。
A. 借方必有　　B. 贷方必有　　C. 凭证必有　　D. 凭证必无
10. 会计科目建立的顺序是（　　）。
A. 先建立下级科目，再建立上级科目　　B. 先建立明细科目，再建立一级科目
C. 先建立上级科目，再建立下级科目　　D. 不分先后

二、多项选择题

1. 客户往来辅助核算的初始设置包括（　　）。
A. 设置往来客户编码规则　　B. 建立“客户往来”辅助核算科目
C. 建立客户档案资料　　D. 装入初始未核销客户往来业务
2. 录入客户档案时，必须录入的内容有（　　）。
A. 客户编码　　B. 客户简称　　C. 所属分类　　D. 所属地区码
3. （　　）属于部门档案设置的内容。
A. 部门编码　　B. 部门名称　　C. 部门属性　　D. 部门负责人
4. 下列关于凭证类别设置的表述，正确的有（　　）。
A. 软件中最多只能设置三种凭证类别
B. 凭证类别设置中，可以限制某类凭证借方必须使用某些科目
C. 凭证类别设置中，可以限制某类凭证借方不能使用某些科目
D. 凭证类别设置完成后不能再增加新的类别
5. 下列关于设置基础档案的说法中，正确的有（　　）。
A. 往来单位信息包括客户信息和供应商信息
B. 设置客户信息的目的是方便企业录入、统计和分析客户数据与业务数据
C. 设置供应商信息的目的是方便企业对采购、库存、应付账款等进行管理
D. 项目是指一个特定的核算对象或成本归集对象
6. 设置编码方案是指设置具体的编码规则，包括（　　）。
A. 编码级次　　B. 各级编码长度　　C. 编码含义　　D. 编码意义
7. 系统通常提供的凭证类型限制条件包括（　　）。
A. 贷方必无　　B. 借方必有　　C. 贷方必有　　D. 凭证必无
8. 通常在设置外币时，需要输入（　　）。
A. 币符　　B. 折算方式
C. 固定汇率或浮动汇率　　D. 记账汇率

9. 关于数据精度，下列说法正确的有（　　）。
A. 位数小数位默认值为 2　　B. 账套启用后精度不能修改
C. 数据精度可修改　　D. 存货小数位默认值为 0
10. 会计科目在以下情况中，不能修改的有（　　）。
A. 会计科目已录入期末余额　　B. 会计科目下级明细已在制单中使用
C. 会计科目已期初对账正确　　D. 已经开始制单了，但该科目未曾使用

三、判断题

1. 设置基础档案之前应首先确定基础档案的分类编码，基础档案的设置必须遵循分类编码方案中的级次和各级编码长度的设定。（　　）
2. 在设置供应商分类的前提下，必须先设置供应商分类才能建立供应商档案。（　　）
3. 用户要想进入各个子系统，只能从企业门户中启用。（　　）
4. 日常发生的客户和供应商往来业务，必须在总账系统中核算。（　　）
5. 一般将“应付账款”科目的辅助核算设置为部门核算。（　　）
6. 外币折算方式有直接汇率和间接汇率。（　　）
7. 设置企业部门档案的目的是方便会计数据按照部门进行分类汇总和会计核算。（　　）
8. 删除会计科目时，应先删除上一级科目，然后再删除本级科目。（　　）
9. 并不是所有科目都需要进行外币核算、数量核算设置。（　　）
10. 指定会计科目就是指定出纳专管的科目。指定科目后，才能执行出纳签字，也才能查看现金日记账或银行存款日记账。（　　）

第四章

总账系统

学习目标

通过本章学习，掌握总账系统初始化设置；熟练掌握记账凭证操作流程；明确记账凭证在账务处理系统中的重要性；掌握记账凭证审核、修改、删除和记账的操作要求和方法；理解计算机自动记账的工作原理；掌握各种主体账簿查询的前提和方法；熟悉账证联查的操作技巧；了解出纳管理的数据流程和操作方法，理解出纳管理的基本功能。

第四章　PPT：总账系统

第一节　总账系统初始化

一、总账系统业务参数

系统在建立新的账套后，由于企业具体情况需要或业务变更，会存在或发生一些账套信息与核算内容不符的情况，通过业务参数的设置和修改可以满足企业的实际需要。

总账管理系统业务参数一旦选择，直接影响总账管理系统业务处理流程和业务处理方式。总账管理系统业务参数包括“凭证”“账簿”“会计日历”“权限”和“其他”等选项卡。

（一）“凭证”选项卡

1. 制单控制

制单控制主要设置在填制凭证时，系统应当对哪些操作进行控制，包括制单序时控制和支票控制、赤字控制和科目控制。

2. 凭证控制

打印凭证页脚姓名，凭证审核控制到操作员，出纳凭证必须经由出纳签字，凭证必须经由主管会计签字，可查询他人凭证，自动填补凭证断号，批量审核凭证进行合法性校验等。

3. 凭证编号方式

系统在“填制凭证”功能中一般按照凭证类别按月自动编制凭证编号，则选择“系统编号”（一般情况下，“系统编号”和“制单控制”选项联用）；但有的企业需要系统允许在制单时手工录入凭证编号，则选择“手工编号”。

4. 现金流量参照科目

用来设置现金流量录入界面的参照内容和方式。选中“现金流量科目”选项时，系统只参照凭证中的现金流量科目；选中“对方科目”选项时，系统只显示凭证中的非现金流量科目；选中“自动显示”选项时，系统依据前两个选项将现金流量科目或对方科目自动显示在指定现金流量项目界面中，否则需要手工参照选择。

（二）“账簿”选项卡

1. 打印位数宽度

打印位数宽度是定义正式账簿打印时各栏目的宽度，包括摘要、金额、外币、数量、汇率、单价。

2. 明细账（日记账、多栏账）打印输出方式

打印正式明细账、日记账或多栏账时，按月排页还是按年排页。

3. 凭证、账簿套打

凭证、账簿套打是用友公司专门为用友软件用户设计的，适合于用各种打印机输出管理用表单与账簿。

（三）“权限”选项卡

1. 制单权限控制到科目

要在系统管理的“功能权限”中设置科目权限，再选择此项，权限设置才有效。选择此项，则在制单时，操作员只能使用具有相应制单权限的科目制单。

2. 制单权限控制到凭证类别

要在系统管理的“功能权限”中设置凭证类别权限，再选择此项，权限设置才有效。选择此项，则在制单时，只显示此操作员有权限的凭证类别。同时在凭证类别参照中按人员的权限过滤出有权限的凭证类别。

3. 操作员进行金额权限控制

选择此项，可以对不同级别的人员进行金额大小的控制，例如，财务主管可以对 10 万元以上的经济业务制单，一般财务人员只能对 5 万元以下的经济业务制单。这样可以减少由于不必要的责任事故带来的经济损失。若为外部凭证或常用凭证调用生成，则处理与预算处理相同，不做金额控制。

4. 凭证审核控制到操作员

若只允许某操作员审核本部门操作员填制的凭证，则应选择此选项。

5. 出纳凭证必须经由出纳签字

若要求现金、银行科目凭证必须由出纳人员核对签字后才能记账，则选择此功能。

6. 凭证必须经由主管会计签字

若要求所有凭证必须由主管签字后才能记账，则选择此功能。

7. 允许修改、作废他人填制的凭证

若选择了此项，在制单时可修改或作废别人填制的凭证，并自动修改制单人。

8. 可查询他人凭证

若允许操作员查询他人凭证，则选择此功能。

（四）“会计日历”和“其他”选项卡

“会计日历”选项卡可查看会计期间的起始日期与结束日期，以及启用会计年度和启用日期。此处仅能查看会计日历的信息，如需修改请到系统管理中进行。

“其他”选项卡主要包括外币核算、排序方式启用调整期等功能。

1. 外币核算

若企业有外币业务，则应选择相应的汇率方式即固定汇率或浮动汇率。“固定汇率”即在制单时，一个月只按一个固定的汇率（一般为期初汇率）折算本位币金额；“浮动汇率”即在制单时，按外币业务发生当日汇率折算本位币金额。

2. 部门、个人、项目排序方式

在查询部门账、个人账、项目账或参照部门、个人、项目目录时，是按部门、个人、项目编码排序还是按其名称排序，可以根据需要在此设置。

3. 启用调整期

若希望在结账后仍旧可以填制凭证用来调整报表数据，可在总账选项中启用调整期。调整期启用后，加入关账操作，在结账之后至关账之前为调整期。在调整期内填制的凭证为调整期凭证。

二、期初余额

（一）科目期初余额录入的方法

根据会计科目的性质，会计科目期初余额录入方式分为三种：末级科目，非末级科目和辅助核算科目。末级科目的初始数据可直接录入，非末级科目自动等于下级科目期初数据的加总，对于辅助核算科目，期初余额需要到相应的辅助账中进行录入。设置了辅助核算的会计科目底色为浅黄色，其累计借方余额和贷方余额可直接输入，而期初余额的录入要到相应的辅助账中进行。方法是：双击设置了辅助核算的科目的期初余额栏，进入相应的辅助账窗口，按照往来明细输入每笔业务金额，汇总后退出，合计数自动带到总账。

（二）科目期初余额对账

期初对账的内容包括核对总账上下级、核对总账与辅助账、核对辅助账与明细账。若出现对账不符，则根据对账错误提示进行修改。

（三）科目期初余额试算平衡

1. 上下级科目之间试算平衡

在录入科目初始数据过程中自动完成；上级科目的数据要等于所属下级科目数据之和。

2. 一级科目之间试算平衡

执行“试算”功能，系统按照会计恒等式“资产＝负债＋所有者权益”的平衡原理，自动对一级科目的期初余额进行试算检查。

实验三　总账系统初始化设置

【实验准备】

已经完成了实验二的操作，可以引入 E 盘（或 D 盘）中“会计信息系统实训教程”文件夹中“实验二”的备份数据，将系统日期修改为“2019 年 8 月 1 日”。

【实验内容】

（1）总账系统业务参数设置；
（2）录入总账、明细账、辅助账期初余额；
（3）期初对账、试算平衡。

【实验资料】

（1）总账系统业务参数设置。

凭证参数设置：支票控制；赤字控制；现金流量科目必须录入现金流量项目。其他默认。

权限参数设置：凭证审核控制到操作员；出纳凭证必须经由出纳签字；不允许修改、作废他人填制的凭证。其他默认。

（2）录入期初余额（见表 4－1～表 4－7）。

表 4－1　总账及明细账期初余额　　单位：元

科目名称	方向	币别计量	累计借方发生额	累计贷方发生额	期初余额
库存现金（1001）	借		12 000.00	18 860.00	5 100.00
银行存款（1002）	借		450 000.00	370 000.00	600 000.00
工行存款（100201）	借		450 000.00	370 000.00	600 000.00
中行存款（100202）	借	美元			
其他货币资金（1012）	借				120 000.00

续表

科目名称	方向	币别计量	累计借方发生额	累计贷方发生额	期初余额
应收票据（1121）					70 000.00
应收账款（1122）	借		60 000.00	20 000.00	282 000.00
其他应收款（1221）	借		3 700.00	4 400.00	6 300.00
在途物资（1402）	借			290 000.00	15 000.00
原材料（1403）	借		290 000.00	514 700.00	105 000.00
生产用（140301）	借		100 000.00	314 700.00	105 000.00
		吨	100.00	314.70	105.00
其他（140302）	借		190 000.00	200 000.00	
		吨	380.00	400.00	
材料成本差异（1404）	借		24 000.00		8 400.00
委托加工物资（1408）					14 726.00
库存商品（1405）	借		140 000.00	160 000.00	750 000.00
甲产品（140501）	借		121 600.00	140 600.00	665 000.00
		件	640.00	740.00	3 500.00
乙产品（140502）	借		18 400.00	19 400.00	85 000.00
		件	108.00	114.00	500.00
固定资产（1601）	借				1 200 000.00
办公楼（160101）					400 000.00
厂房（160102）					450 000.00
A 生产线（160103）					150 000.00
B 生产线（160104）					180 000.00
办公设备（160105）					20 000.00
累计折旧（1602）	贷		25 000.00	39 000.00	149 832.00
无形资产（1701）	借			58 500.00	137 750.00
短期借款（2001）	贷			200 000.00	508 416.00
应付账款（2202）	贷		150 000.00	60 000.00	454 260.00
应付职工薪资（2211）	贷		563 400.00	4 000.00	12 300.00
应付工资（221101）	贷		563 400.00	4000.00	12 300.00
应交税费（2221）	贷		36 000.00	15 000.00	-25 200.00
应交增值税（222101）	贷		36 000.00	15 000.00	-25 200.00

续表

科目名称	方向	币别计量	累计借方发生额	累计贷方发生额	期初余额
进项税额（22210101）	贷				－50 700.00
销项税额（22210102）	贷		36 000.00	15 000.00	25 500.00
其他应付款（2241）	贷			2 100.00	3 150.00
长期应付款（2701）	贷				895 616.00
实收资本（4001）	贷		123 670.00		1 050 400.00
盈余公积（4101）	贷				68 850.00
本年利润（4103）	贷		69 330.00	189 330.00	148 502.00
利润分配（4104）	贷				60 000.00
未分配利润（410403）	贷				60 000.00
生产成本（5001）	借		8 790.00	10 000.00	11 850.00
直接材料（500101）	借		4 500.00	5 900.00	4 500.00
直接人工（500102）	借		890.00	900.00	600.00
制造费用（500103）	借		3 400.00	3 200.00	6 750.00
主营业务收入（6001）	贷		360 000.00	360 000.00	
甲产品（600101）	贷		300 000.00	300 000.00	
		件	1 000.00	1 000.00	
乙产品（600102）	贷		60 000.00	60 000.00	
		件	250.00	250.00	
其他业务收入（6051）	贷		250 000.00	250 000.00	
主营业务成本（6401）	借		228 000.00	228 000.00	
甲产品（640101）	借		190 000.00	190 000.00	
		件	1 000.00	1 000.00	
乙产品（640102）	借		38 000.00	38 000.00	
		件	250.00	250.00	
营业税金及附加（6403）	借		8 561.00	8 561.00	
其他业务成本（6402）	借		180 000.00	180 000.00	
销售费用（6601）	借		5 000.00	5 000.00	
管理费用（6602）	借		8 540.00	8 540.00	
工资（660201）	借		3 540.00	3 540.00	
福利费（660202）	借		210.00	210.00	

续表

科目名称	方向	币别计量	累计借方发生额	累计贷方发生额	期初余额
招待费（660203）	借		1 126.00	1 126.00	
办公费（660204）	借		1 220.00	1 220.00	
差旅费（660205）	借		940.00	940.00	
折旧费（660206）	借		1 404.00	1 404.00	
其他（660207）	借		100.00	100.00	
所得税费用（6801）	借		14 850.00	14 850.00	

表 4－2　“应收票据”往来账期初明细　单位：元

日期	凭证号	客户	业务员	摘要	方向	金额	票号	票据日期
2019.7.19	转 11	兰州新风公司	吴军	销售产品	借	70 000	J453	2019.7.19
合计						70 000		

视频：录入应收账款期初余额

表 4－3　“应收账款”往来账期初明细　单位：元

日期	凭证号	客户	业务员	摘要	方向	金额	票号	票据日期	累计借方金额	累计贷方金额
2019.7.20	转 12	北京远洋公司	吴军	销售产品	借	167 805	P029	2019.7.20	40 000	10 000
2019.7.26	转 14	上海锦江公司	吴军	销售产品	借	113 904	J031	2019.7.26	20 000	10 000
2019.7.28	转 15	上海锦江公司	吴军	代垫运杂费	借	291	K002	2019.7.28		
合计						282 000			60 000	20 000

表 4－4　“其他应收款”往来账期初明细　单位：元

日期	凭证号	部门	个人	摘要	方向	金额	累计借方金额	累计贷方金额
2019.7.30	转 18	财务部	韩冬	零星借款	借	6 300	3 700	4 400
合计						6 300	3 700	4 400

表 4－5　　“应付账款”往来账期初明细　　单位：元

日期	凭证号	供应商	业务员	摘要	方向	金额	票号	票据日期	累计借方金额	累计贷方金额
2019.7.20	转 8	联创公司	刘佳	购买商品	贷	255 380	P025	2019.7.20	70 000	40 000
2019.7.30	转 26	中信公司	刘佳	购买商品	贷	198 880	J033	2010.7.30	80 000	20 000
合　计						454 260			150 000	60 000

表 4－6　　“生产成本”辅助账期初明细　　单位：元

项　目		累计借方金额	累计贷方金额	金额
直接材料	甲产品	4 000	3 500	4 200
	乙产品	500	2 400	300
小　计		4 500	5 900	4 500
直接人工	甲产品	600	500	400
	乙产品	290	400	200
小　计		890	900	600
制造费用	甲产品	2 000	1 800	5 000
	乙产品	1 400	1 400	1 750
小　计		3 400	3 200	6 750
合　计		8 790	10 000	11 850

表 4－7　　“管理费用”辅助账明细　　单位：元

管理费用	部门	方向	累计借方金额	累计贷方金额
工资（660201）	总经理办公室	借	3 540	3 540
福利费（660202）	生产车间	借	210	210
招待费（660203）	销售科	借	1 126	1 126
办公费（660204）	总经理办公室	借	1 220	1 220
差旅费（660205）	供应科	借	940	940
折旧费（660206）	人事部	借	1 404	1 404
其　他（660207）	财务部	借	100	100
合　计			8 540	8 540

（3）期初余额对账与试算平衡。

（4）账套备份。

【实验指导】

实验指导1：总账系统业务参数设置

（1）在企业应用平台“业务工作”选项卡中，执行“财务会计”|“总账”命令，打开总账系统。

（2）在总账系统中，执行“设置”|“选项”命令，打开“选项”对话框。

（3）单击“编辑”按钮，单击“凭证”选项卡中的支票控制、现金流量科目必须录入现金流量项目前的复选框，如图4－1所示。

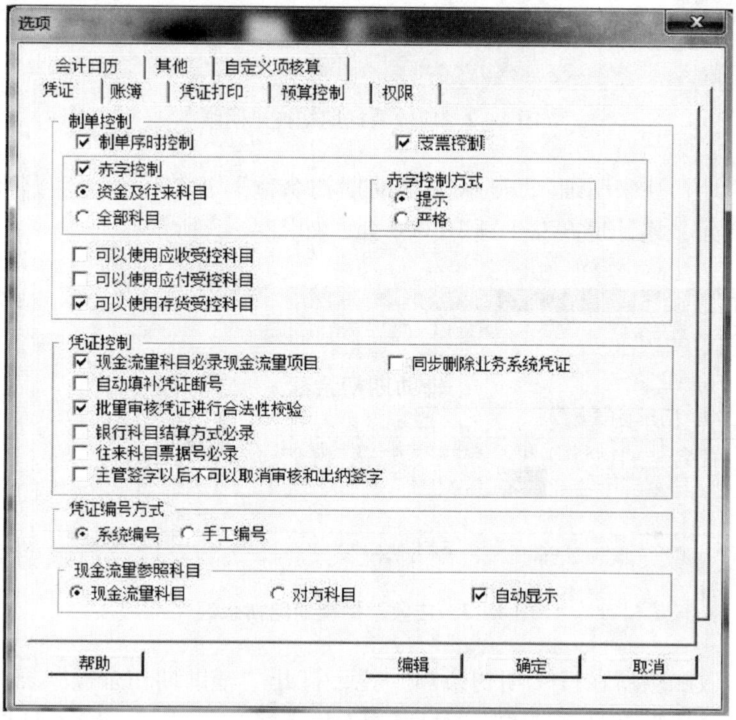

图4－1 总账参数设置

（4）单击“权限”选项卡，选中“凭证审核控制到操作员”“出纳凭证必须经由出纳签字”，不允许修改、作废他人填制的凭证。其他默认。

实验指导2：录入总账、明细账、辅助账期初余额

（1）在总账系统中，单击“设置”|“期初余额”，进入“期初余额录入”窗口。

（2）白色的单元为末级科目，可以直接输入在“期初余额”窗口中，依据期初余额表，分别录入各科目的“累计借方发生额”“累计贷方发生额”和“期初余额”。如库存现金累计借方发生额12 000元，累计贷方发生额18 860元、期初余额5 100元；银行存款——工行存款累计借方发生额450 000元，累计贷方发生额370 000元、期初余额600 000元。

（3）黄色的单元代表对该科目设置了辅助核算，不允许直接录入余额，需要在该单元格中双击进入辅助账期初设置，在辅助账中输入期初数据，完成后自动返回总账期初余额表中。如双击“应收票据”所在行“期初余额”栏，打开“辅助期初余额”窗口。

（4）单击“往来明细”按钮，打开“期初往来明细”对话，单击“增行”按钮，输入日期“2019－07－19”“客户——兰州新风公司”“业务员——吴军”“摘要——销售产品”“金额——70 000”“票号—J453”“票据日期 2019－07－19”，单击“汇总”，如图 4－2 所示。

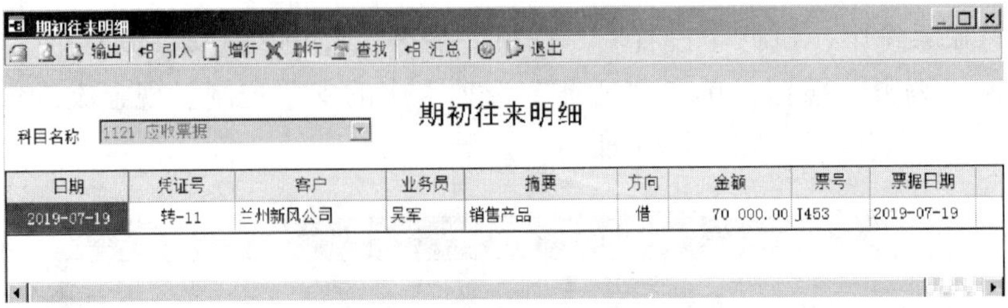

图 4－2　应收票据期初往来明细

（5）退出“期初往来明细”，显示“辅助期初余额”窗口，输入兰州新风公司累计借方发生额 40 000 元，累计贷方发生额 10 000 元，如图 4－3 所示。

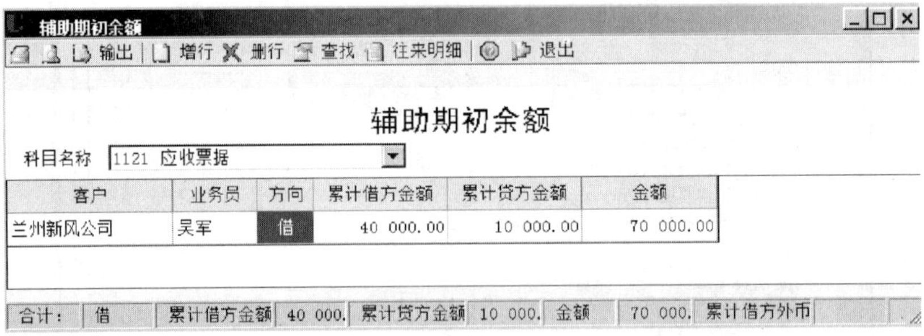

图 4－3　应收票据辅助期初余额

（6）双击应收账款所在行“期初余额”栏，打开“辅助期初余额”窗口。单击“往来明细”按钮，打开“期初往来明细”对话，单击“增行”按钮，输入日期“2019－07－30”“客户——北京远洋公司”“业务员——吴军”“摘要——销售产品”“金额——167805”“票号－P029”“票据日期 2019－07－30”，同理输入上海锦江公司的金额 113 904 元和代垫运杂费 291 元，单击“汇总”，如图 4－4 所示。

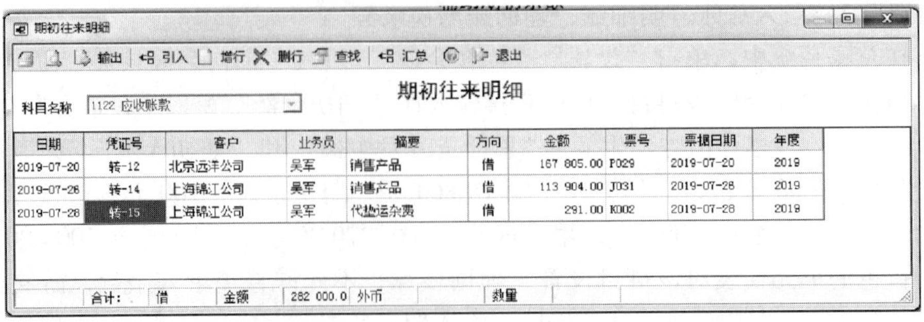

图 4－4　应收账款期初往来明细

(7) 退出“期初往来明细”，显示“辅助期初余额”窗口，输入北京远洋公司累计借方发生额 40 000 元，累计贷方发生额 10 000 元，输入上海锦江公司累计借方发生额 20 000 元，累计贷方发生额 10 000 元，如图 4－5 所示。

客户	业务员	方向	累计借方金额	累计贷方金额	金额
北京远洋公司	吴军	借	40 000.00	10 000.00	167 805.00
上海锦江公司	吴军	借	20 000.00	10 000.00	114 195.00

图 4－5　应收账款辅助期初余额

(8) 同理，输入其他科目的余额和带有辅助核算科目的余额，如图 4－6 所示。

科目名称	方向	币别/计量	年初余额	累计借方	累计贷方	期初余额
库存现金	借		11 960.00	12 000.00	18 860.00	5 100.00
银行存款	借		520 000.00	450 000.00	370 000.00	600 000.00
工行存款	借		520 000.00	450 000.00	370 000.00	600 000.00
中行存款	借					
	借	美元				
存放中央银行款项	借					
存放同业	借					
其他货币资金	借		120 000.00			120 000.00
结算备付金	借					
存出保证金	借					
交易性金融资产	借					
买入返售金融资产	借					
应收票据	借		40 000.00	40 000.00	10 000.00	70 000.00
应收账款	借		242 000.00	60 000.00	20 000.00	282 000.00
预付账款	借					

图 4－6　期初余额录入

实验指导 3：期初余额对账与试算平衡

(1) 期初余额录入完成后，执行对账。单击“对账”按钮，进行账账核对，如图 4－7 所示。

(2) 执行期初余额试算平衡。单击“试算”按钮，进行期初余额试算平衡，系统提示结果平衡，试算结果如图 4－8 所示。

实验指导 4：账套备份

在 E 盘（或 D）盘中的“会计信息系统实训教程”文件夹中新建“实验三”文件夹。将账套输出至“实验三”文件夹中。

文本：知识点拓展与提示 1

图 4－7　期初余额对账

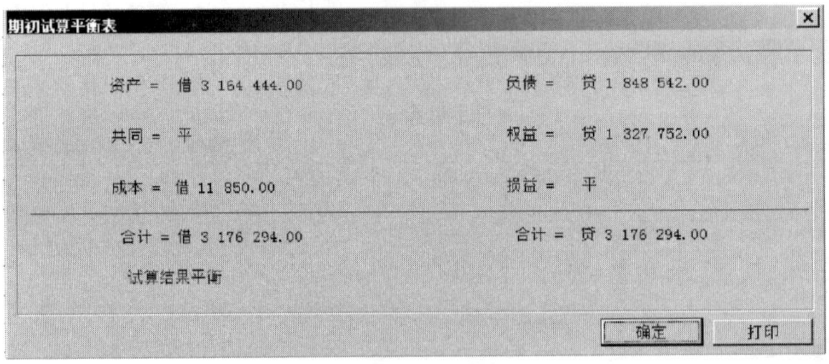

图 4－8　期初余额试算平衡表

第二节　总账系统日常业务

一、填制凭证

1. 凭证类别

单击“参照”按钮或按“F2”键，参照选择一个类别，确定后按回车键，系统将自动生成凭证编号，并将光标定位在制单日期上。

2. 凭证编号

如果在“选项”对话框中选择“系统编号”，则由系统按时间顺序自动编号。否则，请手工编号。

3. 制单日期

系统自动取当前业务日期为记账凭证填制的日期，可修改。

4. 附单据数

在“附单据数”处输入原始单据张数，输完后按回车键。

5. 凭证自定义项

该项是自定义的凭证补充信息。输入方法为：用户根据需要输入，单击“填制凭证”窗口右上角的文本框输入即可。

6. 摘要

摘要要求简洁明了，单击“参照”按钮或按“F2”键输入常用摘要，但常用摘要的选入不会清除原来输入的内容。

7. 会计科目

必须输入末级会计科目。它可以输入科目编码、中文科目名称、英文科目名称或助记码。输入科目时可在“科目名称”栏中单击“参照”按钮或按“F2”键参照录入。

8. 辅助信息

如果科目设置了辅助核算属性，则在这里还要输入辅助信息，如部门、个人、项目、客户、供应商、数量、自定义项等。在这里输入的辅助信息将在凭证下的“备注”中显示。

9. 金额

录入该笔分录的借方或贷方本位币发生额，金额不能为零，但可以是红字，红字金额以负数形式输入。如果方向不符，可按空格键调整金额方向。

二、审核凭证

审核凭证是审核员按照财会制度，对制单员填制的记账凭证进行检查核对，主要审核记账凭证是否与原始凭证相符，会计分录是否正确等，审核中发现错误或有异议的凭证，应标错后交给填制人员修改后再审核签章。如果认为凭证正确，就发出签字的指令，计算机自动将具有审核权限的操作员的姓名签到凭证上。凭证只有经过审核，才能记账。审核凭证主要包括出纳签字、审核凭证、主管签字等方面的工作。

审核凭证时应注意以下事项：

（1）涉及出纳凭证，需出纳签字。

（2）凭证一经签字，就不能被修改、删除。只有取消签字后，才可以修改或删除，取消签字只能由出纳人员、审核人员自己进行。

（3）在确定凭证无误时，可以使用成批出纳签字、成批审核凭证功能，以便加快签字速度，但请慎用。

（4）审核人和制单人不能同为一人。

（5）主管签字、出纳签字是否是必经的流程，需要在总账控制参数中进行设置。

文本：知识点拓展与提示2

三、作废及删除凭证

日常操作过程中，若遇到非法凭证需要作废时，可以使用“作废”/“恢复”功能，将这些凭证作废。

作废凭证时应注意以下事项：

（1）作废凭证仍保留凭证内容及编号，只显示作废字样。

（2）作废凭证不能修改，不能审核。

（3）只能对未记账的凭证做凭证整理。

（4）已记账凭证做整理，应先取消记账、取消审核，再做凭证整理。

四、修改凭证

在电算化账务处理系统中，对错误凭证的修改要严格按照会计制度的要求来进行。对不同状态下的错误凭证，要采用不同的方式来修改：

1. 已输入但尚未审核的错误凭证

通过凭证的编辑功能进行直接修改或删除，但凭证编号不能修改。

2. 已审核但尚未记账的错误凭证

先取消审核，然后再通过凭证的编辑功能进行修改。

3. 已经记账的凭证有错误

可选择有痕迹的修改方法或无痕迹的修改方法。具体采用哪种修改方法，要根据企业会计制度规定。无痕迹修改是电算化环境下所特有的，而有痕迹的修改实质上是沿用手工的错误修改方法。

（1）无痕迹的修改：先取消记账，恢复到记账前状态，再取消审核，通过凭证的编辑功能进行修改。

（2）有痕迹的修改方法：红字冲销法和补充登记法。红字冲销法是指，填制一张或自动生成一张与原错误凭证科目相同，金额为红字的凭证，并将红字冲销凭证记账，将原错误凭证冲销，再填制一张正确凭证。补充登记法是指，当凭证错误是科目无误，金额少记的情况时，可直接填制一张凭证，科目与原凭证科目相同，金额为少计金额。

五、凭证查询

在制单过程中，可以通过查询功能对凭证进行查看，以便随时了解经济业务发生的情况，并确保填制凭证的正确性。进行凭证查询时首先要保证操作员具有查询凭证权限。系统会自动根据凭证类型进行分类，并且，将凭证分类为已记账凭证和未记账凭证，这些都可方便对凭证进行查询。

实验四　总账系统日常业务处理

【实验准备】

已经完成了实验三的操作，可以引入E盘或D盘“会计信息系统实训教程”文件夹中的“实验三”的账套备份数据。将系统日期修改为“2019年8月31日”，由001号操作员注册进入总账系统。

【实验内容】

（1）设置常用摘要；
（2）填制凭证、出纳签字、审核凭证；
（3）修改凭证、复制凭证、删除凭证；
（4）常用凭证、冲销凭证；
（5）记账、取消记账。

【实验资料】

注意人员角色变化：制单人为002夏雪，审核人及记账人为001韩冬，出纳为003申秋。

1. 设置常用摘要（见表4-8）

表4-8　常用摘要

摘要编码	摘要内容	摘要编码	摘要内容
1	购买办公用品	4	销售产品
2	购买材料	5	结转已售产品实际成本
3	计提折旧费	6	报销差旅费

2. 设置常用凭证

（1）常用凭证1：提取现金。
（2）常用凭证2：赊销（甲产品）。

3. 该公司2019年8月发生的经济业务

（1）经济业务1：原始凭证如表4-9、表4-10所示。（借款合同略）

表 4－9　　中国工商银行　借款凭证（回单）　　NO. 9245672

单位编号：234767　　日期：2019 年 8 月 1 日　　银行编号：1010

借款人	名　称	北京嘉禾有限责任公司	收款人	名　称	北京嘉禾有限责任公司
	账　号	682476345689123078		往来账号	567123498765432109
	开户银行	中国工商银行海淀支行		开户银行	中国工商银行海淀支行
借款期限（最后还款日）		2019年11月30日	借款计划指标		
借款申请金额		人民币（大写）：贰拾万元整		千百十万千百十元角分	¥20000000
借款原因及用途		生产经营周转用	银行核对金额	千百十万千百十元角分	¥20000000

期限	计划还款日	√	计划还款金额	分次还款记录	期次	还款日期	还款额	结欠
1	2019年11月30日		204 800					

备注：月利率6‰，期限4个月

上述借款业已同意贷给并转入你单位往来账户，借款到期时应按期归还此借款单位

中国工商银行海淀支行　财务专用章

（银行盖章）　　2019年8月1日

文本：经济业务 1 识别原始凭证

表 4－10　　中国工商银行　进账单（收账通知）

出票人	全　称	中国工商银行海淀支行	收款人	全　称	北京嘉禾有限责任公司
	账　号	123000789234567000		账　号	682476345689123078
	开户银行	中国工商银行海淀支行营业部		开户银行	中国工商银行海淀支行
人民币（大写）	贰拾万元整			千百十万千百十元角分	¥20000000
票据种类	借款凭证	票据张数	1张		
票据号码	3245672				
单位主管　会计　复核　记账			开户银行签章		

中国工商银行　转讫

此联是收款人开户银行交给收款人的收账通知

视频：填制会计凭证

（2）经济业务 2：原始凭证如表 4－11、表 4－12 所示。

表 4－11　　北京市增值税电子普通发票

发票代码：

发票号码：35400067

开票日期：2019 年 08 月 03 日

机器编号：78034　　校验码：

购买方	名　称：北京嘉禾有限责任公司 纳税人识别号：547183447851339XP5 地 址、电 话：010-68064123 开户行及账号：中国工商银行海淀支行 682476345689123078	密码区	0455*-<67>7+37930054/ 633*5674+89421>2756*4 <++654>7-563-07/0>65<

货物或应税劳务、服务名称	规格型号	单位	数量	单价	金额	税率	税额
装订机		个	2	180.00	318.58	13%	41.42
打印纸		包	10	22.00	194.69	13%	25.31
合　计					¥513.27		¥66.73
价税合计（大写）	⊗ 伍佰捌拾元整				（小写）¥580.00		

销售方	名　称：北京新华文化用品公司 纳税人识别号：4636714478513WUTE2 地 址、电 话：010-32478636 开户行及账号：中国银行莲石路支行 355679244934566278	备注	

北京新华文化用品公司　发票专用章

收款人：隋青　复核：陈敏　开票人：李星　销售方：（章）

文本：经济业务 2 识别原始凭证

表 4－12　　费用报销单

2019 年 8 月 2 日　　附件共 1 张

费用项目	摘要	金额 万	千	百	十	元	角	分		
办公费	购买装订机等			5	8	0	0	0	负责人（签章）	马璐
									审查意见	同意列支办公费
	现金付讫									
报销金额合计			¥	5	8	0	0	0	报销人（签章）	李杰
核实金额（大写）伍佰捌拾元整										

复核：韩冬　　出纳：申秋

（3）经济业务 3：原始凭证如表 4－13、表 4－14 所示。

表 4－13　　北京市增值税专用发票

记账联　　NO. 21965423

开票日期：2019 年 08 月 05 日

购买方	名　　称：北京华景公司 纳税人识别号：56234178YET13WUTE2 地 址、电 话：010-32478636 开户行及账号：中国工商银行石景山支行 23698841236786				密码区	045*56-6+57+37930<54/ 633*5674+89421>2756*4 <+9>58*7-56+767/0>65*	
货物或应税劳务、服务名称	规格型号	单位	数量	单价	金额	税率	税额
甲产品		件	2 000	300.00	600 000.00	13%	78 000.00
合　计					¥600 000.00		¥78 000.00
价税合计（大写）	⊗ 陆拾柒万捌仟元整				（小写）¥678 000.00		
销售方	名　　称：北京嘉禾有限责任公司 纳税人识别号：547183447851339XP5 地 址、电 话：010-68064123 开户行及账号：中国工商银行海淀支行 682476345689123078				备注		

（印章：北京嘉禾有限责任公司 发票专用章）

收款人：夏雪　　复核：张静　　开票人：吴军　　销售方：（章）

文本：经济业务 3 识别原始凭证

表 4－14　　中国工商银行　进账单（收账通知）

2019 年 8 月 5 日　　第 53 号

出票人	全　称	中国工商银行海淀支行	收款人	全　称	北京嘉禾有限责任公司
	账　号	123000789234567000		账　号	682476345689123078
	开户银行	中国工商银行海淀支行营业部		开户银行	中国工商银行海淀支行
人民币（大写）	陆拾柒万捌仟元整			千百十万千百十元角分	¥67800000
票据种类	转账支票	票据张数	1张		
票据号码	65347812				
单位主管　会计　复核　记账			开户银行签章（中国工商银行 转讫）		

此联收款人开户银行交给收款人的收账通知

（4）经济业务 4：原始凭证如表 4－15、表 4－16 所示。

表 4－15 银行承兑汇票 NO. 2145386

出票日期（大写） 贰零壹玖年零柒月壹拾玖日

出票人全称	兰州新风公司	收款人	全　称	北京嘉禾有限责任公司
出票人账号	453138743567892347		账　号	68247634568912307
付款行全称	中国农业银行酒泉路支行		开户银行	中国工商银行海淀支行
出票金额	人民币（大写）柒万元整		亿千百十万千百十元角分	¥7000000
汇票到期日	贰零贰零年零壹月壹拾玖日	付款	行号	0501
承兑协议号	201907478		地址	兰州市静宁北路358号
本汇票请你行承兑，到期无条件付款 兰州新风公司 财务专用章 出票人签章	本汇票已经承兑，到期日由本行付款 中国工商银行 汇票专用章 承兑行签章 承兑日期 2019年7月19日			复核　　记账
	备注：			

文本：经济业务 4 识别原始凭证

表 4－16 背书

被背书人　中信公司	被背书人
北京嘉禾有限责任公司 印 马璐 背书人签章 2019年8月8日	背书人签章 年　月　日

（5）经济业务 5：原始凭证如表 4－17 所示。

表 4－17 中国工商银行　银行汇票申请书（存根） NO. 657890

申请日期　2019 年 8 月 10 日

申请人	北京嘉禾有限责任公司	收款人	畅想公司
账　号	68247634568912307	账　号	563545706123675
用　途	支付购货款	代理付款行	中国工商银行长安支行
汇票金额	人民币（大写）捌万陆仟元整	千百十万千百十元角分	¥8600000
上列款项请从我账户内支付 北京嘉禾有限责任公司 申请人盖章		科　目（借） 对方科目（贷） 转账日期　年　月　日 复核　记账	

此联申请人留存

文本：经济业务 5 识别原始凭证

（6）经济业务6：原始凭证如表4－18所示。

表4－18　　中国工商银行　电汇凭证　（收账通知或取款收据）

委托日期　2019年8月12日　　　　NO. 8200354

汇款人	全　称	北京远洋公司	收款人	全　称	北京嘉禾有限责任公司
	账　号	34215467883452332		账　号	68247634568912307
	汇出地点	北京市朝阳区望京路328号		汇入地点	北京市海淀区花园路甲1号
汇出行名称			汇入行名称		中国工商银行海淀支行
金额	人民币（大写）贰万元整			亿千百十万千百十元角分	¥2000000
汇款用途：货款			支付密码		
中国工商银行朝阳支行 业务专用章　汇出行盖章			附加信息： 复核　　记账		

此联给收款人收账通知或代取款收据

文本：经济业务6识别原始凭证

（7）经济业务7：原始凭证如表4－19、表4－20和表4－21所示。（假定该业务招待费均与北京市闻都宾馆有关，所涉及的原始凭证共7张，省略）

表4－19　　北京市增值税电子普通发票

发票代码：
发票号码：23616529
开票日期：2019年08月09日
机器编号：42257843　　校验码：

购买方	名　　称：北京嘉禾有限责任公司 纳税人识别号：547183447851339XP5 地　址、电　话：010-68064123 开户行及账号：中国工商银行海淀支行 682476345689123078				密码区	0455*-<67>7+37930054/ 633*5674+89421>2756*4 <++654>7-563-07/0>65<	
货物或应税劳务、服务名称	规格型号	单位	数量	单价	金额	税率	税额
*餐饮服务*餐饮服务					1 633.01	3%	48.99
合　计					¥1 633.01		¥48.99
价税合计（大写）	⊗壹仟陆佰捌拾贰元整				（小写）¥1 682.00		
销售方	名　　称：北京市闻都宾馆 纳税人识别号：43214WR2311KJ2 地　址、电　话：010-95318362 开户行及账号：中国银行莲石路支行 213422567345308				备注		

（印章：北京市闻都宾馆 发票专用章）

收款人：贾青　　复核：张丽　　开票人：方文　　销售方：（章）

文本：经济业务7识别原始凭证

表4－20　　费用报销单

2019年8月15日　　　　附件共1张

费用项目	摘　要	金额（万千百十元角分）	负责人（签章）	马璐
业务招待费	支付业务招待费	168200		
			审查意见	同意列支业务招待费
报销金额合计		¥168200	报销人（签章）	吴军
核实金额（大写）壹仟陆佰捌拾贰元整				

复核：韩冬　　　　出纳：申秋

表 4－21

中国工商银行 现金支票存根
支票号码 2569067513
科　　目
对方科目
签发日期 2019年08月15日
收款人：北京嘉禾有限责任公司
金额：1 682.00
用途：支付业务招待费
备注：

（8）经济业务 8：原始凭证如表 4－22 所示。（要求：调用常用凭证）

表 4－22　　北京市增值税电子普通发票

记账联　　NO. 64265712

开票日期：2019 年 08 月 18 日

购买方	名　　称：上海白云公司 纳税人识别号：2463417SDET13WQ785 地 址、电 话：021-62799043 开户行及账号：中国银行浦东支行					密码区	078*56*+57+37930<54/ 633*5674+89421>2756*4 <+9>58*7-5+56867/65*
货物或应税劳务、服务名称	规格型号	单位	数量	单价	金额	税率	税额
甲产品		件	800	300.00	240 000.00	13%	31 200.00
合　计					¥240 000.00		¥31 200.00
价税合计（大写）	⊗ 贰拾柒万壹仟贰佰元整				（小写）¥271 200.00		
销售方	名　　称：北京嘉禾有限责任公司 纳税人识别号：547183447851339XP5 地 址、电 话：010-68064123 开户行及账号：中国工商银行海淀支行 682476345689123078						

收款人：夏雪　　复核：张静　　开票人：吴军　　销售方：（章）

北京嘉禾有限责任公司 发票专用章

文本：经济业务 8 识别原始凭证

（9）经济业务 9：原始凭证如表 4－23、表 4－24 和表 4－25 所示。

表 4－23　　北京市增值税专用发票

发票联　　NO. 53214765

开票日期：2019 年 08 月 18 日

购买方	名　　称：北京嘉禾有限责任公司 纳税人识别号：547183447851339XP5 地 址、电 话：010-68064123 开户行及账号：中国工商银行海淀支行 682476345689123078					密码区	078*56*+57+37930<54/ 633*5674+89421>2756*4 <+9>58*7-5+56867/65*
货物或应税劳务、服务名称	规格型号	单位	数量	单价	金额	税率	税额
生产用材料		吨	11	1 000.00	11 000.00	13%	1 430.00
合　计					¥11 000.00		¥1 430.00
价税合计（大写）	⊗ 壹万贰仟肆佰叁拾元整				（小写）¥12 430.00		
销售方	名　　称：联创公司 纳税人识别号：423678543217894 地 址、电 话：010-46875312 开户行及账号：中国银行东城支行 128907532567876						

收款人：李红　　复核：崔静　　开票人：姚冰　　销售方：（章）

联创公司 发票专用章

本文：经济业务 9 识别原始凭证

表 4－24　　　　　　　　收料单

材料科目：原材料　　　　　　　　　　　　　　　　　编号：6834

材料类别：生产用材料　　　　　　　　　　　　　　　收料仓库：材料库

供应单位：联创公司　　　　2019年8月18日　　　　　发票号码：53214765

种类	编号	名 称	规格	数量	单位	单价	成本总额 千	百	十	万	千	百	十	元	角	分
材料		生产用材料		11	吨	1 000.00				1	1	0	0	0	0	0
合　　计									¥	1	1	0	0	0	0	0

第三联财务记账

负责人：　　　　记账：夏雪　　　　验收：刘佳　　　　保管员：李林

表 4－25

中国工商银行

转账支票存根

支票号码 25690677

科　　目

对方科目

签发日期 2019年8月18日

收款人：北京嘉禾有限责任公司
金额：12 430.00
用途：支付购料款
备注：

（10）经济业务 10：原始凭证如表 4－26 和表 4－27 所示。

表 4－26　　　　　　　北京市增值税专用发票

发票联　　　　NO. 33214526

开票日期：2019 年 08 月 20 日

购买方	名　　称：北京嘉禾有限责任公司 纳税人识别号：547183447851339XP5 地 址、电 话：010-68064123 开户行及账号：中国工商银行海淀支行 682476345689123078				密码区	078*56*+57+37930<54/ 633*5674+89421>2756*4 <+9>58*7-5+56867/65*		
货物或应税劳务、服务名称		规格型号	单位	数量	单价	金额	税率	税额
广告制作发布费						2 500.00	6%	150.00
合　　计						¥2 500.00		¥150.00
价税合计（大写）	⊗ 贰仟陆佰伍拾元整					（小写）¥2 650.00		
销售方	名　　称：新新广告公司 纳税人识别号：324165498423567 地 址、电 话：010-23765428 开户行及账号：兴业银行海淀支行 342657332568432							

（印章：新新广告公司 发票专用章）

收款人：燕云　　　复核：温玉　　　开票人：陆天　　　销售方：（章）

文本：经济业务10识别原始凭证

表 4－27

中国工商银行

转账支票存根

支票号码 45690671

科　目

对方科目

签发日期 2019年8月20日

收款人：北京嘉禾有限责任公司
金额：2 650.00
用途：支付广告制作发布费
备注：

（11）经济业务 11：原始凭证如表 4－28 所示。

表 4－28

恒泰证券玉泉营业部交割凭单（客户联）			买
成交日期：	2019年8月22日	证券名称：	万科HRP
资金账号：	4325674589612367428	成交数量：	160（手）
股东代码：	654287	成交净价：	7.18
股东名称：	北京嘉禾有限责任公司	成交金额：	114 880.00
席位代码：	7652	实付佣金：	102.60
申请编号：	1000659	印花税：	0
申报时间：	10:12	过户费：	3.00
成交时间：	11:59	附加费：	0
单位利息：	0.0000000	结算价格：	7.18
成交编号：	54672389	实付金额：	114 985.60
上次资金：	120 000	本次资金：	5 014.40
上次余股：	0	本次余股：	160（手）
委托来源：	IN	打印时间：	2019年8月22日

注：该股票不准备长期持有，做交易性金融资产核算。

文本：经济业务 11 识别原始凭证

（12）经济业务 12：原始凭证如表 4－29 所示。

表 4－29

领料单

领料部门：生产车间　　2019 年 8 月 23 日　　第 23 号

用　途	材料名称	单位	应发数量	实发数量	单位成本	金额
生产甲产品	生产用材料	吨	5	5	1 000.00	5 000.00
合　计			5	5	1 000.00	5 000.00

第三联财务记账

负责人：　　记账：夏雪　　保管：李林　　制单：肖宏

文本：经济业务 12 识别原始凭证

（13）经济业务 13：原始凭证如表 4－30、表 4－31 和表 4－32 所示。

（14）经济业务 14：原始凭证如表 4－33 和表 4－34 所示。

表 4－30　　北京嘉禾有限责任公司

关于同意吸收投资人的决议

按照有关法律、法规的规定，2019年8月25日我公司经研究决定，同意吸收美华实业有限责任公司为公司投资人。

……

我公司现有注册资本1 000 000元，公司同意由美华实业有限责任公司出资货币资金10 000美元（按到账日汇率折算）。

……

北京嘉禾有限责任公司
2019年8月25日

文本：经济业务 13 识别原始凭证

表 4－31　　出资证明

北京嘉禾有限责任公司因经营需要追加资本10 000美元，已经×××工商局核准。

……

截止2019年8月26日，美华实业有限责任公司的出资额已全部缴足，出资方式为货币资金（美元）。

特此证明

此致

2019年8月26日

投资方（签章）　　受资方（签章）

表 4－32　　中国银行进账单（回单）

2019 年 8 月 26 日

出票人	全称	美华实业有限责任公司	收款人	全称	北京嘉禾有限责任公司
	账户	6748905623457852		账户	682476345689123078
	开户银行	中国银行什刹海支行		开户银行	中国工商银行海淀支行

金额	美元	亿	千	百	十	万	千	百	十	元	角	分	汇率	亿	千	百	十	万	千	百	十	元	角	分
					¥	1	0	0	0	0	0	0	1:6.872				¥	6	8	7	2	0	0	0
	人民币（大写）陆万捌仟柒佰贰拾元整																							

票据种类	转账支票	票据张数	1张
票据号码	43568951		
复核：	记账：		

中国银行 转讫

开户银行签章

表 4－33　　差旅费报销单

单位：供应科　　2019年8月26日　　附单据 5 张

起止日期				起止地点	飞机车船费	市内车费	住宿费	途中伙食补助		住勤补助		小计
月	日	月	日					天数	金额	天数	金额	
7	28	8	2	北京—西安	1 012.00	168.00	1 480.00	6	480.00	6	600.00	3 740.00
合计					1 012.00	168.00	1 480.00		480.00		600.00	3 740.00
人民币(大写) 叁仟柒佰肆拾元整								经费授权人：		负责人：		经办人：
出差事由：参加西安订货会								韩冬		马璐		刘佳

文本：经济业务 14 识别原始凭证

表 4－34

中国工商银行

现金支票存根

支票号码 3849030820

科　　目

对方科目

签发日期 2019年8月26日

收款人：北京嘉禾有限责任公司
金额：3 740.00
用途：支付差旅费
备注：

（15）经济业务 15：原始凭证如表 4－35 所示。

表 4－35　　　　　　　　　　收　料　单

材料科目：周转材料　　　　　　　　　　　　　　　　编号：6829

材料类别：包装物　　　　　　　　　　　　　　　　　收料仓库：材料库

供应单位：大华加工厂　　　　　2019年8月27日　　　　发票号码：

种类	编号	名称	规格	数量	单位	单价	成本总额									
							千	百	十	万	千	百	十	元	角	分
材料		包装箱		200	个	73.63				1	4	7	2	6	0	0
合计									¥	1	4	7	2	6	0	0

第三联财务记账

负责人：　　　　　　　记账：夏雪　　　　　　　验收：刘佳　　　　　保管员：李林

文本：经济业务 15 识别原始凭证

4. 调用常用凭证

2019 年 8 月 31 日从工行提取现金 1 200 元（现金支票号 8845672301）。

5. 复制凭证

2019 年 8 月 31 日，复制经济业务 12“生产车间领用材料”的凭证。

6. 修改凭证

修改上述复制的凭证，金额改为 5 200 元。

7. 删除凭证

删除上述复制并修改后的凭证。

8. 出纳签字

针对上述记账凭证，由出纳 003 申秋执行出纳签字。

9. 审核凭证

针对上述记账凭证，由账套主管 001 韩冬进行凭证审核。

10. 记账

（1）针对上述已经审核的凭证，由账套主管 001 韩冬执行记账。

（2）查询已记账凭证。

11. 冲销凭证

2019 年 8 月 31 日，冲销已记账的经济业务 12 生成的凭证，即第 4 号转账凭证（由会计 002 夏雪冲销已记账凭证，主管 001 韩冬审核并记账）。

视频：冲销凭证

12. 取消记账

取消记账即恢复记账前状态，取消记账后，必须重新记账。

视频：取消记账

13. 账套备份

完成上述操作，进行账套备份。

【实验指导】

实验指导 1：设置常用摘要

（1）设置常用摘要后可以在填制凭证时调用。

（2）在企业应用平台“基础设置”选项卡中，执行“基础档案”|“其他”|“常用摘要”命令，打开“常用摘要”对话框。

（3）在“常用摘要”窗口中，单击“增加”按钮。

（4）录入摘要编码“1”，摘要内容“购买办公用品”。依此方法继续录入其他的常用摘要，如图 4－9 所示。

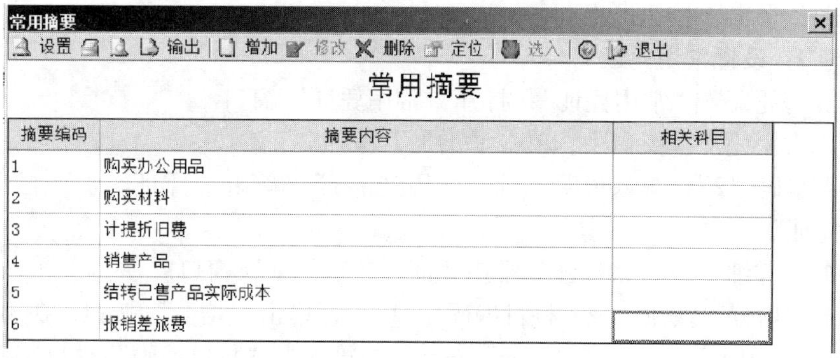

摘要编码	摘要内容	相关科目
1	购买办公用品	
2	购买材料	
3	计提折旧费	
4	销售产品	
5	结转已售产品实际成本	
6	报销差旅费	

图 4－9　设置常用摘要

实验指导 2：设置常用凭证 1

（1）单击“凭证”|“常用凭证”，打开“常用凭证”窗口。

（2）在“常用凭证”窗口中，单击“增加”按钮。

（3）录入编码“1”，录入说明“提取现金”，单击“凭证类别”栏按钮，选择“付款凭证”。

视频：设置及调用常用凭证

（4）单击“详细”按钮，打开“常用凭证—付款凭证”窗口。

（5）单击“增分”按钮，录入科目编码“1001”，再单击“增分”按钮，在第 2 行“科目编码”栏录入“100201”，如图 4－10 所示。

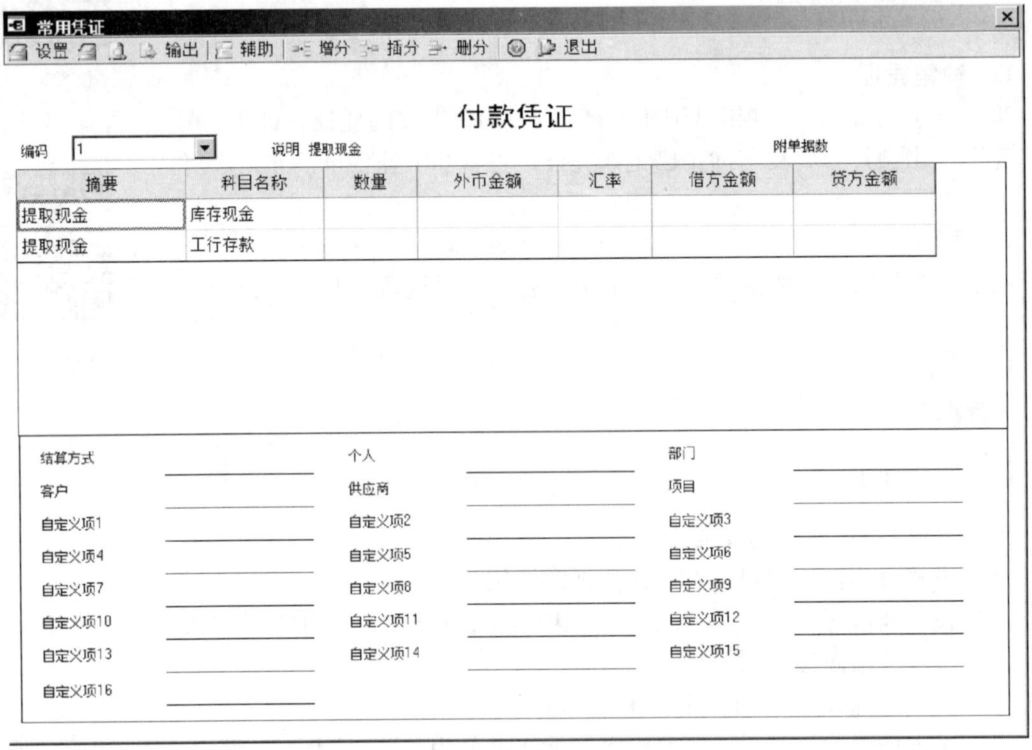

图 4－10　常用凭证—付款凭证

（6）单击“退出”按钮退出。

实验指导 3：设置常用凭证 2

（1）单击“凭证”|“常用凭证”，打开“常用凭证”窗口。

（2）在“常用凭证”窗口中，单击“增加”按钮。

（3）录入编码“2”，录入说明“赊销（甲产品）”，单击“凭证类别”栏下三角按钮，选择“转账凭证”。

（4）单击“详细”按钮，打开“常用凭证—转账凭证”窗口。

（5）单击“增分”按钮，录入科目编码“1122”，单击“增分”按钮，在第 2 行“科目编码”栏录入“600101”，再单击“增分”按钮，在第 3 行“科目编码”栏录入“22210102”，如图 4－11 所示。

（6）单击“退出”按钮退出。

（7）查看常用凭证，单击“凭证—常用凭证”，打开“常用凭证”窗口，如图 4－12 所示。

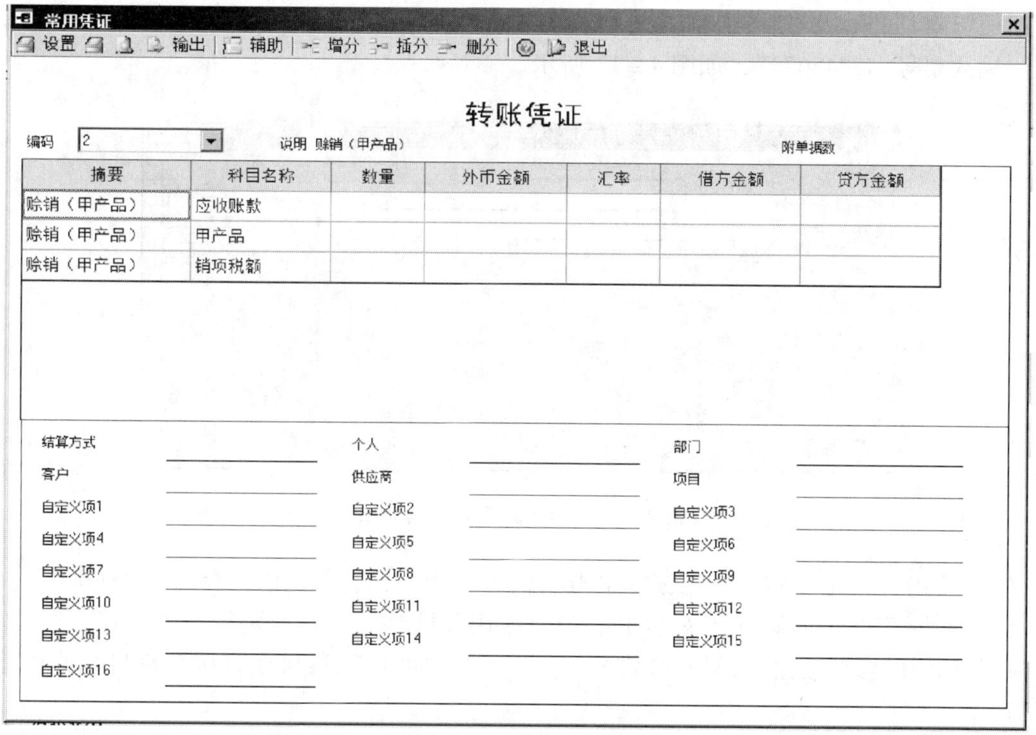

图 4－11　常用凭证—转账凭证

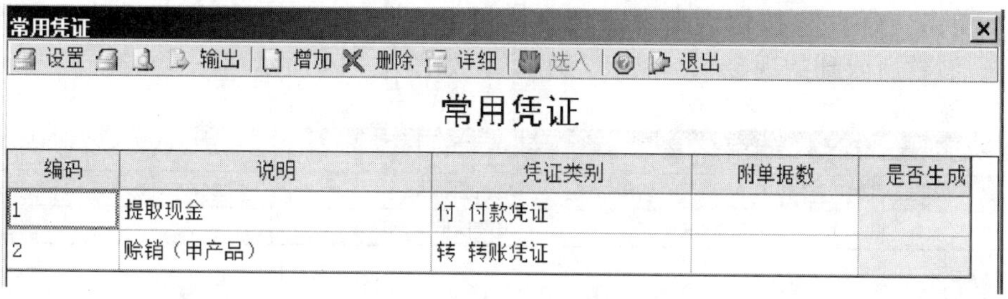

图 4－12　查看常用凭证

实验指导 4：2019 年 8 月发生的经济业务

1. 填制第 1 笔经济业务的记账凭证

（1）在企业应用平台中，单击“重注册”，更换操作员为“002 号”。

（2）在“业务工作”选项卡中，执行“财务会计”|“总账”|“凭证”|“填制凭证”，打开“填制凭证”窗口。

（3）在“填制凭证”窗口中，单击“增加”按钮或者按“F5”键。

（4）单击凭证类别的参照按钮，选择“收款凭证”。

（5）修改凭证日期为“2019 年 08 月 01 日”，附单据 2 张。

（6）在摘要栏直接录入摘要：从工行取得短期借款。

（7）按回车键，或用鼠标单击“科目名称”栏，单击科目名称栏的参照按钮（或按 F2 键），选择“银行存款—工行存款”科目，或者直接在科目名称栏输入“100201”，出现

“辅助项”对话框，单击“结算方式”栏参照按钮，选择“借款凭证”或直接输入编码“5”，输入票号“3245672”，如图 4－13 所示。

图 4－13　带结算方式的辅助项

（8）单击“确定”按钮，用鼠标单击“借方金额”栏，录入借方金额“200 000”元。

（9）按回车键（可复制上一行的摘要），或用鼠标单击“科目名称”栏（第二行），单击科目名称栏的参照按钮（或按 F2 键），选择“短期借款”科目或直接在科目名称栏输入“2001”。

（10）按回车键，或用鼠标单击“贷方金额”栏，录入贷方金额“200 000”元，或直接按“＝”键。

（11）单击“保存”按钮，出现“现金流量录入”窗口，选择经营活动现金的流入及编码“18—借款所收到的现金”，单击“确定”，如图 4－14 所示。

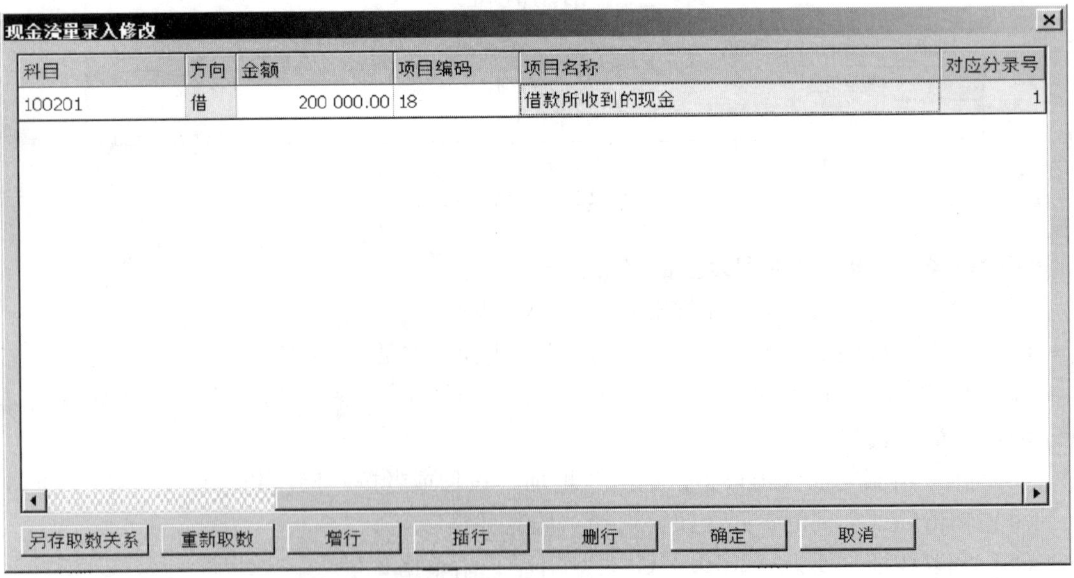

图 4－14　现金流量录入

（12）单击“保存”按钮，凭证成功保存，如图 4－15 所示。

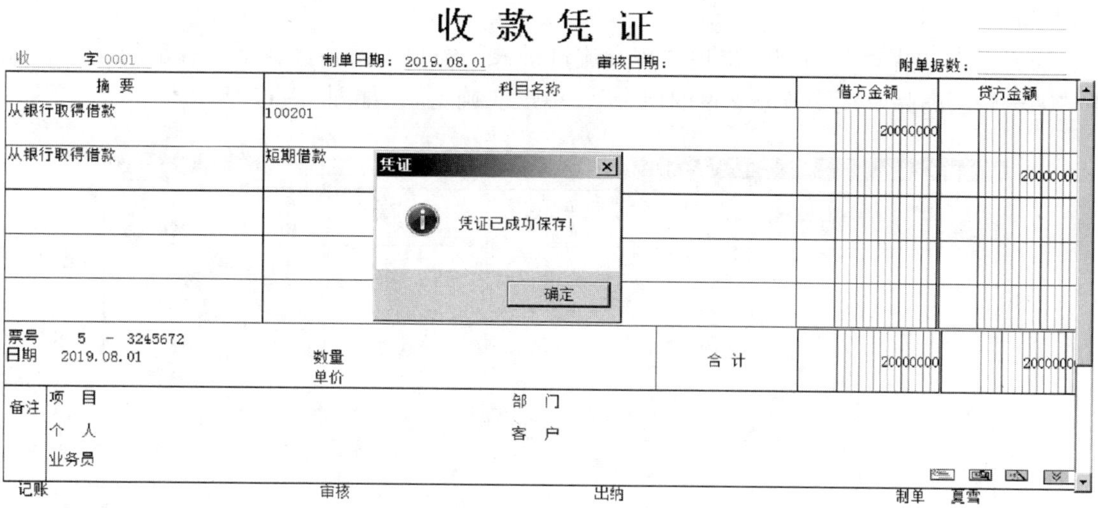

图 4－15 凭证 1

2. 填制第 2 笔经济业务的记账凭证

（1）在“填制凭证”窗口中，单击“增加”按钮或者按“F5”键。

（2）单击凭证类别，选择“付款凭证”，修改凭证日期“2019 年 8 月 2 日”，附单据 2 张。

（3）在摘要栏录入“1”（即调用第 1 号常用摘要，选入），或单击“摘要”栏参照按钮，选择第 1 号常用摘要，或者直接录入摘要。

（4）按回车键，或用鼠标单击“科目名称”栏，单击科目名称栏的参照按钮（或按 F2 键），选择“损益”类科目“660204 管理费用”，或者直接在科目名称栏输入“660204”。出现“辅助项”对话框，单击“部门”栏参照按钮，选择“总经理办公室”或直接输入“总经理办公室”的编码“1”，如图 4－16 所示。

图 4－16 带部门的辅助项

（5）按回车键，或用鼠标单击“借方金额”栏，录入借方金额“580”元。

（6）按回车键（可复制上一行的摘要），再按回车键，或用鼠标单击“科目名称”栏（第二行），单击科目名称栏的参照按钮（或按 F2 键），选择“资产”类科目“1001 库存现金”，或者直接在科目名称栏输入“1001”。

（7）按回车键，或用鼠标单击“贷方金额”栏，录入贷方金额“580”元，或直接按

“＝”键。

（8）单击“保存”按钮，出现“现金流量录入”窗口，选择经营活动现金的流出及编码“04—购买商品及接受劳务支付的现金”，单击“确定”，如图 4－17 所示。

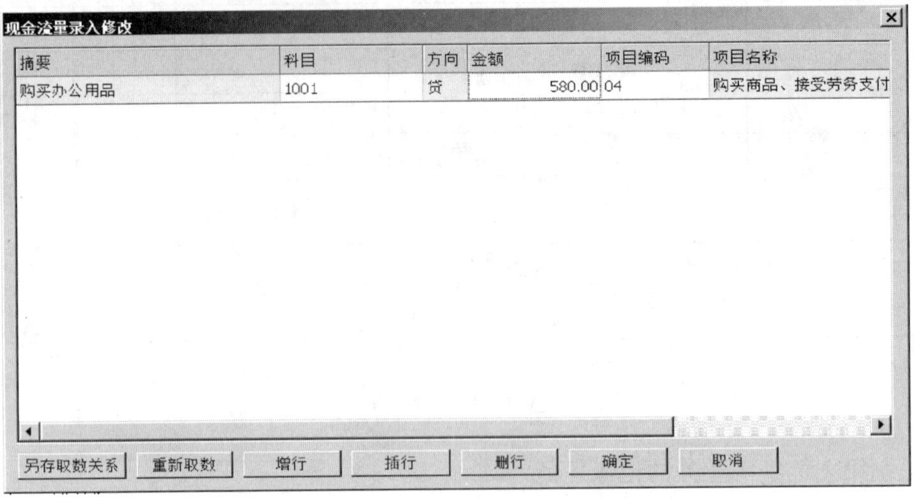

图 4－17 现金流量录入

（9）单击“保存”按钮，凭证成功保存，如图 4－18 所示。

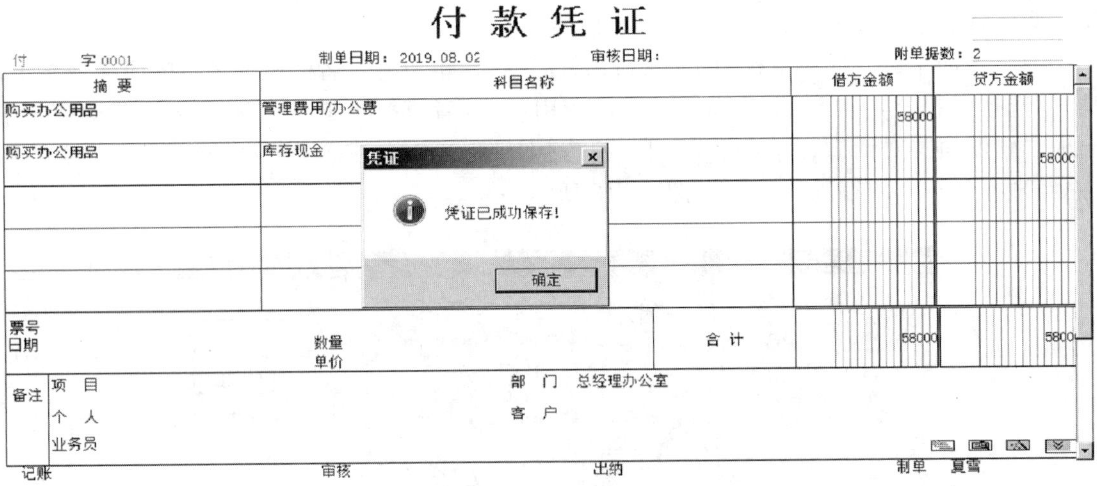

图 4－18 生成凭证

3. 填制第 3 笔经济业务的记账凭证

（1）在“填制凭证”窗口中，单击“增加”按钮或者按“F5”键。

（2）单击凭证类别的参照按钮，选择“付款凭证”。

（3）修改凭证日期为“2019 年 8 月 5 日”，附单据 2 张。

（4）在摘要栏录入“1”（即调用第 4 号常用摘要，选入销售产品），或单击摘要栏参照按钮，选择第 4 号常用摘要，或者直接录入摘要。

（5）按回车键，或用鼠标单击“科目名称”栏，单击科目名称栏的参照按钮（或按 F2 键），选择“资产”类科目“100201 工行存款”，或者直接在科目名称栏输入“100201”。出现“辅助项”对话框，单击“结算方式”栏参照按钮，选择“转账支票”或直接输入“102”的编码“102”及票号 65347812，如图 4－19 所示。

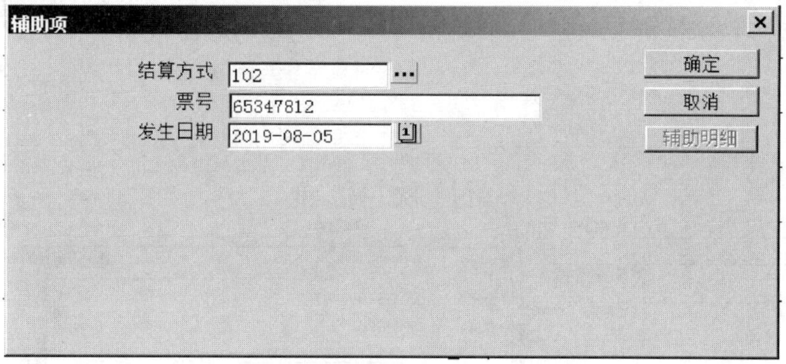

图 4－19　带结算方式的辅助项

（6）单击“确定”按钮，用鼠标单击“借方金额”栏，录入借方金额“678 000”元。

（7）按回车键（可复制上一行的摘要），再按回车键，或用鼠标单击“科目名称”栏（第二行），单击科目名称栏的参照按钮（或按 F2 键），选择“600101”科目或直接在科目名称栏输入“600101”。

（8）按回车键，或用鼠标单击“贷方金额”栏，录入贷方金额“600 000”元。

（9）按回车键，或用鼠标单击“贷方金额”栏，录入贷方金额“78 000”元，或直接按“＝”键。

（10）单击“保存”按钮，出现“现金流量录入”窗口，选择经营活动现金的流入及编码“01－销售商品提供劳务收到的现金”，单击“确定”按钮。

（11）单击“保存”按钮，凭证成功保存，如图 4－20 所示。

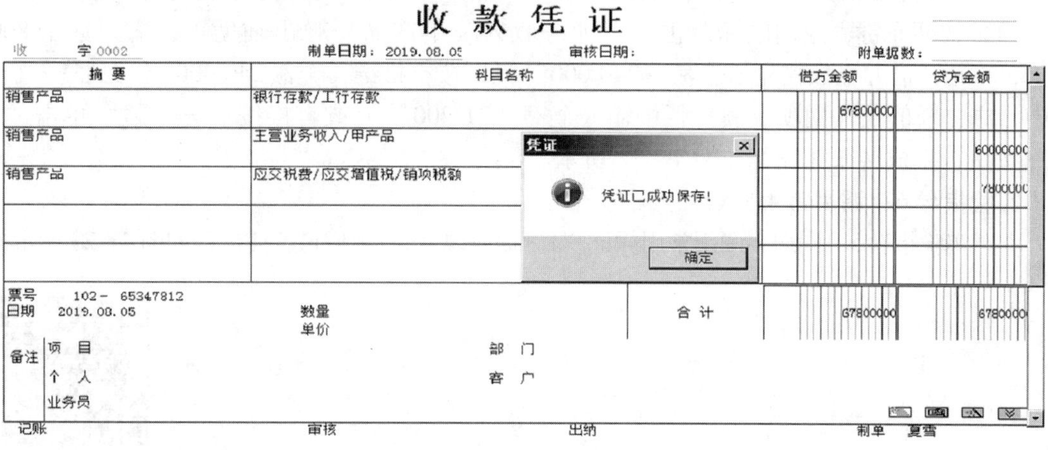

图 4－20　生成凭证

同理，填制第 4～第 15 笔经济业务的记账凭证。

文本：知识点
拓展与提示 3

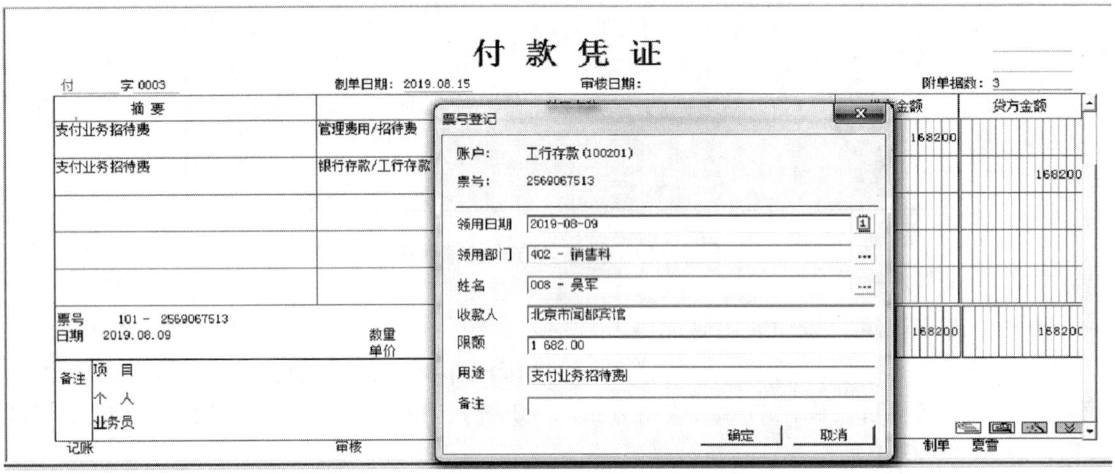

图 4－21 支票票号登记

实验指导 5：填制第 8 笔经济业务的记账凭证（调用常用凭证）

（1）在“填制凭证”窗口中，单击任务栏中的“常用凭证”，弹出“调用常用凭证”窗口。

（2）从常用凭证代码中选择“2－赊销（甲产品）”，单击“选入”按钮，弹出之前设置的“转账凭证”。

（3）应收账款借方栏输入金额“271 200”元，辅助项“客户—上海白云公司”，单击“确定”。

（4）按回车键，或用鼠标双击主营业务收入（甲产品）弹出辅助项，输入数量 800，单价 300 元，借方金额栏显示金额“240 000”元，按空格键，金额 240 000 元移到贷方金额栏中，应交增值税（销项税额）栏中输入金额“31 200”元或直接按“＝”键。单击“保存”按钮，生成转账凭证，如图 4－22 所示。

实验指导 6：调用常用凭证

参照实验指导 5，同理，调用常用凭证“1－提取现金”，生成付款凭证，如图 4－23 所示。

文本：知识点
拓展与提示 4

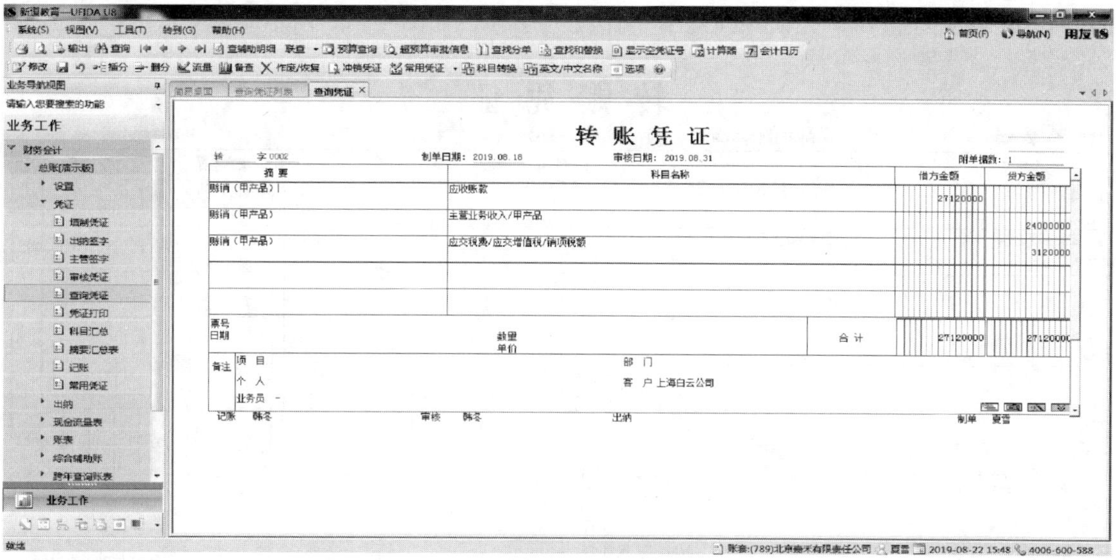

图 4－22　生成凭证

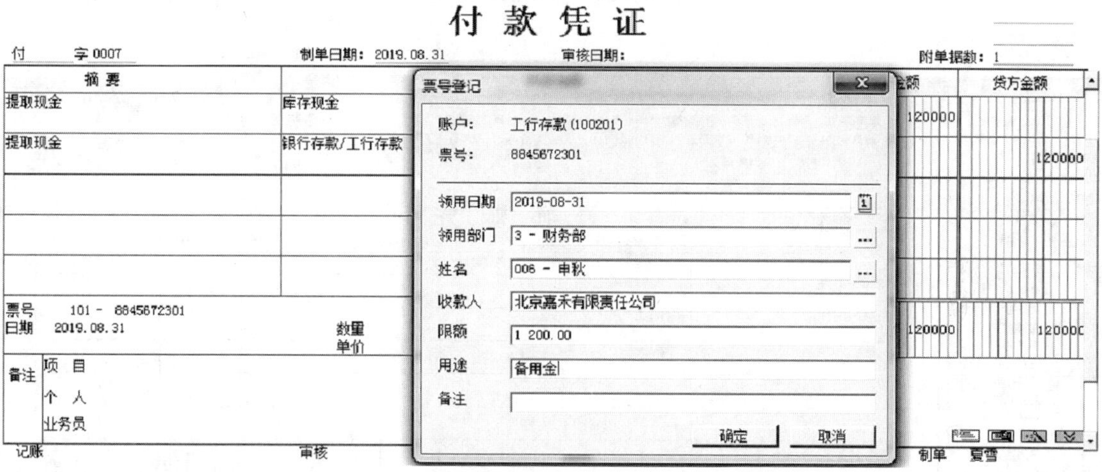

图 4－23　生成凭证

实验指导 7：复制凭证

（1）在填制凭证界面，打开当前需要复制的转账凭证 4 号，单击界面左上角的“复制”按钮，或者输入快捷键“Ctrl＋F”可复制成功。

（2）单击“保存”按钮，凭证（转账凭证 6 号）保存成功，如图 4－24 所示。

实验指导 8：修改凭证

（1）由操作员 002 执行“凭证｜填制凭证”命令，打开“填制凭证”对话框。

（2）单击“下张”按钮，找到要求修改的凭证。

（3）将凭证借贷方金额修改为 5 200 元，保存。修改完成。

实验指导 9：删除凭证

（1）在填制凭证中，单击查询凭证，打开复制并修改金额的 6 号凭证，单击任务栏里的“作废/恢复”按钮，凭证界面显示“作废”字样，如图 4－25 所示。

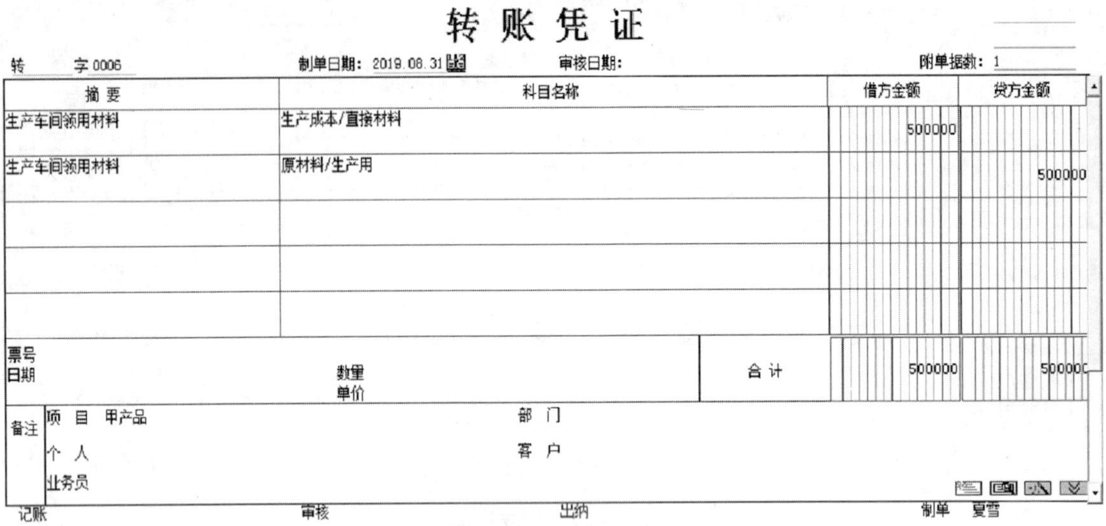

图 4－24 复制后的凭证

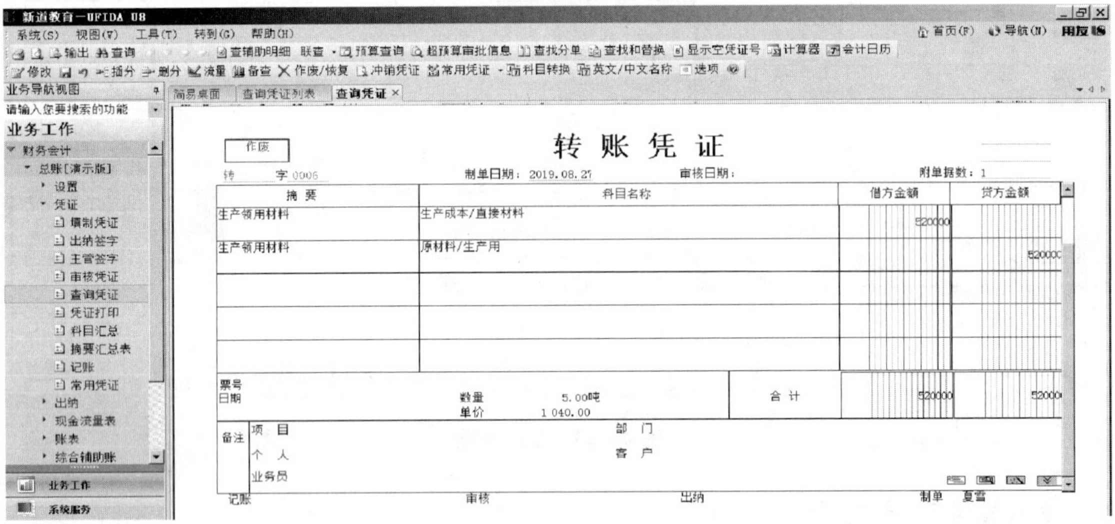

图 4－25 作废复制凭证

（2）单击任务栏中的“整理凭证”按钮，显示选择凭证提示框，选择凭证期间，单击“确定”按钮，弹出“作废凭证列表”，选择删除的凭证，提示“按凭证号重排”，单击“是”按钮，如图 4－26 所示。

实验指导 10：出纳签字

（1）在企业应用平台中，单击“重注册”，更换操作员为“003 号”。

（2）在“业务工作”选项卡中，执行“财务会计”|“总账”|“出纳签字”，打开“出纳签字”对话框。

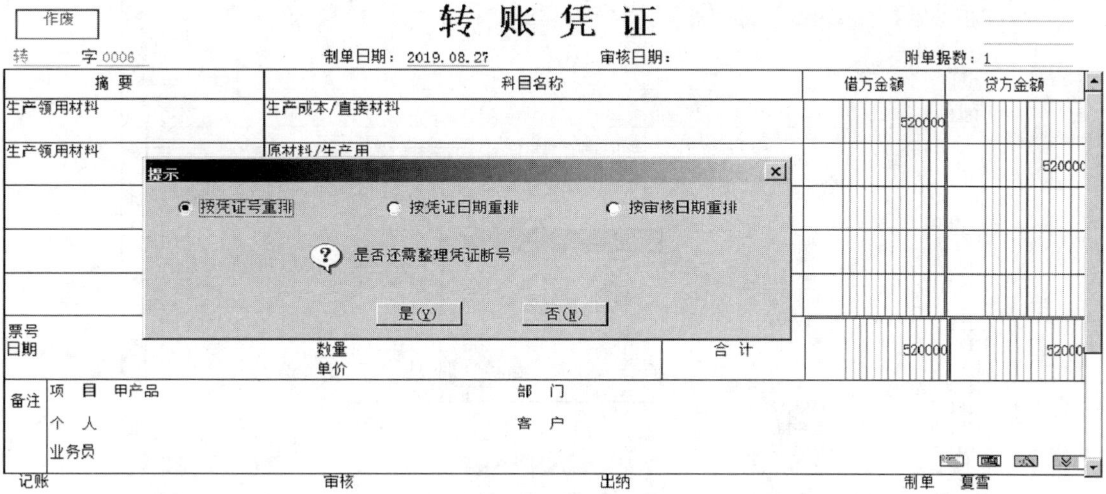

图4-26 删除的凭证

（3）在“出纳签字”对话框中，单击“确认”按钮，打开“出纳签字”情况窗口。

（4）在“出纳签字”情况窗口中，单击“确定”按钮，打开待签字的第1号“收款凭证”。

（5）单击“签字”按钮，单击“下张”按钮，再单击“签字”按钮，直到将已经填制的所有的收付凭证进行出纳签字，或者执行“批处理”进行成批签字。

（6）单击“退出”按钮退出。

实验指导11：审核凭证

（1）在企业应用平台中，单击“重注册”，更换操作员为“001号”。

（2）在“业务工作”选项卡中，执行“财务会计”|“总账”|“凭证”|“审核凭证”，打开“凭证审核”对话框。

（3）在“凭证审核”对话框中，单击“确认”按钮，打开“凭证审核”情况窗口。

（4）在“凭证审核”情况窗口中单击“确定”按钮，打开待审核的第1号“收款凭证”。

（5）单击“审核”按钮（审核了第1号收款凭证，并且翻页到了第2张待审核的凭证），再单击“审核”按钮，直到全部审核签字；或者执行“批处理”进行成批审核。

（6）单击“退出”按钮退出。

实验指导12：记账

（1）由操作员“001”，单击“凭证”|“记账”，打开“记账—选择本次记账范围”对话框。

（2）在“记账选择本次记账范围”对话框中，选择“2019年8月份凭证”，记账范围为“全选”。

（3）单击“记账”按钮，打开“期初试算平衡表”窗口。若期初试算不平衡，则当月凭证不允许记账。

（4）单击“确认”按钮，系统自动进行记账，记账完成后，系统弹出“记账完毕”信息提示框，如图4-27所示。

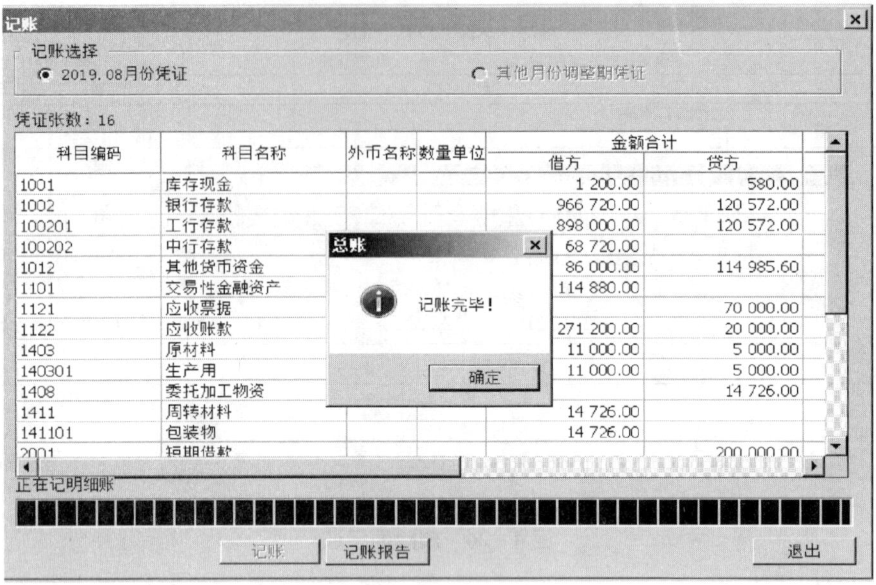

图 4－27　记账完毕

（5）查询已记账凭证，如图 4－28 所示。

凭证共 17张　已审核 17 张　未审核 0 张　凭证号排序　制单日期排序

制单日期	凭证编号	摘要	借方金额合计	贷方金额合计	制单人	审核人	系统名	备注	审核日期	年度
2019-08-01	收 - 0001	从银行取得借款	200 000.00	200 000.00	夏雪	韩冬			2019-08-31	2019
2019-08-05	收 - 0002	销售产品	678 000.00	678 000.00	夏雪	韩冬			2019-08-31	2019
2019-08-12	收 - 0003	收回前欠货款	20 000.00	20 000.00	夏雪	韩冬			2019-08-31	2019
2019-08-26	收 - 0004	吸收投资	68 720.00	68 720.00	夏雪	韩冬			2019-08-31	2019
2019-08-02	付 - 0001	购买办公用品	580.00	580.00	夏雪	韩冬			2019-08-31	2019
2019-08-10	付 - 0002	申请办理银行汇票	86 000.00	86 000.00	夏雪	韩冬			2019-08-31	2019
2019-08-15	付 - 0003	支付业务招待费	1 682.00	1 682.00	夏雪	韩冬			2019-08-31	2019
2019-08-18	付 - 0004	购买材料	12 430.00	12 430.00	夏雪	韩冬			2019-08-31	2019
2019-08-20	付 - 0005	支付广告费	2 650.00	2 650.00	夏雪	韩冬			2019-08-31	2019
2019-08-26	付 - 0006	报销差旅费	3 740.00	3 740.00	夏雪	韩冬			2019-08-31	2019
2019-08-31	付 - 0007	提取现金	1 200.00	1 200.00	夏雪	韩冬			2019-08-31	2019
2019-08-08	转 - 0001	转让银行承兑汇票　偿还应付款	70 000.00	70 000.00	夏雪	韩冬			2019-08-31	2019
2019-08-18	转 - 0002	赊销（甲产品）	271 200.00	271 200.00	夏雪	韩冬			2019-08-31	2019
2019-08-22	转 - 0003	交易金融资产	114 985.60	114 985.60	夏雪	韩冬			2019-08-31	2019
2019-08-23	转 - 0004	生产领用材料	5 000.00	5 000.00	夏雪	韩冬			2019-08-31	2019
2019-08-27	转 - 0005	收回委托加工包装箱	14 726.00	14 726.00	夏雪	韩冬			2019-08-31	2019
2019-08-27	转 - 0006	[冲销2019.08.23 转-0004号凭证]生产领用材料	-5 000.00	-5 000.00	夏雪	韩冬			2019-08-31	2019
		合计	1 545 913.60	1 545 913.60						

图 4－28　查询已记账凭证

实验指导 13：冲销凭证

（1）以操作员 002 执行“凭证”|“填制凭证”命令，打开“填制凭证”窗口。

（2）执行“冲销凭证”命令，打开“冲销凭证”对话框。

（3）单击“凭证类别”栏下三角按钮，选择“转账凭证”，在“凭证号”栏录入“4”，如图 4－29 所示。

（4）单击“确定”按钮，生成冲销的红字凭证，单击“保存”按钮，如图 4－30 所示。

文本：知识点拓展与提示 5

图 4-29　选择冲销凭证

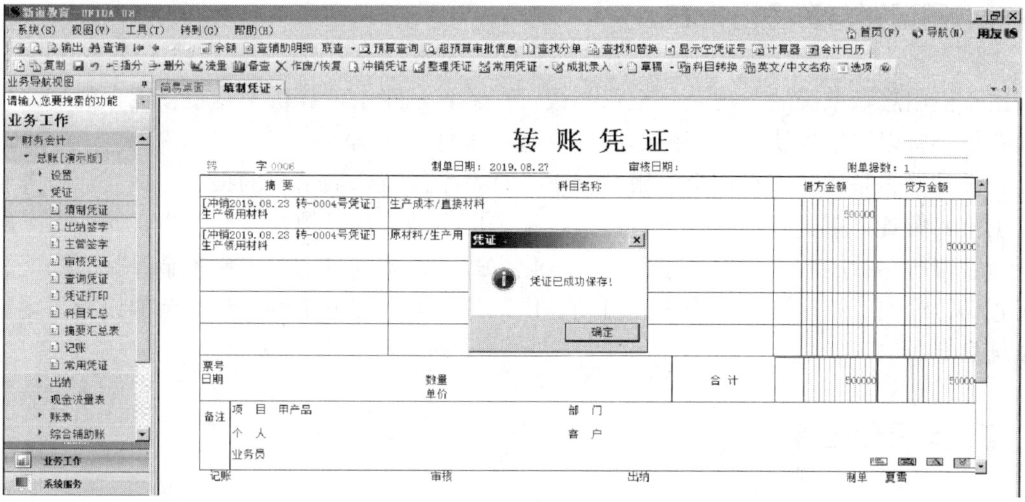

图 4-30　冲销凭证生成

（5）由操作员 001 对生成的红字冲销凭证，执行审核并记账。

实验指导 14：取消记账（取消记账后，必须重新记账）

（1）执行“财务会计”|“总账”|“期末”|“对账”命令，进入“对账”窗口。

（2）要选择取消记账的月份“2019.08”。

（3）按“Ctrl + H”键，系统弹出“恢复记账前状态功能已被激活”对话框，单击“确定”按钮，同时，在“凭证”菜单下显示“恢复记账前状态功能”菜单项。

（4）执行“凭证|恢复记账前状态功能”命令；打开“恢复记账前状态功能”对话框，选择“最后一次记账前状态”或“2019 年 8 月初状态”功能单选按钮。

（5）单击“确定”按钮，系统弹出“请输入主管口令”对话框后，输入口令 001，单击“确定”按钮，系统弹出“恢复记账完毕!”提示对话框，单击“确定”按钮。

（6）取消记账后，必须重新记账。

实验指导 15：账套备份

在 E 盘或 D 盘“会计信息系统实训教程”文件夹中新建“实验四”文件夹，将账套输出至“实验四”文件夹中。

文本：知识点拓展与提示 6

文本：知识点拓展与提示 7

第三节　总账系统出纳业务

出纳管理是总账系统为单位出纳人员提供的一套管理工具，它包括打印输出现金日记账、银行存款日记账，进行银行对账及管理支票登记簿，并可对长期未达账提供审计报告。

一、日记账与资金日报表

由于使用总账系统后，现金日记账与银行存款日记账由计算机根据审核无误的记账凭证自动登录，所以出纳模块日记账的作用仅仅是用于打印输出。

资金日报表是反映库存现金、银行存款某日发生额及余额情况的报表，在企业财务管理中占据重要位置。手工处理方式下，资金日报表由出纳员逐日填写，反映当天营业终了时库存现金、银行存款的收支情况及余额。电算化方式下，系统自动给提供资金日报表功能，可用于查询、输出、打印资金日报表，自动提供某日借方、贷方金额合计和余额以及发生的业务量信息。

二、支票登记簿

在手工处理方式下，出纳人员通常设有支票领用登记表，用它来登记支票领用情况。会计信息系统下，"出纳管理"专门为出纳人员提供了"支票登记簿"功能，以供其详细登记支票领用人、领用日期、支票用途、是否报销等情况。

使用支票登记簿应注意以下事项：

（1）只有在会计科目中设置了"银行账"辅助核算的科目才能使用支票登记簿。

（2）只有在结算方式设置中选择"票据管理"，才能选择登记银行科目。

（3）领用支票时，出纳员须单击"支票登记簿"功能，据实登记领用日期、领用部门、领用人、支票号、备注等。

（4）支票结算后，经办人持原始单据报销，会计人员据此填制记账凭证，在录入该凭证时，系统要求录入该支票的结算方式和支票号，填制完成该凭证后，系统自动在支票登记簿中将该号支票写上报销日期，该号支票即为已报销。对于已报销的支票，系统用不同颜色区分。

（5）支票登记簿中的报销日期栏，一般是由系统自动填写的，但是对于有些已报销单由于人为原因而造成系统未能自动填写报销日期的支票，可以进行手工填写。

（6）已报销的支票不能进行修改。可以取消报销标志，再进行修改。

三、银行对账

为了及时发现记账差错，正确掌握银行存款的实际余额，单位必须将银行存款日记账与开户银行出具的银行对账单进行定期核对，并编制银行存款余额调节表和未达账报告，这就是银行对账。银行对账主要包括输入银行对账期初数据、输入银行对账单、银行对账、查询银行存款余额调节表和核销已达账等。

（一）银行对账期初录入

为了保证银行对账的正确性。第一次使用银行对账功能进行对账之前，必须先将启用日期之前的企业银行存款日记账余额、银行对账单余额及双方未达账项录入到系统中。

通常，许多用户在使用总账子系统时，并不使用银行对账模块，也就是说在使用银行对账功能之前已经有账务数据产生，因此，用户应在此处录入最近一次对账时企业方与银行方的调整前余额，以及启用日期之前的单位日记账和银行对账单的未达项，等所有未达账录入正确后启用对账功能。

一般情况下，只需在开始使用银行存款对账功能之前执行“银行对账期初录入”功能一次，但以后也可以再次进行初始化。

（二）银行对账单

银行对账单的功能主要用于平时录入开户银行提供的对账单。

系统提供两种采集对账单数据方式，一种是直接通过录入窗口由用户根据从银行取回的纸质对账单录入，另一种是利用外部的对账单数据文件直接读入本系统。

（三）银行对账

为了能够准确掌握银行存款的实际余额，了解实际可动用的货币资金数额，防止记账发生差错，企业必须定期将企业银行存款日记账与银行出具的对账单进行核对，并编制银行存款余额调节表。

本系统提供了两种对账模式，即自动对账和手工对账两种。自动对账由计算机根据对账条件将银行存款日记账与银行对账单进行自动核对、勾销。对账条件通常是“结算方式＋票号＋方向＋金额”或“方向＋金额”。对于已核对无误的银行业务，系统将自动在银行存款日记账和银行对账单双方写上两清标志，并视为已达账项，否则，视为未达账项。手工对账是对自动对账的补充。由于一些特殊原因，某些已达账项被视为未达账项，为保证对账的正确性，可通过手工对账进行调整勾销。

（四）查询银行存款余额调节表

在对银行对账进行两清勾对后，便可调用此功能查询、打印“银行存款余额调节表”，以判断对账是否正确。

（五）核销已达账

在银行对账正确后，如果想将已达账项删除并只保留未达账项时，可使用核销已达账功能，核销后系统只显示未达账项，但不影响银行存款日记账的查询和打印。如果银行对账不平衡，请不要使用本功能，否则将造成以后对账错误。

实验五　总账系统出纳业务处理

【实验准备】

已经完成实验四的操作。可以引入 E 盘或 D 盘“会计信息系统实训教程”文件夹中“实验四”的账套备份数据。将系统日期修改为“2019 年 8 月 31 日”，由 003 操作员注册进入总账系统。

【实验内容】

（1）支票登记簿；
（2）查询日记账、查询资金日报表；
（3）银行对账（银行期初录入、银行对账单、银行对账、余额调节表查询）；
（4）核销银行账、反核销银行账。

【实验资料】

1. 支票登记簿

2019 年 8 月 22 日，以转账支票（票号 46784321）2400 元支付销售科办公费。

2. 查询库存现金日记账、银行存款日记账

由出纳申秋查询库存现金日记账、银行存款日记账，尤其注意工行存款日记账的余额，可以用于后续银行对账。

3. 查询资金日报表

根据需要查询当月任何日的资金日报表。

4. 银行对账

（1）银行对账期初数据。2019 年 8 月 1 日企业银行存款（工行存款）日记账余额为 600 000 元，银行对账单期初余额为 598 000 元，存在未达账项，即企业已收而银行未收的未达账项 2 000 元（2019 年 7 月 20 日）。

（2）2019 年 8 月 31 日中国工商银行对账单，如表 4－36 所示。

表 4－36　　中国工商银行对账单　　单位：元

日期	结算方式	票号	借方金额	贷方金额	余额
2019－08－01	借款凭证	3245672	200 000		798 000
2019－08－03	转账支票	65347812	678 000		1 476 000
2019－08－10	银行汇票	657890		86 000	1 390 000
2019－08－14	电汇	7654123		5 000	1 385 000
2019－08－15	现金支票	2569067513		1 682	1 383 318
2019－08－20	转账支票	45690671		2 650	1 380 668
2019－08－31	现金支票	8845672301		1 200	1 379 468

（3）银行对账。由出纳申秋对工行存款执行银行对账，查找未达账项。

（4）查询余额调节表。查询余额调节表判断调整后余额是否相等，若不相等，查找原因。

（5）核销银行账。执行核销与反核销。

视频：核销与反核销银行账

5. 账套备份

上述操作完毕，备份本账套。

【实验指导】

实验指导1：支票登记簿

（1）单击“出纳”|“支票登记簿”菜单，打开“银行科目选择”对话框。

（2）单击“确定”按钮，打开“支票登记簿”窗口。

（3）单击“增加”按钮，输入或选择领用日期“2019. 08. 22”，领用部门“销售科”，支票号“46784321”，预计金额“2 400”元及用途“办公费”，如图4－31所示。

支票登记簿

科目：工行存款(100201)

支票张数：5(其中：已报4 未报1)

领用日期	领用部门	领用人	支票号	预计金额	用途	对方科目	报销日期	实际金额	领用部门编码
2019.08.15	销售科	吴军	2569067513	1 682.00	支付业务招待费		2019.08.15	1 682.00	402
2019.08.18	供应科	刘佳	2569677	12 430.00	支付购料款		2019.08.18	12 430.00	401
2019.08.20	销售科	吴军	45690671	2 650.00	支付广告费		2019.08.20	2 650.00	402
2019.08.26	供应科	刘佳	3849030820	3 740.00	支付差旅费		2019.08.26	3 740.00	401
2019.08.22	销售科	吴军	46784321	2 400.00	支付办公费			2 400.00	402

预计未报金额 2 400.00 科目截止余额 借 1 390 298.00

已报销 未报销

账套：(789)北京嘉禾有限责任公司 申秋 2019-08-01 21:29 4006-600-588

图4－31 支票登记簿

（4）单击“保存”按钮，单击“退出”按钮。

实验指导2：查询库存现金日记账、银行存款日记账

1. 查询库存现金日记账

（1）由003单击“出纳”|“现金日记账”菜单，打开“现金日记账查询条件”对话框。

（2）单击“确认”按钮，打开“现金日记账”窗口。

（3）单击“退出”按钮退出。

文本：知识点拓展与提示8

2. 同理，查询银行存款日记账

实验指导3：查询资金日报表

（1）单击“出纳”|“资金日报”菜单，打开“资金日报表查询条件”对话框。

（2）选择日期“2019. 08. 26”。

（3）单击“确认”按钮，打开“资金日报表”窗口。

（4）单击“退出”按钮退出。

实验指导 4：银行对账

1. 录入银行对账期初数据

（1）单击“出纳”|“银行对账”|“银行对账期初”菜单，打开“银行科目选择”窗口。

（2）单击“确定”按钮，打开“银行对账期初”窗口。

（3）在单位日记账的调整前余额栏录入“600 000”元，在银行对账单的调整前余额栏录入“598 000”元。

（4）单击“日记账期初未达项”按钮，打开“企业方期初”窗口。

（5）单击“增加”按钮，录入或选择凭证日期“2019.07.20”，在借方金额栏录入“2 000”元，如图 4－32 所示。

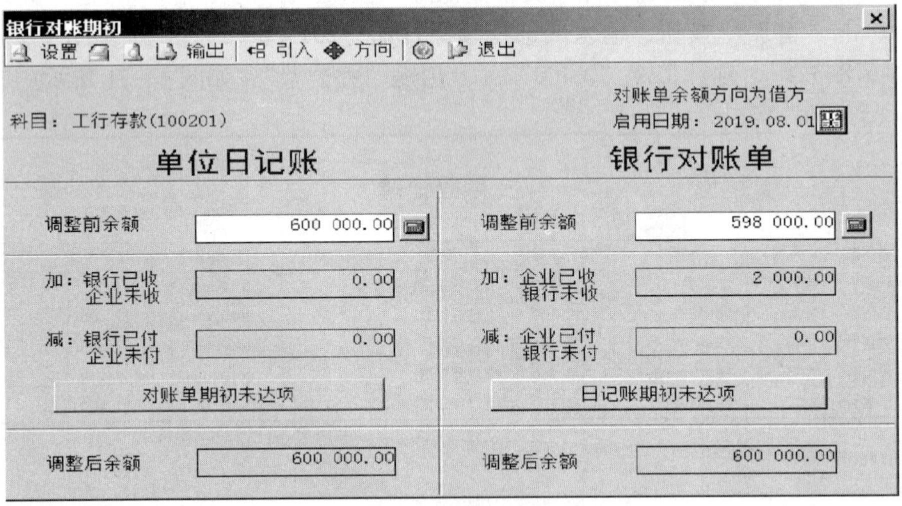

图 4－32　期初对账单余额

（6）单击“保存”按钮，单击“退出”按钮，返回“银行对账期初”窗口。

（7）单击“退出”按钮。

2. 录入银行对账单

（1）单击“出纳”菜单“银行对账”|“银行对账单”菜单，打开“银行科目选择”窗口。

（2）单击“确定”按钮，打开“银行对账单”窗口。

在“银行对账单”窗口中，单击“增加”按钮。

（3）录入或选择日期“2019.08.01”，选择结算方式“转账支票”，录入票号“3245672”，录入借方金额“200 000”元，回车键，再录入或选择日期“2019.08.05”，选择结算方式“转账支票”，录入票号“65347812”，录入借方金额“678 000”元。用同样的方法录入其他对账单的内容，如图 4－33 所示。

（4）单击“保存”按钮，单击“退出”按钮。

3. 银行对账

（1）单击“出纳”菜单“银行对账”|“银行对账”菜单，打开“银行科目选择”窗口。

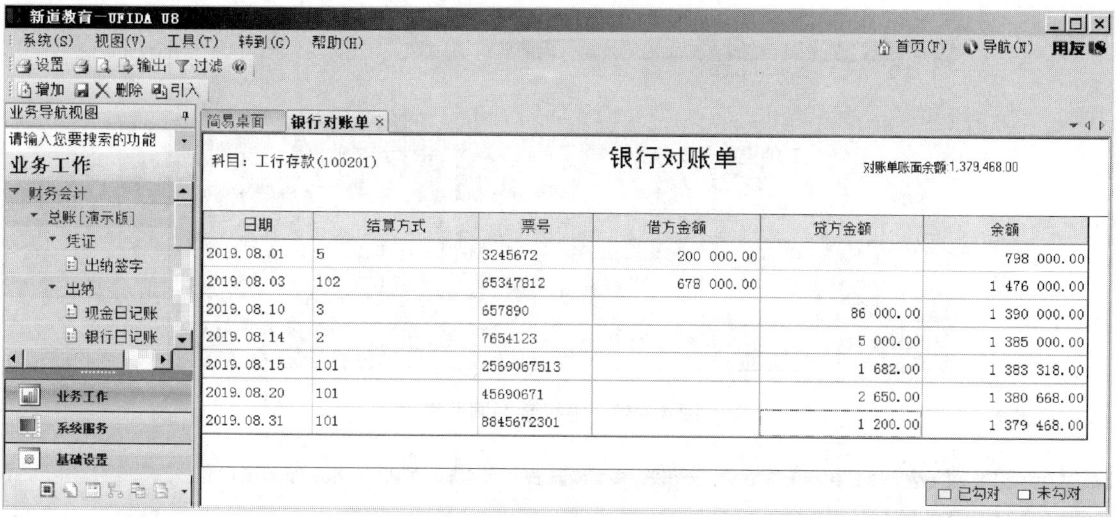

日期	结算方式	票号	借方金额	贷方金额	余额
2019.08.01	5	3245672	200 000.00		798 000.00
2019.08.03	102	65347812	678 000.00		1 476 000.00
2019.08.10	3	657890		86 000.00	1 390 000.00
2019.08.14	2	7654123		5 000.00	1 385 000.00
2019.08.15	101	2569067513		1 682.00	1 383 318.00
2019.08.20	101	45690671		2 650.00	1 380 668.00
2019.08.31	101	8845672301		1 200.00	1 379 468.00

图 4-33 银行对账单

（2）单击“确定”按钮，打开“银行对账”窗口。

（3）在“银行对账单”窗口中，单击“对账”出现“自动对账”条件选择窗口。

（4）在“自动对账”条件选择窗口中，单击“确定”按钮。

（5）单击“对账”按钮，出现对账结果，“两清栏”中没有圆圈的为双方的未达账，如图 4-34 所示。

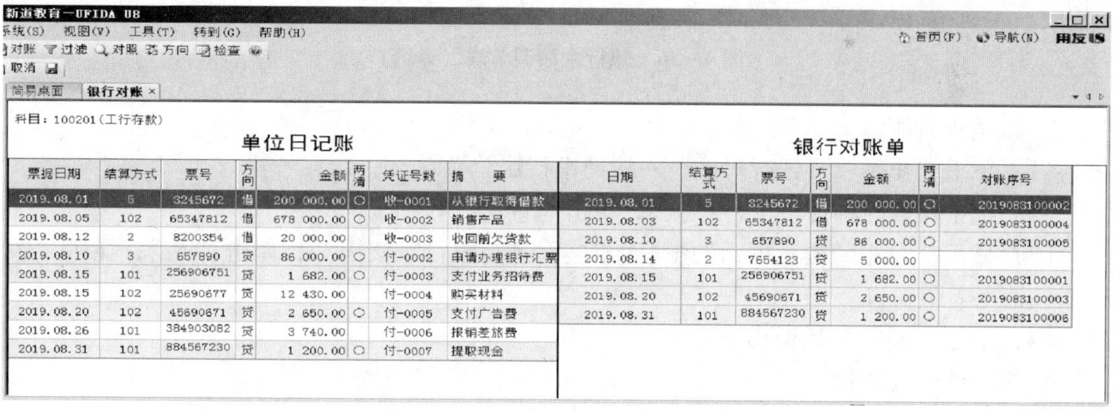

票据日期	结算方式	票号	方向	金额	两清	凭证号数	摘要
2019.08.01	5	3245672	借	200 000.00	○	收-0001	从银行取得借款
2019.08.05	102	65347812	借	678 000.00	○	收-0002	销售产品
2019.08.12	2	8200354	借	20 000.00		收-0003	收回前欠货款
2019.08.10	3	657890	贷	86 000.00	○	付-0002	申请办理银行汇票
2019.08.15	101	256906751	贷	1 682.00	○	付-0003	支付业务招待费
2019.08.15	102	25690677	贷	12 430.00		付-0004	购买材料
2019.08.20	102	45690671	贷	2 650.00	○	付-0005	支付广告费
2019.08.26	101	384903082	贷	3 740.00		付-0006	报销差旅费
2019.08.31	101	884567230	贷	1 200.00	○	付-0007	提取现金

日期	结算方式	票号	方向	金额	两清	对账序号
2019.08.01	5	3245672	借	200 000.00	○	2019083100002
2019.08.03	102	65347812	借	678 000.00	○	2019083100004
2019.08.10	3	657890	贷	86 000.00	○	2019083100005
2019.08.14	2	7654123	贷	5 000.00		
2019.08.15	101	256906751	贷	1 682.00	○	2019083100001
2019.08.20	102	45690671	贷	2 650.00	○	2019083100003
2019.08.31	101	884567230	贷	1 200.00	○	2019083100006

图 4-34 银行对账结果显示

（6）单击“退出”按钮退出。

4. 输出余额调节表

（1）单击“出纳”菜单“银行对账”|“余额调节表查询”菜单，打开“银行余额调节表”窗口。

（2）单击“查看”按钮，打开“银行余额调节表”窗口，如图 4-35 所示。

（3）单击“详细”按钮、打开“余额调节表详细窗口”，如图 4-36 所示。

（4）单击“退出”按钮。

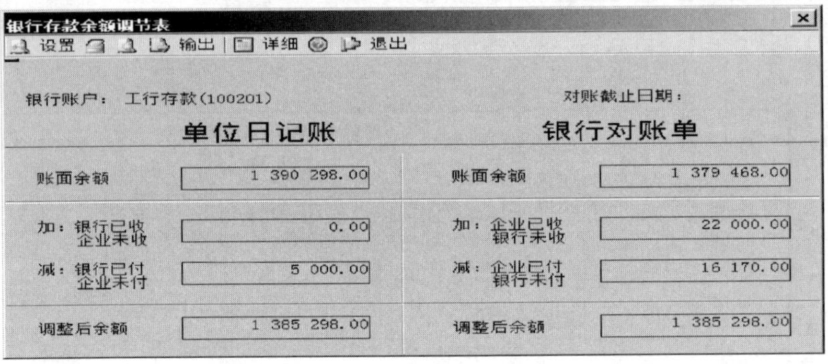

图 4－35　银行余额调节表

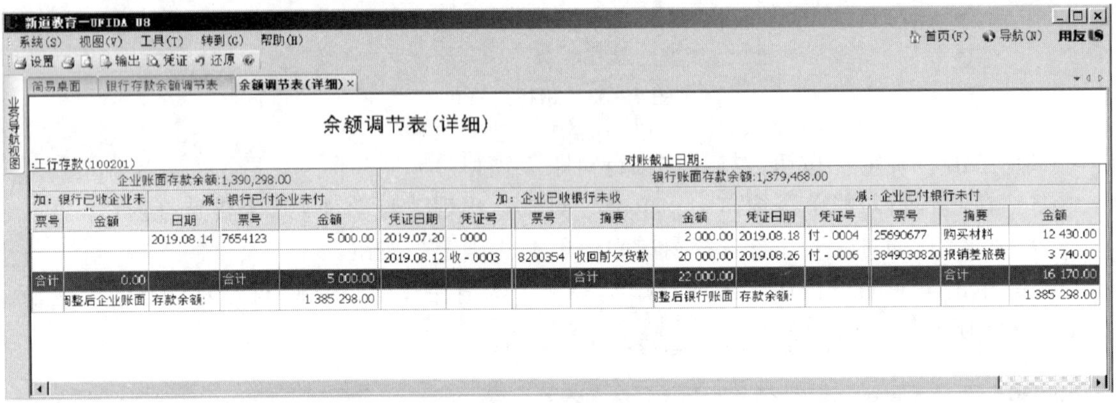

企业账面存款余额:1,390,298.00					银行账面存款余额:1,379,468.00									
加：银行已收企业未收		减：银行已付企业未付			加：企业已收银行未收					减：企业已付银行未付				
票号	金额	日期	票号	金额	凭证日期	凭证号	票号	摘要	金额	凭证日期	凭证号	票号	摘要	金额
		2019.08.14	7654123	5 000.00	2019.07.20	- 0000			2 000.00	2019.08.18	付 - 0004	25690677	购买材料	12 430.00
					2019.08.12	收 - 0003	8200354	收回前欠货款	20 000.00	2019.08.26	付 - 0006	3849030820	报销差旅费	3 740.00
合计	0.00		合计	5 000.00				合计	22 000.00				合计	16 170.00
	调整后企业账面	存款余额:		1 385 298.00					调整后银行账面	存款余额:				1 385 298.00

图 4－36　银行余额调节表（详细）

5. 核销银行账

（1）单击“出纳”|“银行对账”|“核销银行账”菜单。

（2）选中核销的科目“工行存款”，单击“确定”按钮。

（3）显示“总账”提示框，“您是否确实要进行银行账核销?”，单击“是”，显示“银行账核销完毕”窗口。

（4）单击“确定”后退出。

6. 银行账的反核销

（1）执行单击“出纳”|“银行对账”|“核销银行账”菜单。

（2）显示“核销银行账”的窗口，选择要取消的“工行存款”。

（3）按“Alt＋U”键，系统弹出“您确实要进行反核销?”对话框。

（4）单击“确定”按钮，系统提示您是否反核销此银行科目？单击“是”。

（5）返回“银行对账”菜单，查看单位日记账和银行对账单。

实验指导 5：账套备份

在 E 盘或 D 盘“会计信息系统实训教程”文件夹中新建“实验五”文件夹，将账套输出至“实验五”文件夹中。

第四节 总账系统期末业务

一、定义自动转账凭证

期末账务处理主要包括转账定义、转账生成、对账、结账等工作。其中，转账定义、转账生成是期末账务处理的关键。

通常，企业期末账务处理的业务多数是重复性的、程序化的，并且处理方法相对不变，如各种费用的计提、结转等。因此，我们可以把这些相对固定的期末业务预先定义凭证框架，并为其定义账务取数公式，以后每月末可由计算机自动生成转账凭证。在完成期末转账的基础上，才能进行各项对账、结账业务操作。

（一）自定义转账设置

自定义转账功能可以完成的转账业务主要有："费用分配"的结转，如工资费用的分配；"费用分摊"的结转，如制造费用等；"税金计算"的结转，如增值税、所得税等；"提取各项费用"的结转，如工会经费、职工教育经费等；"部门核算"的结转；"项目核算"的结转；"个人核算"的结转；"客户核算"的结转；"供应商核算"的结转等。

如果客户和供应商使用应收、应付系统管理，那么，在总账系统中，不能按客户、供应商辅助项进行结转，只能按科目总数进行结转。

（二）对应结转设置

对应结转可用于费用结转、费用分摊、应交税费结转。年度利润结转等转账业务，不仅可以进行两个科目一对一结转，还可以提供科目的一对多结转功能。对应结转的科目可为上级科目，但其下级科目的科目结构必须一致（相同明细科目），如有辅助核算，则两个科目的辅助账类也必须一一对应，如将"所得税费用"账户余额转入"本年利润"账户。

文本：知识点拓展与提示9

（三）销售成本结转设置

销售成本结转设置是将月末库存商品销售数量乘以库存商品的平均单价计算各类库存商品的销售成本，并进行结转。在设置销售成本结转时，要求库存商品科目、主营业务收入科目、主营业务成本科目下的明细科目必须设置为数量核算，而且这三个科目的下级必须一一对应，且都不能带辅助账类核算。如果想对辅助类的科目进行成本的自动结转，可在"自定义转账"中加以定义。

（四）汇兑损益结转设置

汇兑损益设置用于期末自动计算外币账户的汇总损益，并在转账生成中自动生成汇总损益转账凭证，汇兑损益只处理以下外币账户：外汇存款户；外币现金；外币结算的各项债权、债务，不包括所有者权益类账户、成本类账户和损益类账户。

为了保证汇兑损益计算正确，填制某月的汇兑损益凭证时必须先将本月的所有未记账凭证先记账。

（五）期间损益结转设置

期间损益结转设置用于在一个会计期间终了将损益类科目的余额结转到本年利润科目中，从而及时反映企业利润的盈亏情况。

二、生成转账凭证

在转账定义完成后，每月月末只需执行本功能即可快速生成转账凭证，在此生成的转账凭证将自动追加到未记账凭证中去。

由于转账是按照已记账凭证的数据进行计算的，所以，在进行月末结转工作之前，请先将此前的所有未记账凭证记账，否则，生成的转账凭证数据可能有误。如果使用了应收、应付系统，那么，在“总账系统”中，不能按客户、供应商进行结转。

无论是在手工方式下，还是在账务处理系统中，在每一个会计期末都要对本会计期间的会计业务进行期末对账与结账，并要求在结账前进行试算平衡。

三、对账和试算平衡

对账是对账簿数据进行核对，检查记账是否正确，以及账簿是否平衡，包括总账和明细账、总账和辅助账数据之间的账账核对。

手工条件下，会计数据要从记账凭证及汇总凭证转抄到总账、明细账、日记账等账册中，在转抄中很难避免抄错的问题从而造成账册不符，账账不符、账实不符等错误，所以必须进行账目核对，即对账——账证核对、账账核对、账实核对，才能保证账证核对、账账核对、账实核对，因此对账是手工条件下不可缺少的工作环节。

财务软件环境下，一般来说，只要记账凭证录入正确，计算机自动记账后各种账簿都应是正确、平衡的，计算机账务系统不存在手工意义上的“对账”问题。

但是由于非法操作或计算机病毒或其他原因有时可能会造成某些数据被破坏，因而引起账账不符，为了保证账证相符、账账相符，同时也兼顾手工工作习惯和要求，用户应经常使用本功能进行对账，至少一个月一次，一般可在月末结账前进行。

计算机账务系统试算平衡功能就是将系统中所有科目的数据按会计平衡公式进行平衡校验，输出科目余额表以及是否平衡信息。

四、结账

（一）结账的功能

按照“日清月结”的规定，结账应具备以下基本功能：

一是，自动结转本月余额到下月初，成批数据处理过程。

二是，结束当月日常账务处理工作，关闭当月日常凭证处理功能，以禁止凭证的输入、修改、删除和记账等操作。

（二）结账的条件

（1）凭证必须全部记账。只要本月有一张凭证未记账，系统就不能结账。这正是结账后系统产生的报表、打印的账册才是完整的原因所在。

（2）科目必须试算平衡。所有会计科目的本月余额和发生额按照有关会计等式必须试算平衡。

（3）账簿必须核对相符。对于相互关联的账簿每月对账正确后才能结账。

（4）与其他系统的关系。若与其他子系统联合使用，其他子系统必须已结账，总账系统才能结账，若没有，则本月不能结账。

文本：知识点拓展与提示10

（三）结账的要求

（1）专人负责结账：“结账”功能限定专人使用。

（2）每月必须结账：月末必须结账，而且只能结账一次。

（3）必须逐月结账：连续结账。

（4）保护结账前的数据：防止非法中断后丢失数据。

（四）结账的过程

（1）确定结账月份：选择需要结账的月份。

（2）结账前检验：一旦不符合条件和要求，终止结账工作。

（3）自动硬盘备份：自动硬盘备份，以便恢复使用。

（4）自动结账：系统自动结转科目余额和封闭有关功能。

（5）作结账标志：本月从“活动”期间变成“结账”期间。

（五）年结的作用

每年最后一个月的结账实际上就是进行年结。年结除了具有上述月结的功能外，还应具备以下三个功能：

1. 产生下年度的空账簿

年末结账后，系统会自动生成下一年度的机内账簿，不必用户再重新建账。这一功能类似于手工年度更换账本。

2. 结转年末余额到下年初

系统自动将本年度各账簿的年末余额结转到下年作为年初余额。有些会计软件还需要在“年结”的基础上，进一步运行“年初结转”功能才能将余额自动结转。

3. 开放“年初余额调整”功能

将初始化关闭的“初始余额装入”模块变更为“年初余额调整”模块，并在以后每年初打开，以便用户检查年初余额。

实验六　总账系统期末业务处理

【实验准备】

已经完成实验五的操作，可以引入 E 盘或 D 盘“会计信息系统实训教程”文件夹中“实验五”的账套备份数据。将系统日期修改为“2019 年 8 月 31 日”，由 002 操作员注册进入总账系统。

【实验内容】

（1）转账定义、转账生成；

（2）对账、结账。

【实验资料】

1. 期末转账定义

（1）计提本月短期借款利息，月利率 0.36%。（采用自定义转账结转方式）

借：财务费用　　　　（短期借款账户期末余额 × 月利率）

　　贷：应付利息　　　　（取对方科目计算结果）

视频：转账定义

（2）计算期末汇兑损益，期末外币汇率为 6.972。（采用汇兑损益结转方式）

（3）月末，结转已售产品的销售成本。（采用销售成本结转方式）

（4）计提本月城市维护建设税（7%）和教育费附加（3%）。（采用自定义转账结转方式）

借：营业税金及附加　　　　（取对方科目计算结果）

　　贷：应交税费——应交城市维护建设税　　　　（流转税净发生额 × 税率）

　　　　　　　　——应交教育费附加　　　　（流转税净发生额 × 税率）

（5）结转损益类账户。（采用期间损益结转方式）

（6）计提所得税费用，所得税税率 25%。（采用自定义转账结转方式）

借：所得税费用　　　　（本年利润账户本月净发生额 × 税率）

　　贷：应交税费——应交所得税　　　　（取对方科目计算结果）

（7）结转所得税费用。（采用对应结转方式或期间损益结转方式）

2. 期末转账生成

由会计夏雪根据上述转账定义的方式分别生成转账凭证，由主管韩冬审核凭证并记账。

⚠注意：（1）~（4）笔业务可以一次性生成，并审核、记账；（5）~（7）笔业务应按先后顺序分别执行生成、审核、记账。

3. 期末对账、试算平衡

（1）执行期末对账功能，完成总账与明细账、总账与辅助账、辅助账与明细账的核对。

（2）执行期末试算功能，检查账户试算是否平衡。

4. 期末结账与取消结账

5. 账套备份

视频：生成汇兑损益凭证

【实验指导】

实验指导1：期末转账业务

第一步：转账定义

1. 设置自定义转账（计提本月短期借款利息）

（1）以002操作员注册进入总账系统，执行“期末”|“转账定义”|“自定义结转”命令，进入“自定义转账设置”对话框。

（2）单击“增加”按钮，打开“转账目录”设置对话框。

（3）输入转账序号“0001”，转账说明“计提短期借款利息”，选择凭证类别“转账凭证”，单击“确定”按钮，如图4-37所示。

视频：计提短期借款利息

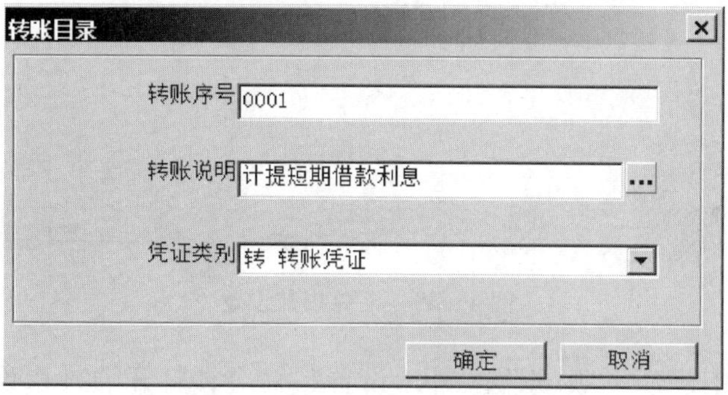

图4-37 自定义结转设置

（4）单击“增行”按钮，选择科目编码“6603”，方向“借”；双击金额公式栏，单击参照按钮，打开“公式导向”对话框。

（5）选择“期末余额”函数，单击“下一步”按钮，继续公式定义。

（6）选择科目“2001”，其他采取系统默认，单击完成按钮，金额公式带回自定义转账设置界面。将光标移至末尾，输入“＊0.0036”，按回车键确认。

（7）单击“增行”按钮，确定分录方向的贷方信息。选择科目编码“2231”，方向“贷”，输入公式“JG（）”，即为取对方科目计算结果，如图4-38所示。

2. 设置汇兑损益结转（计算期末汇兑损益）

（1）执行“期末|转账定义|汇兑损益”命令，进入“汇兑损益转账设置”对话框。

（2）选择凭证类别“收款凭证”，输入汇兑损益收入科目编码“6603”。

（3）自动显示“外币科目编码100202”“外币科目名称中行存款”“币种美元”，双击“是否计算汇兑损益”单元格将出现“Y”，如图4-39所示。

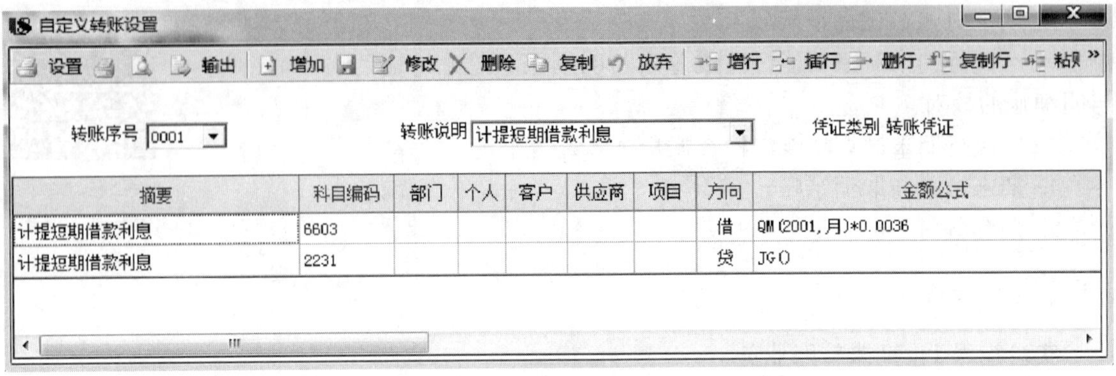

图 4－38　自定义短期借款利息

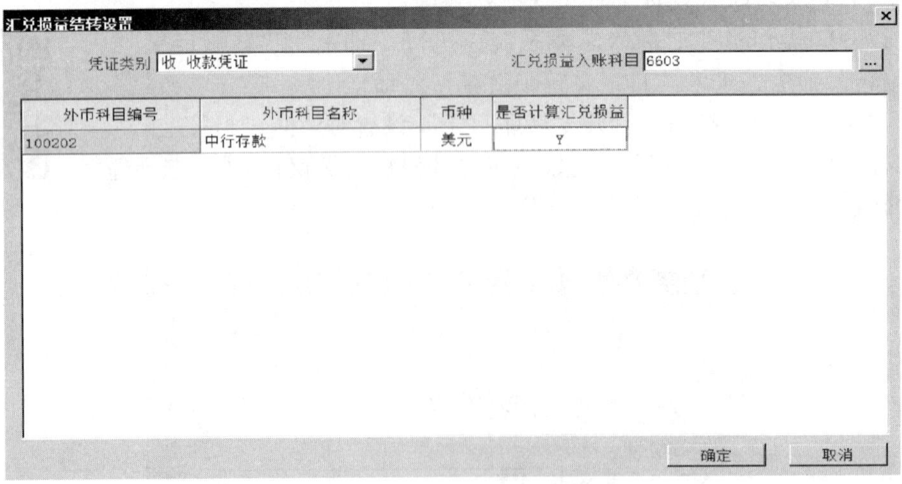

图 4－39　汇兑损益设置

（4）执行“基础设置”|“财务”|“外币设置”命令，打开“外币设置”对话框，输入 8 月份的调整汇率 6.972，如图 4－40 所示。

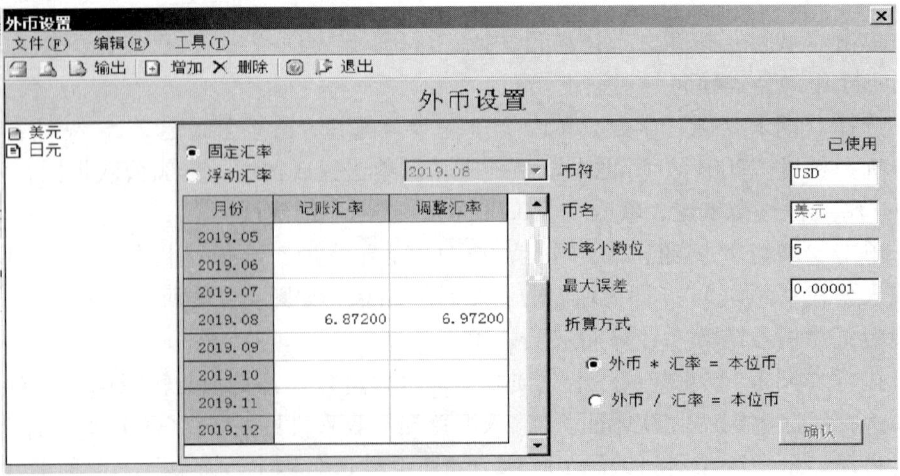

图 4－40　设置调整汇率

（5）选择后单击“确定”返回。

3. 设置销售成本结转（结转已售产品的销售成本）

（1）执行“期末”|“转账定义”|“销售成本结转”命令，进入“销售成本结转设置”对话框。

（2）选择凭证类别“转账凭证”，在库存商品科目输入编码“140501（甲产品）”、销售产品收入科目输入编码“600101（甲产品）”、销售成本科目输入“640101（甲产品）”。

（3）单击“确定”按钮，如图4-41所示。

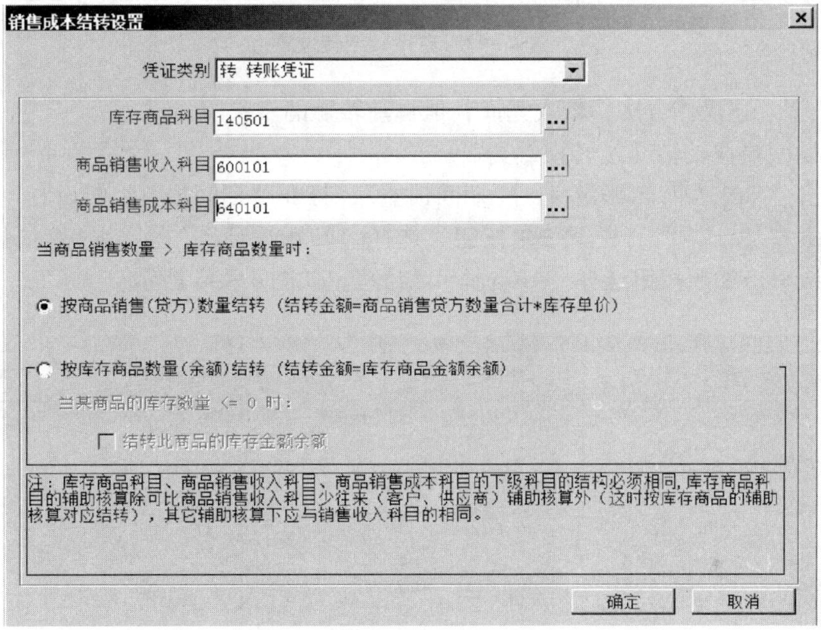

图4-41 销售成本结转设置

4. 设置自定义转账（计提本月城市维护建设税和教育费附加）

（1）执行“期末|转账定义|自定义结转”命令，进入“自动转账设置”窗口。

（2）单击“增加”按钮，打开“转账目录”设置对话框。

（3）输入转账序号“0002”，转账说明“计提城市维护建设税和教育费附加”，选择凭证类别“转账凭证”。

（4）单击“确定”按钮，继续定义转账凭证分录信息。

（5）确定分录的借方信息。选择科目编码“6403”，方向“借”，输入金额公式“JG()”，即为取对方科目计算结果。

（6）单击“增行”按钮。

（7）确定分录的贷方信息。选择科目编码“222103”，方向“贷”，输入金额公式“(JE(222101,月)+JE(222102,月))*0.07”。

（8）同理输入应交教育费附加，金额公式为“(JE(222101,月)+ JE（222102,月))*0.03”，如图4-42所示。

（9）单击“保存”按钮，定义完成。

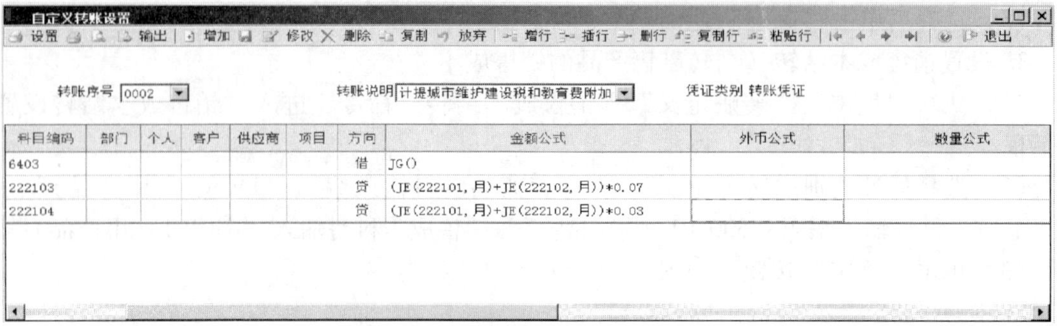

图 4－42　自定义结转设置

（10）依据上述操作方法，依次完成其他自动转账的定义。

5. 设置期间损益结转（结转损益类账户）

（1）单击“期末”|“转账定义”|“期间损益”，打开“期间损益结转设置”窗口。

（2）单击“凭证类别”栏下三角按钮，选择“转账凭证”，在“本年利润”科目栏录入“4103”或单击参照按钮选择“4103 本年利润”，如图 4－43 所示。

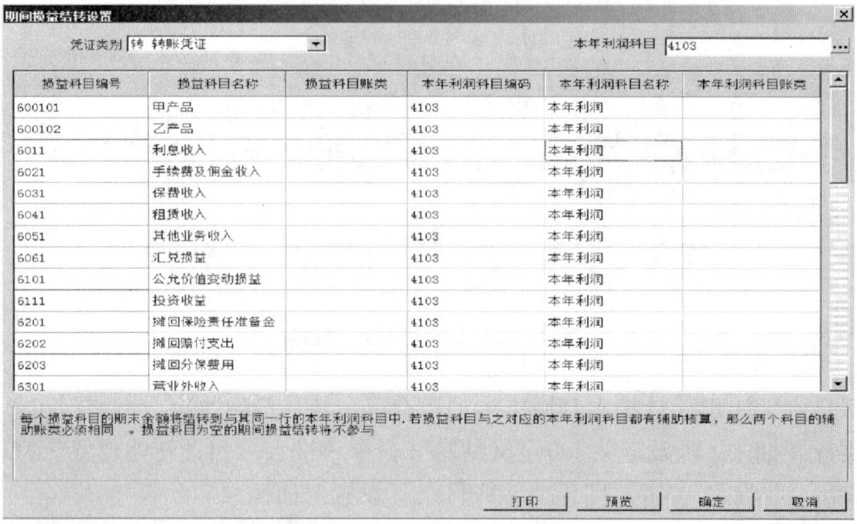

图 4－43　自定义结转设置

6. 设置自定义转账（计提所得税费用）

（1）以 002 操作员注册进入总账系统，执行“期末”|“转账定义”|“自定义结转”命令，进入“自定义转账设置”对话框。

（2）单击“增加”按钮，打开“转账目录”设置对话框。

（3）输入转账序号“0003”，转账说明“计提所得税费用”，选择凭证类别“转账凭证”，单击“确定”按钮，继续定义转账凭证分录信息。

（4）单击“增行”按钮，选择科目编码“6801”，方向“借”；双击金额公式栏，单击参照按钮，打开“公式导向”对话框。

（5）选择“净发生额”函数，单击“下一步”按钮，继续公式定义。

（6）选择科目“4103”，其他采取系统默认，单击完成按钮，金额公式带回自定义转账设置界面。将光标移至末尾，输入“ ＊0. 25”，按回车键确认。

（7）单击“增行”按钮，确定分录方向的贷方信息。选择科目编码“222105”，方向“贷”，输入公式“JG（）”，即为取对方科目计算结果，如图4－44所示。

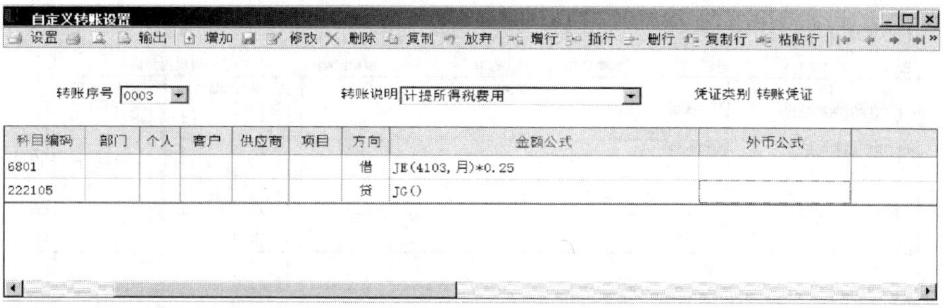

图4－44　自定义结转设置

7. 设置对应结转（结转所得税费用）

（1）单击“期末”|“转账定义”|“对应结转”，打开“对应结转”窗口。

（2）单击“增加”按钮，输入对应结转凭证的“编码为0004”“凭证类别为转账凭证”“摘要为结转所得税费用”“转出科目的编码”等内容。

（3）单击“增行”，输入“转入科目”编码和辅助项内容。

（4）输入“结转系数”，即转入科目取数＝转出科目取数×结转系数。若不输入系数默认为1，如图4－45所示。

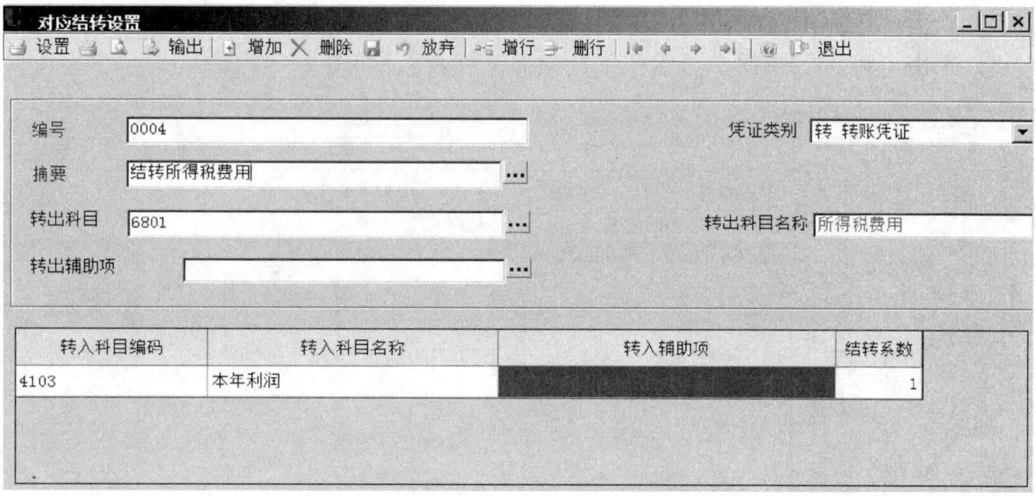

图4－45　结转所得税费用

（5）单击“保存”按钮，单击“退出”按钮返回。

第二步：转账生成

1. 生成计提短期借款利息的凭证（自定义转账）

（1）执行“期末”|“转账生成”命令，进入“转账生成”窗口。

（2）单击“自定义转账”单选按钮，单击“0001”按钮。

（3）单击“确定”按钮，生成转账凭证，如图 4－46 所示。

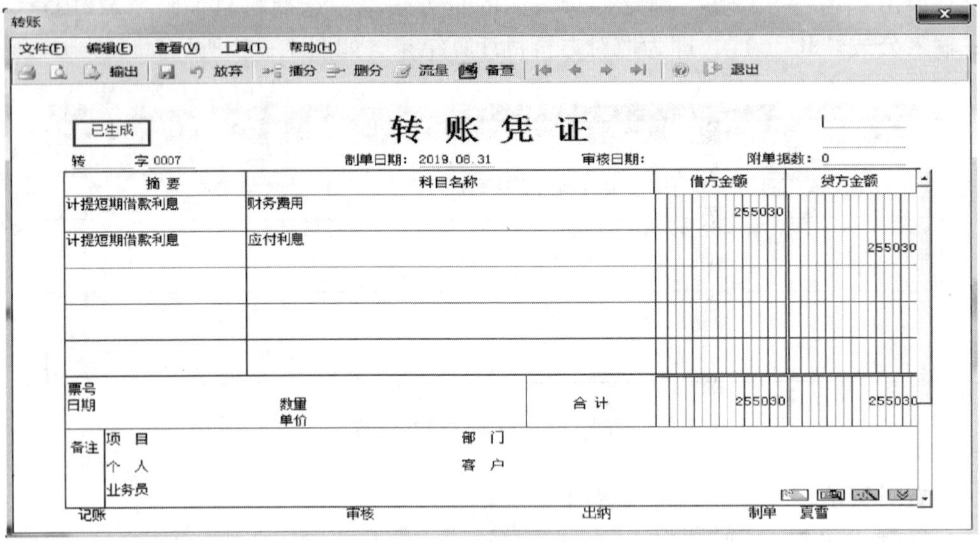

图 4－46　生成转账凭证

（4）单击“保存”按钮，系统自动将当前凭证追加到未记账凭证中。

（5）以 001 的身份将生成的自动转账凭证审核、记账。

2. 生成汇兑损益结转的凭证（汇兑损益结转）

（1）执行“期末”|“转账生成”命令，进入“转账生成”窗口。

（2）单击“汇兑损益结转”，是否结转显示“Y”。

（3）单击“确定”按钮，显示“汇兑损益试算表”，如图 4－47 所示。

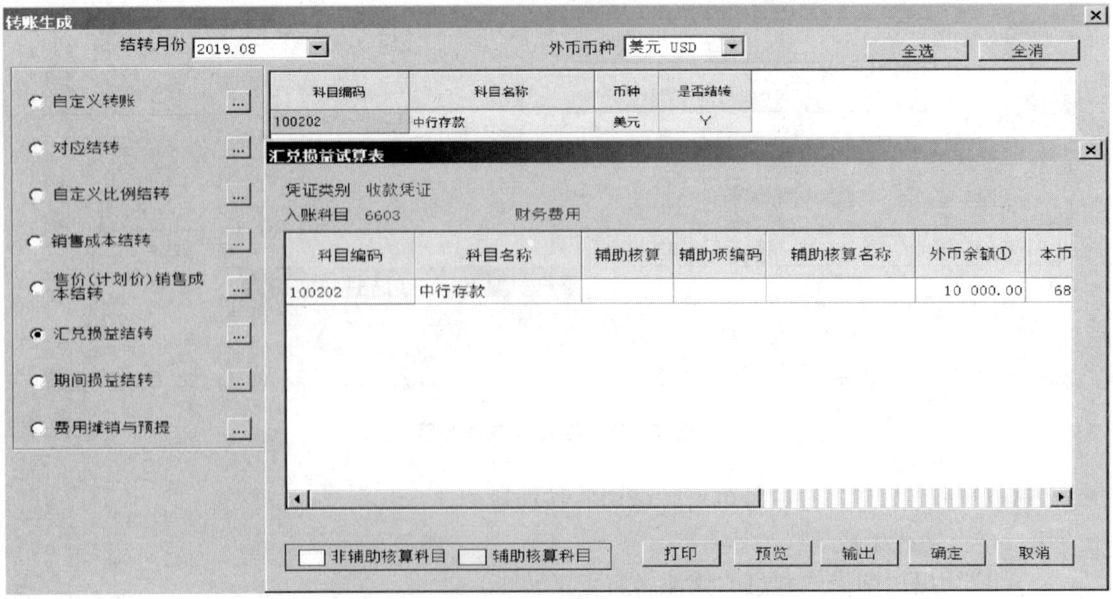

图 4－47　汇兑损益试算表

（4）单击“确定”弹出现金流量表，选择汇率变动而流入的现金。

（5）单击“确定”生成转账凭证，如图4－48所示。

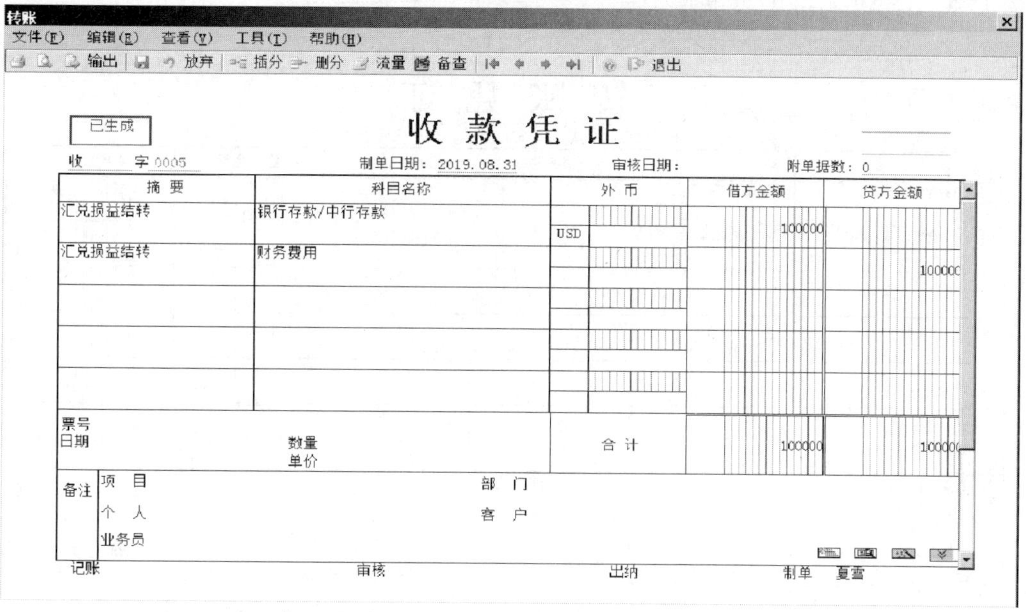

图4－48 生成结转汇兑损益凭证

（6）单击“保存”按钮，系统自动将当前凭证追加到未记账凭证中。

（7）以003的身份执行出纳签字，以001的身份将生成的自动转账凭证审核、记账。

文本：知识点拓展与提示11

3. 生成销售成本结转的凭证（销售成本结转）

（1）执行“期末”|“转账生成”命令，进入“转账生成”窗口。

（2）单击“转账生成”，单选“销售成本结转”按钮，显示甲产品“开始月份”和“结束月份”。

（3）单击“确定”按钮，显示“结转一览表”。

（4）单击“确定”按钮，生成8月份销售甲产品成本的凭证，如图4－49所示。

（5）单击“保存”按钮，系统自动将当前凭证追加到未记账凭证中。

（6）以001的身份将生成的自动转账凭证审核、记账。

4. 生成计提城市维护建设税的凭证（自定义转账）

（1）执行“期末”|“转账生成”命令，进入“转账生成”窗口。

（2）单击“转账生成”单选按钮，单击“0002”按钮。

（3）单击“确定”按钮，生成转账凭证，如图4－50所示。

（4）单击“保存”按钮，系统自动将当前凭证追加到未记账凭证中。

（5）以001的身份将生成的自动转账凭证审核、记账。

5. 生成期间损益结转的凭证（期间损益结转）

（1）执行“期末”|“转账生成”命令，进入“转账生成”窗口。

（2）单击“期间损益结转”单选按钮，选择损益类型“全部”，如图4－51所示。

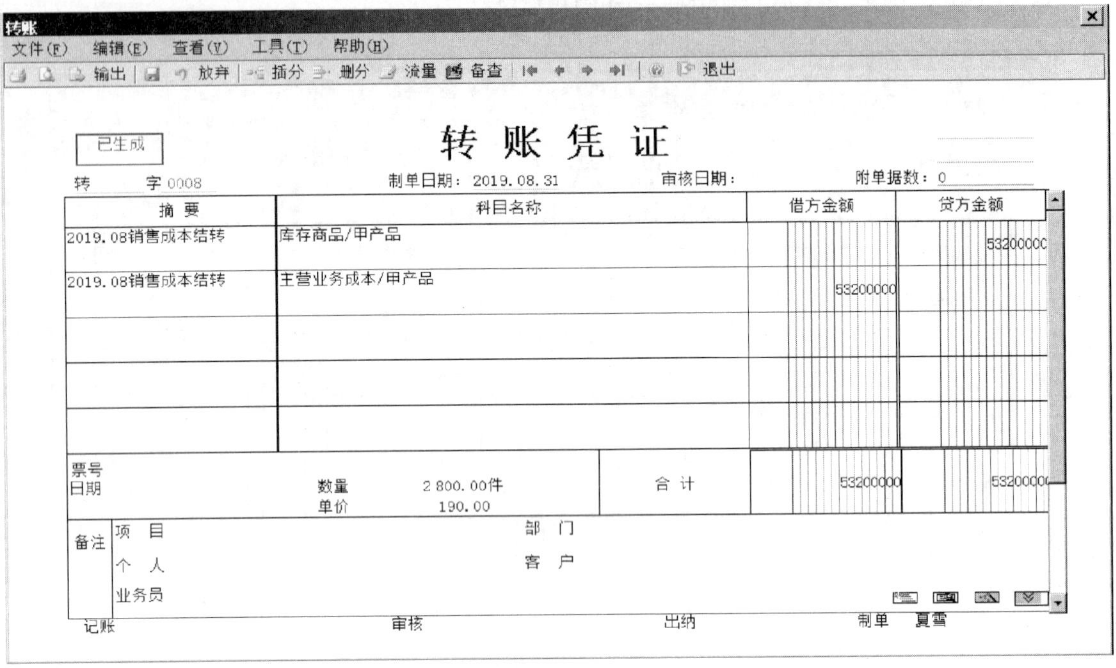

图 4－49　生成销售产品成本凭证

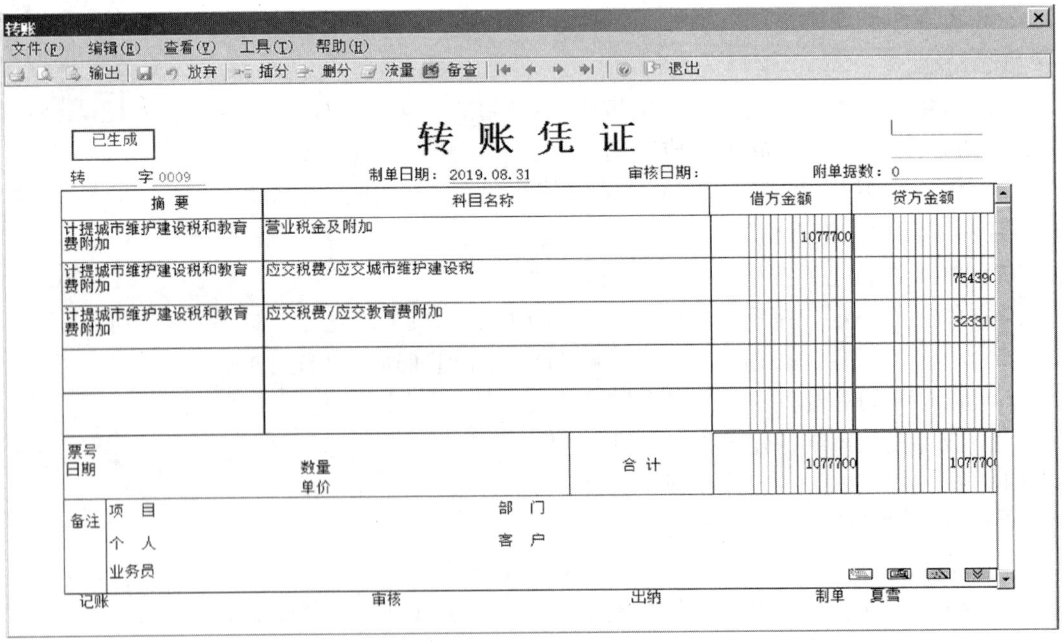

图 4－50　生成转账凭证

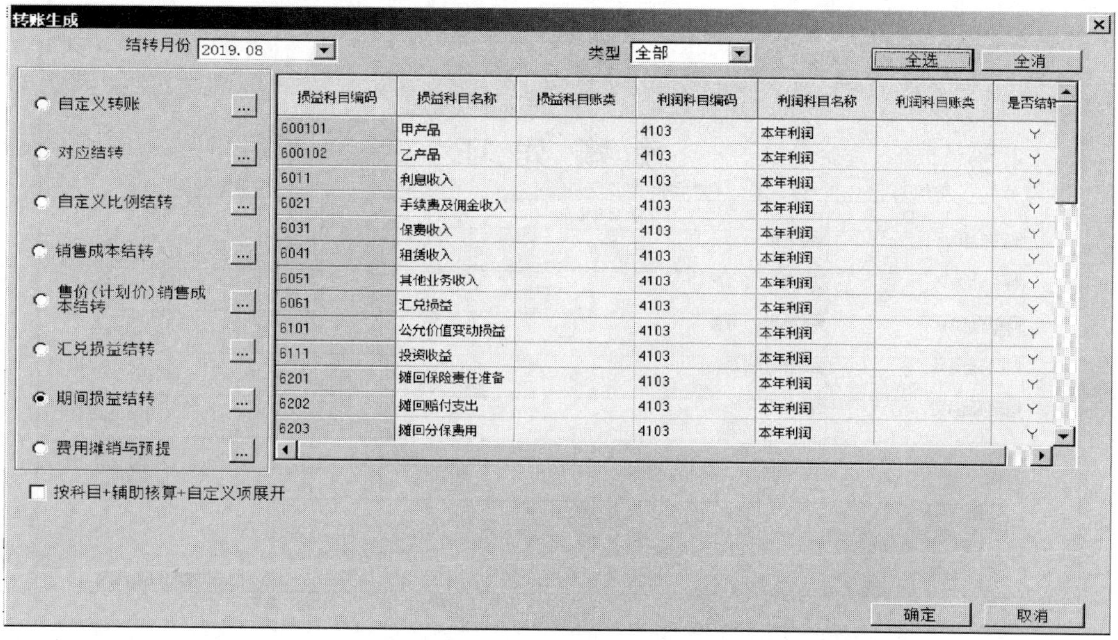

图 4－51　期间损益凭证转账生成

（3）单击“全选”按钮，单击“确定”按钮，生成转账凭证，如图 4－52 和图 4－53 所示。

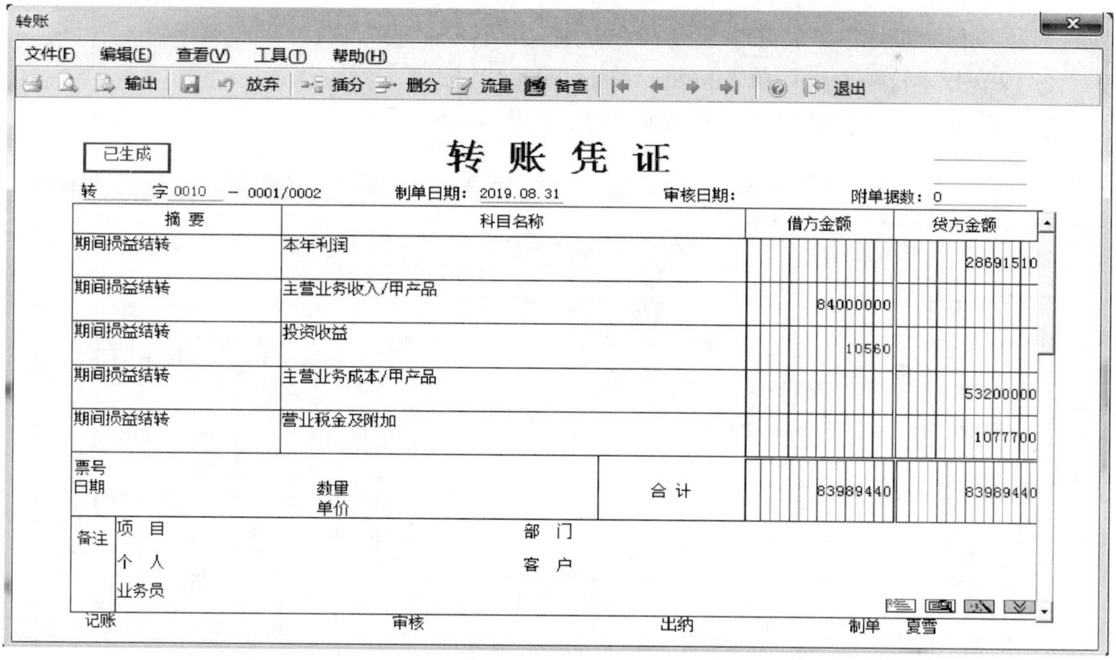

图 4－52　生成转账凭证

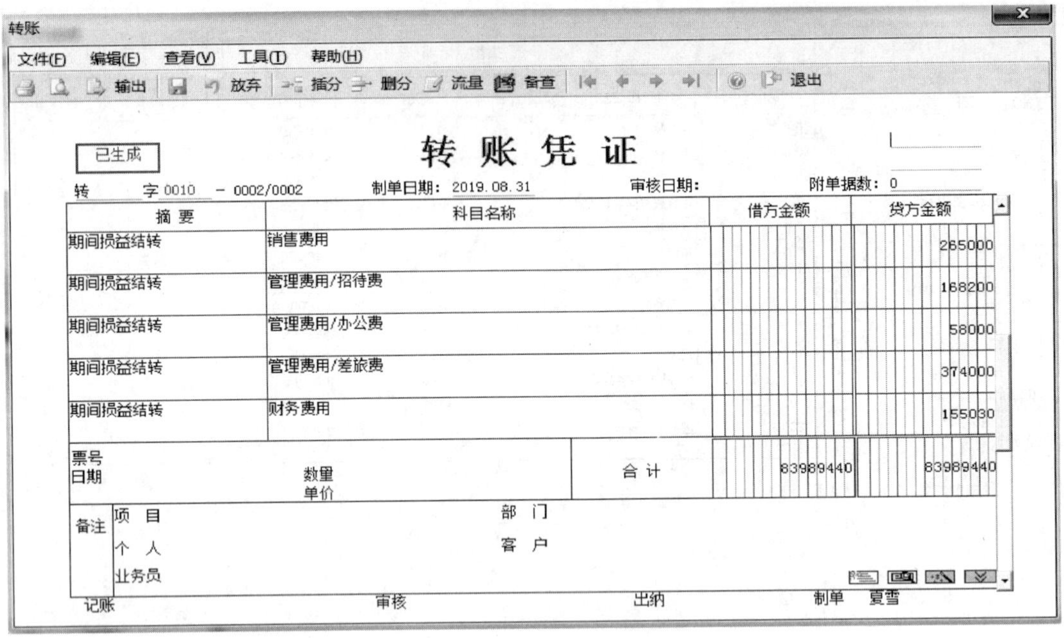

图 4－53 生成转账凭证

（4）单击“保存”按钮，系统自动将当前凭证追加到未记账凭证中。

（5）以 001 的身份将生成的自动转账凭证审核、记账。

6. 生成计提所得税的凭证（自定义转账）

（1）执行“期末”|“转账生成”命令，进入“转账生成”窗口。

（2）单击“转账生成”单选按钮，单击“0003”按钮。

（3）单击“确定”按钮，生成转账凭证，如图 4－54 所示。

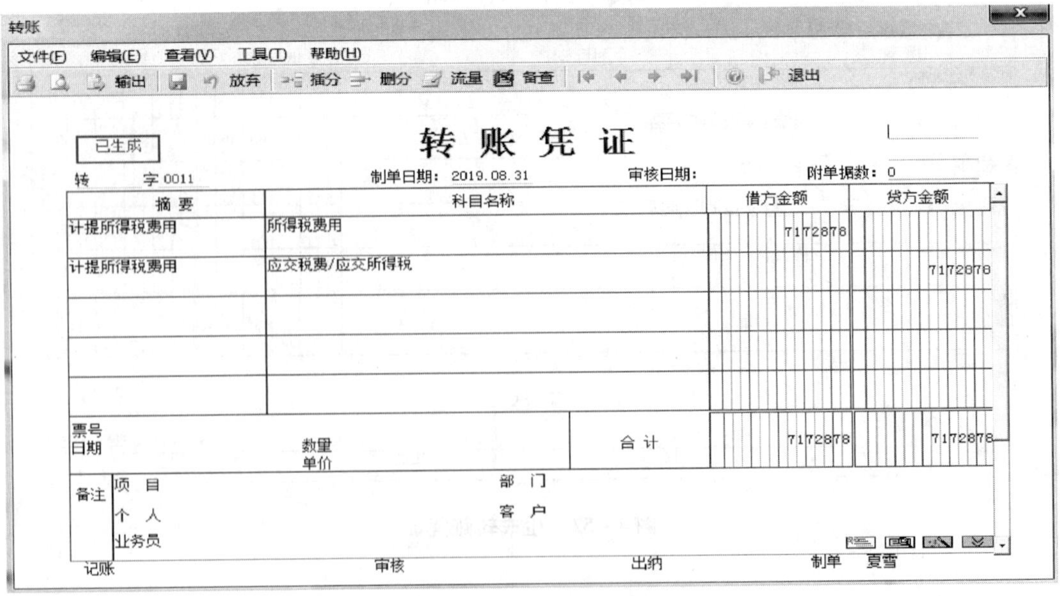

图 4－54 生成转账凭证

（4）单击“保存”按钮，系统自动将当前凭证追加到未记账凭证中。
（5）以 001 的身份将生成的自动转账凭证审核、记账。
7. 生成结转所得税费用的凭证（对应结转）
（1）执行“期末”|“转账生成”命令，进入“转账生成”窗口。
（2）单击界面左侧的“对应结转”，选择编号“0004”“是否结转”栏。
（3）单击“确定”按钮，生成转账凭证，如图 4－55 所示。

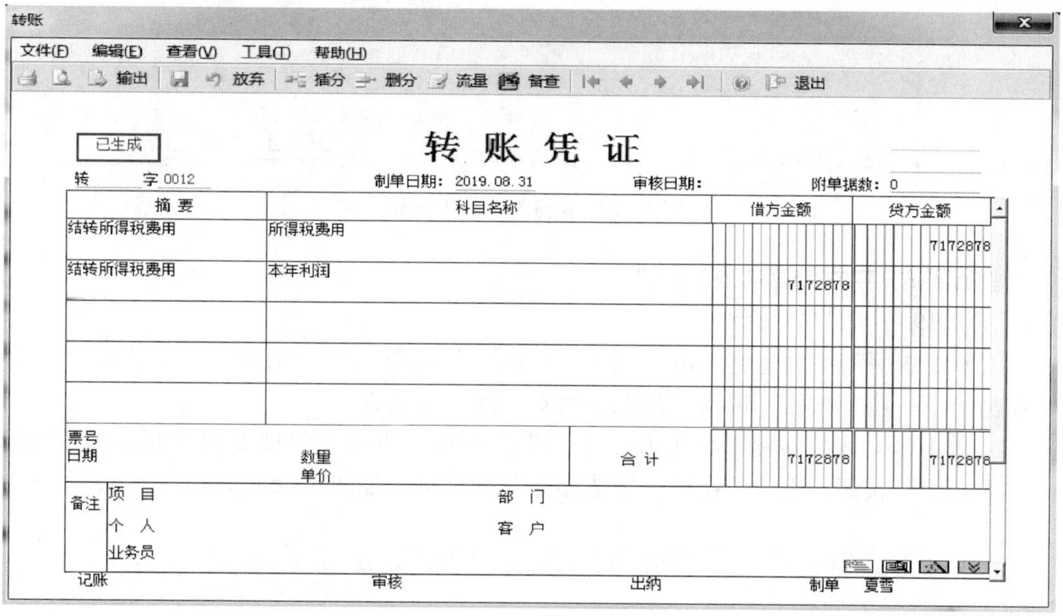

图 4－55 生成转账凭证

（4）单击“保存”按钮，系统自动将当前凭证追加到未记账凭证中。
（5）以 001 的身份将生成的自动转账凭证审核、记账。

实验指导 2：期末对账、试算平衡

（1）单击“期末”|“对账”，打开“对账—开始结账”对话框，如图 4－56 所示。

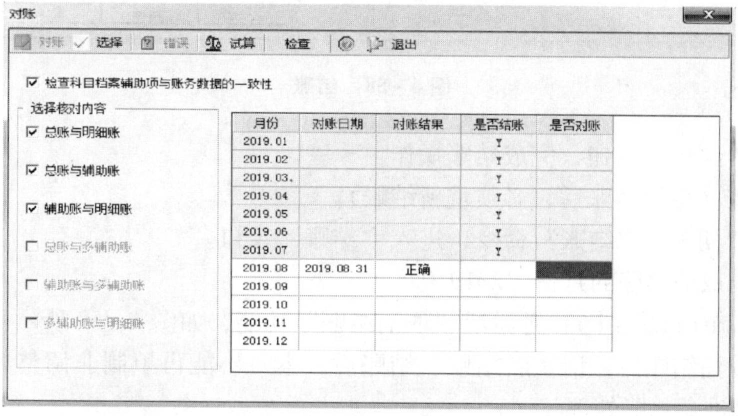

图 4－56 期末对账

（2）单击“下一步”按钮，打开“对账—核对账簿”对话框，然后试算，如图 4－57 所示。

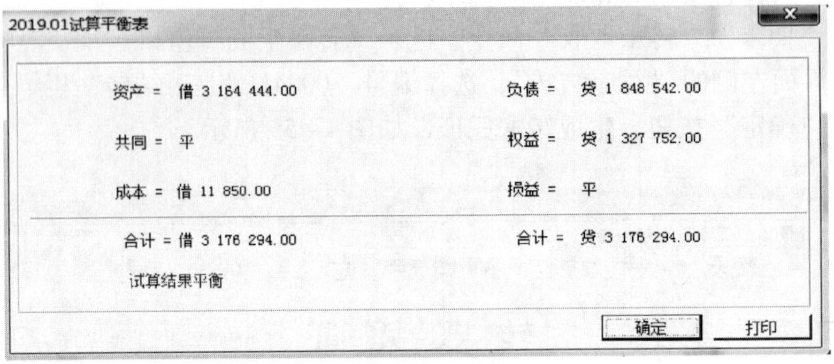

图 4－57　8 月份试算平衡表

实验指导 3：期末结账与取消结账

1. 对 2019 年 8 月份进行结账

（1）在总账系统中，重新单击“期末”|“结账”功能，在“结账—开始结账”对话框中，单击“下一步”按钮，进入“结账—核对账簿”对话框。

（2）单击“对账”按钮，再单击“下一步”按钮，进入“结账 8 月度报告”对话框，单击“下一步”按钮，出现“结账—完成结账”对话框，如图 4－58 所示。

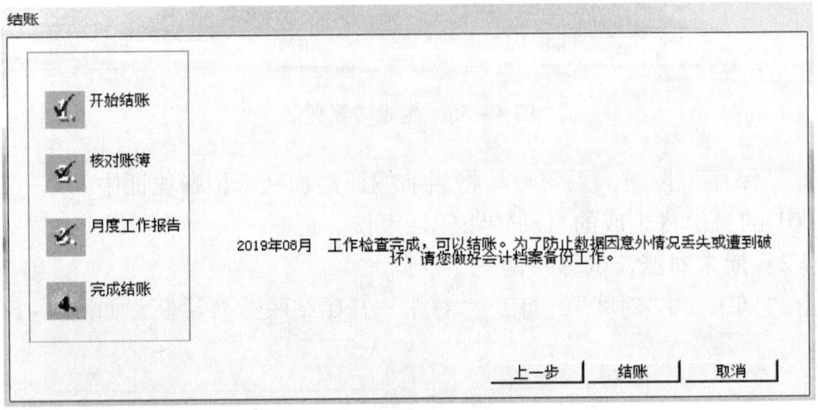

图 4－58　结账

（3）单击“结账”按钮，完成结账操作。

2. 取消结账（取消结账后，必须重新结账）。

（1）执行“期末”|“结账”命令，进入“结账”窗口。

（2）选择要取消结账的月份“2019.08”。

（3）按“Ctrl＋Shift＋F6”键激活“取消结账”功能，如图 4－59 所示。

（4）练习取消结账后，请重新结账。结账后，本月不能再填制非调整凭证；本月记账后才能进入下月进行总账处理。

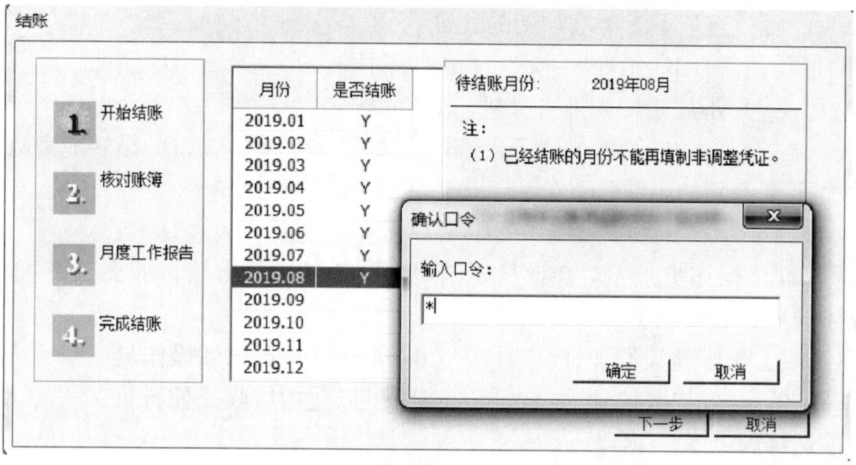

图 4－59 执行取消结账功能

实验指导4：账套备份

在E盘或D盘“会计信息系统实训教程”文件夹中新建“实验六”文件夹。将账套输出至“实验六”文件夹中。

章节练习

文本：章节练习参考答案

一、单项选择题

1. 在总账系统中，正确的处理过程是（　　）。

A. 输入凭证→查询账簿→审核凭证→登记账簿

B. 输入凭证→审核凭证→登记账簿→查询账簿

C. 输入凭证→登记账簿→查询账簿→审核凭证

D. 审核凭证→登记账簿→查询账簿→输入凭证

2. 一般将（　　）科目指定为出纳专管科目。

A. 库存现金、银行存款　　B. 短期借款、长期借款

C. 应付债券、应收股利　　D. 本年利润、利润分配

3. 用友软件填制凭证时，按（　　）键可调节金额借贷方向。

A. =　　B. F5　　C. F7　　D. 空格

4. 如果银行科目需要使用系统中的“银行对账”功能，则该科目就必须设置成（　　）。

A. 资产类　　B. 银行账　　C. 金额式　　D. 日记账

5. 转账凭证的控制参数应设置为（　　）。

A. 凭证必无科目：1001 且 1002　　B. 凭证必有科目：1010 或 1002

C. 贷方必有科目：1001 或 1002　　D. 借方必有科目：1001 或 1002

6. 总账期末转账业务的凭证数据主要是从（　　）中提取的。

A. 原始凭证　　B. 记账凭证　　C. 账簿　　D. 报表

7.（　　）后，当月不能再增加新的凭证。

A. 记账　　B. 结账　　C. 对账　　D. 销账

8. 下列（　　）不属于期末业务处理。

A. 记账　　B. 结账　　C. 对账　　D. 结转业务处理

9. 取借贷平衡差额的函数是（　　）。

A. QM　　B. QC　　C. CE　　D. FS

10. 如果只允许操作员张三对会计员李四填制的凭证进行审核，那么在设置总账控制参数时需要选择（　　）。

A. 允许修改、作废他人的凭证　　B. 凭证审核控制到操作员

C. 操作员进行金额权限控制　　D. 可以使用应收受控科目

二、多项选择题

1. 关于凭证修改的表述正确的有（　　）。

A. 操作员只能修改自己填制的凭证　　B. 已审核的凭证不能直接修改

C. 未记账的凭证可以直接修改　　D. 已记账的凭证不能修改

2. 在会计信息系统中，记账凭证编制完毕后不能保存的原因有（　　）。

A. 借贷金额不相等　　B. 不满足凭证类型控制要求

C. 制单日期不序时　　D. 没有输入相关的辅助信息

3. 出纳管理通常包括（　　）。

A. 查询、打印日记账和资金日报　　B. 登记和管理支票登记簿

C. 银行对账　　D. 总账输出

4. 银行对账通常包括（　　）。

A. 录入银行对账期初　　B. 录入银行对账单

C. 银行对账　　D. 编制余额调节表

5. 辅助客户往来核算与管理的初始设置包括（　　）。

A. 设置往来客户编码规则　　B. 建立“客户往来”辅助核算科目

C. 建立客户档案资料　　D. 装入初始未核销客户往来业务

6. 关于凭证审核叙述正确的有（　　）。

A. 出纳凭证必须由出纳审核签字

B. 凭证审核操作的主要目的是为了系统自动审核签字

C. 凭证审核员不能直接修改发现的错误凭证

D. 凭证输入员不能直接取消审核进行凭证修改

7. 本月凭证不能记账的原因有（　　）。

A. 期初余额不平衡　　B. 凭证未审核

C. 上月未结账　　D. 凭证已作废

8. 结账必须满足（　　）条件。

A. 本月凭证必须全部记账　　B. 上月必须结账

C. 科目余额和发生额必须试算平衡　　D. 账簿数据必须核对相符

9. 账簿输出通常包括（　　）。

A. 总账　　B. 明细账　　C. 余额表　　D. 多栏账

10. 系统自定义转账可以完成期末转账业务，主要包括：自定义转账设置、对应转账设置和（ ）。

A. 销售成本结转设置　　B. 汇兑损益结转设置

C. 外币转账设置　　D. 期间损益结转设置

三、判断题

1. 总账系统是会计信息系统的中枢系统，但它只能接收数据而不发送数据。（ ）

2. 记账的同时可以对各科目的本月发生额进行累加，产生各科目最新的本月发生额和累计发生额。（ ）

3. 会计科目使用后将不能被删除。（ ）

4. 一级会计科目的代码和名称必须按财政部的规定来建立。（ ）

5. 删除某一错误凭证后，系统内的凭证将不能连续编号。（ ）

6. 输入在记账凭证中的会计科目必须是最低级的科目代码。（ ）

7. 科目已经使用将不能被删除。（ ）

8. 在总账系统中，每个科目都可以输出日记账、明细账和多栏账。（ ）

9. 记账和结账都属于成批数据处理过程，因此在操作之前应进行数据备份。（ ）

10. 日常发生的客户和供应商往来业务，必须在总账系统中核算。（ ）

第五章

UFO 报表管理系统

学习目标

通过本章学习，要求学生应了解报表管理系统编制会计报表的数据流程和操作方法；理解报表管理系统涉及的相关概念和基本功能模块的内容及其结构；掌握报表管理系统初始设置报表格式和公式的方法及要求；熟练运用报表管理系统进行常用会计报表的制作、编辑和数据处理。

第五章 PPT：
UFO 报表
管理系统

第一节 UFO 报表管理系统概述

用友 U8 软件中 UFO 报表管理系统是进行报表处理的工具，它与用友账务管理软件等各个系统都有着完善的接口，具有方便的自定义报表功能、数据处理功能，企业可以根据自身需要进行报表设计和处理。同时，系统内置有多个行业的多张常用会计报表，便于企业调用和使用。该系统可以各系统同时使用，也可以独立运行，用于处理日常办公事务。

一、报表及报表文件

（一）报表

报表即表页，由行和列组成的二维表，其中确定一个数据所在位置的要素是：<行>和<列>。

（二）报表文件

报表是以文件的形式保存在磁介质中，每个报表文件的名字结构是由<名称><.>和<扩展名>三部分组成。在报表管理系统中，打开、关闭、保存等命令都是根据报表名字进行处理的。不同的报表管理系统有不同的扩展名，如“资产负债表.XLS”“利润表.REP”等。

每个报表文件可以包含若干张报表。为了便于管理和操作，一般把经济意义相近的报表放在同一个报表文件中，如各月编制的利润表就可归放在“利润表.REP”报表文件中。这样，在某一报表文件中要寻找某一数据，就要再增加一个要素即表页。在报表文件中，要确定一个数据所在位置的要素是：<表页名或表页号><行>和<列>。由此可见，报表文件就是一个三维表。

二、格式状态和数据状态

UFO 报表系统将报表制作分为两大部分来处理，即报表格式设计工作与报表数据处理工作。系统中通过在格式状态和数据状态下实现，格式状态和数据状态之间可以互相切换。

格式状态是用来设计报表的。在报表格式设计状态下进行有关格式设计的操作，如表尺寸、行高列宽、单元属性、单元风格、组合单元、关键字及定义报表的单元公式（计算公式）、审核公式及舍位平衡公式。在格式状态下，看到的是报表的格式，报表的数据全部隐藏，不能进行数据的录入、计算等操作。在格式状态下所做的操作对所有的表页都发生作用。

数据状态是用来生成报表的。在报表的数据状态下管理报表的数据，如输入数据、增加或删除表页，审核，舍位平衡，制作图形，汇总、合并报表等。在数据状态下不能修改报表格式，看到的是报表的全部内容，包括格式和数据。

三、报表单元

（一）单元

单元也叫表元，是组成报表的最小单位，是由表行和表列确定的方格。例如，H8 表示第 8 行和第 H 列对应的单元。它是用来填制数字、文字、公式等各种数据的。

（二）单元区域

单元区域也叫表元块，是由相邻两个或更多的单元组成的区域。例如，B3：D6 表示自 B3 到 D6 共 12 个单元组成的单元区域。

（三）单元类型

报表单元划分为数值单元、字符单元、表样单元 3 种。数值单元用于存放报表的数据，在数据状态下输入。数值单元的内容可直接输入或由单元中存放的公式运算生成。建立一个新表时，所有单元的类型默认为数值型。字符单元是报表的文字数据，也在报表的数据状态下输入，字符单元的内容可直接输入，也由单元中存放的公式运算生成。表样单元是报表的格式，是定义一个没有数据的空表所需的所有文字、符号或数字。一旦单元被定义为表样单元，那么在其中输入的内容对所有表页都有效。

（四）组合单元

组合单元是由相邻两个或更多的同一类型单元组成的区域，它是一种特殊的单元区域。可将组合单元作为一个单元对待，可有效地进行报表数据的处理。

（五）单元格式

单元格式是指报表数据的显示格式，如左对齐、右对齐、居中等。

（六）单元公式

单元公式是指报表单元中的各种公式，如取数公式、汇总公式、审核公式和舍位平衡公式等。

四、固定区和可变区

（一）固定区

固定区指组成一个区域的行数和列数是固定的数字。一旦设定好以后，在固定区域内其单元总数是不变的。

（二）可变区

可变区指组成一个区域行数和列数是不固定的数字，可变区的最大行数或最大列数是在格式设计中设定的。一个报表中只能设计一个可变区，或是行可变区或是列可变区。行可变区是可变区中的行数是可变的，列可变区是指可变区中的列是可变的。设置可变区后，屏幕只显示可变区的第一行或第一列，其他可变行列隐藏在表体内。在以后的数据操作中，可变行列数随着需要进行增减。

有可变区的报表成为可变表，没有可变区的报表成为固定表。

五、关键字

关键字是一种特殊的单元，可以唯一标志一个表页，用于在大量表页中快速选择表页。通常情况下，一个表文件可以放若干年的多张表，对一张表页的数据进行定位，要设置一些定位标志，在 UFO 系统中称为关键字。

UFO 系统共提供了 6 种关键字，分别为：单位名称、单位编号、年、季、月、日，除此之外，UFO 系统还可以自定义关键字。当定义名称为“周”和“旬”时有特殊意义，可以用于业务函数中代表取数日期。

关键字的定义在格式状态下设置，关键字的值在数据状态下录入。每个报表可以定义多个关键字。

第二节　UFO 报表管理系统的基本功能

一、UFO 报表管理系统结构

UFO 报表管理系统主要是从其他系统中提取编制报表所需的数据。总账、薪资、固定资产、应收款、应付款、财务分析、采购、销售、库存、存货等系统均可以向报表系统传递数据，以编制和生成会计报表。UFO 报表管理系统业务处理结构如图 5－1 所示。

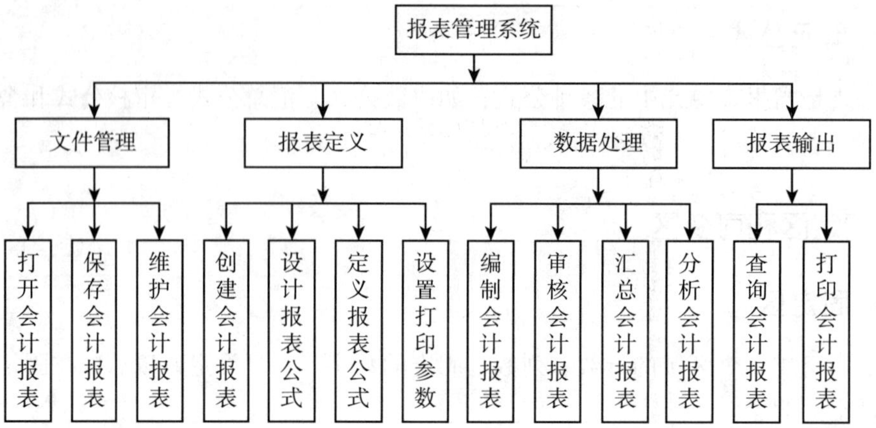

图 5－1　业务处理结构

二、UFO 报表管理系统的操作流程

（一）UFO 报表管理系统操作流程具体内容

UFO 报表管理系统操作流程的具体内容如图 5－2 所示。

图 5－2　报表操作流程

1. 新表登记

在报表管理系统内创建报表文件即新表注册登记，用于存放相关的报表数据。它提供了读取、保存、备份、恢复和删除等管理报表文件的功能。

2. 定义报表

对已登记报表的格式和公式进行定义、修改及其保存。其中格式定义包括表头表尾制作、报表项目定义和打印方式定义；公式定义包括取数公式定义和审核公式定义等。它提供了各类报表的新建和编辑功能，以满足用户对报表的不同需求。

3. 编制报表

期末根据事先定义好的取数公式计算产生会计报表的数据。提供了根据初始设置的报表格式和公式从源数据中取得数据，并按规定程序自动编制、审核、舍位平衡、汇总和分析会计报表等处理功能，以实现编报、审核等信息化处理。会计报表既可逐张编制，也可成批编制。定义好的表样可重复使用。

4. 输出报表

用于显示或打印系统产生的各种会计报表。它提供了查询和打印系统内各种报表的功能，以供用户使用。

（二）报表格式定义

新表登记仅仅只是在报表管理系统中注册了新表。为了编制、使用和管理会计报表，用户还必须在创建的报表文件中设计报表的基本格式即表样，它是录入和处理报表数据的依据和基础。在报表管理系统中，每一报表只能有一张表样，但可反复使用。

1. 报表格式的类型

（1）会计报表按其结构的复杂程度可分为简单报表和复合报表。

（2）会计报表按其服务对象可分为内部报表和对外报表。

2. 报表结构的基本要素

报表格式一般都是由标题、表头、表体和表尾四个基本要素组成。

3. 报表格式的定义方法

（1）样表法：这种方法使报表格式的定义极为简便，即用户只作少许修改就可制作所需的报表格式。它具体又有两种实现方法：模板法和复制法。

（2）自定义法：会计报表格式定义的主要内容有：设置报表尺寸、表标题、表日期、表头、表尾和表体固定栏目、画表格线、设置单元属性、单元风格等固定内容。

实验七 UFO 报表管理业务处理

【实验准备】

已经完成了实验六的操作，可以引入 E 盘或 D 盘“会计信息系统实训教程”文件夹中的“实验六”的账套备份数据。将系统日期修改为“2019 年 8 月 31 日”，由 001 操作员注册进入总账系统。

【实验内容】

（1）利用报表模板生成利润表、资产负债表、现金流量表；

（2）自定义货币资金明细表、管理费用明细表；

（3）练习舍位公式。

【实验资料】

1. 利用报表模版编制会计报表

编制企业 2019 年 8 月份的“利润表”“资产负债表”和“现金流量表”。

要求：

（1）检查利润表模板中报表内容是否完整；检查是否设有关键字；检查报表单元公式是否正确；进行账表核对，保证利润表的正确性。

（2）检查资产负债表模板中报表内容是否完整；检查是否设有关键字；检查报表单元公式是否正确；进行账表核对，保证资产负债表的正确性。

（3）检查现金流量表模板中报表内容是否完整；检查是否设有关键字；检查报表单元公式是否正确，设置报表项目的单元公式；进行账表核对，保证现金流量表的正确性。

视频：生成利润表

2. 利用自定义方式编制会计报表

编制企业 2019 年 8 月份的“货币资金表”和“管理费用明细表”，表样如表 5－1 和表 5－2 所示。

要求：

（1）设置表尺寸、行高列宽、表属性；

（2）设置报表栏目；

（3）设置关键字（将编报日期设为关键字）；

（4）设置报表单元公式；

（5）生成报表；

（6）进行账表核对，保证报表数据的正确性；

（7）管理费用明细表附立体成组直方图。

表 5－1 **货币资金表**

年　月　日

项目	行次	期初余额	期末余额
库存现金	1		
银行存款	2		
其他货币资金	3		
合计			

制表人：

表 5－2 **管理费用明细表**

年　月

项目	行次	本期发生额
工资	1	
福利费	2	
招待费	3	
办公费	4	
差旅费	5	
折旧费	6	
其他	7	
合计		

制表人：

3. 练习舍位公式

利用舍位公式制作以“万元”为单位的货币资金表。

【实验指导】

实验指导 1：利用报表模板编制会计报表

1. 调用利润表模板

（1）在报表系统中，单击“文件”|“新建”，打开报表“格式”状态窗口，执行“格式|报表模板”命令，打开“报表模板”对话框。

（2）选择您所在的行业“2007 年新会计制度科目”的“利润表”。

（3）单击“确认”按钮，弹出“模板格式将覆盖本表格式！是否继续?”提示框。

（4）单击“确定”按钮，即可打开“利润表”模板。

（5）单击“数据|格式”按钮，将“利润表”处于格式状态，如图 5 - 3 所示。

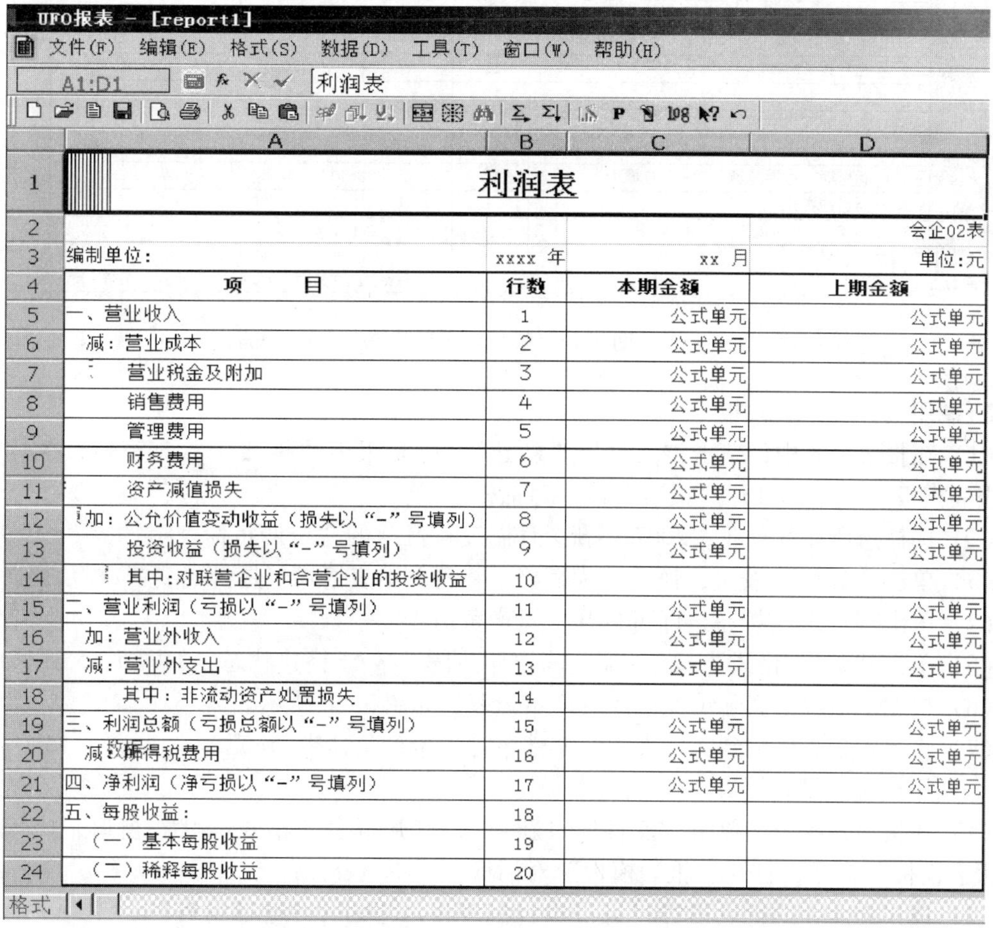
UFO报表 - [report1]

文件(F)　编辑(E)　格式(S)　数据(D)　工具(T)　窗口(W)　帮助(H)

A1:D1　利润表

	A	B	C	D
1	利润表			
2				会企02表
3	编制单位：	xxxx 年	xx 月	单位:元
4	项　　目	行数	本期金额	上期金额
5	一、营业收入	1	公式单元	公式单元
6	减：营业成本	2	公式单元	公式单元
7	营业税金及附加	3	公式单元	公式单元
8	销售费用	4	公式单元	公式单元
9	管理费用	5	公式单元	公式单元
10	财务费用	6	公式单元	公式单元
11	资产减值损失	7	公式单元	公式单元
12	加：公允价值变动收益（损失以“-”号填列）	8	公式单元	公式单元
13	投资收益（损失以“-”号填列）	9	公式单元	公式单元
14	其中:对联营企业和合营企业的投资收益	10		
15	二、营业利润（亏损以“-”号填列）	11	公式单元	公式单元
16	加：营业外收入	12	公式单元	公式单元
17	减：营业外支出	13	公式单元	公式单元
18	其中：非流动资产处置损失	14		
19	三、利润总额（亏损总额以“-”号填列）	15	公式单元	公式单元
20	减：所得税费用	16	公式单元	公式单元
21	四、净利润（净亏损以“-”号填列）	17	公式单元	公式单元
22	五、每股收益：	18		
23	（一）基本每股收益	19		
24	（二）稀释每股收益	20		

格式

图 5 - 3　模板定义利润表

（6）打开报表“数据”状态窗口，录入关键字，生成利润表，如图 5 - 4 所示。

（7）将上述报表保存到文件夹中，文件名为“利润表 . rep”。

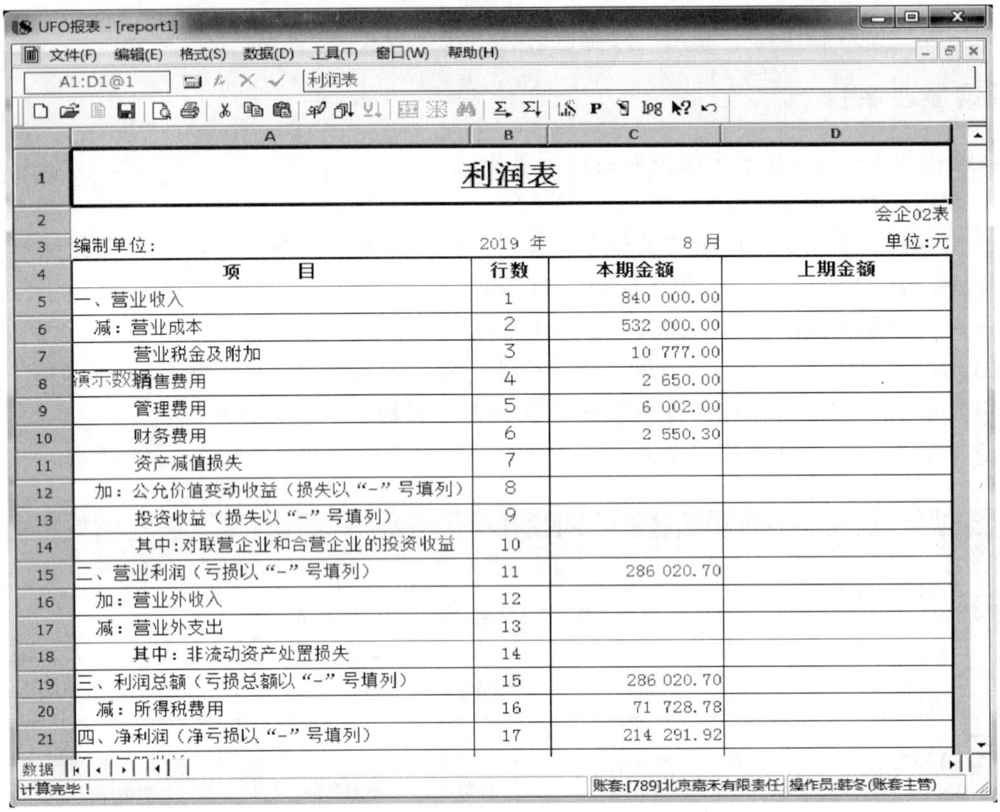

利润表

会企02表

编制单位：　　　　2019 年　　8 月　　　　单位：元

项　　目	行数	本期金额	上期金额
一、营业收入	1	840 000.00	
减：营业成本	2	532 000.00	
营业税金及附加	3	10 777.00	
销售费用	4	2 650.00	
管理费用	5	6 002.00	
财务费用	6	2 550.30	
资产减值损失	7		
加：公允价值变动收益（损失以"-"号填列）	8		
投资收益（损失以"-"号填列）	9		
其中：对联营企业和合营企业的投资收益	10		
二、营业利润（亏损以"-"号填列）	11	286 020.70	
加：营业外收入	12		
减：营业外支出	13		
其中：非流动资产处置损失	14		
三、利润总额（亏损总额以"-"号填列）	15	286 020.70	
减：所得税费用	16	71 728.78	
四、净利润（净亏损以"-"号填列）	17	214 291.92	

图 5－4　模板生成利润表

2. 调用资产负债表模板

（1）在报表系统中，单击“文件”|“新建”，打开报表“格式”状态窗口，执行“格式|报表模板”命令，打开“报表模板”对话框。

（2）选择您所在的行业“2007 年新会计制度科目”的“资产负债表”。

（3）单击“确认”按钮，弹出“模板格式将覆盖本表格式！是否继续?”提示框。

（4）单击“确定”按钮，即可打开“资产负债表”模板。

（5）单击“数据/格式”按钮，将“资产负债表”处于格式状态，如图 5－5 所示。

（6）根据本单位的实际情况生成资产负债表，如图 5－6 所示。

（7）将上述报表保存到文件夹中，文件名为“资产负债表.rep”。

3. 调用现金流量表模板

（1）在报表系统中，单击“文件”|“新建”，打开报表“格式”状态窗口，执行“格式|报表模板”命令，打开“报表模板”对话框。

（2）选择您所在的行业“2007 年新会计制度科目”的“现金流量表”。

（3）单击“确认”按钮，弹出“模板格式将覆盖本表格式！是否继续?”提示框。

（4）单击“确定”按钮，即可打开“现金流量表”模板。

（5）单击“数据/格式”按钮，将“现金流量表”处于格式状态。

UFO报表 － [report2]

资产负债表

编制单位：　xxxx 年　xx 月　xx 日　会企01表　单位：元

资　产	行次	期末余额	年初余额	负债和所有者权益（或股东权益）	行次	期末余额	年初余额
流动资产：				流动负债：			
货币资金	1	公式单元	公式单元	短期借款	32	公式单元	公式单元
交易性金融资产	2	公式单元	公式单元	交易性金融负债	33	公式单元	公式单元
应收票据	3	公式单元	公式单元	应付票据	34	公式单元	公式单元
应收账款	4	公式单元	公式单元	应付账款	35	公式单元	公式单元
应收利息	6	公式单元	公式单元	应付职工薪酬	37	公式单元	公式单元
应收股利	7	公式单元	公式单元	应交税费	38	公式单元	公式单元
其他应收款	8	公式单元	公式单元	应付利息	39	公式单元	公式单元
存货	9	公式单元	公式单元	应付股利	40	公式单元	公式单元
一年内到期的非流动资产	10			其他应付款	41	公式单元	公式单元
流动资产合计	12	公式单元	公式单元	其他流动负债	43		
非流动资产：				流动负债合计	44	公式单元	公式单元
可供出售金融资产	13	公式单元	公式单元	非流动负债：			
长期股权投资	16	公式单元	公式单元	长期应付款	47	公式单元	公式单元
固定资产	18	公式单元	公式单元	预计负债	49	公式单元	公式单元
在建工程	19	公式单元	公式单元	递延所得税负债	50	公式单元	公式单元
无形资产	24	公式单元	公式单元	实收资本（或股本）	54	公式单元	公式单元
递延所得税资产	28	公式单元	公式单元	未分配利润	58	公式单元	公式单元
资产总计	31	公式单元	公式单元	负债和所有者权益（或股东权益）总计	60	公式单元	公式单元

图 5－5　格式状态下的资产负债表

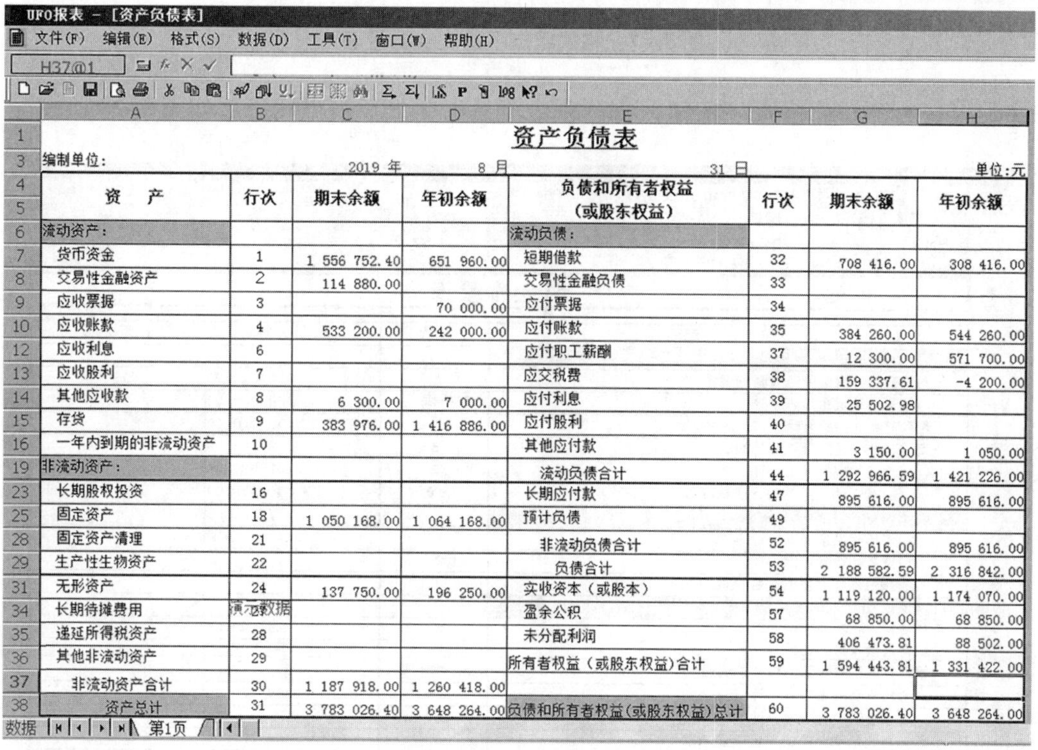

UFO报表 － [资产负债表]

资产负债表

编制单位：　2019 年　8 月　31 日　单位：元

资　产	行次	期末余额	年初余额	负债和所有者权益（或股东权益）	行次	期末余额	年初余额
流动资产：				流动负债：			
货币资金	1	1 556 752.40	651 960.00	短期借款	32	708 416.00	308 416.00
交易性金融资产	2	114 880.00		交易性金融负债	33		
应收票据	3		70 000.00	应付票据	34		
应收账款	4	533 200.00	242 000.00	应付账款	35	384 260.00	544 260.00
应收利息	6			应付职工薪酬	37	12 300.00	571 700.00
应收股利	7			应交税费	38	159 337.61	-4 200.00
其他应收款	8	6 300.00	7 000.00	应付利息	39	25 502.98	
存货	9	383 976.00	1 416 886.00	应付股利	40		
一年内到期的非流动资产	10			其他应付款	41	3 150.00	1 050.00
非流动资产：				流动负债合计	44	1 292 966.59	1 421 226.00
长期股权投资	16			长期应付款	47	895 616.00	895 616.00
固定资产	18	1 050 168.00	1 064 168.00	预计负债	49		
固定资产清理	21			非流动负债合计	52	895 616.00	895 616.00
生产性生物资产	22			负债合计	53	2 188 582.59	2 316 842.00
无形资产	24	137 750.00	196 250.00	实收资本（或股本）	54	1 119 120.00	1 174 070.00
长期待摊费用				盈余公积	57	68 850.00	68 850.00
递延所得税资产	28			未分配利润	58	406 473.81	88 502.00
其他非流动资产	29			所有者权益（或股东权益）合计	59	1 594 443.81	1 331 422.00
非流动资产合计	30	1 187 918.00	1 260 418.00				
资产总计	31	3 783 026.40	3 648 264.00	负债和所有者权益（或股东权益）总计	60	3 783 026.40	3 648 264.00

图 5－6　资产负债表

（6）根据本单位的实际情况，调整报表格式，修改报表公式。

（7）保存调整后报表模板，如图 5－7 所示。

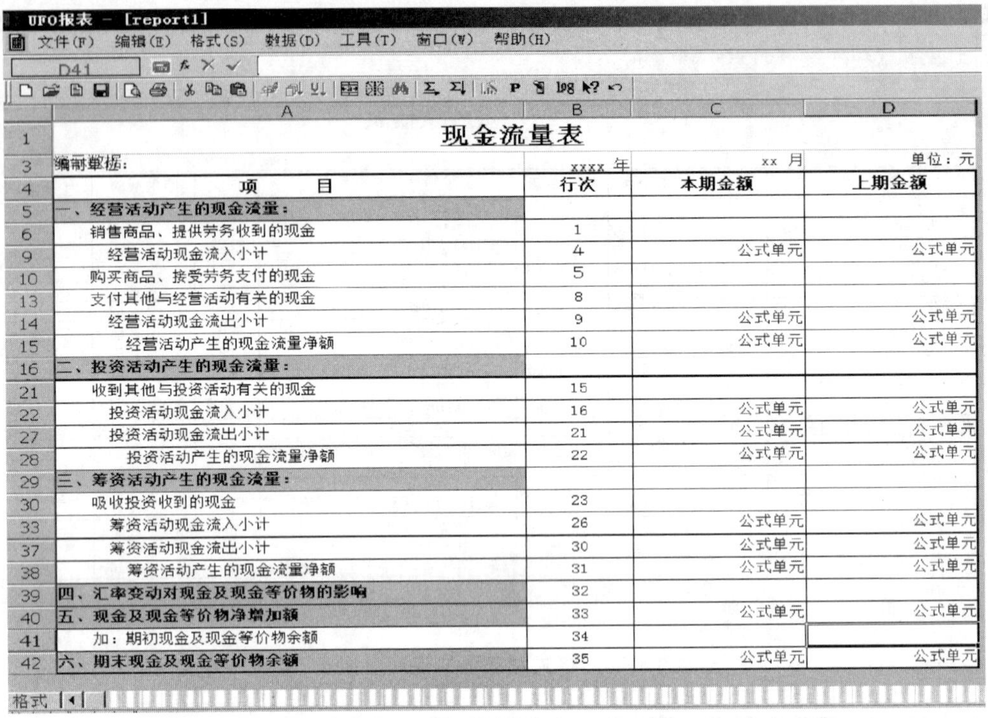

	A	B	C	D
1	现金流量表			
3	编制单位:	xxxx 年	xx 月	单位：元
4	项　　目	行次	本期金额	上期金额
5	一、经营活动产生的现金流量:			
6	销售商品、提供劳务收到的现金	1		
9	经营活动现金流入小计	4	公式单元	公式单元
10	购买商品、接受劳务支付的现金	5		
13	支付其他与经营活动有关的现金	8		
14	经营活动现金流出小计	9	公式单元	公式单元
15	经营活动产生的现金流量净额	10	公式单元	公式单元
16	二、投资活动产生的现金流量:			
21	收到其他与投资活动有关的现金	15		
22	投资活动现金流入小计	16	公式单元	公式单元
27	投资活动现金流出小计	21	公式单元	公式单元
28	投资活动产生的现金流量净额	22	公式单元	公式单元
29	三、筹资活动产生的现金流量:			
30	吸收投资收到的现金	23		
33	筹资活动现金流入小计	26	公式单元	公式单元
37	筹资活动现金流出小计	30	公式单元	公式单元
38	筹资活动产生的现金流量净额	31	公式单元	公式单元
39	四、汇率变动对现金及现金等价物的影响	32		
40	五、现金及现金等价物净增加额	33	公式单元	公式单元
41	加：期初现金及现金等价物余额	34		
42	六、期末现金及现金等价物余额	35	公式单元	公式单元

图 5－7　格式状态下的现金流量表

（8）单击“数据/格式”按钮，将“现金流量表”处于数据状态，如图 5－8 所示。

	A	B	C	D
1	现金流量表			
3	编制单位：	2019 年	8 月	单位：元
4	项　　目	行次	本期金额	上期金额
5	一、经营活动产生的现金流量:			
6	销售商品、提供劳务收到的现金	1	698 000.00	
9	经营活动现金流入小计	演示数据	698 000.00	
10	购买商品、接受劳务支付的现金	5	99 010.00	
13	支付其他与经营活动有关的现金	8	8 072.00	
14	经营活动现金流出小计	9	107 082.00	
15	经营活动产生的现金流量净额	10	590 918.00	
16	二、投资活动产生的现金流量:			
22	投资活动现金流入小计	16		
27	投资活动现金流出小计	21		
28	投资活动产生的现金流量净额	22		
29	三、筹资活动产生的现金流量:			
30	吸收投资收到的现金	23	68 720.00	
31	取得借款收到的现金	24	200 000.00	
32	收到其他与筹资活动有关的现金	25		
33	筹资活动现金流入小计	26	268 720.00	
37	筹资活动现金流出小计	30		
38	筹资活动产生的现金流量净额	31	268 720.00	
39	四、汇率变动对现金及现金等价物的影响	32	1 000.00	
40	五、现金及现金等价物净增加额	33	860 638.00	
41	加：期初现金及现金等价物余额	34		
42	六、期末现金及现金等价物余额	35	860 638.00	

图 5－8　数据状态下的现金流量表

（9）将上述报表保存到文件夹中，文件名为“现金流量表 . rep”。

实验指导 2：利用自定义方式编制会计报表

第一步：自定义“货币资金表”

1. 设置表尺寸

（1）在 UFO 报表系统中，单击“文件”|“新建”，打开报表“格式”状态窗口。

（2）单击“格式”|“表尺寸”打开“表尺寸”对话框。

（3）在“表尺寸”对话框，录入行数“8”，列数“4”。

（4）单击“确认”按钮，出现 8 行 4 列的表格，如图 5 – 9 所示。

视频：货币资金表

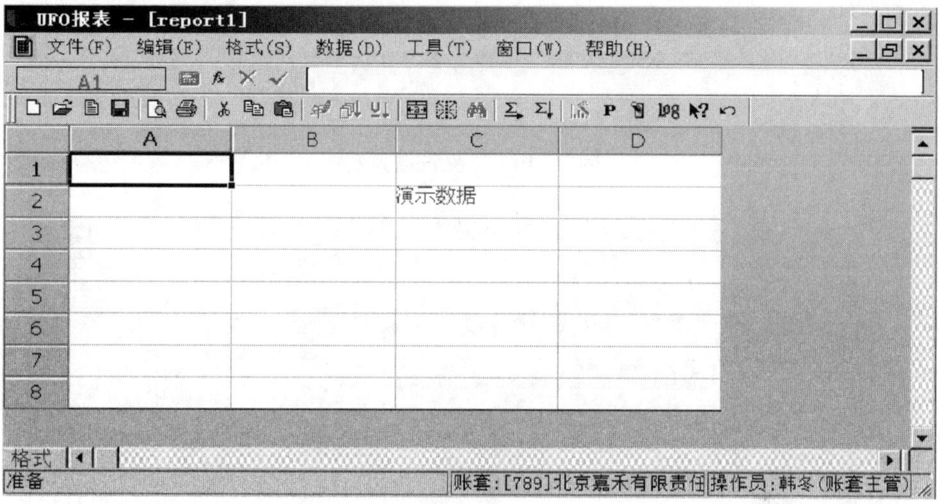

图 5 – 9　表尺寸

2. 定义行高和列宽

（1）单击选中 A 1 单元，再单击“格式”|“行高”，打开“行高”对话框。

（2）在“行高”对话框中，录入 A1 单元所在行的行高为“12”，单击“确认”按钮。

（3）单击选中 A3 单元后拖动鼠标到 D8 单元，再单击“格式”|“行高”，打开“行高”对话框。

（4）在“行高”对话框中，录入 A3：D8 区域的行高为“8”，单击“确认”按钮。

（5）单击选中 A 1 单元，再单击“格式”|“列宽”，打开“列宽”对话框。

（6）在“列宽”对话框中，录入 A1 单元所在列的列宽为“50”。

（7）单击选中 B 1 单元，再单击“格式”|“列宽”，打开“列宽”对话框。

（8）在“列宽”对话框中，录入 B1 单元所在列的列宽为“15”。

（9）单击选中 C 1 单元后拖动鼠标到 D8 单元，再单击“格式”|“列宽”，打开“列宽”对话框。

（10）在“列宽”对话框中，录入 C1：D8 区域的列宽为“32”，如图 5 – 10 所示。

3. 画表格线

（1）单击选中 A 3 单元后拖动鼠标到 D8 单元，再单击“格式”|“区域画线”，打开“区域画线”对话框，如图 5 – 11 所示。

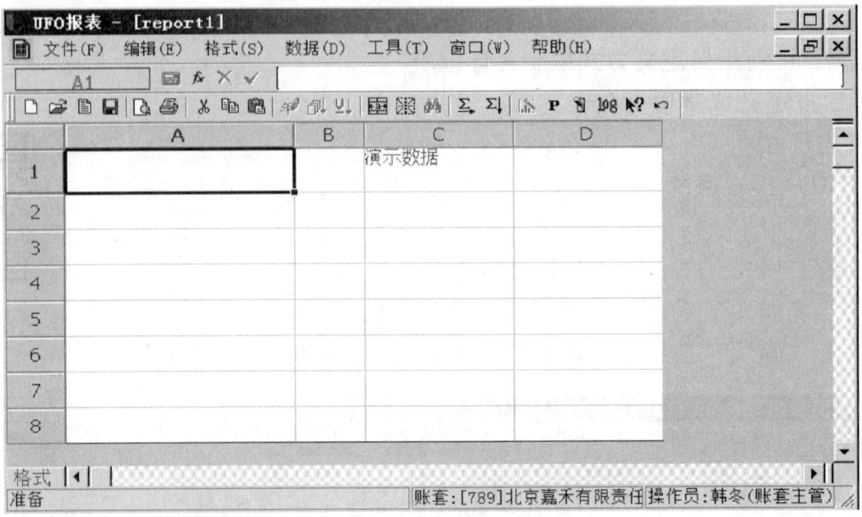

图 5－10　定义行高列宽

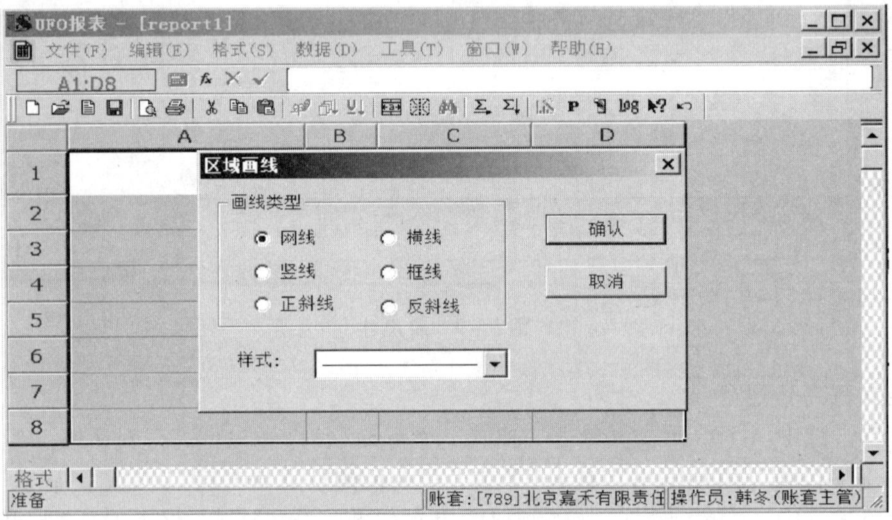

图 5－11　画表格线

4. 定义组合单元

（1）单击选中 A1 单元后拖动鼠标到 D1 单元，单击“格式”|“组合单元”，打开“组合单元”对话框。

（2）单击“按行组合”或“整体组合”按钮，将第 1 行组合为一个单元，如图 5－12 所示。

5. 输入报表项目内容

根据所给资料直接在对应单元中输入所有项目内容。

6. 设置单元属性

（1）单击选中 A1 单元，再单击“格式”|“单元属性”，打开“单元格属性”窗口。

（2）单击“字体图案”页签，打开“字体图案”页签。

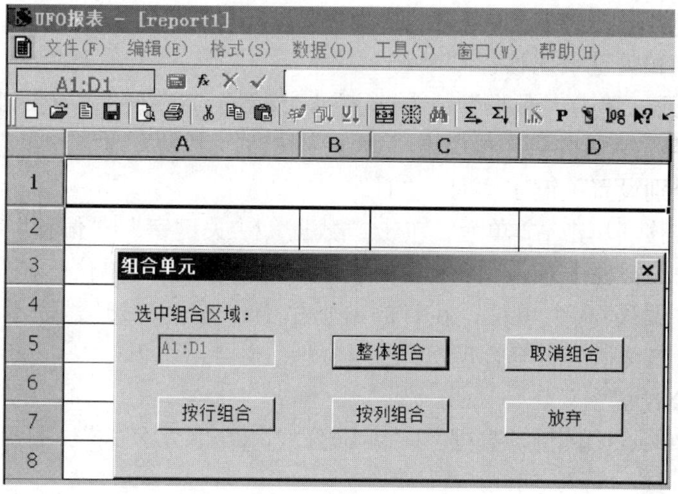

图 5－12　定义组合单元

（3）单击字体栏下三角按钮，选择“楷体”，单击字号栏下三角按钮，选择“24”。

（4）单击“对齐”页签，打开“对齐”页签。

（5）单击水平方向“居中”及垂直方向“居中”前单选按钮。

（6）单击“确定”按钮。

（7）单击选中 A3 单元后拖动鼠标到 D3 单元，再单击“格式”|“单元属性”，打开“单元格属性”窗口。

（8）单击“字体图案”页签，打开“字体图案”页签。

（9）单击字体栏下三角按钮，选择“黑体”，单击字号栏下三角按钮，选择“14”。

（10）单击“对齐”页签，打开“对齐”页签。

（11）单击水平方向“居中”前的单选按钮。依此方法再设置 A4：D8 区域的字体为宋体，字号为“12”的单元属性，如图 5－13 所示。

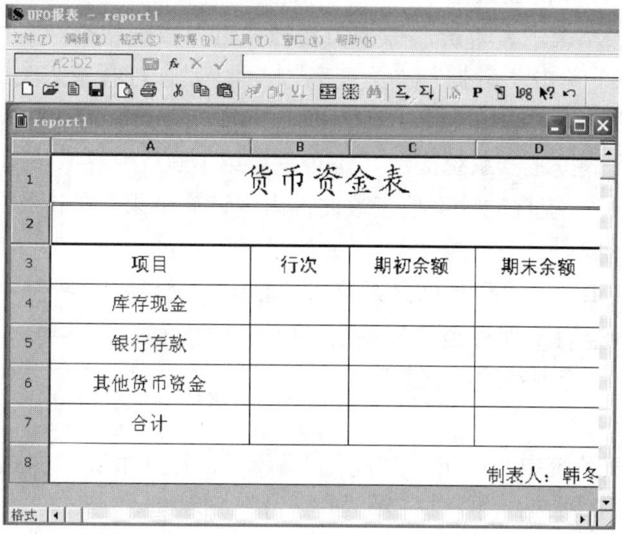

图 5－13　设置单元属性

（12）单击“确定”按钮。

7. 定义关键字和关键字偏移

（1）选 A2 单元，单击“数据”|“关键字”|“设置”，打开“设置关键字”窗口。

（2）单击“年”单选按钮，再单击“确定”按钮，生成关键字“年”的内容。

（3）同理，分别设置关键字“月”“日”。

（4）关键字偏移。单击 A2 单元，单击“数据”|“关键字”|“偏移”，打开“关键字偏移”窗口，在年的编辑栏中录入“－90”，表示向左偏移 90 个单位；在月的编辑栏中录入“－60”，表示向左偏移 60 个单位；在日的编辑栏中录入“－30”，表示向左偏移 30 个单位。根据情况设置偏移值，直至合理。

8. 录入单元公式

（1）单击 C4 单元，单击“数据”|“编辑公式”|“单元公式”，打开“定义公式”对话框。

（2）在“定义公式”对话框中，录入 C4 单元公式“QC("1001",月,,,,,,,,,)”，C5 单元公式“QC("1002",月,,,,,,,,,)”，C6 单元公式“QC("1012",月,,,,,,,,,)”，C7 单元公式则选中 C4：C6 区域，点击上下求和，如图 5－14 所示。

	A	B	C	D
1	货币资金表			
2	xxxx 年xx 月xx 日			
3	项目	行次	期初余额	期末余额
4	库存现金	1	公式单元	公式单元
5	银行存款	2	公式单元	公式单元
6	其他货币资金	3	公式单元	公式单元
7	合计		公式单元	公式单元
8	制表人：韩冬			

图 5－14　单元公式

（3）单击“确认”按钮。依此方法继续录入其他单元的计算公式。

9. 录入关键字并计算报表数据

（1）在 UFO 报表系统中，单击“数据”按钮，进入数据状态。

（2）在数据状态下单击“数据”|“关键字”|“录入”，打开录入关键字对话框。

（3）录入编报日期为“2019 年 8 月 31 日”。

（4）单击“确认”按钮，系统提示“是否重算第 1 页”。

（5）单击“是”，系统自动计算报表数据，出现计算结果，如图 5－15 所示。

10. 保存货币资金表

（1）在 E 盘（或 D 盘）“会计信息系统实训教程”文件夹中新建“实验七”文件。

（2）将“货币资金表”保存至“实验七”文件夹中。

第二步：自定义“管理费用明细表”

1. 设置表尺寸

（1）在 UFO 报表系统中，单击“文件”|“新建”，打开报表“格式”状态窗口。

（2）单击“格式”|“表尺寸”，打开“表尺寸”对话框。

（3）在“表尺寸”对话框，录入行数“12”，列数“3”。

图 5－15　生成报表数据

（4）单击“确认”按钮，出现 12 行 3 列的表格，如图 5－16 所示。

图 5－16　表尺寸

2. 定义行高和列宽

（1）单击选中 A1 单元，再单击“格式”|“行高”，打开“行高”对话框。

（2）在“行高”对话框中，录入 A1 单元所在行的行高为“12”。

（3）单击“确认”按钮。

（4）单击选中 A3 单元后拖动鼠标到 C12 单元，再单击“格式”|“行高”，打开“行高”对话框。

（5）在“行高”对话框中，录入 A3：C12 区域的行高为“6”。

（6）单击“确认”按钮。

（7）单击选中 A1 单元，再单击“格式”|“列宽”，打开“列宽”对话框。

（8）在“列宽”对话框中，录入 A1 单元所在列的列宽为“50”。

（9）单击选中 B1 单元，再单击“格式”|“列宽”，打开“列宽”对话框。

（10）在“列宽”对话框中，录入 B1 单元所在列的列宽为“15”。

（11）单击选中 Cl 单元，再单击“格式”|“列宽”，打开“列宽”对话框。

（12）在“列宽”对话框中，录入 Cl：D12 区域的列宽为“32”，如图 5－17 所示。

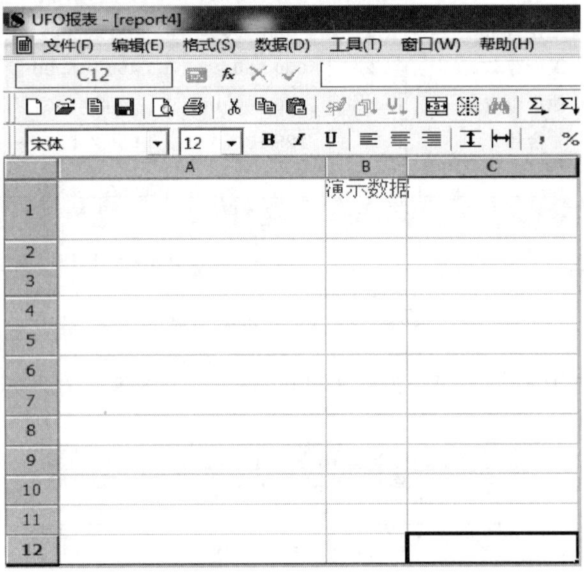

图 5－17　定义行高列宽

3. 画表格线

（1）单击选中 A3 单元后拖动鼠标到 C11 单元，再单击“格式”|“区域画线”，打开“区域画线”对话框，如图 5－18 所示。

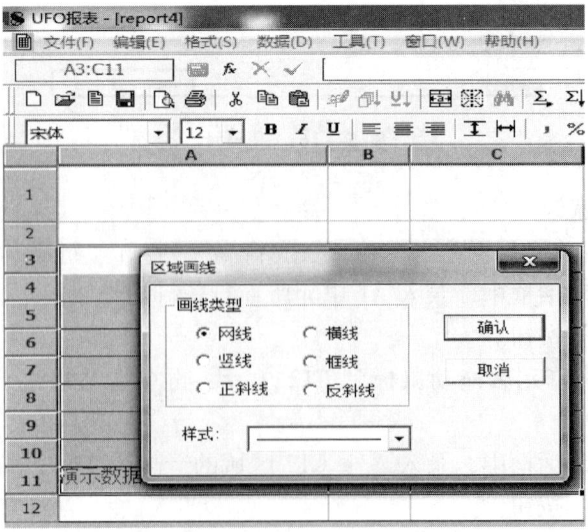

图 5－18　画表格线

（2）单击“确认”按钮。

4. 定义组合单元

（1）单击选中 A1 单元后拖动鼠标到 Cl 单元，单击“格式”|“组合单元”，打开“组合单元”对话框。

（2）单击“按行组合”或“整体组合”按钮，将第 1 行组合为一个单元，如图 5 – 19 所示。

图 5 – 19 管理费用明细表定义组合单元

5. 输入报表项目内容

根据所给资料直接在对应单元中输入所有项目内容：“项目”“行次”“期初余额”“期末余额”等项目。

6. 设置单元属性

（1）单击选中 A1 单元，再单击“格式”|“单元属性”，打开“单元格属性”窗口。

（2）单击“字体图案”页签，打开“字体图案”页签。

（3）单击字体栏下三角按钮，选择“宋体”，单击字号栏下三角按钮，选择“28”。

（4）单击“对齐”页签，打开“对齐”页签。

（5）单击水平方向“居中”及垂直方向“居中”前单选按钮。单击“确定”按钮。

（6）单击选中 A3 单元后拖动鼠标到 C3 单元，再单击“格式”|“单元属性”，打开“单元格属性”窗口。单击“字体图案”页签，打开“字体图案”页签。

（7）单击字体栏下三角按钮，选择“黑体”，单击字号栏下三角按钮。选择“14”。

（8）单击“对齐”页签，打开“对齐”页签。

（9）单击水平方向“居中”前的单选按钮。依此方法再设置 A4：C12 区域的字体为宋体，居中，字号为“12”。

7. 定义关键字和关键字偏移

（1）选 A2 单元，单击“数据”“关键字”|“设置”，打开“设置关键字”窗口。

（2）单击“年”单选按钮，再单击“确定”按钮，生成关键字“年”。

（3）同理，设置关键字“月”。

（4）关键字偏移。单击 A2 单元，单击“数据”|“关键字”|“偏移”，打开“关键字偏移”窗口，在年的编辑栏中录入“－90”，表示向左偏移 90 个单位；在月的编辑栏中录入“－60”，表示向左偏移 60 个单位。根据情况调整偏移值，直至合理。

8. 录入单元公式

（1）单击 C3 单元，单击“数据”|“编辑公式”|“单元公式”，打开“定义公式”对话框。

（2）在“定义公式”对话框中，录入 C3 单元公式“FS("660201",月,"借",,,"",,)”。

（3）单击“确认”按钮。依此方法继续录入其他单元的计算公式。

（4）单击 C11 单元，单击“数据”|“编辑公式”|“单元公式”，打开“定义公式”对话框。在“定义公式”对话框中输入“C4＋C5＋C6＋C7＋C8＋C9＋ C10＋ C11”，或选中“C4：C11”区域，点击“求和公式”。单击“确定”按钮。

9. 录入关键字并计算报表数据

（1）在 UFO 报表系统中，单击“数据”按钮，进入数据状态。

（2）在数据状态下单击“数据”|“关键字”|“输入”，打开录入关键字对话框。

（3）录入编报日期为“2019 年 8 月”。

（4）单击“确认”按钮，系统提示“是否重算第 1 页”。

（5）单击“是”，系统自动计算报表数据，出现计算结果，如图 5－20 所示。

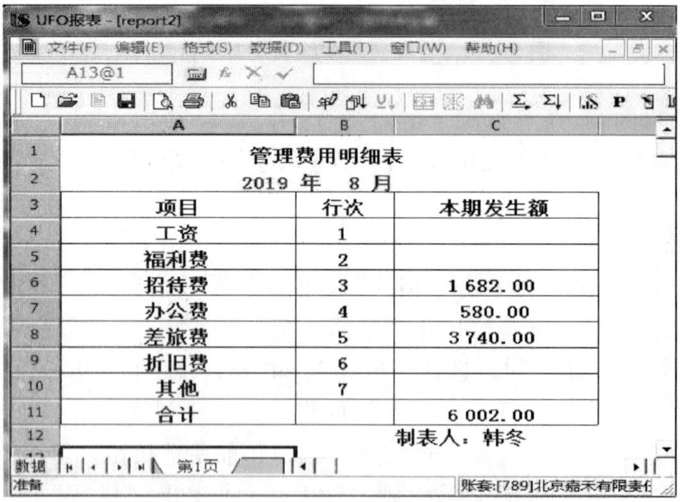

管理费用明细表		
2019 年 8 月		
项目	行次	本期发生额
工资	1	
福利费	2	
招待费	3	1 682.00
办公费	4	580.00
差旅费	5	3 740.00
折旧费	6	
其他	7	
合计		6 002.00
		制表人：韩冬

图 5－20　生成管理费用明细表报表数据

10. 设置管理费用明细表立体成组直方图

（1）在 UFO 报表系统中，单击“格式”按钮，进入格式状态。

（2）在管理费用明细表中追加 10 行。

（3）单击“数据”按钮，进入数据状态。

（4）在数据状态下，选中“A4：C11”区域，单击“工具”|“插入图表对象”，打开

"区域作图"对话框。选择"立体成方柱状图"，点击左上角的"编辑"，在主标题输入"管理费用明细表分析"，X 轴标题输入"项目"，Y 轴标题输入"金额"，如图 5－21 所示。

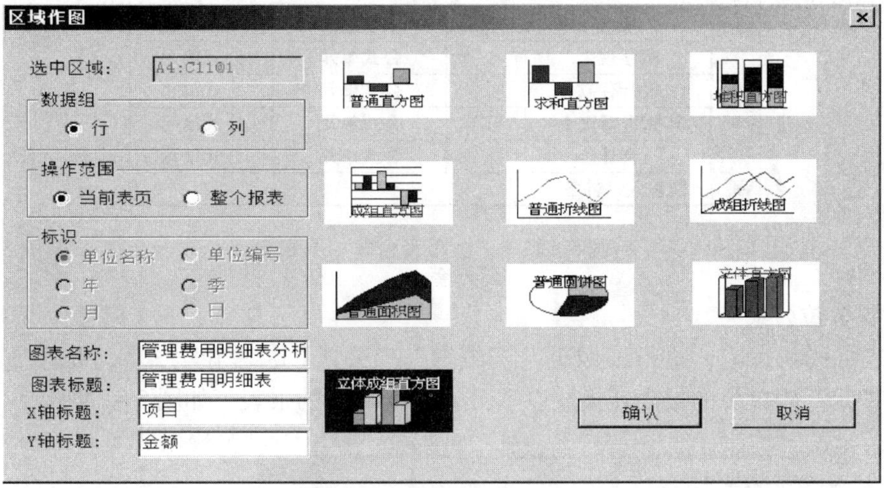

图 5－21 立体成方柱状图

（5）单击"确定"按钮。管理费用明细表，如图 5－22 所示。

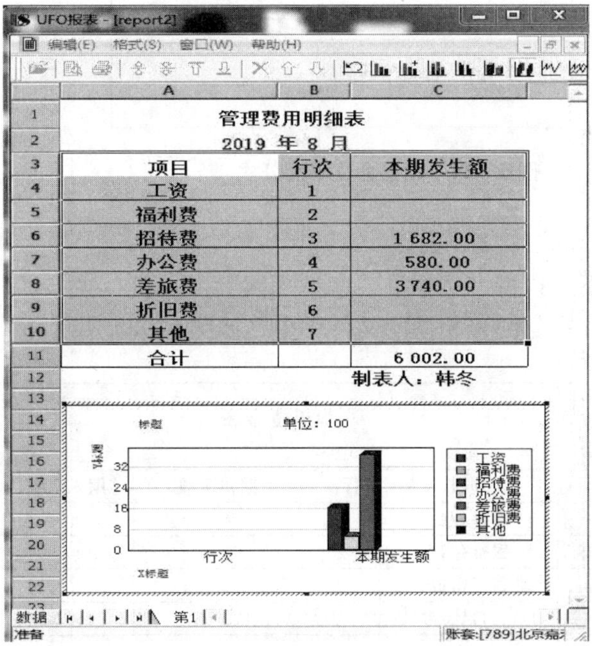

图 5－22 管理费用明细表分析

实验指导 3：练习舍位公式

1. 打开原表

从指定的文件夹中打开"货币资金表"，如图 5－23 所示。

	A	B	C	D
1	货币资金表			
2		xxxx 年xx 月xx 日		
3	项目	行次	期初余额	期末余额
4	库存现金	1	公式单元	公式单元
5	银行存款	2	公式单元	公式单元
6	其他货币资金	3	公式单元	公式单元
7	合计		公式单元	公式单元
8	制表人：韩冬			

图 5－23　“货币资金表”原表

2. 设置舍位公式

在报表格式状态下，执行“数据”|“编辑”|“公式”|“舍位公式”，设置舍位平衡公式，将以“元”为单位的报表转换成以“万元”为单位的报表，如图 5－24 所示。

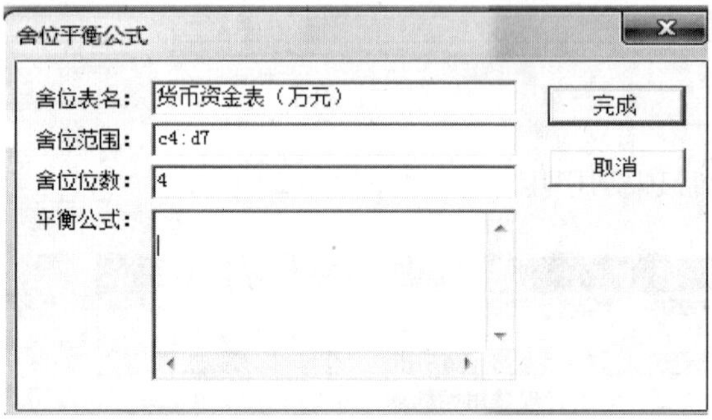

图 5－24　设置舍位平衡公式

文本：知识点拓展与提示 1

3. 舍位平衡

在报表数据状态下，执行“数据”|“舍位平衡”，系统自动生成以“万元”为单位的货币资金表，且自动保存在与原表相同的文件夹中，如图 5－25 所示。

	A	B	C	D
1	货币资金表			
2		2019 年 8 月31 日		
3	项目	行次	期初余额	期末余额
4	库存现金	1	0.51	0.57
5	银行存款	2	60.00	146.00
6	其他货币资金	3	12.00	9.10
7	合计		72.51	155.68
8	制表人：韩冬			

图 5－25　货币资金表（万元）

实验指导 4：账套备份

在 E 盘或 D 盘“会计信息系统实训教程”文件夹中新建“实验七”文件夹，将账套输出至“实验七”文件夹中。

文本：章节练习参考答案

章节练习

一、单项选择题

1. 在报表中，具有完整意义的最小信息单位称为一个（　　）。

A. 组合单元　　B. 表体　　C. 报表单元　　D. 报表行

2. 对方科目发生额函数表达形式（　　）。

A. QM（　　）　　B. FS（　　）　　C. QC（　　）　　D. DFS（　　）

3. 期初余额函数表达形式（　　）。

A. QM（　　）　　B. FS（　　）　　C. QC（　　）　　D. LFS（　　）

4. 用友报表系统中，输入关键字必须在（　　）状态下进行。

A. 格式　　B. 数据　　C. 计算　　D. 单元

5. 报表系统中，在定义报表公式时，（　　）是必须设置的。

A. 取数公式　　B. 审核公式　　C. 舍位平衡公式　　D. 校验公式

6. 用友报表系统中，取数操作一般是通过（　　）实现的。

A. 函数　　B. 关键　　C. 直接输入　　D. 单元格

7. 以下（　　）操作必须在 UFO 报表管理系统的数据状态下进行。

A. 设置单元属性　　B. 设置表尺寸

C. 输入关键字　　D. 定义舍位平衡公式

8. 下列说法正确的是（　　）。

A. 报表格式设计时可以进行数据处理，数据处理时不能进行格式设计

B. 报表格式设计时不能进行数据处理，数据处理时可以修改报表格式

C. 报表格式状态下可以看到报表的全部内容，包括格式和数据

D. 报表数据状态下可以看到报表的全部内容，包括格式和数据

9. 下列不属于 UFO 报表管理系统的基本关键字是（　　）。

A. 单位名称　　B. 账套号　　C. 年　　D. 月

10. 以下（　　）操作必须在 UFO 报表管理系统的格式状态下进行。

A. 输入数据　　B. 增加表页　　C. 定义单元公式　　D. 制作图表

二、多项选择题

1. 报表单元数据包括（　　）。

A. 数值　　B. 数字　　C. 字符　　D. 关键字

2. 报表处理子系统中，输出的方式灵活多样，可以输出（　　）。

A. 区域　　B. 报表结构　　C. 报表内容　　D. 单元格

3. 报表系统功能模块主要包括（　　）。

A. 报表基本结构设置　　B. 报表的日常管理

C. 报表其他管理功能　　D. 报表编制

4. 报表系统中，报表结构主要包括（　　）。

A. 报表格式　　B. 报表公式　　C. 报表中的数字　　D. 报表名称

5. 应用报表管理系统来编制会计报表应遵守的原则有（　　）。
A. 会计报表编制的内容必须完整　B. 会计报表的数据必须真实
C. 会计报表处理及报送必须及时　D. 可以隔月编制报表
6. UFO 报表管理系统提供的四大类格式的图表分别有（　　）。
A. 直方图　B. 圆饼图　C. 折线图　D. 面积图
7. 报表公式主要有（　　）。
A. 计算公式　B. 审核公式　C. 取数公式　D. 舍位平衡公式
8. 下列属于报表格式设计内容的有（　　）。
A. 设置表尺寸　B. 设置关键字　C. 报表审核　D. 定义组合单元
9. UFO 报表管理系统的单元类型有（　　）。
A. 数值单元　B. 字符单元　C. 日期单元　D. 表样单元
10. 下列属于报表数据处理内容的有（　　）。
A. 定义单元公式　B. 录入关键字　C. 报表审核　D. 表页计算

三、判断题

1. 在 UFO 主界面下，单击左下角的“格式/数据”按钮，将系统状态由“格式”切换到“数据”状态。（　　）
2. 会计报表是用于综合反映企业某一特定日期财务状况和经营成果、现金流量的书面文件，是企业经营活动的缩影。（　　）
3. 在报表数据状态下只能看到报表的数据，不能看到报表的格式。（　　）
4. 在报表格式状态下所做的操作对本报表所有的表页都发生作用。（　　）
5. 最小的区域是一个单元。（　　）
6. 数值单元和表样单元是报表的数据，而字符单元是报表的格式。（　　）
7. 用于在大量表页中快速寻找表页的标志是关键字。（　　）
8. 报表公式需在每次填制报表时重新进行定义。（　　）
9. 追加表页是指在当前表页前面增加新的表页。（　　）
10. 在 UFO 报表管理系统中，图表并不是独立的文件，它的存在依附于源数据所在的报表文件。（　　）

第六章

薪资管理系统

学习目标

通过本章学习，了解薪资管理核算的数据流程及其主要的数据库文件；理解该系统的主要功能及其模块结构；熟悉薪资核算系统初始设置的内容和方法；掌握薪资管理专项业务数据处理和核算的工作原理。

第六章　PPT：
薪资管理系统

第一节　薪资管理系统初始化

一、薪资管理系统基本功能

人力资源的核算和管理是企业管理的重要组成部分，薪资管理是各企事业单位最常用的功能之一，其中对于企业员工的业绩考评和薪酬的确定关系到企业每一位职工的切身利益，对于调动每一位职工的工作积极性、正确处理企业与职工之间的经济关系具有重要意义。

（一）薪资管理系统基本功能结构

用友 U8 管理软件中，薪资管理系统作为人力资源管理的一个子系统，其基本功能如图 6－1 所示。

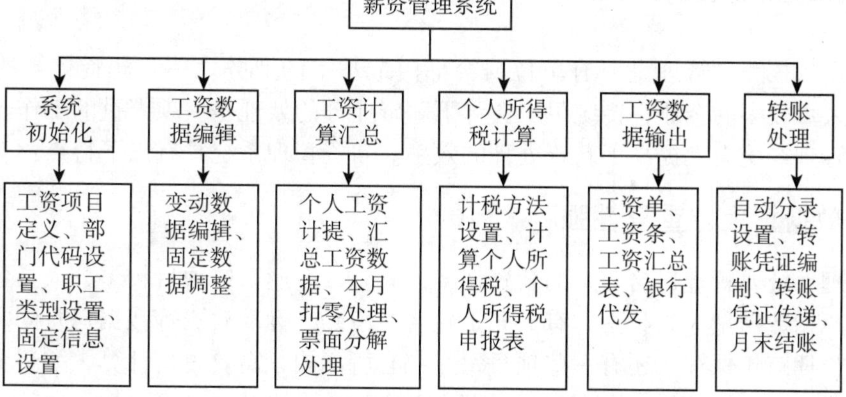

图 6－1　薪资管理系统基本功能结构

（二）基本功能说明

1. 系统初始化

系统初始化是整个工资核算的核心。其设置的好坏直接影响工资核算其他模块的正常使用，因此操作者应给予充分的重视。

2. 工资数据编辑

工资数据编辑是指对人员的调入、调出及工资数据的变化而引起的工资数据增、减、修改的操作。

3. 工资计算汇总

工资计算汇总是指对工资数据计算项目的计算、按部门级别进行工资汇总、费用的计提。

4. 个人所得税计算

我国规定单位职工的个人所得税由企业代扣代缴，因此，工资核算系统应具备计算并代扣个人所得税的功能。

5. 工资数据输出

工资数据输出主要包括工资结算表、工资结算汇总表、工资分配汇总表、转账凭证等的输出。

6. 转账处理

转账处理包括定义工资自动转账分录、机制工资转账凭证、结转当月凭证到账务处理系统和月末结账等。

二、薪资管理系统的特点

薪资数据的核算和管理是所有单位财会部门最基本的业务之一。薪资核算的实效性最强，在职工人数较多的企业，传统手工会计下薪资业务的处理是一项繁重的工作。会计信息系统下薪资管理系统大大提高了薪资处理的效率。薪资管理系统具有以下特点：

（一）数据量大，重复性强

薪资管理系统要管理每名职工的薪资档案，大多数企业薪资项目较多，人员数量大，因此薪资管理原始数据量大。其中，有关职工姓名、编码、标准薪资等数据每月固定不变，需要在系统内长期跨年保存。还有一些项目每月都有所不同，需要重新计算，如奖金、扣款之类的薪资项目。这些变动的和固定的项目都需要在初始设置时定义好。

另外，薪资管理是会计人员每月必做的项目，而薪资的计算过程在每月都很类似，公式基本相同，每月基本进行重复的薪资统计工作，而每月每名职工的计算过程也很类似，同样产生了重复性的工作。

（二）业务处理的时限性、准确性要求高

薪资的发放有确定的时间限制，薪资问题与职工的个人利益密切相关，必须按照企业规定的薪资发放日期完成薪资业务的处理并保证数据处理的正确。

（三）核算方法简单

薪资业务的核算方法比较简单，每月进行薪资业务处理时只要将变动数据输入即可，固定数据会自动保留。

三、薪资业务处理流程

薪资业务处理的主要步骤为：

（1）对来源于企业各部门的考勤、加班和产量工时记录进行审核并计算病事假扣款、个人所得税和应发薪资等，综合行政部门的代扣款计算职工实发薪资等。

（2）根据以上原始数据和计算结果编制薪资表。

（3）对薪资表数据按照职工所属部门和薪资性质进行汇总编制薪资汇总表及薪资费用分配表、个人所得税申报表、职工福利费计提表等。

（4）根据各汇总报表编制记账凭证并进行记账处理。

薪资管理系统业务流程如图6－2所示。

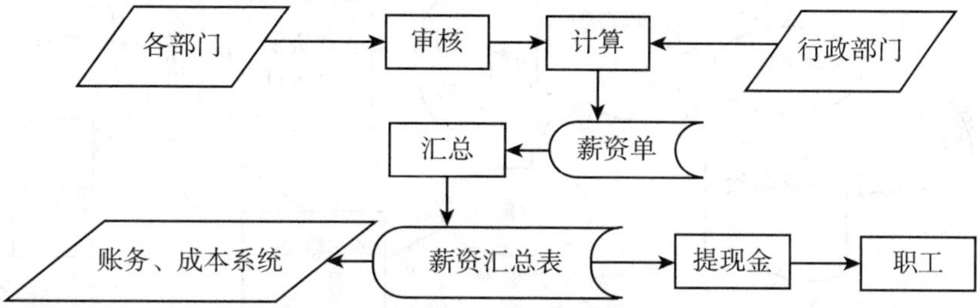

图6－2 业务流程

四、薪资管理系统的数据流程

薪资管理系统的内部数据流程可以分成以下几个工作过程。

（一）系统初始设置

薪资系统首次投入运行时，需将企业现有职工的全部原始资料输入计算机，以形成系统的基础数据库。为了减少数据输入的工作量，规范部门名称、薪资性质等内容并为薪资数据分类汇总提供依据，在初始设置中应进行部门、职工工作性质以及学历、职称、职务等编码，并形成相应的数据词典文件，以备系统提示、检索、汇总使用。除此之外，还需要设置应发薪资、实发薪资等需要计算的薪资项目的计算公式和薪资自动转账模板。

（二）编制薪资结算单

根据系统内存储的数据薪资固定数据和输入的当期变动数据，以及根据人事部门的通知输入可能发生的职工调动和提职、晋级发生的薪资变动数据编制薪资结算单。

（三）汇总薪资结算单数据

按指定条件汇总薪资结算单数据以生成薪资汇总表及薪资费用分配表、个人所得税申报表、职工福利费用计提表、票面分解一览表等。

（四）编制薪资记账凭证并向总账子系统传递凭证

薪资管理系统的数据流程如图 6－3 所示。

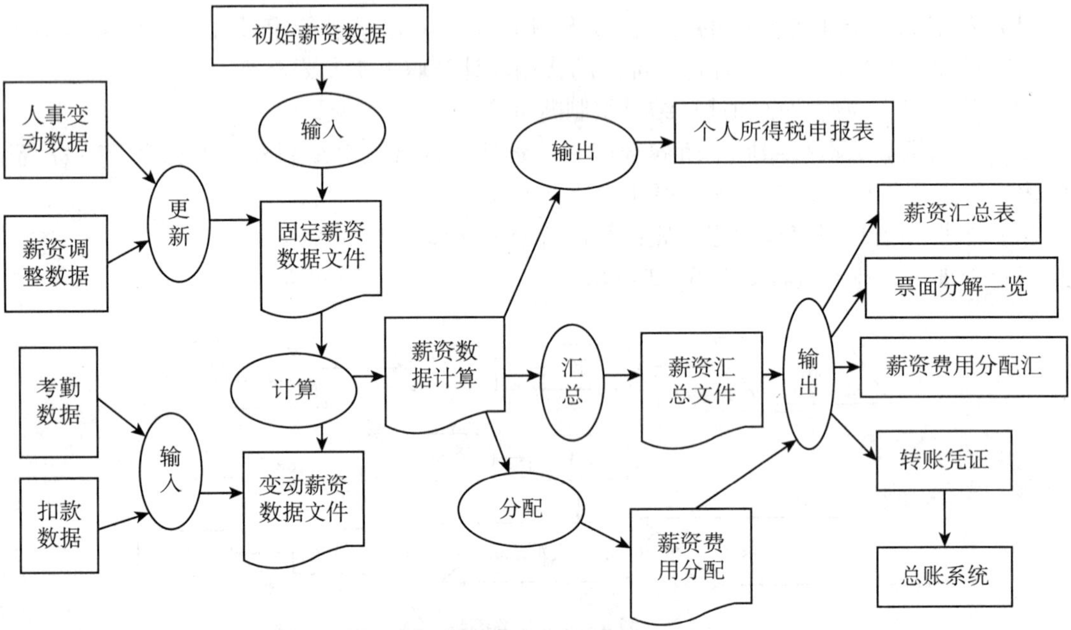

图 6－3　薪资管理系统数据流程

五、薪资管理系统建账

各个单位的工资核算存在一些差异，通过薪资系统初始化设置，可以根据企业需要建立工资账套数据，设置薪资系统运行所需要的各项基础信息，为日常处理建立应用环境。

工资账套与系统管理中的账套含义是不同的，系统管理中的账套是针对整个核算系统而言的，而工资账套只针对工资子系统，也就是说，工资账套是企业核算账套的一个组成部分。要建立工资账套，首先要在系统管理中建立本单位的核算账套并且启用了工资核算子系统才能进行。

建立工资账套时可以根据建账向导分四步进行：参数设置、扣税设置、扣零设置、人员编码设置。

（一）参数设置

1. 选择工资类别个数

工资类别是指一套工资账套中，根据不同情况而设置的工资数据管理类别。系统提供给了单类别和多类别工资核算两种应用方案。单类别工资核算适用于企业所有员工的工资发放，项目相同，工资计算方法也相同，对全部的员工进行统一的工资核算。当企业存在下列情况之一时，则需要选用多类别工资核算方案。

（1）企业存在不同类别人员，不同类别的人员工资发放项目不同，计算公式也不同，但需要进行统一的工资核算管理。如企业存在在岗人员、退休人员，这两类人员工资项目不同，计算方法也不同，则可选用多类别对两类人员分别核算。

（2）企业每月进行多次工资发放，月末需要进行统一核算。如企业采用周薪制，或奖金和工资分次发放，则可将每周工资方法设置为一个工资类别。

（3）企业在不同地区设有分支结构，而工资核算由总部统一管理。

（4）工资发放时使用多种货币，如既有人民币，又有美元等，可将每种币种设置为一种工资类别。

2. 选择是否核算计件工资

当选择“是否核算计件工资复选框”时，工资项目自动增加“计件工资”项目，并且，要在初始设置中设置“计件工资标准设置和计件工资方案设置”。

（二）扣税设置

扣税设置是选择在工资计算中是否进行扣税处理。如要从工资中代扣个人所得税，则选择进行扣税处理。那么，系统自动在工资项目中增加“代扣税”项目。

（三）扣零设置

扣零是指在以现金发放工资时，每次发放工资时将零头扣下，积累取整，于下次发放时补上，系统在计算工资时将依据扣零类型进行扣零。系统提供了三种扣零方式：

（1）扣零至元：即工资发放时不发 10 元以下的元、角、分；

（2）扣零至角：即工资发放时不发 1 元以下的角、分；

（3）扣零至分：即工资发放时不发 1 角以下的零分；

用户一旦选择了“扣零处理”，系统自动在工资项目中增加“本月扣零”和“上月扣零”两个项目。

（四）人员编码设置

设置单位人员编码长度。

六、工资类别管理

薪资系统是区分类别进行管理的，不同的工资类别执行不同的工资政策。所以，不同的工资类别不存在数据传递关系。工资类别的管理包括建立工资类别、打开工资类别、删除工资类别、关闭工资类别和汇总工资类别。

薪资类别是指一套薪资账中，根据不同情况而设置的薪资数据管理类别。如某企业存在正式职工和临时职工，并且两类职工薪资项目构成不相同，可分别设置“正式职工”和“临时职工”两个薪资类别。

（一）建立工资类别

在建立薪资账套后，即可建立薪资类别，输入工资类别的名称，选择该类别所包含的部门。在建立工资类别之前，必须设置好部门。设置的部门应包含所有工资类别涉及的部门，所有人员都要有所属的部门。

同一个部门，可以被多个薪资类别选中，即同一工资类别中可以有不同部门的人员，已被使用的部门不能取消选择。在选择末级部门时，应选择其上级部门。只有选中末级部门，才能进行人员的数据录入。

工资类别设定后，则需要确定工资类别的启用日期，确定后无法再修改启用日期。

（二）删除工资类别

在薪资管理子系统中可以删除薪资类别，只有主管才有权删除工资类别，且工资类别被删除后数据不可再恢复。

七、薪资管理系统基础设置

建立工资账套以后，要对整个系统运行所需的一些基础信息进行设置，主要内容有：部门设置、人员类别设置、人员附加信息设置、工资项目设置、银行名称设置。其中，部门设置、工资项目和公式设置应该针对具体工资类别进行；其他信息可以在关闭工资类别的情况下进行设置，也可以在打开的某个工资类别内设置，无论如何设置，其内容对薪资系统都有效。

工资项目设置工资数据最终由各个工资项目进行体现。工资项目设置即定义工资项目的名称、类型、宽度、小数、增减项。系统中有一些固定项目，是工资账中必不可少的，包括“应发合计”“扣款合计”“实发合计”等，这些项目系统自动增加，不能删除和重新命名。其他工资项目可根据实际情况定义或参照增加，如基本工资、奖励工资、请假天数等。在存在多个工资类别的情况下，需要在基础设置里增加所有工资类别都需要用到的工资项目，然后再在具体的工资类别中选择录入具体工资项目。

第二节　薪资管理系统业务

一、日常业务处理

工资管理系统管理企业所有人员的工资数据，对人员增减、工资变动进行处理；自动计算个人所得税、向代发工资的银行传输工资数据；自动计算、汇总工资数据；自动完成工资分摊和相关费用计提；提供多层次、多角度的工资数据查询等。工资核算是财务核算的一部分，工资管理系统和总账系统间主要是凭证传递的关系，工资管理系统将工资费用根据用途计提分配生成转账凭证，传递给总账系统。

（一）工资数据管理

第一次使用工资管理子系统必须将所有人员的工资数据录入计算机，平时如每月发生工资数据的变动也要进行调整。

1. 筛选和定位

如果对部分人员的工资数据进行修改，最好采用数据过滤的方法，先将所要修改单的人员过滤出来，然后进行工资数据修改。修改完毕后，进行重新计算和汇总，这样可大大提高计算速度。

2. 替换

将符合条件的人员的某个薪资项目的数据，统一替换成某个数据，如管理人员的奖金上调 100 元。

3. 过滤器

如果只做工资项目中的某一个或者几个项目修改，可将要修改的项目过滤出来，便于修改。例如，只对事假天数、病假天数两个工资项目的数据进行修改，可以只过滤出事假天数、病假天数两个工资项目。

在进行工资数据管理时要注意：

（1）若进行数据替换的工资项目已设置了计算公式，则在重新计算时以计算公式为准。

（2）如未输入替换条件而进行替换，则系统默认为替换条件为本工资类别的全部人员。

（3）如果选择了在工资中代扣个人所得税，则在数据录入过程中，系统自动进行扣税计算。

（4）在修改了某些数据，重新设置了计算公式，进行了数据替换或在个人所得税中执行了自动扣税等操作，最好对个人工资数据重新计算，以保证数据正确。通常实发合计、应发合计、扣款合计在修改完数据后不能自动计算合计项，如要检查合计项是否正确，可先重算工资。

（二）工资分钱清单

工资分钱清单是按单位计算的工资发放分钱票面额清单，会计人员根据此表从银行取款并发给各部门。系统提供了票面额设置的功能，用户可根据单位需要自由设置，系统根据实发工资项目分别自动计算出按部门、按人员、按企业各种面额的张数。

工资分钱清单分为部门分钱清单、人员分钱清单、工资发放取款单。部门分钱清单可以查看最上一级到明细级部门分钱的各种票额张数；人员分钱清单可按部门查看人员分钱的各种票面额的张数；工资发放取款单可以查看该工资类别的分钱总数，可按此面额取款，便于工资现金发放。

（三）个人所得税的计算与申报

个人所得税是根据《中华人民共和国个人所得税法》对个人所得税征收的一种税。系统提供个人所得税自动计算功能，用户只需要自定义所得税的税率，系统自动计算个人所得税。

系统提供所得税申报表的标准栏目、所得项目、对应工资项目。“标准栏目”包括姓名、所得项目、所得期间、收入额合计、减费用额、应纳税所得额、税率、速算扣除数、扣缴所得税额。个人所得税申报表中“收入额合计”项对应的工资项目默认为“实发合计”，可以进行调整。如果个人所得税的税率发生变动，可以进行修改。修改确认后系统自动重新计算。

（四）银行代发

目前社会上许多单位发放工资时采用银行代发形式。银行代发业务处理，指每月末单位向银行提供给定文件格式的磁盘。这样做既减轻了财务部门发放工资工作的繁重，又有效地避免了财务去银行提取大量现金所承担的风险，同时还提高了对员工个人工资的保密程度。

1. 设置银行代发的文件格式

银行代发文件格式设置是根据银行的要求，设置提供银行数据中所包含的项目，以及项目的数据类型、长度和取值范围等。

2. 设置银行代发磁盘输出格式

银行代发磁盘输出格式设置时根据银行的要求，设置向银行提供的数据，确定文件存放的形式和文件中的数据项目。文件输出格式有三种：txt 文件、dat 文件和 dbf 文件。

3. 磁盘输出

按用户已设置好的格式和设定的文件名，将数据输出到指定的磁盘。

（五）工资分摊

将银行代发工资的磁盘报送银行后，一个月的工资发放基本上做完了。但工资是费用中最主要的部分，还需要对工资费用进行工资总额的计算、分配及各种经费的计提，并编制转账凭证，供登账处理之用。

首次使用工资分摊功能，应先进行工资总额和计提基数的设置。

1. 工资总额和计提基数的设置

工资总额是在一定时期内支付给职工的工资总数。企业在月内发生的全部工资，不论是否在当月领取，都应当按照工资的用途进行分摊和计提。由于不同的企业进行分摊和计提对工资总额的计算方法不同，允许用户对工资总额进行设置。例如，某企业的应付工资总额等于工资项目“应发合计”，应付福利费、工会经费、职工教育经费、大病统筹基金以此为计提基数。

工资管理子系统内置了工资总额、应付福利费、工会经费、职工教育经费计提项目，若有其他项目，可以增加。系统提供的这四个基本的计提项目不可以删除，已分摊计提的项目不可删除。其他月份进行工资分摊前，若需要对工资总额和计提基数进行调整，也在此进行。

2. 自动分摊、计提

第一次使用工资分摊功能，对工资总额以及计提基数设置后，以后其他各月到月末时可直接进行工资分摊。系统显示已定义的工资总额及计提项目，分别指定费用分配及计提后借贷方的入账科目。

（1）工资费用分摊。每月月末分配工资费用时，根据工资分配汇总表贷记“应付职工薪酬”科目，借记有关科目。相应的借贷方科目确定后，可以制单，系统自动生成一张凭证，确认无误后，保存凭证，该张凭证自动转入总账系统的未记账凭证，总账系统对该张凭证进行后续的审核记账等工作。此张凭证可以在薪资管理系统内查询到，也可以在总账系统中查询，但是要对该张凭证进行修改或删除，必须在薪资管理系统内进行。若薪资系统未与总账系统连接，则“制单”功能无效。

（2）费用计提。各种费用的计提比例，系统按照国家有关规定默认初始设置计提比例。如福利费为14%，工会经费为2%，教育经费为1.5%。可以进行修改。

3. 凭证查询

薪资管理子系统传输到总账子系统的凭证，只能在薪资管理子系统中进行修改、删除和冲销等。

二、期末处理

薪资系统中的月末处理相当于总账中的月末结账。

（一）月末处理

月末处理是将当月数据经过处理后结转至下月，每月薪资数据处理完毕后均可进行月末结转。由于在薪资项目中，有的项目是变动的，即每月的数据均不相同，在每月薪资处理时，均需将其数据清为0，而后输入当月的数据，此类项目即为清零项目。

月末结转只有在会计年度的1月至11月进行，且只有在当月薪资数据处理完毕后才可进行。若为处理多个薪资类别，则应打开薪资类别，分别进行月末结转。若本月薪资数据未汇总，系统将不允许进行月末结转。进行期末处理后，当月数据将不允许变动。月末处理功能只有主管人员才能进行。

（二）年末结转

年末结转是将薪资数据经过处理后结转至下年。进行年末结转后，新年度账将自动建立。只有处理完所有薪资类别的薪资数据，对多薪资类别，应关闭所有薪资类别，然后在系统管理中选择“年度账”菜单，进行上年数据结转。其他操作与月末处理类似。

年末结转只有在12月薪资数据处理完毕后才能进行。若当月薪资数据未汇总，系统将不允许进行年末结转。进行年末结转后，本年各月数据将不允许变动。若用户跨月进行年末结转，系统将给予提示。年末处理功能只有主管人员才能进行。

三、系统工具

（一）数据接口管理

使用数据结构管理工具可有效地将相关数据从外部系统中导入薪资管理子系统中，例如，在水电、房租系统、考勤系统、人事系统以及其他与薪资管理有关系统中，将水电费扣缴、房租扣缴、考勤时数等数据导入薪资管理子系统的对应薪资项目。

（二）人员信息复制

人员信息复制功能用于管理两个或多个薪资类别中人员结构相同的薪资数据。当新建薪资类别中的人员与已建薪资类别人员信息相同时，则可通过此工具，将已建薪资类别中的人员信息复制到新建薪资类别中。该功能只有在多薪资类别且人员编号长度一致的情况下才能进行。重复人员编号不能复制。

（三）薪资类别汇总

在多个薪资类别中，以部门编号、人员编号、人员姓名为标准，将此三项内容相同人员的薪资数据做合计。例如，统计所有薪资类别本月发放薪资的合计数，或某些薪资类别中的人员薪资都由一个银行代发，希望生成一套完整的薪资数据传到银行，则可使用此项功能。汇总后的薪资类别将作为一个新的薪资类别，系统自动默认该类别名称为“（998）汇总薪资类别”，在执行薪资类别汇总后，自动产生。但其中人员档案不能修改，也不能进行月末结算和年末结算。除此之外，使用方法与其他薪资类别相同。

汇总薪资类别中的币种、人员编号长度必须一致，否则不能汇总。所选薪资类别中必须有汇总月份的薪资数据。如果是第一次进行薪资类别的汇总，需要在汇总薪资类别中设置薪资项目计算公式。若每次汇总的薪资项目一致，则公式不需要重新设置。

实验八　薪资管理系统业务处理

【实验准备】

引入E盘（或D盘）中“会计信息系统实训教程”文件夹中“实验四”的备份数据，将系统日期改为“2019年8月31日”。

【实验内容】

（1）设置薪资账套参数、工资类别、工资权限；

（2）设置人员附加信息、工资项目、银行档案；

（3）设置正式人员档案及工资项目、退休人员档案及工资项目；

（4）代扣个人所得税设置；

（5）正式人员、退休人员薪资业务处理；

（6）月末处理；

（7）查看 8 月份工资核算的记账凭证、工资发放条、部门工资汇总表、项目构成分析等。

【实验资料】

1. 系统启用

启用薪资管理系统，启用日期为 2019 年 8 月 1 日。

2. 建立薪资账套参数

工资类别为多个；工资核算本位币为人民币；不核算计件工资；从工资中自动代扣个人所得税；进行扣零设置且扣零到元。

3. 设置工资类别

工资类别为“正式人员”和“退休人员”，并且正式人员分布各个部门，而退休人员只属于人事部门。均默认启用日期为 2019 年 8 月 1 日。

4. 设置工资权限

分别设置会计夏雪为正式人员工资类别主管、退休人员工资类别主管。由夏雪执行薪资业务处理。

文本：知识点拓展与提示 1

5. 设置人员附加信息

增加人员附加信息：“性别”和“学历”。

6. 设置工资项目（见表 6－1）

表 6－1　工资项目

工资项目名称	类型	长度	小数	增减项
基本工资	数字	8	2	增项
职务工资	数字	8	2	增项
福利补贴	数字	8	2	增项
交通补贴	数字	8	2	增项
奖金	数字	8	2	增项
缺勤扣款	数字	8	2	减项
缺勤天数	数字	8	2	其他
住房公积金	数字	8	2	减项
计税基数	数字	8	2	其他

7. 银行档案及银行代发设置

（1）银行名称为“中国工商银行”，账号长度为 11 位。

（2）银行代发一览表，如表 6－2 所示。

表 6－2　　银行代发一览表

栏目名称	数据类型	总长度	小数长度	数据内容
单位代号	字符型	5		10001
工资序号	字符型	5		序号
姓名	字符型	12		人员姓名
账号	字符型	11		账号
金额	数字型	10	2	实发工资
录入日期	字符型	8		20190831

8. 设置正式人员档案及工资项目

（1）设置正式人员档案，如表 6－3 所示。

文本：知识点拓展与提示 2

表 6－3　　正式人员档案

职员编码	职员姓名	人员类别	所属部门	银行代发账号	学历	性别
001	马璐	企业管理人员	总经理办公室	11022033001	大学	男
002	李杰	企业管理人员	总经理办公室	11022033002	大学	男
003	赵菲	企业管理人员	人事部	11022033003	大学	女
004	韩冬	企业管理人员	财务部	11022033004	大学	男
005	夏雪	企业管理人员	财务部	11022033005	大学	男
006	申秋	企业管理人员	财务部	11022033006	大学	男
007	刘佳	经营人员	供应科	11022033007	大学	男
008	吴军	经营人员	销售科	11022033008	大学	男
009	孙媛	车间管理人员	生产车间	11022033009	大学	女
010	肖宏	甲产品生产人员	生产车间	11022033010	大专	男
011	季伟	乙产品生产人员	生产车间	11022033011	中专	男

（2）设置正式人员工资项目，如表 6－4 所示。

表 6－4　　正式人员工资项目

工资项目名称	类型	长度	小数	增减项
基本工资	数字	8	2	增项
职务工资	数字	8	2	增项
福利补贴	数字	8	2	增项
交通补贴	数字	8	2	增项
奖金	数字	8	2	增项

续表

工资项目名称	类型	长度	小数	增减项
缺勤扣款	数字	8	2	减项
缺勤天数	数字	8	2	其他
住房公积金	数字	8	2	减项
计税基数	数字	8	2	其他

（3）设置正式人员工资计算公式为：

缺勤扣款 = 基本工资 ÷ 22 × 缺勤天数；

经营人员的交通补贴为 200 元，其他人员的交通补贴为 60 元；

住房公积金 =（基本工资 + 职务工资 + 福利补贴 + 交通补贴 + 奖金）×0.08；

计税基数 = 基本工资 + 职务工资 + 福利补贴 + 交通补贴 + 奖金 − 住房公积金。

视频：设置交通补贴的公式

（4）设置代扣个人所得税。正式人员个人所得税的计算以“计税基数”为依据，扣除基数为 5 000 元。

文本：知识点拓展与提示 3

9. 设置退休人员档案及工资项目

（1）设置退休人员档案，如表 6 – 5 所示。

表 6 – 5　　退休人员档案

职员编码	职员姓名	人员类别	所属部门	银行代发账号	性别	学历
012	黎明	退休人员	人事部	11022033012	男	大专
013	郭成	退休人员	人事部	11022033013	男	大专

（2）设置退休人员工资项目，如表 6 – 6 所示。

表 6 – 6　　退休人员工资项目

工资项目名称	类型	长度	小数	增减项
基本工资	数字	8	2	增项
福利补贴	数字	8	2	增项

（3）设置代扣个人所得税。退休人员工资不缴纳个人所得税，取消“从工资中代扣个人所得税”选项。

10. 正式人员薪资业务处理

（1）录入 2019 年 8 月正式人员工资数据，如表 6 – 7 所示。

文本：知识点拓展与提示 4

视频：录入正式人员工资数据

表 6－7　　正式人员工资数据

编号	人员姓名	所属部门	人员类别	基本工资	职务工资	福利补贴	奖金	缺勤天数
001	马璐	总经理办公室	企业管理人员	6 000	4 000	400	1 600	
002	李杰	总经理办公室	企业管理人员	6 000	3 600	400	1 600	
003	赵菲	人事部	企业管理人员	4 600	3 000	400	1 600	
004	韩冬	财务部	企业管理人员	4 600	3 000	400	1 600	
005	夏雪	财务部	企业管理人员	3 600	2 000	400	1 600	3
006	申秋	财务部	企业管理人员	3 600	2 000	400	1 600	
007	刘佳	供应科	经营人员	3 000	1 800	400	2 000	
008	吴军	销售科	经营人员	3 000	1 800	400	2 400	
009	孙媛	生产车间	车间管理人员	2 400	1 600	400	2 200	
010	肖宏	生产车间	甲产品生产人员	4 600	3 000	400	1 600	
011	季伟	生产车间	乙产品生产人员	4 600	3 000	400	1 600	
合　计				46 000	28 800	4 400	19 400	3

（2）正式人员工资分摊设置：

工资分摊的类型：“应付工资”“应付福利费”“工会经费”；

工资分摊比例：“应付工资”为 100%、“应付福利费”为 14%、“工会经费”为 2%；

工资分摊构成设置，如表 6－8 所示。

表 6－8　　正式人员工资分摊

计提类型名称	部门名称	人员类别	借方科目	贷方科目
应付工资	总经理办公室	企业管理人员	管理费用——工资	应付职工薪资——应付工资
	人事部	企业管理人员	管理费用——工资	应付职工薪资——应付工资
	财务部	企业管理人员	管理费用——工资	应付职工薪资——应付工资
	供应科	经营人员	管理费用——工资	应付职工薪资——应付工资
	销售科	经营人员	销售费用	应付职工薪资——应付工资
	生产车间	车间管理人员	制造费用	应付职工薪资——应付工资
		生产人员	生产成本——直接人工（甲产品）	应付职工薪资——应付工资
			生产成本——直接人工（乙产品）	应付职工薪资——应付工资

续表

计提类型名称	部门名称	人员类别	借方科目	贷方科目
应付福利费	总经理办公室	企业管理人员	管理费用——福利费	应付职工薪资——应付福利费
	人事部	企业管理人员	管理费用——福利费	应付职工薪资——应付福利费
	财务部	企业管理人员	管理费用——福利费	应付职工薪资——应付福利费
	供应科	经营人员	管理费用——福利费	应付职工薪资——应付福利费
	销售科	经营人员	销售费用	应付职工薪资——应付福利费
	生产车间	车间管理人员	制造费用	应付职工薪资——应付福利费
		生产人员	生产成本——直接人工（甲产品）	应付职工薪资——应付福利费
			生产成本——直接人工（乙产品）	应付职工薪资——应付福利费
工会经费	总经理办公室	企业管理人员	管理费用——其他	应付职工薪资——工会经费
	人事部	企业管理人员	管理费用——其他	应付职工薪资——工会经费
	财务部	企业管理人员	管理费用——其他	应付职工薪资——工会经费
	供应科	经营人员	管理费用——其他	应付职工薪资——工会经费
	销售科	经营人员	销售费用	应付职工薪资——工会经费
	生产车间	车间管理人员	制造费用	应付职工薪资——工会经费
		生产人员	生产成本——直接人工（甲产品）	应付职工薪资——工会经费
			生产成本——直接人工（乙产品）	应付职工薪资——工会经费

（3）生成正式人员工资业务处理凭证。由操作员 002 在薪资管理系统中生成上述业务的记账凭证；由操作员 001 在总账系统中对凭证进行审核、记账。

11. 退休人员薪资业务处理

（1）2019 年 8 月退休人员工资数据，如表 6－9 所示。

表 6－9　　退休人员工资数据

编号	人员姓名	所属部门	人员类别	基本工资	福利补贴
001	黎明	人事部	退休人员	4 000	400
002	郭成	人事部	退休人员	5 200	400
合　　计				9 200	800

（2）退休人员工资分摊设置。工资分摊的类型：“应付工资”；工资分摊比例：“应付工资”为 100%；工资分摊构成设置，如表 6－10 所示。

表 6－10　　退休人员工资分摊

计提类型名称	部门名称	人员类别	借方科目	贷方科目
应付工资	人事部	退休人员	管理费用——工资	其他应付款

（3）生成退休人员工资业务处理凭证。由操作员 002 在薪资管理系统中生成上述业务的记账凭证；由操作员 001 在总账系统中对凭证进行审核、记账。

12. 月末处理

对各工资类别进行月末结转处理。

13. 查询功能

（1）查看薪资管理系统生成的记账凭证；

（2）查看薪资管理系统的工资发放条；

（3）查看薪资管理系统的部门工资汇总表；

（4）查看薪资管理系统的工资项目构成分析。

14. 账套备份

完成上述操作，备份账套。

【实验指导】

实验指导 1：系统启用

由账套主管 001 登录系统，时间为 2019 年 8 月 1 日，启用“薪资管理”系统，启用日期为 2019 年 8 月 1 日。

实验指导 2：建立工资账套参数

视频：薪资初始化、正式人员工资项目设置

（1）在“企业应用平台”中，点击“业务工作”|“人力资源”|“薪资管理”，出现“建立工资套—参数设置”窗口。

（2）在“建立工资套—参数设置”窗口中，单击“多个”前的单选按钮，如图 6－4 所示。

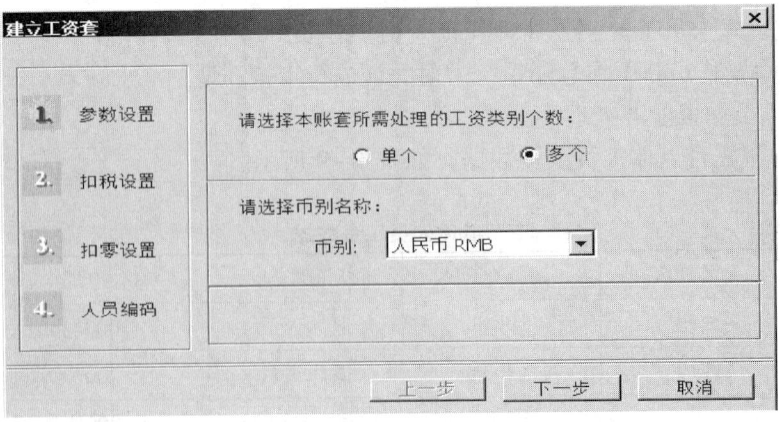

图 6－4　建立工资套—参数设置

（3）单击“下一步”按钮，打开“建立工资套—扣税设置”窗口，单击“是否从工资中代扣个人所得税”前的复选框后，单击“下一步”按钮，打开“建立工资套—扣税设置”窗口，如图6-5所示。

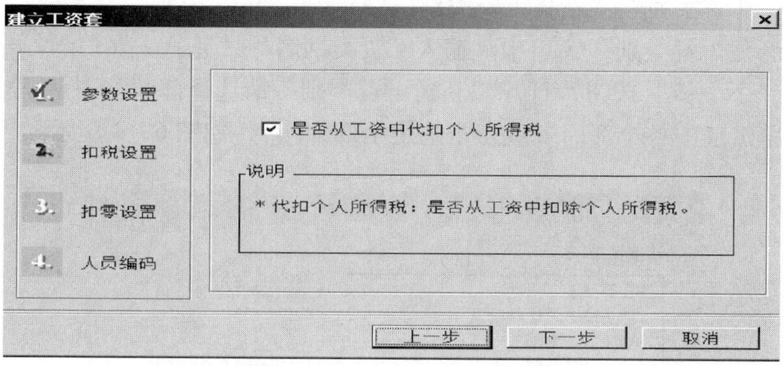

图6-5　建立工资套—扣税设置

（4）单击“扣零”的复选框，再单击“扣零至元”的单选按钮，如图6-6所示。

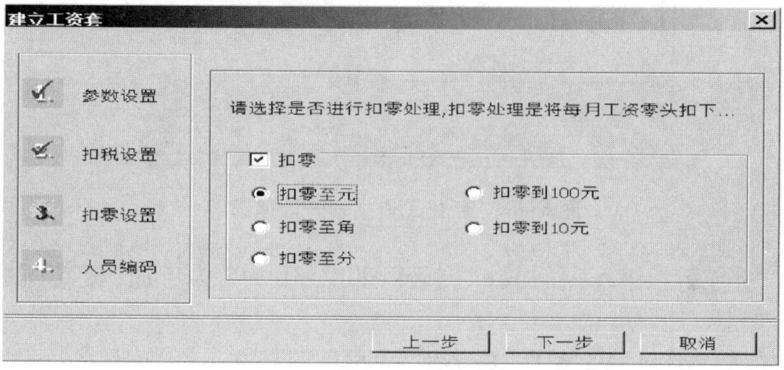

图6-6　建立工资套—扣零设置

（5）单击“下一步”按钮，打开“建立工资套—人员编码”窗口，如图6-7所示。

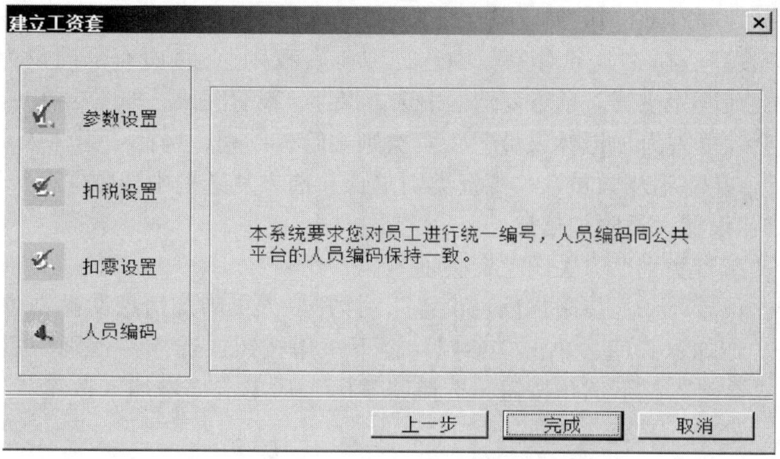

图6-7　建立工资套—人员编码

（6）单击“完成”按钮。

实验指导3：设置工资类别

（1）双击“工资类别”|“新建工资类别”窗口。

（2）在“新建工资类别”窗口中，输入工资类别名称“正式人员”。

（3）单击“下一步”按钮，打开“新建工资类别—请选择部门”对话框。

（4）分别单击选中各个部门（或点击选定全部部门），如图6-8所示。

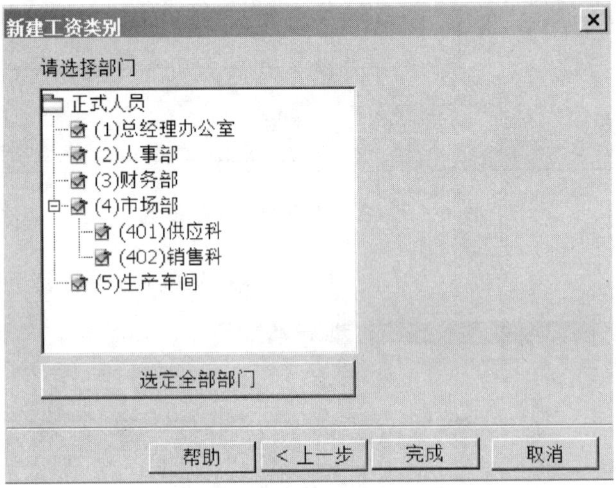

图6-8　新建工资类别—选择部门

（5）单击“完成”按钮，系统提示“是否以2019-08-01为当前工资类别的启用日期?”。

（6）单击“是”。

（7）单击“工资类别”|“关闭工资类别”，出现“建立工资类别”。

（8）同理，依据上述操作建立“退休人员”工资类别。

实验指导4：设置工资权限

（1）设置会计夏雪为“在职人员”工资类别主管。以账套主管的身份登录企业应用平台，打开“系统服务”|“权限”|“数据权限分配”，在“用户及角色”中选中夏雪，单击“授权”按钮，打开授权窗口。在“业务对象”中选择“工资权限”，将所有部门设为“可用”，在“正式人员”|“工资类别主管”前方复选框中选中保存，设置完成，如图6-9所示。

（2）设置会计夏雪为“退休人员”工资类别主管。同理，选择“退休人员”，将所有部门设为“可用”，在“退休人员”|“工资类别主管”前方复选框中选中保存，设置完成。

实验指导5：设置人员附加信息

（1）单击“工资类别”|“关闭工资类别”。

（2）单击“设置”|“人员附加信息设置”，打开“人员附加信息设置”对话框。

（3）单击“增加”按钮，单击“参照”栏下三角按钮，选择“性别”后单击“增加”按钮；再单击“参照”栏下三角按钮，选择“学历”后单击“增加”按钮。

（4）单击“确定”按钮。

实验指导6：设置工资项目

（1）执行“人员类别”|“关闭人员类别”|“工资项目设置”，打开“工资项目设置”对话框。

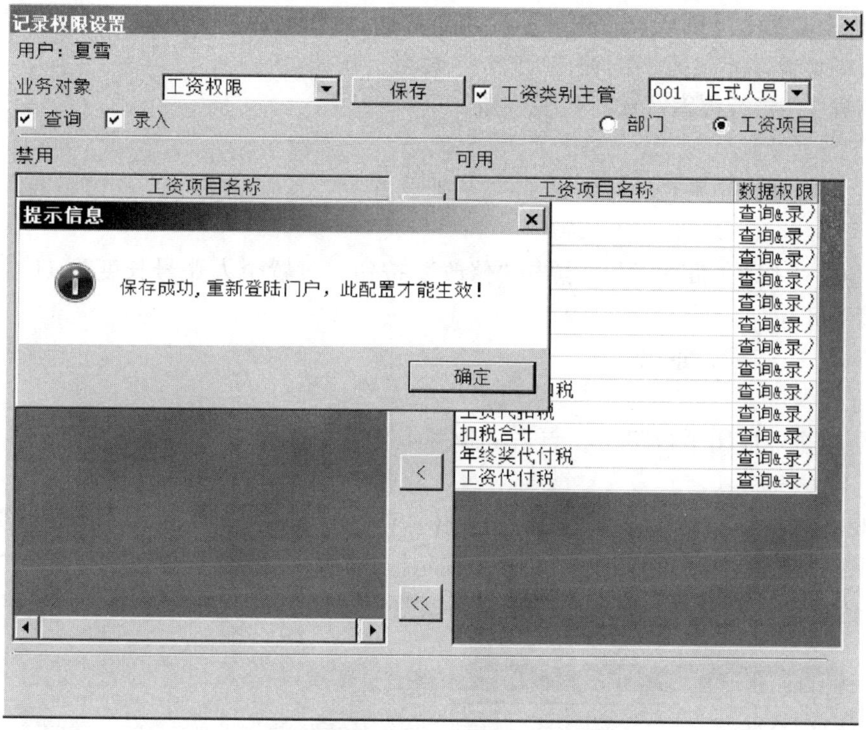

图 6－9　设置在职人员工资类别主管

（2）单击“增加”按钮，在工资项目名称栏录入“基本工资”，单击“基本工资”所在行“类型”栏下三角按钮，系统自动弹出“数字”，选择小数位为“2”，选择增减项为“增项”。依此方法继续增加其他的工资项目，如图 6－10 所示。

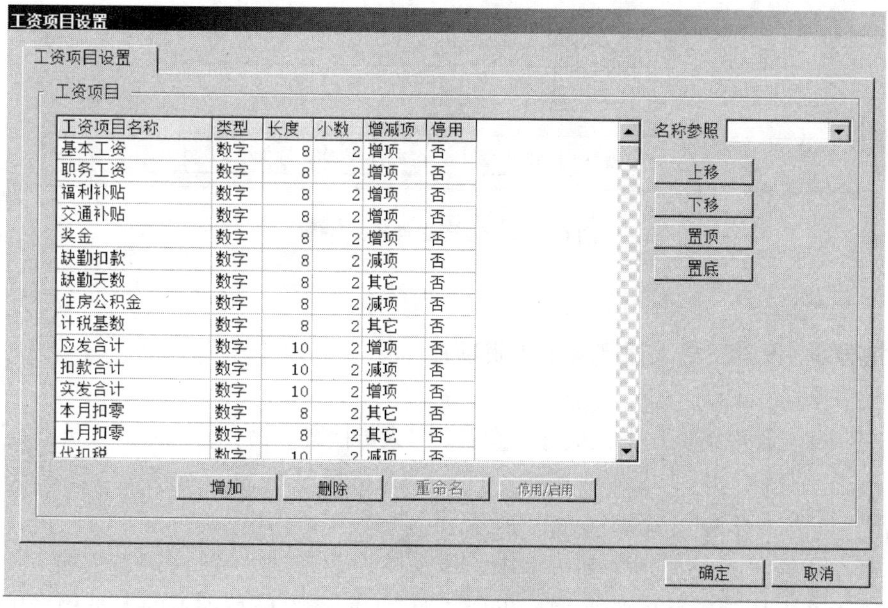

图 6－10　工资项目设置

（3）单击“确认”按钮，出现提示“工资项目已经改变，请确认各工资类别的公式是否正确，否则计算结果可能不正确”。单击“确定”按钮。

实验指导 7：银行档案及银行代发设置

1. 银行档案设置

（1）在“企业应用平台”中，点击“基础设置”|“基础档案”|“收付结算”|“银行档案”。

（2）选中“中国工商银行”，点击“修改”按钮，设置个人账号长度为 11 位，自动带出账号长度为 8 位。

（3）单击“保存”，退出。

2. 银行代发设置

（1）在“企业应用平台”中，点击“业务工作”|“人力资源”|“薪资管理”|“业务处理”|“银行代发”。

（2）双击“银行代发”窗口，系统弹出“请选择部门范围”，选中所有部门，单击“确定”按钮，出现“银行格式文件设置”提示框，在银行模板下拉菜单中选择“中国工商银行”，进行银行代发设置。人员编号数据类型改为“姓名”，如图 6－11 所示。

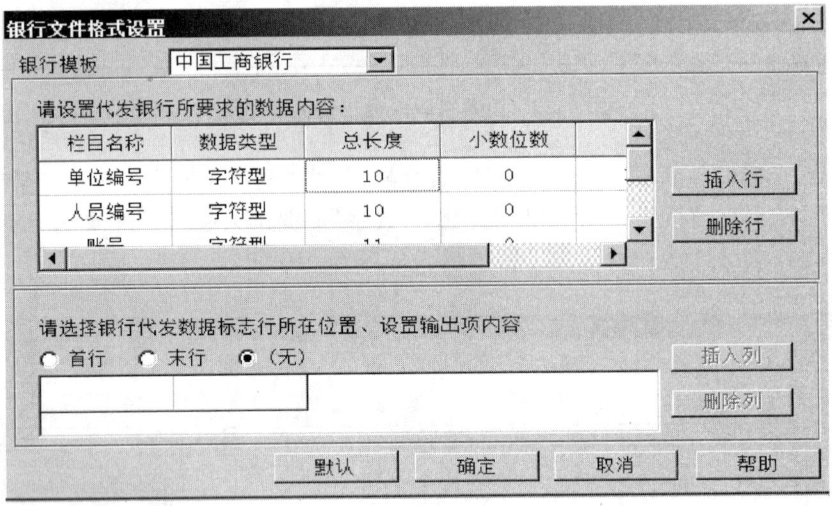

图 6－11　银行文件格式设置

（3）单击“确定”按钮。

实验指导 8：设置正式人员档案及工资项目

1. 设置在职人员档案

（1）在“薪资管理系统”中，执行“设置”|“人员档案”命令，进入“人员档案”窗口。

（2）单击工具栏上的“批增”按钮，打开“人员批量增加”对话框。人员类别中选择“正式人员”点击“查询”，如图 6－12 所示。

（3）在左侧的“人员类别”列表框中，单击“企业管理人员”“经营人员”“车间管理人员”和“生产人员”前面的选择栏，出现“是”，所选人员类别下的人员档案出现在右侧列表框中。单击“确定”按钮返回。

图 6－12　批增人员档案

（4）打开“人员档案”窗口，单击“001 马璐”，点击工具栏中的“修改”按钮，系统弹出“人员档案明细”，单击银行名称栏下三角按钮，选择“中国工商银行”，在银行账号栏录入“11022033001”。

（5）单击“附加信息”页签，在性别栏录入“男”，在学历栏录入“大学”。

（6）单击“确认”按钮。继续“修改”其他人员档案的“银行账号”“性别”“学历”，如图 6－13 所示。

图 6－13　正式人员档案信息

（7）单击“退出”按钮，退出人员档案对话框。

（8）同理批增“退休人员”，输入银行账号，“是否计税”，选择“否”。

2. 设置正式人员工资项目

（1）执行“人员类别”|“打开人员类别”，选择“正式人员”。

（2）打开“工资项目设置”对话框。单击“增加”按钮，打开“名称参照”下拉菜单，依次添加正式人员所涉及的工资项目，如图 6－14 所示。

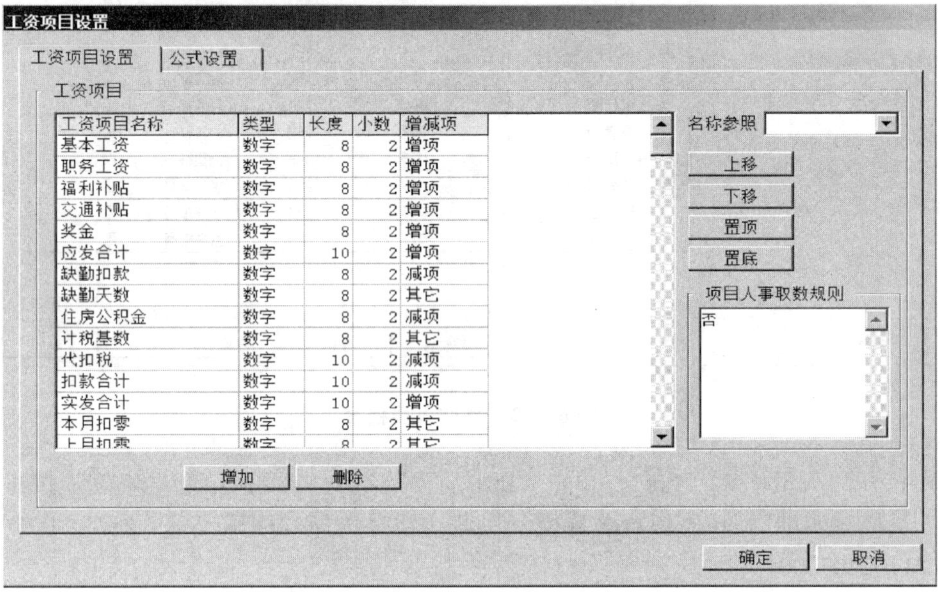

图 6－14　正式人员工资项目

（3）单击“确定”按钮，退出设置窗口。

3. 设置正式人员工资计算公式

（1）设置“缺勤扣款”的计算公式

①打开“工资项目设置”对话框，单击“公式设置”页签。

②单击“工资项目”中的“缺勤扣款”，利用下方“公式输入参照”，进行“缺勤扣款公式定义”，缺勤扣款的公式为“基本工资 ÷22 × 缺勤天数”。

③单击“公式确认”按钮，公式录入完毕，如图 6－15 所示。

（2）设置“交通补贴”的计算公式

①打开“工资项目设置”对话框，单击“公式设置”页签。

②单击“工资项目”中的“交通补贴”。

③单击“函数公式向导输入”按钮，打开“函数向导—步骤 1”对话框。

④单击选中“函数名”中的“iff ”。

⑤单击“下一步”按钮，打开“函数向导—步骤 2”对话框。

⑥单击“逻辑表达式”栏的参照按钮，打开“参照”对话框。

⑦单击“参照列表”中第一行的下三角按钮，选择“人员类别”，再单击选中“经营人员”。

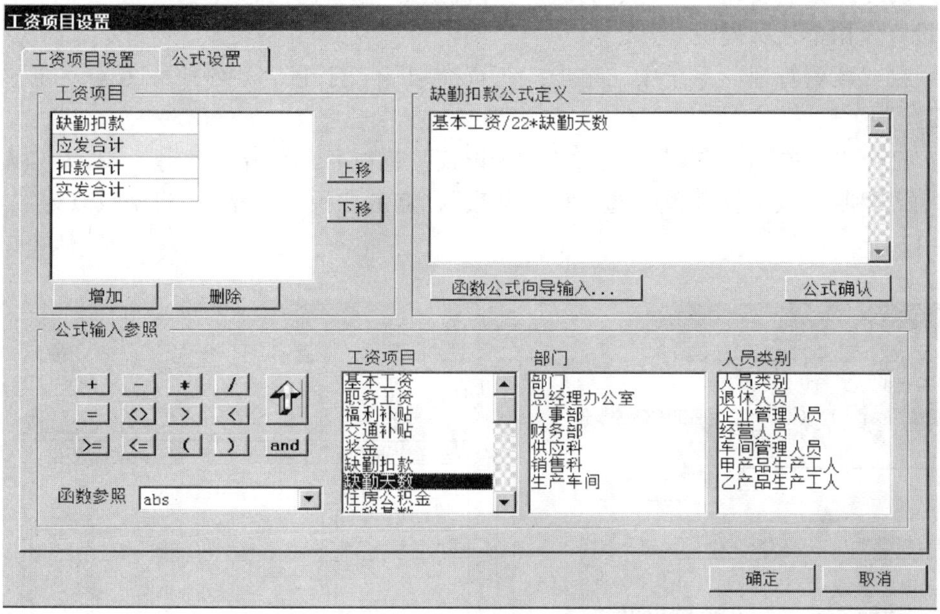

图 6 – 15　“缺勤扣款”的公式定义

⑧单击“确认”按钮，返回“函数向导—步骤 2”对话框。
⑨在“算术表达式 1”中录入“1000”，在“算术表达式 2”中录入“600”。
⑩单击“完成”按钮，返回“工资项目设置—公式设置”对话框。
⑪单击“公式确认”按钮，公式录入完毕，如图 6 – 16 所示。

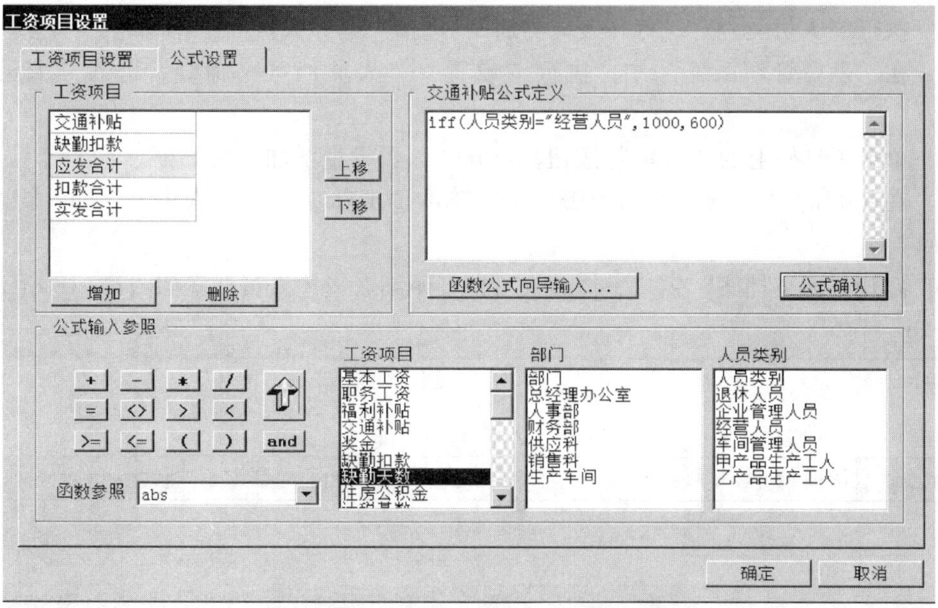

图 6 – 16　“交通补贴”的公式定义

（3）同理，分别设置“住房公积金”“计税基数”的计算公式。

4. 设置代扣个人所得税

（1）在“薪资管理”系统中，单击“工资类别”|“打开工资类别”，选择“正式人员”工资类别。

（2）打开“设置”|“选项”，点击“扣税设置”选项卡，点击“编辑”，默认“从工资中代扣个人所得税”，其下拉菜单中选“计税基数”，点击“税率设置”，将基数改为“5 000”，如图 6－17 所示。

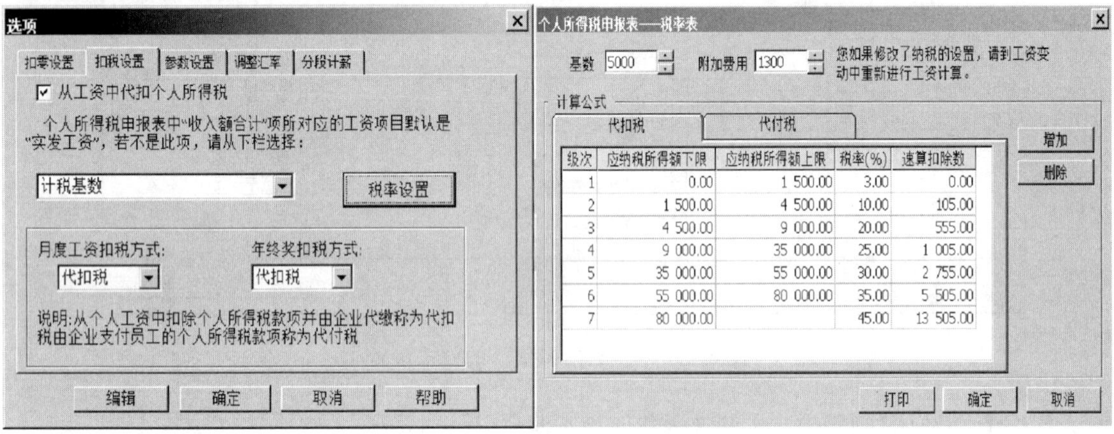

级次	应纳税所得额下限	应纳税所得额上限	税率(%)	速算扣除数
1	0.00	1 500.00	3.00	0.00
2	1 500.00	4 500.00	10.00	105.00
3	4 500.00	9 000.00	20.00	555.00
4	9 000.00	35 000.00	25.00	1 005.00
5	35 000.00	55 000.00	30.00	2 755.00
6	55 000.00	80 000.00	35.00	5 505.00
7	80 000.00		45.00	13 505.00

图 6－17　正式人员个人所得税扣税设置

实验指导 9：设置退休人员档案及工资项目

1. 设置退休人员档案

（1）执行“人员类别”|“打开人员类别”，选择“退休人员”。

（2）在“薪资管理系统”中，执行“设置”|“人员档案”命令，进入“人员档案”窗口。

（3）单击工具栏上的“批增”按钮，打开“人员批量增加”对话框。

（4）在左侧的“人员类别”列表框中，单击“退休人员”|“人事部”，单击“确定”按钮返回。

（5）打开“人员档案”窗口，修改人员档案明细。退休人员档案如图 6－18 所示。

选择	薪资部门名称	工号	人员编号	人员姓名	人员类别	账号	中方人员	是否计税	工资停发	核算计件工资	现金发放	进入日期	离开日期	性别	学历
	人事部		012	黎明	退休人员	11022033012	是	否	否	否	否			男	大专
	人事部		013	郭成	退休人员	11022033013	是	否	否	否	否			男	大专

图 6－18　退休人员档案

2. 设置退休人员工资项目

(1) 打开“工资项目设置”对话框，单击“工资项目设置”页签。

(2) 单击“增加”按钮，打开“名称参照”下拉菜单，依次填加退休人员所涉及的工资项目，如图 6－19 所示。

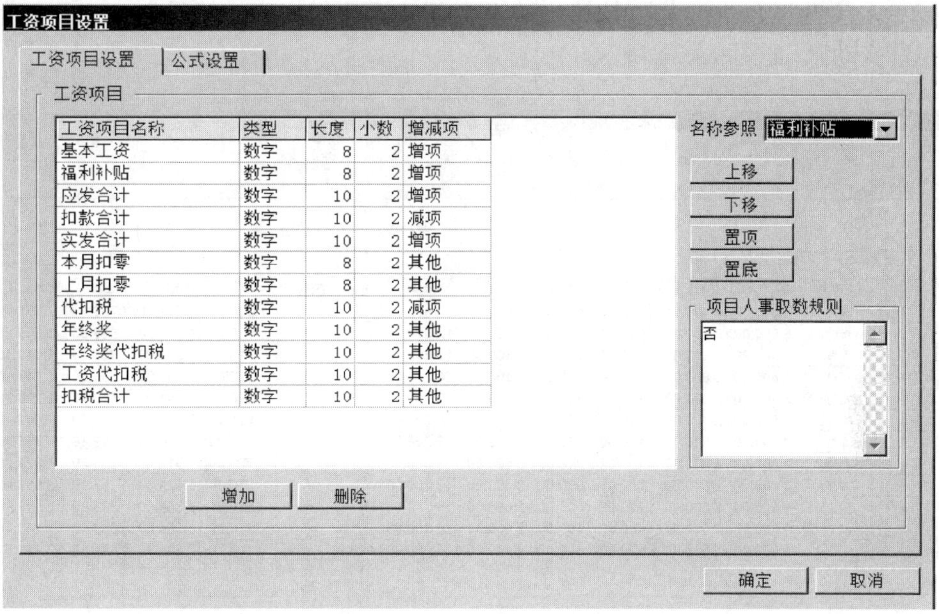

图 6－19 退休人员工资项目

3. 设置代扣个人所得税

(1) 在“薪资管理”系统中，单击“工资类别”|“打开工资类别”，选择“退休人员”工资类别。

(2) 打开“设置”|“选项”，点击“扣税设置”选项卡，点击“编辑”，取消“从工资中代扣个人所得税”选项，如图 6－20 所示。

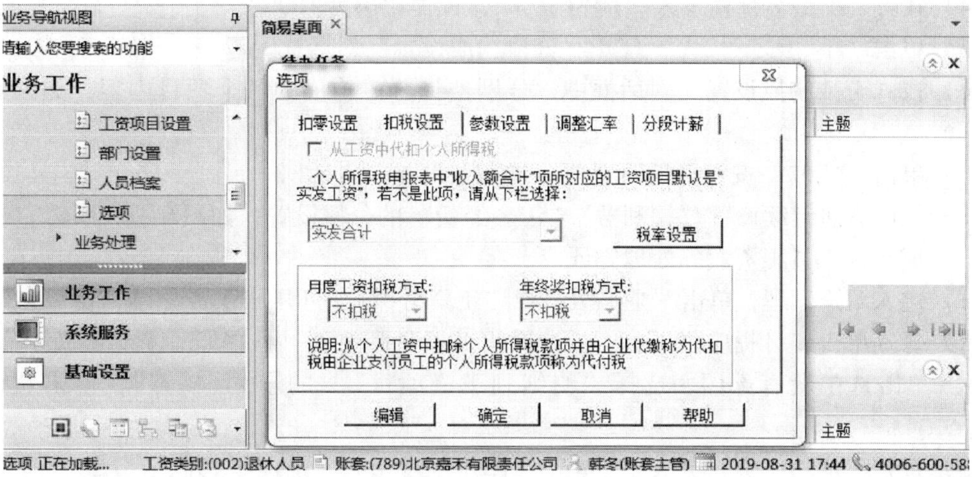

图 6－20 退休人员个人所得税扣税设置

实验指导 10：正式人员薪资业务处理

1. 录入并计算 2019 年 8 月正式人员的工资数据

（1）单击“业务处理”|“工资变动”，打开“工资变动”窗口。

（2）在“工资变动”窗口中，分别录入工资项目内容。

（3）单击“计算”“汇总”按钮，计算全部工资项目内容，然后点击“审核”按钮，查看“工资变动”，如图 6－21 所示。

人员编号	部门	人员类别	基本工资	职务工资	福利补贴	交通补贴	奖金	应发合计	缺勤扣款	缺勤天数	住房公积金	计税基数	代扣税	扣款合计	实发合计
001	总经理办	企业管理人员	6 000.00	4 000.00	400.00	600.00	1 600.00	12 600.00			1 008.00	11 592.00	763.40	1 771.40	10 820.00
002	总经理办	企业管理人员	6 000.00	3 600.00	400.00	600.00	1 600.00	12 200.00			976.00	11 224.00	689.80	1 665.80	10 530.00
003	人事部	企业管理人员	4 600.00	3 000.00	400.00	600.00	1 600.00	10 200.00			816.00	9 384.00	333.40	1 149.40	9 050.00
004	财务部	企业管理人员	4 600.00	3 000.00	400.00	600.00	1 600.00	10 200.00			816.00	9 384.00	333.40	1 149.40	9 050.00
005	财务部	企业管理人员	3 600.00	2 000.00	400.00	600.00	1 600.00	8 200.00	490.91	3.00	656.00	7 544.00	149.40	1 296.31	6 900.00
006	财务部	企业管理人员	3 600.00	2 000.00	400.00	600.00	1 600.00	8 200.00			656.00	7 544.00	149.40	805.40	7 390.00
007	供应科	经营人员	3 000.00	1 800.00	400.00	1 000.00	2 000.00	8 200.00			656.00	7 544.00	149.40	805.40	7 390.00
008	销售科	经营人员	3 000.00	1 800.00	400.00	1 000.00	2 400.00	8 600.00			688.00	7 912.00	186.20	874.20	7 720.00
009	生产车间	车间管理人员	2 400.00	1 600.00	400.00	600.00	2 200.00	7 200.00			576.00	6 624.00	57.40	633.40	6 560.00
010	生产车间	甲产品生产工	4 600.00	3 000.00	400.00	600.00	1 600.00	10 200.00			816.00	9 384.00	333.40	1 149.40	9 050.00
011	生产车间	乙产品生产工	4 600.00	3 000.00	400.00	600.00	1 600.00	10 200.00			816.00	9 384.00	333.40	1 149.40	9 050.00
			46 000.00	28 800.00	4 400.00	7 400.00	19 400.00	106 000.00	490.91	3.00	8 480.00	97 520.00	3 478.60	12 449.51	93 510.00

图 6－21　在职人员工资变动

（4）单击“退出”按钮。

2. 正式人员工资分摊设置

（1）单击“业务处理”|“工资分摊”，打开“工资分摊”窗口。

（2）单击“工资分摊设置”按钮，打开“分摊类型设置”对话框。

（3）单击“增加”按钮，打开“分摊计算比例设置”对话框。

（4）在计提类型名称栏录入“应付工资”，计提比例为 100%。

（5）单击“下一步”按钮，打开“分摊构成设置”对话框。

（6）在“分摊构成设置”对话框中，分别选择分摊构成的各个项目内容，如图 6－22 所示。

（7）单击“完成”按钮，返回到“分摊类型设置”对话框。

（8）依此方法继续设置“福利费”“工会经费”的分摊设置，如图 6－23 所示。

3. 生成正式人员工资业务处理凭证

（1）进入薪资管理，单击“业务处理”|“工资分摊”，打开“工资分摊”窗口。

（2）分别单击“计提应付工资”“计提职工福利费”和“计提职工工会经费”前的复选框，并单击选中所有部门，选择“明细到工资项目”　“按项目核算”，单击“确定”按钮。

（3）打开“应付工资一览表”，单击“合并科目相同、辅助项相同的分录”前的复选框，如图 6－24 所示。

分摊构成设置

部门名称	人员类别	工资项目	借方科目	借方项目大类	借方项目	贷方科目	贷方项目大类
总经理办公室,人事部,财务部	企业管理人员	应发合计	660201			221101	
供应科	经营人员	应发合计	660201			221101	
销售科	经营人员	应发合计	6601			221101	
生产车间	车间管理人员	应发合计	5101			221101	
生产车间	甲产品生产工人	应发合计	500102	生产成本项目	甲产品	221101	
生产车间	乙产品生产工人	应发合计	500102	生产成本项目	乙产品	221101	

图 6－22　正式人员“应付工资”分摊设置

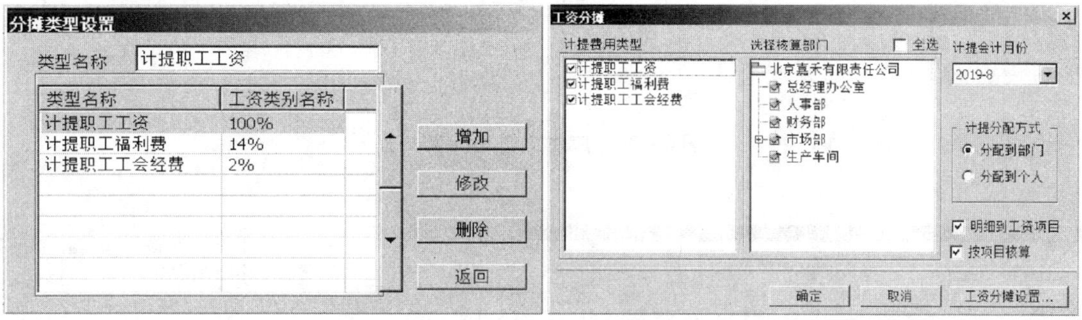

图 6－23　工资分摊设置

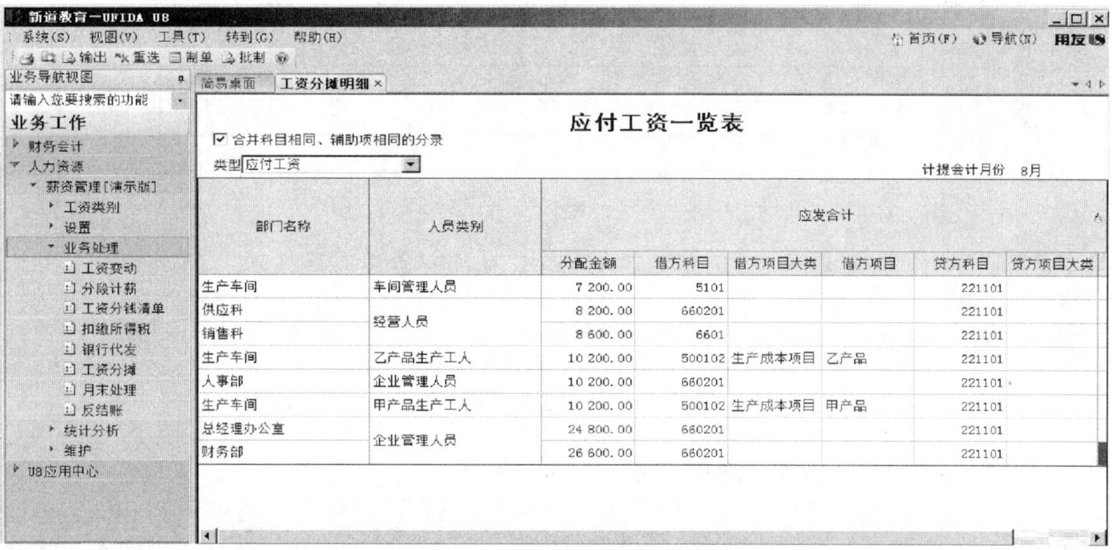

应付工资一览表

部门名称	人员类别	应发合计					
		分配金额	借方科目	借方项目大类	借方项目	贷方科目	贷方项目大类
生产车间	车间管理人员	7 200.00	5101			221101	
供应科	经营人员	8 200.00	660201			221101	
销售科		8 600.00	6601			221101	
生产车间	乙产品生产工人	10 200.00	500102	生产成本项目	乙产品	221101	
人事部	企业管理人员	10 200.00	660201			221101	
生产车间	甲产品生产工人	10 200.00	500102	生产成本项目	甲产品	221101	
总经理办公室	企业管理人员	24 800.00	660201			221101	
财务部		26 600.00	660201			221101	

图 6－24　应付工资一览表

（4）单击“制单”或“批制”按钮，生成应付工资分摊的转账凭证。选择凭证类别为“转账凭证”，单击“保存”或“成批保存凭证”按钮，如图 6－25 和图 6－26 所示。

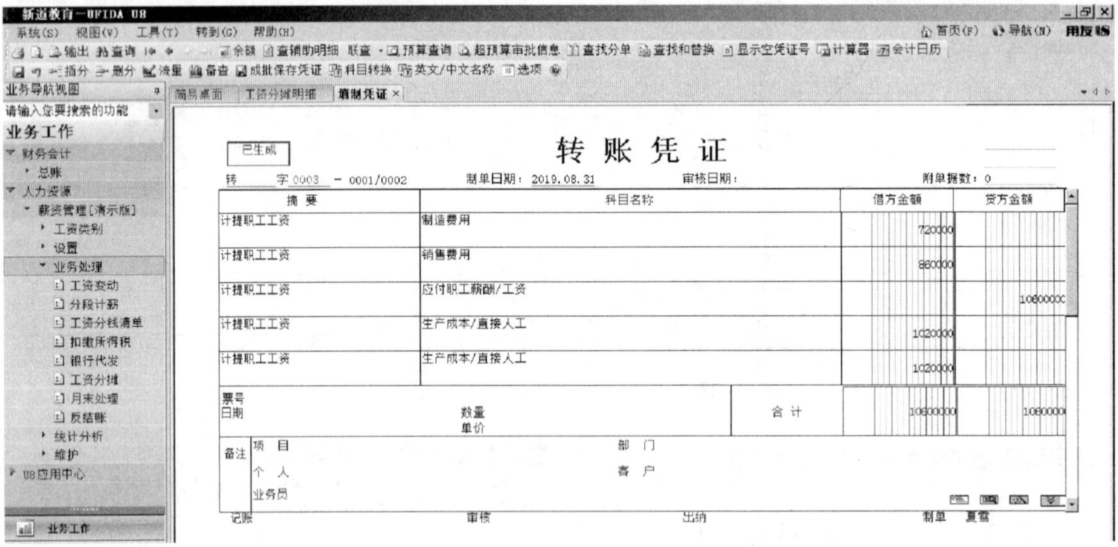

图 6－25 应付工资凭证（一）

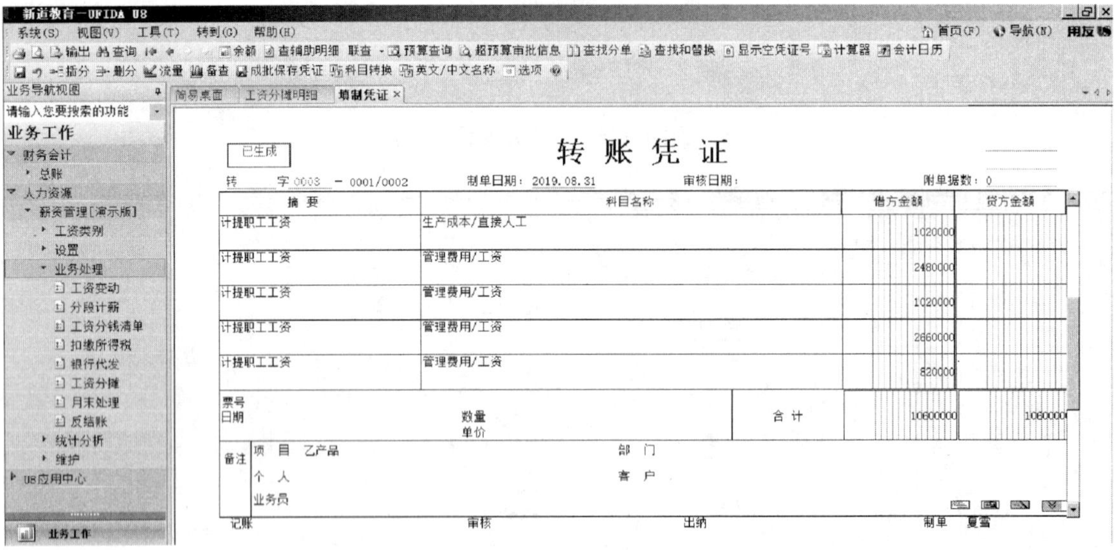

图 6－26 应付工资凭证（二）

（5）单击“退出”按钮，返回“应付工资一览表”。

（6）单击“类型”栏下三角按钮，选择“应付福利费”，单击“合并科目相同、辅助项相同的分录”前的复选框。单击“制单”按钮，生成福利费的转账凭证，如图 6－27 和图 6－28 所示。

（7）依此方法继续生成“工会经费”的凭证，如图 6－29 和图 6－30 所示。

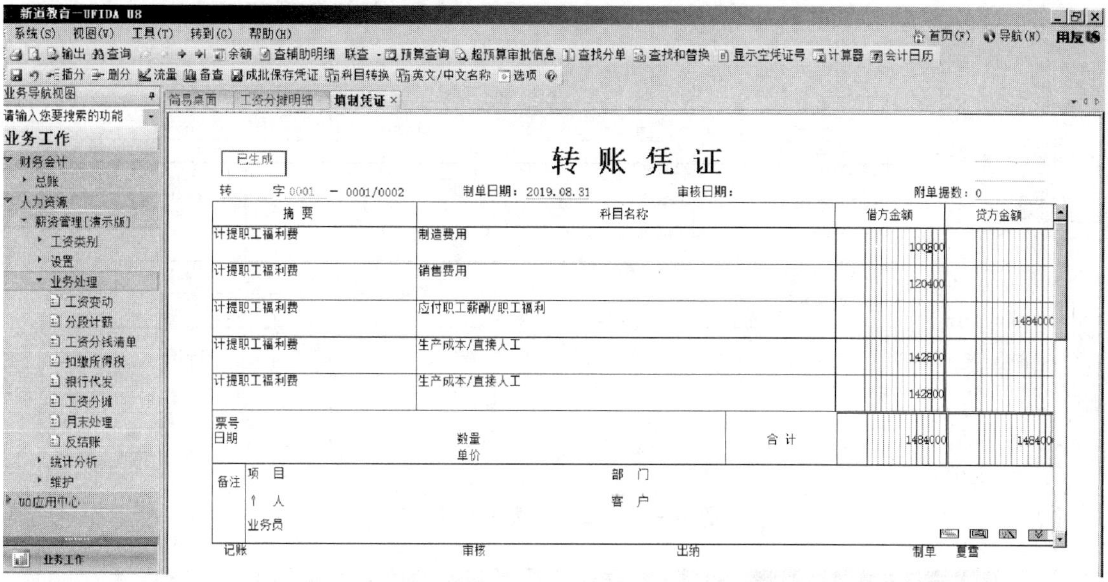

图 6－27　福利费凭证（一）

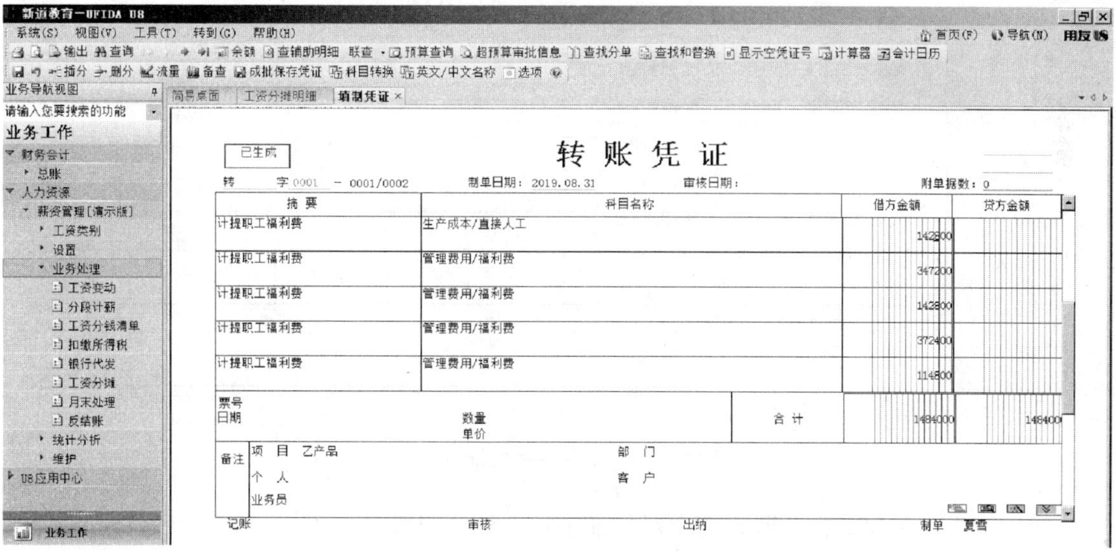

图 6－28　福利费凭证（二）

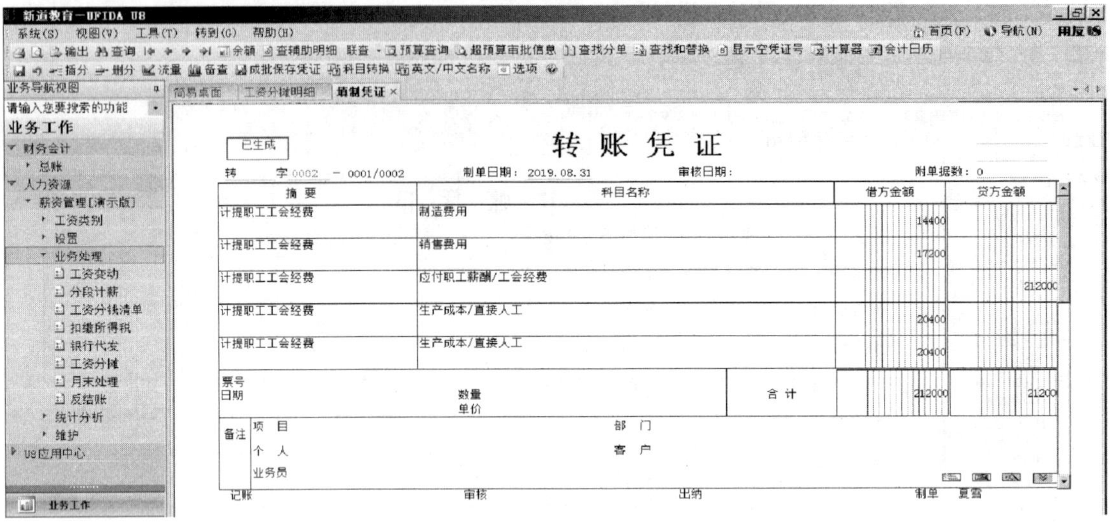

图 6－29　工会经费凭证（一）

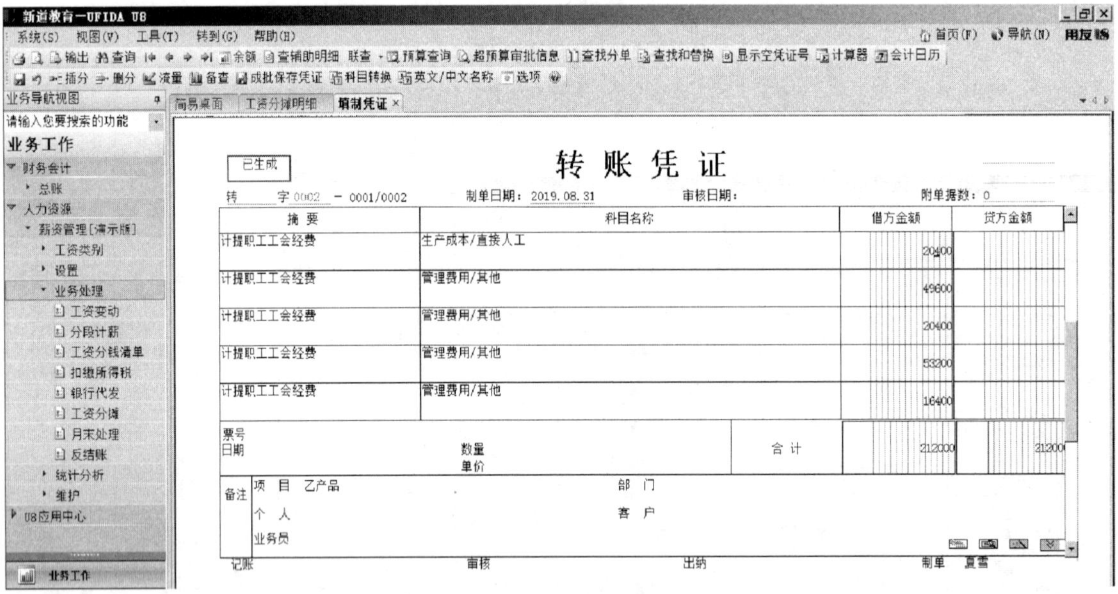

图 6－30　工会经费凭证（二）

（8）由操作员 001 在总账系统中对凭证进行审核、记账。

实验指导 11：退休人员薪资业务处理

1. 录入并计算 2019 年 8 月退休人员工资数据

（1）打开“退休人员工资类别”，单击“业务处理”|“工资变动”，打开“工资变动”窗口。

（2）在“工资变动”窗口中，分别录入工资项目内容。

（3）单击“计算”“汇总”按钮，计算全部工资项目内容。退休人员工资变动如图 6－31 所示。

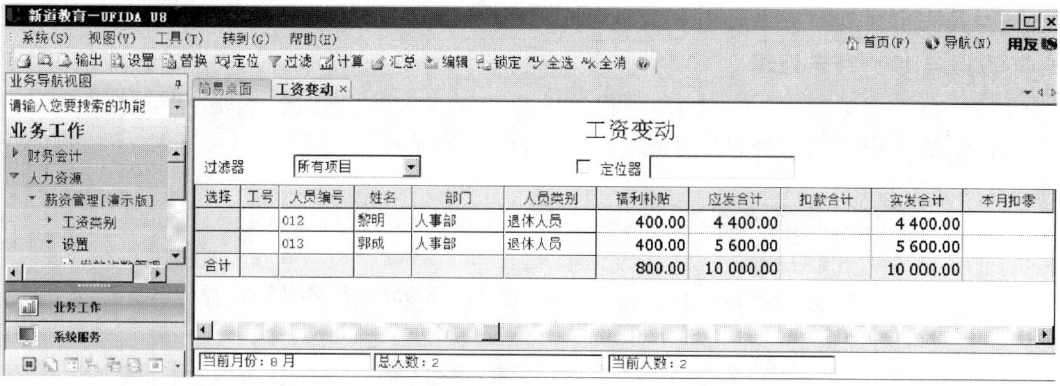

图 6－31　退休人员工资变动

2. 退休人员工资分摊设置

（1）单击“业务处理”|“工资分摊”，打开“工资分摊”窗口。

（2）单击“工资分摊设置”按钮，打开“分摊类型设置”对话框。

（3）单击“增加”按钮，打开“分摊计算比例设置”对话框。

（4）在计提类型名称栏录入“应付工资”。

（5）单击“下一步”按钮，打开“分摊构成设置”对话框，分别选择分摊构成的各个项目内容。

（6）单击“完成”按钮，返回到“分摊类型设置”对话框。

3. 生成退休人员工资业务处理凭证

（1）以002操作员进入薪资管理，单击“业务处理”|“工资分摊”，打开“工资分摊”窗口。

（2）单击“应付工资”前的复选框，并单击选中部门，选中“明细到工资项目”。

（3）单击“确定”按钮，打开“应付工资一览表”。

（4）单击“制单”按钮，生成应付工资分摊的转账凭证，选择凭证类别为“转账凭证”，单击“保存”按钮，如图6－32所示。

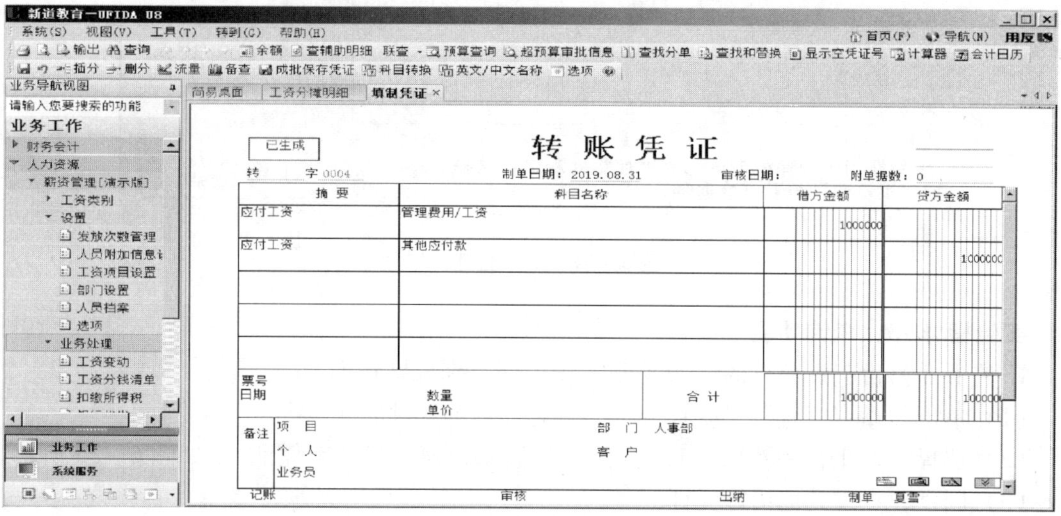

图 6－32　退休人员应付工资凭证

（5）操作员 001 在总账系统中对生成的凭证进行审核、记账。

实验指导 12：月末处理

（1）执行“业务处理”|“月末处理”，选择“正式人员”类别，单击“确认”按钮。

（2）系统出现“月末处理”的提示，如图 6－33 所示。

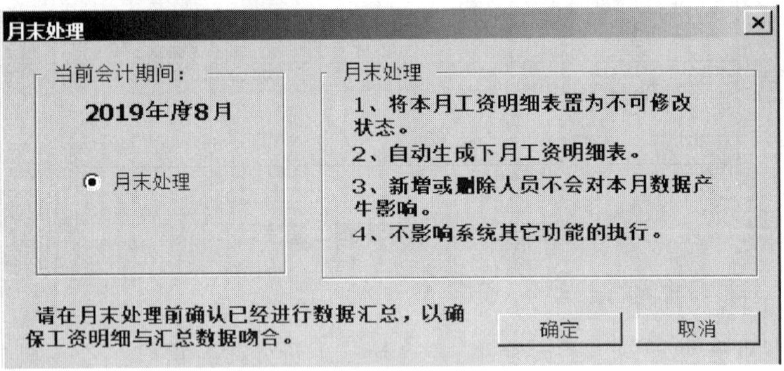

图 6－33　月末处理

（3）单击“业务处理”|“月末处理”，打开“月末处理”对话框。

（4）单击“确认”按钮，系统提示“月末处理之后，本月工资将不允许变动！继续月末处理吗?”

（5）单击“是”按钮，系统提示“是否选择清零项?”

（6）单击“否”按钮，系统提示“月末处理完毕”。

（7）单击“确定”按钮，如图 6－34 所示。

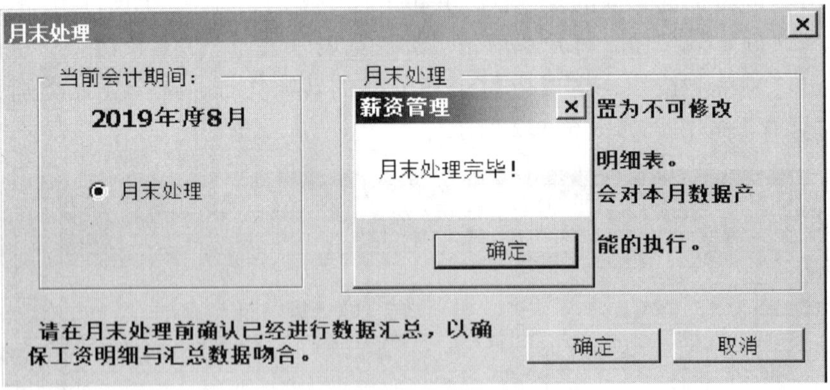

图 6－34　月末处理完毕

实验指导 13：查询功能

1. 查看 8 月份工资核算的记账凭证（按工资类别分别查询）

（1）单击“薪资管理”|“统计分析”|“凭证查询”对话框。

（2）选择“职工福利费”，点击“凭证”按钮，弹出“联查凭证”，如图 6－35 所示。

（3）同理，查看其他记账凭证。

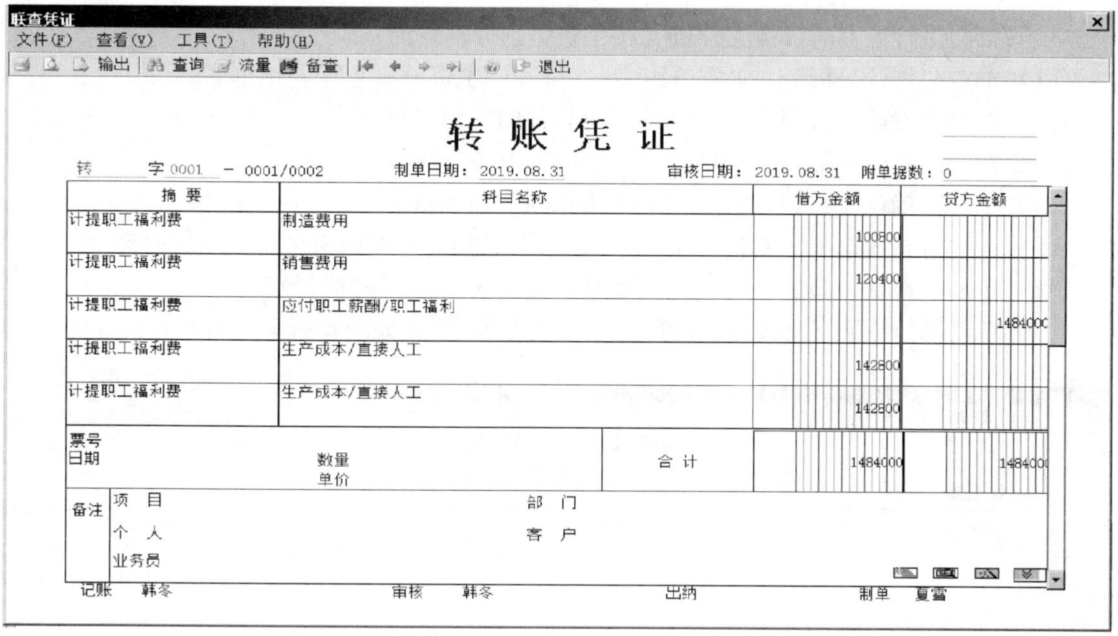

联查凭证

文件(F)　查看(V)　工具(T)　帮助(H)

输出　查询　流量　备查　退出

转账凭证

转　字 0001 － 0001/0002　制单日期：2019.08.31　审核日期：2019.08.31　附单据数：0

摘要	科目名称	借方金额	贷方金额
计提职工福利费	制造费用	100800	
计提职工福利费	销售费用	120400	
计提职工福利费	应付职工薪酬/职工福利		1484000
计提职工福利费	生产成本/直接人工	142800	
计提职工福利费	生产成本/直接人工	142800	
票号 日期	数量 单价	合计 1484000	1484000

备注　项目　部门

个人　客户

业务员

记账　韩冬　审核　韩冬　出纳　制单　夏雪

图 6－35　联查凭证

2. 查看工资发放条（按工资类别分别查询）

（1）单击“统计分析”|“账表”|“工资表”，打开“工资表”对话框。

（2）在“工资表”对话框中，单击选中“工资发放条”。

（3）单击“查看”按钮，打开“工资发放条”对话框。

（4）单击选中各个部门，并单击“选定下级部门”前的复选框。

（5）单击“确认”按钮，打开“工资发放条”窗口，如图 6－36 所示。

工资发放条

输出　连打　套打　设置　查询　内容　邮件　短信　退出

工资发放条

2019 年 08 月

部门 全部　会计月份 八月　人数：11

人员编号	姓名	基本工资	职务工资	福利补贴	交通补贴	奖金	应发合计	缺勤扣款	缺勤天数	住房公积金	计税基数	代扣税	扣款合计	实发合计	本月扣零	工资代扣税	扣税合计
001	马璐	6 000.00	4 000.00	400.00	600.00	1 600.00	12 500.00			1 008.00	11 592.00	763.40	1 771.40	10 811.40	8.60	763.40	763.40
002	李杰	6 000.00	3 600.00	400.00	600.00	1 600.00	12 200.00			976.00	11 224.00	689.80	1 665.80	10 525.80	4.20	689.80	689.80
003	赵菲	4 600.00	3 000.00	400.00	600.00	1 600.00	10 200.00			816.00	9 384.00	333.40	1 149.40	9 049.40	0.60	333.40	333.40
004	韩冬	4 600.00	3 000.00	400.00	600.00	1 600.00	10 200.00			816.00	9 384.00	333.40	1 149.40	9 049.40	0.60	333.40	333.40
005	夏雪	3 600.00	2 000.00	400.00	600.00	1 600.00	8 200.00	490.91	3.00	656.00	7 544.00	149.40	1 296.31	6 896.31	3.69	149.40	149.40
006	申秋	3 600.00	2 000.00	400.00	600.00	1 600.00	8 200.00			656.00	7 544.00	149.40	805.40	7 385.40	4.60	149.40	149.40
007	刘佳	3 000.00	1 800.00	400.00	1 000.00	2 000.00	8 200.00			656.00	7 544.00	149.40	805.40	7 385.40	4.60	149.40	149.40
008	吴军	3 000.00	1 800.00	400.00	1 000.00	2 400.00	8 500.00			688.00	7 912.00	186.20	874.20	7 714.20	5.80	186.20	186.20
009	孙媛	2 400.00	1 600.00	400.00	600.00	2 200.00	7 200.00			576.00	6 624.00	57.40	633.40	6 553.40	6.60	57.40	57.40
010	肖宏	4 600.00	3 000.00	400.00	600.00	1 600.00	10 200.00			816.00	9 384.00	333.40	1 149.40	9 049.40	0.60	333.40	333.40
011	季伟	4 600.00	3 000.00	400.00	600.00	1 600.00	10 200.00			816.00	9 384.00	333.40	1 149.40	9 049.40	0.60	333.40	333.40
合计		46 000.00	28 800.00	4 400.00	7 400.00	19 400.00	106 300.00	490.91	3.00	8 480.00	97 520.00	3 478.60	12 449.51	93 469.51	40.49	3 478.60	3 478.60

图 6－36　工资发放条

（6）单击“退出”按钮，退出。

（7）同理，可以按部门查看工资发放条。

3. 按部门进行工资项目构成分析（按工资类别分别查询）

（1）单击“统计分析”|“工资分析表”，打开“工资分析表”对话框。

（2）单击“确认”按钮，打开“选择分析部门”对话框。

（3）在“选择分析部门”对话框中，单击选中各个部门。

（4）单击“确认”按钮，打开“分析表选项”对话框。

（5）在“分析表选项”对话框中，单击“》”按钮，选中所有的工资项目内容。

（6）单击“确认”按钮，打开“工资项目分析表（按部门）”窗口。

（7）单击部门栏下三角按钮，选择“总经理办公室”，如图 6－37 所示。

工资项目分析表（按部门）

输出 查询 设置 退出

工资项目分析（按部门）

2019年度8月

部门：总经理办公室　　　　人数：2

项目	1月	2月	3月	4月	5月	6月	7月	8月	月均	年度合计
基本工资								12 000.00	12 000.00	12 000.00
职务工资								7 600.00	7 600.00	7 600.00
福利补贴								800.00	800.00	800.00
交通补贴								1 200.00	1 200.00	1 200.00
奖金								3 200.00	3 200.00	3 200.00
应发合计								24 800.00	24 800.00	24 800.00
缺勤扣款										
缺勤天数										
住房公积金								1 984.00	1 984.00	1 984.00
计税基数								22 816.00	22 816.00	22 816.00
代扣税								1 453.20	1 453.20	1 453.20
扣款合计								3 437.20	3 437.20	3 437.20
实发合计								21 337.20	21 337.20	21 337.20
本月扣零								12.80	12.80	12.80
上月扣零										
代付税										
年终奖										
年终奖代扣:										
工资代扣税								1 453.20	1 453.20	1 453.20
扣税合计								1 453.20	1 453.20	1 453.20
年终奖代付:										

图 6－37　工资项目构成分析表

（8）单击“退出”按钮，退出。

（9）同理，查看其他工资项目分析表。

4. 查看银行代发一览表

（1）单击“业务处理”|“银行代发”，打开“银行文件格式设置”对话框。

（2）单击“确定”按钮，生成“银行代发一览表”，如图 6－38 所示。

实验指导 14：账套备份

在 E 盘（或 D 盘）“会计信息系统实训教程”文件夹中新建“实验八”文件。将账套保存至“实验八”文件夹中。

银行代发一览表

名称：中国工商银行　　人数：11

单位编号	人员编号	账号	金额	录入日期
1234934325	马璐	11022033001	10 811.40	20190901
1234934325	李杰	11022033002	10 525.80	20190901
1234934325	赵菲	11022033003	9 049.40	20190901
1234934325	韩冬	11022033004	9 049.40	20190901
1234934325	夏雪	11022033005	6 896.31	20190901
1234934325	申秋	11022033006	7 385.40	20190901
1234934325	刘佳	11022033007	7 385.40	20190901
1234934325	吴军	11022033008	7 714.20	20190901
1234934325	孙媛	11022033009	6 553.40	20190901
1234934325	肖宏	11022033010	9 049.40	20190901
1234934325	季伟	11022033011	9 049.40	20190901
合计			93 469.51	

图 6－38　银行代发一览表

章节练习

本文：章节练习参考答案

一、单项选择题

1. 薪资管理子系统可以核算的内容不包括（　　）。
A. 多工资类别　　B. 多币种工资
C. 计件工资和计时工资　　D. 实物工资

2. 用友 ERP－U8 薪资管理系统提供的工资核算有（　　）种应用方案。
A. 一种　　B. 二种　　C. 三种　　D. 多种

3. 用户选择了扣零处理，系统会自动在固定工资项目中增加（　　）。
A. 代扣税　　B. 本月扣零　　C. 下月扣零　　D. 扣款合计

4. 进行工资类别中的工资项目设置时，需要（　　）。
A. 先关闭该工资类别，再打开该工资类别
B. 先打开该工资类别，再关闭该工资类别
C. 打开该工资类别
D. 关闭所有工资类别

5. 某工资项目的长度设置为9，则最多可以输入（　　）。
A. 十万　　B. 百万　　C. 千万　　D. 亿

6. 下列（　　）工资项目需要用户自定义。
A. 应发合计　　B. 实发合计　　C. 住房公积金　　D. 代扣税

7. 在工资变动界面提供的“编辑”按钮是用来修改（　　）。

A. 工资项目　　B. 计算公式　　C. 人员附加信息　　D. 人员工资数据

8. 在执行工资分摊功能的时候，无须选择的内容为（　　）。

A. 核算部门　　B. 计提月份　　C. 计提比例　　D. 是否明细到工资项目

9. 关闭工资类别的情况下，可以进行的操作是（　　）。

A. 人员调动　　B. 人员信息复制　　C. 数据接口管理　　D. 导入卡号

10. 如果本月给所有企业管理人员多发 1000 元奖金，最佳方法是利用系统提供的（　　）功能。

A. 页编辑　　B. 筛选　　C. 数据替换　　D. 过滤器

二、多项选择题

1. 在使用薪资管理之前，必须要建立的基础档案包括（　　）。

A. 部门档案　　B. 人员档案　　C. 人员类别档案　　D. 银行档案

2. 工资核算的结果最终通过（　　）体现。

A. 报表　　B. 凭证　　C. 工资变动　　D. 工资分摊

3.（　　）数据删除后，不能够再恢复。

A. 删除人员档案信息　　B. 删除发放次数

C. 删除工资类别　　D. 删除凭证

4. 下列（　　）功能可以进行停用/启用的设置。

A. 发放次数　　B. 是否扣税　　C. 工资类别　　D. 扣零设置

5. 不同的工资类别（　　）。

A. 适用的人员类别可以不相同　　B. 工资发放项目可以不相同

C. 计算公式可以不相同　　D. 发放次数可以不相同

6. 增加工资项目时，“增减项”一栏选择“其他”，则关于该工资项目的数据说法错误的有（　　）。

A. 自动计入应发合计　　B. 自动计入扣款合计

C. 不参与工资计算　　D. 上述说法都不对

7. 薪资管理系统中，（　　）业务可以生成凭证传递到总账系统。

A. 人员档案管理　　B. 工资分摊　　C. 银行代发工资　　D. 应付福利费计提

8. 下列各项中，（　　）属于薪资管理系统中固定的工资项目。

A. 基本工资　　B. 应发合计　　C. 扣款合计　　D. 实发合计

9.（　　）的问题，可以利用多工资类别应用方案解决。

A. 企业按周发放工资，月末需要统一核算

B. 企业存在不同类别的人员，不同类别人员工资发放项目不同，计算公式不同，但需要进行统一工资核算管理

C. 企业在不同地区设有分支机构，而工资核算由总部统一管理

D. 企业使用多种货币发放工资

10. 工资系统提供的快速操作功能主要有（　　）。

A. 指定需要输入的某些工资项　　B. 按指定条件快速查找

C. 职工工资数据的编辑　　D. 成批替换某工资项目内容

三、判断题

1. 在参数设置中选择“单个”工资类别，系统会提示“未建立工资类别”，进入系统后，首先要建立工资类别。（　　）

2. 在关闭工资类别的情况下，才可以进行人员调动的操作。（　　）

3. 在进行反结账之前，必须关闭所有工资类别。（　　）

4. 月末处理前，一定要将核算的工资类别进行汇总，然后对汇总工资类别进行工资核算的业务处理。（　　）

5. 在工资变动中，可以重新对工资项目和计算公式进行定义。（　　）

6. 由工资表和基础信息表进行汇总分配计算，可输出工资汇总表、工资费用分配汇总表等，并生成转账凭证传递到财务处理系统和成本核算系统中。（　　）

7. 工资核算软件与服务处理系统的联系是通过部门工资汇总表实现的。（　　）

8. 职工档案管理是工资核算子系统最基本的管理功能。（　　）

9. 工资变动就是要对工资项目的具体数额发生变动时进行设置处理。（　　）

10. 工资数据的输入中职工编码、职工姓名、所属部门、人员类别、标准工资等属于基础数据的范畴。（　　）

第七章

固定资产系统

学习目标

通过固定资产系统的学习，应了解固定资产核算的数据流程及其主要的数据库文件；理解该子系统的主要功能及其模块结构；熟悉固定资产核算系统初始设置的内容和方法；掌握固定资产专项业务数据处理和核算的工作原理。

第七章　PPT：
固定资产系统

第一节　固定资产系统初始化

一、固定资产系统概述

固定资产使用年限长，单位价值高，在企业总资产中所占的比重很大，正确地核算和严格地管理固定资产对企业的生产经营具有重大的意义。固定资产系统主要用于企事业单位进行固定资产日常业务的核算和管理，生成固定资产卡片，按月反映固定资产的增减变动，为总账系统提供相关的凭证，保证固定资产的安全完整并充分发挥其效能，协助企业进行部分成本核算，同时还为设备管理部门提供固定资产的各项指标管理工作。

固定资产管理系统主要功能如下。

1. 系统初始设置

主要包括系统初始化、部门设置、类别设置、使用状况定义、增减方式定义、折旧方法定义、卡片项目定义、卡片样式定义等。

2. 日常业务处理

主要涉及固定资产增减、变动清理、报废和资产评估等。自动更新固定资产卡片，登记固定资产明细账，按月汇总出分部门、分类别、分增减变动种类的汇总数据，并可生成增减变动汇总表和增减变动明细表。自动计算固定资产折旧、固定资产净值、生成计提折旧分配表等，并逐级汇总得到相应的固定资产报表等。

3. 月末处理

按照在系统初始化中设置的自动转账的方式，利用汇总运算所得到的分类汇总数据，自动编制转账凭证，并转到总账系统的临时记账凭证文件中。

二、固定资产系统业务处理流程

第一，系统投入使用时，将手工方式下的固定资产卡片全部录入到计算机中，形成固定资产卡片文件。

第二，月内发生固定资产增减变动后，将相应的增减变动的原始凭证输入计算机，存入固定资产增减变动文件。一方面，更新固定资产卡片文件和备份文件；另一方面，通过分类汇总，形成转账数据文件，通过转账处理，传递到总账系统和成本核算系统。

第三，计提折旧时，由固定资产卡片文件计算得到固定资产折旧文件，根据固定资产折旧文件，计提各项折旧，通过转账处理，传递到总账系统和成本核算系统。

第四，根据固定资产增减变动文件、固定资产卡片文件、固定资产折旧文件输出各种统计分析表。

固定资产系统业务处理流程如图 7－1 所示。

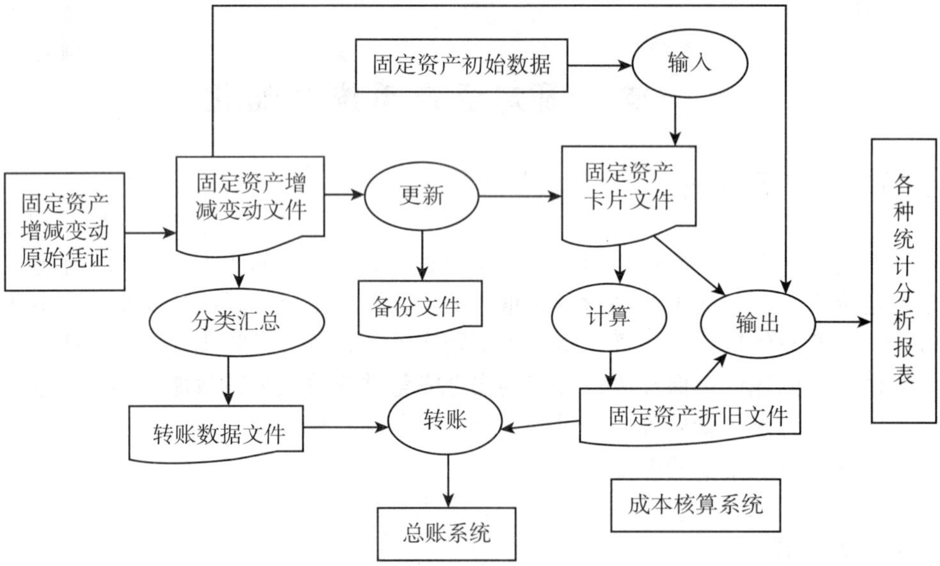

图 7－1　固定资产系统流程

三、固定资产系统数据文件

在固定资产系统中，数据文件通常分为四大类，即存放输入原始数据的文件、存放计算处理结果的文件、存放用户设置的代码等数据词典性文件、存放有关修理费等数据的其他有关数据的文件。

（一）存放输入原始数据的文件

存放输入的原始数据的文件如固定资产卡片文件和固定资产增加、减少、变动文件，以及存放已清理固定资产历史资料的备查文件。这些数据文件的结构基本相同，一般来说固定资产的每一个项目应该对应设置一个字段。

固定资产卡片文件主要应包括以下字段：固定资产代码、资产名称、型号规格、建造单位、资产来源、验收日期、使用部门、使用类别、资产原值、使用年限、已使用年限、工作量、预计净残值、折旧方法、已提折旧、附件名称、附件金额、存放地点、保管人等。

考虑到系统运行速度和提高数据处理的安全性、稳定性，在实际设计中往往将固定资产卡片中基本固定不变的数据和变动数据进行分割，组织在不同的数据文件中，另外在固定资产卡片文件中一般都留有一些供用户自定义的字段，以方便用户使用及提高系统的通用性。对固定资产增加、减少及内部变动文件则还应有反映相应变化的字段，如资产去向、清理费用、变价收入、调入部门、当前责任人等。

（二）存放计算处理结果的文件

存放计算处理结果的文件如折旧计算、转账数据文件等。这些文件的基本作用是直接按固定资产卡片中记录的固定资产原值、使用年限及折旧方法计算当期应计提的折旧额，然后根据核算的需要，按部门等分别汇总以生成编制记账凭证所需要的折旧表。

（三）存放用户设置的代码等数据词典性文件

存放用户设置的代码等数据词典性文件主要有：部门代码、固定资产类别代码、固定资产使用情况代码、固定资产增减变动类型代码等代码文件。

（四）存放有关修理费等数据的其他有关数据的文件

存放有关修理费等数据的其他有关数据的文件主要用来存放各种计划、控制数据，在有关业务处理过程中提示用户数据超限需要特殊授权，从而加强对诸如修理费等支出的管理。

四、固定资产系统业务参数

固定资产管理系统业务参数包括在账套初始化中设置的参数和其他一些在账套运行中使用的参数或判断。选项中包括以下五个页签：

（一）基本信息

本页签中所有内容在系统初始化设置后不能修改。

（二）折旧信息

（1）主要折旧方法。便于在资产类别新增设置时系统自动带出主要折旧方法以提高录入速度，但可以修改。系统提供了六种方法，即平均年限法（一）、平均年限法（二）、工作量法、年数总和法、双倍余额递减法（一）、双倍余额递减法（二）；另外也可以选择“不提折旧”。

（2）折旧汇总分配周期。企业在实际计提折旧时，不一定每个月计提一次，可能因行业和自身情况的不同，每季度、半年或一年计提一次，折旧费用的归集也按照这样的周期进行。因此，企业可以根据所处的行业和自身实际情况确定计提折旧和将折旧归集入成本和费用的周期。

系统具体的处理办法是，每个月均计提折旧，但折旧的汇总分配按这里设定的周期进行，把该周期内各月计提的折旧汇总分配。一旦选定折旧汇总分配周期，系统自动提示您第一次分配折旧，也是本系统自动生成折旧分配表制作记账凭证的期间。

（3）当（月初已计提月份 = 可使用月份 －1）时将剩余折旧全部提足（工作量法除外）。选择此项，当资产还差一个月就提足使用年限时，当月会将未计提折旧的应计折旧额一次性提足。否则即使计提月份已经超过使用年限，也将按折旧公式逐月计提。

（三）与财务系统接口

系统默认要求固定资产系统与财务系统进行对账。“与财务系统进行对账”只有存在对应总账系统的情况下才可操作。选中则表示本系统要与账务系统对账，核对固定资产原值和累计折旧科目的余额，看数值是否相等。如果对账不平，肯定在两个系统出现偏差，应引起注意，予以调整。如果不想与总账系统对账，则不选择。并且，如果希望严格控制固定资产系统与财务系统之间的平衡，做到两个系统录入的数据没有时间差异，则对于“在对账不平情况下允许固定资产月末结账”选项不做选择。

（四）编码方式

（1）资产类别编码方式。企业根据管理和核算的需要给资产所做的分类，可参照国家标准分类（国家规定 4 级 6 位方式，即 2112），也可以根据企业自身需要分类。系统类别编码最多可设置 8 级、20 位。

（2）固定资产编码方式。如果选择“手工输入”，则卡片输入时通过手工输入的方式录入资产编号。如果选择“自动编码”，根据系统初始化设置的编码方式，不能修改编码方式，但可修改序号长度。

（五）其他

（1）已发生资产减少卡片可删除时限。根据会计制度规定，已清理资产的资料应保留 5 年，所以系统缺省为 5 年，即 5 年后才能将相关资产的卡片和变动单从系统的数据库中彻底删除。企业可以根据需要修改这个时限。

（2）卡片断号填补设置。企业管理资产卡片时要求卡片编号连续，因为有些原因删除掉卡片后会出现断号，需要连续编号时，可在此进行设置。

（3）不允许转回减值准备。2007 年企业会计准则规定，资产减值损失一经确认，在以后会计期间不得转回。选择此项，则该账套不允许转回减值准备。

五、固定资产系统核算规则设置

（一）设置固定资产类别

固定资产的种类繁多，规格不一，要强化固定资产管理，及时准确做好固定资产核算，必须科学地设置固定资产类别，为核算和管理提供依据。企业可根据自身的特点和管理要求，对资产进行分类。

（二）定义固定资产卡片项目

固定资产卡片项目是指固定资产卡片上用来记录资产资料的栏目，如原值、资产名称、使用年限、折旧方法等，是卡片最基本的项目。

（三）卡片样式定义

卡片样式是指卡片的整个外观，包括其格式（是否有表格线、对齐形式、字体大小、字形等）、所包含的项目和项目的位置。不同的企业或不同的资产类别，由于管理的内容和侧重点不同，固定资产卡片项目可能不同，所以系统提供卡片样式定义功能，增加灵活性。

（四）部门设置

部门设置是指定义固定资产的使用单位编码和名称。在账务系统基础设置中已对部门档案作了具体设置，此处不再赘述。

（五）部门对应折旧科目设置

部门对应折旧科目是指折旧费用的入账科目。固定资产计提折旧后必须把折旧归入成本或费用，根据不同企业的具体情况，有按部门归集的，也有按类别归集的。部门对应折旧科目的设置就是给每个部门选择一个折旧科目，这样在输入卡片时，该科目自动添入卡片中，不必一个一个输入。

（六）增减方式设置

增减方式设置主要是在固定资产有增减业务时使用。系统内置了6种增加方式和7种减少方式。增加方式主要有直接购买、投资者投入、捐赠、盘盈、在建工程转入、融资租入。减少方式主要有出售、盘亏、投资转出、捐赠转出、报废、毁损、融资租出。用友软件系统固定资产的增减方式可以设置两级，也可以根据需要自行增加。

（七）原始卡片录入

录入固定资产原始卡片，即将建账日期以前的数据录入到固定资产系统中，卡片是固定资产管理系统处理的起点，卡片操作是本系统操作的主要内容。卡片操作主要包括卡片录入（分为原始卡片录入和新卡片录入）、卡片修改、卡片删除、资产减少、卡片打印、卡片管理几个部分。

第二节　固定资产系统业务

一、日常业务处理

（一）固定资产增加与减少

1. 固定资产增加

通常的固定资产增加业务通过增加固定资产卡片来实现，与原始卡片录入相对应。资产通过“原始卡片录入”还是通过“资产增加”录入，取决于资产的开始使用日期。只有当开始使用月份等于录入的月份时，才能通过“资产增加”录入。

当月新增的固定资产当月不计提折旧，折旧额为零或空。原值录入必须是卡片录入月月初的价值，否则将会出现错误。

2. 固定资产减少

资产在使用过程中，由于各种原因，如毁损、出售、盘亏等，退出企业，此时要进行资产减少处理。资产减少功能只能在当月已经正确计提完毕折旧后才能执行。

（二）固定资产变动处理

固定资产在使用过程中，可能会调整卡片上的一些项目，这些变动称之为“固定资产变动”，这些变动包括：原值变动、部门转移、使用状况变动、使用年限变动、折旧方法调整、净残值（率）调整、工作总量调整、累计折旧调整、资产类别调整、变动单管理等，这些业务要求保留原始凭证，填制“变动单”，并根据业务类型生成相应记账。其他项目的修改，如名称、编号、自定义项目等的变动可直接在卡片上修改。

1. 原值变动

固定资产在使用过程中，其原值增减有五种情况：根据国家规定对固定资产重新估价，增加补充设备或改良设备，将固定资产的一部分拆除，根据实际价值调整原来的暂估价值，发现原记录固定资产价值有误。分为原值增加和原值减少两种情况。

2. 部门转移

固定资产在使用过程中，因内部调配而发生的部门变动，可通过部门转移功能实现。这类业务不生成凭证，但部门转移后将影响部门的折旧计算。

3. 固定资产使用状况的调整

固定资产的使用状况分为在用、未使用、不需用、停用、封存五种。固定资产在使用过程中，可能会因为某种原因，使固定资产使用状况发生变化，通过“变动单——使用状况调整”来实现。这种变化影响到折旧的计算。

4. 固定资产使用年限的调整

资产的使用年限可能会由于资产的重估、大修等原因而进行调整，进行使用年限调整的资产在调整的当月就按调整后的使用年限计提折旧。

5. 资产折旧方法的调整

一般来说资产折旧方法一年之内很少改变，但如有特殊情况需调整改变的可以通过变动单下的“折旧方法调整”功能完成。

6. 变动单管理

变动单管理可对系统的变动单进行综合管理，包括查询、修改、制单、删除等。变动单的删除必须从该资产制作编号最大的开始依次删除。

（三）计提折旧

计提折旧是固定资产每期都要发生的业务。相应地，自动计提折旧是固定资产系统的主要功能之一。系统每期计提折旧一次，根据录入系统的资料自动计算每项资产的折旧额，并将当期的折旧额自动累加到累计折旧项目中，除了自动生成折旧清单外，同时还生成折旧分配表，系统依据折旧分配表制作记账凭证，将本期的折旧费用自动登账。

计提固定资产折旧时应注意以下事项：

（1）在一个期间内可以多次计提折旧，每次计提折旧后，只是将计提的折旧累加到月初的累计折旧上，不会重复累计。

（2）若上次计提折旧已制单并传递到了总账，则必须删除该凭证才能重新计提折旧。

（3）计提折旧后又对账套进行了影响折旧计算分配的操作，必须重新计提折旧，否则系统不允许记账。

（4）若自定义的折旧方法月折旧率或月折旧额出现负数，系统自动中止计提。

（5）资产的使用部门和资产折旧要汇总的部门可能不同，为了加强资产管理，使用部门必须是明细部门，而折旧分配部门不一定分配到明细部门，不同的单位处理可能不同，因此要在计提折旧后，分配折旧费时作出选择。

二、期末处理

（一）制单与对账

在每月月末，系统根据本月计算的折旧额和事先定义的自动分录来机制凭证，并自动传递到账务处理系统。在账务处理系统中，这些凭证经过汇总和审核后即可记账。

在固定资产初始选项中选择了与总账系统对账，才可进行与总账的对账功能。为了保证固定资产系统的资产价值与总账系统中固定资产科目的数值相等，可随时使用对账功能对两个系统进行审查。系统在执行月末结账时自动对账一次。

（二）月末结账

当本月固定资产的变动资料全都输入系统、卡片更新和折旧计算正确后，才能月末结账。固定资产系统不允许跨月输入凭证（或变动资料），只有本月结账后方可进入下月进行业务处理。

实验九 固定资产系统业务处理

【实验准备】

可以引入E盘（或D盘）中“会计信息系统实训教程”文件夹中“实验八”的备份数据，将系统日期修改为“2019年8月31日”。由001韩冬完成固定资产初始化设置，由002

夏雪进行固定资产业务处理。

【实验内容】

（1）建立固定资产账套、设置参数；
（2）设置部门对应折旧科目、资产类别、增减方式；
（3）录入、修改固定资产原始卡片；
（4）固定资产日常业务处理；
（5）月末结账；
（6）查询账表。

【实验资料】

1. 系统启用

启用固定资产系统，启用日期为 2019 年 8 月 1 日。

2. 固定资产系统初始化

固定资产账套的启用月份为“2019 年 8 月”；

固定资产采用“平均年限法（一）”计提折旧，折旧汇总分配周期为一个月；

当“月初已计提月份＝可使用月份－1”时将剩余折旧全部提足；

固定资产编码方式为“2－1－1－2”；

固定资产编码方式采用自动编码方法，编码方式为“类别编码＋序号”，序号长度为“5”；固定资产系统与总账进行对账；

固定资产对账科目为“1601 固定资产”，累计折旧对账科目为“1602 累计折旧”；

对账不平衡的情况下不允许固定资产月末结账。

视频：部门对应折旧科目设置

3. 设置缺省入账科目

设置与财务系统的接口；

固定资产缺省入账科目：160101；

累计折旧缺省入账科目：1602。

4. 设置部门对应折旧科目（见表 7－1）

表 7－1　部门对应折旧科目

部门名称	贷方科目
总经理办公室	管理费用——折旧费
人事部	管理费用——折旧费
财务部	管理费用——折旧费
供应科	销售费用
销售科	销售费用
生产车间	制造费用

5. 设置固定资产类别（见表7－2）

表7－2　　固定资产类别

类别编码	类别名称	使用年限	净残值率	计提属性	折旧方法	卡片样式
01	房屋及建筑物			正常计提	平均年限法（一）	通用样式
011	办公楼	30	2%	正常计提	平均年限法（一）	通用样式
012	厂房	30	2%	正常计提	平均年限法（一）	通用样式
02	机器设备			正常计提	平均年限法（一）	通用样式
021	生产线	10	3%	正常计提	平均年限法（一）	通用样式
022	办公设备	5	3%	正常计提	平均年限法（一）	通用样式

6. 设置固定资产增减方式（见表7－3）

表7－3　　固定资产增减方式

增加方式	对应入账科目	减少方式	对应入账科目
直接购入	银行存款——工行存款	出售	固定资产清理
投资者投入	实收资本	投资转出	长期股权投资
接受捐赠	营业外收入	盘亏	待处理财产损溢——待处理固定资产损溢
在建工程转入	在建工程	捐赠转出	固定资产清理
融资租入	长期应付款	报废	固定资产清理
		毁损	固定资产清理

7. 录入固定资产原始卡片（见表7－4）

表7－4　　固定资产原始卡片

卡片编号	00001	00002	00003	00004	00005
固定资产编号	01100001	01200001	02100001	02100002	02200001
固定资产名称	1号楼	2号楼	A生产线	B生产线	电脑
类别编号	011	012	021	021	022
类别名称	办公楼	厂房	生产线	生产线	办公设备
部门名称	人事部	生产车间	生产车间	生产车间	财务部
增加方式	在建工程转入	在建工程转入	在建工程转入	在建工程转入	直接购入
使用状况	在用	在用	在用	在用	在用
使用年限	30年	30年	10年	10年	5年
折旧方法	平均年限法（一）	平均年限法（一）	平均年限法（一）	平均年限法（一）	平均年限法（一）

续表

开始使用日期	2015－09－08	2016－07－10	2015－11－20	2016－03－08	2017－01－06
币种	人民币	人民币	人民币	人民币	人民币
原值	400 000	450 000	150 000	180 000	20 000
净残值率	2%	2%	3%	3%	3%
净残值	8 000	9 000	4 500	5 400	600
累计折旧	37 800	25 515	39 375	45 198	1 944
月折旧率	0.0027	0.0027	0.0081	0.0081	0.0162
月折旧额	1 080	1 215	1 215	1 458	324
净值	362 200	424 485	110 625	134 802	18 056
对应折旧科目	管理费用—折旧费	制造费用	制造费用	制造费用	管理费用—折旧费

8. 固定资产日常业务处理

（1）8 月 10 日，将卡片编号为“00003”（A 生产线）的使用状况由“在用”修改为“大修理停用”。

（2）8 月 15 日，直接购入并交付销售科使用一台电脑，预计使用年限为 5 年，原值为 12 000 元，净残值率为 3%，采用“年数总和法”计提折旧。（工行转账支票，票号：56783412）

（3）8 月 26 日，因工作需要，用银行存款为 A 生产线购置新配件 10 000 元。（工行转账支票，票号：56783415）

（4）8 月 31 日，计提本月固定资产折旧。

（5）8 月 31 日，因非常损失 B 生产线发生毁损。

要求：（1）根据上述业务处理生成记账凭证，由主管韩冬在总账系统中审核、记账。

（2）执行“对账”（与账务对账）功能。

9. 月末结账

执行月末结账功能。

10. 查询账表

（1）查询“固定资产原值一览表”；

（2）查询“固定资产价值结构分析表”。

11. 账套备份

完成上述操作，进行账套备份。

文本：知识点拓展与提示 1

视频：固定资产增加操作

视频：固定资产减少操作

【实验指导】

实验指导 1：系统启用

由账套主管 001 登录系统，时间为 2019 年 8 月 1 日，启用“固定资产管理”系统，启用日期为 2019 年 8 月 1 日。

实验指导2：固定资产系统初始化

（1）在“企业应用平台”中，单击“业务工作”|“财务会计”中的“固定资产”，系统提示“这是第一次打开此账套，还未进行过初始化，是否进行初始化?”，如图7－2所示。

视频：固定资产初始化

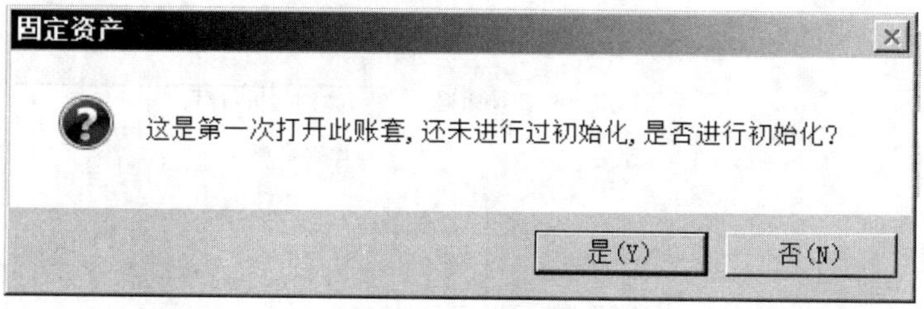

图7－2　固定资产系统初始化

（2）单击“是”按钮，打开“固定资产初始化向导—约定及说明”窗口。约定及说明提示，选中“我同意”复选框。

（3）单击“下一步”按钮，打开“固定资产初始化向导—账套启用月份”窗口。

（4）单击“下一步”按钮，打开“固定资产初始化向导—折旧信息”窗口。主要折旧方法选择“平均年限法（一）”；折旧汇总分配周期为1个月，如图7－3所示。

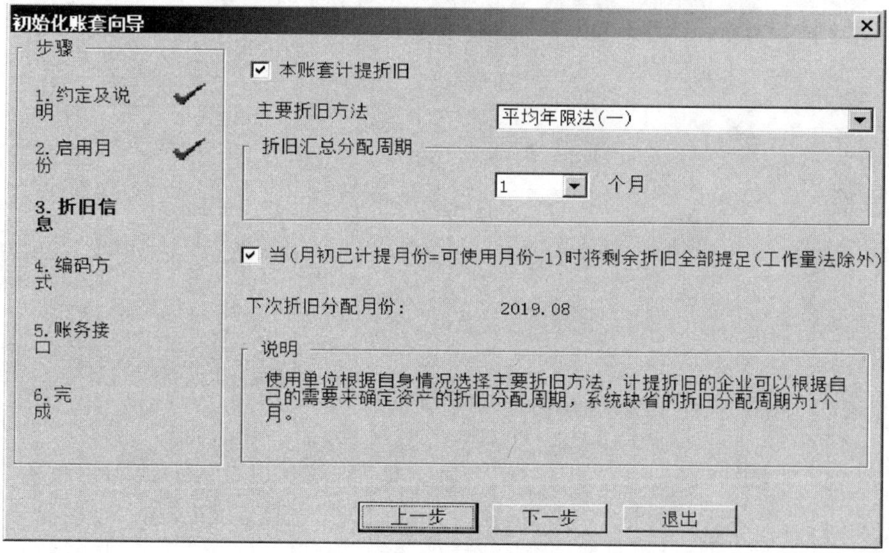

图7－3　固定资产初始化向导—折旧信息

（5）单击“下一步”按钮，打开“固定资产初始化向导—编码方式”窗口，选择“自动编码”方式，编码方式为“类别编码＋序号”，序号长度为“5”，如图7－4所示。

（6）单击“下一步”按钮，打开“固定资产初始化向导—财务接口”窗口，选择固定资产系统与总账进行对账，在固定资产对账科目栏录入“1601”，在累计折旧对账科目栏录入“1602”。去掉对账不平衡的情况下允许固定资产月末结账前的复选框对钩，如图7－5所示。

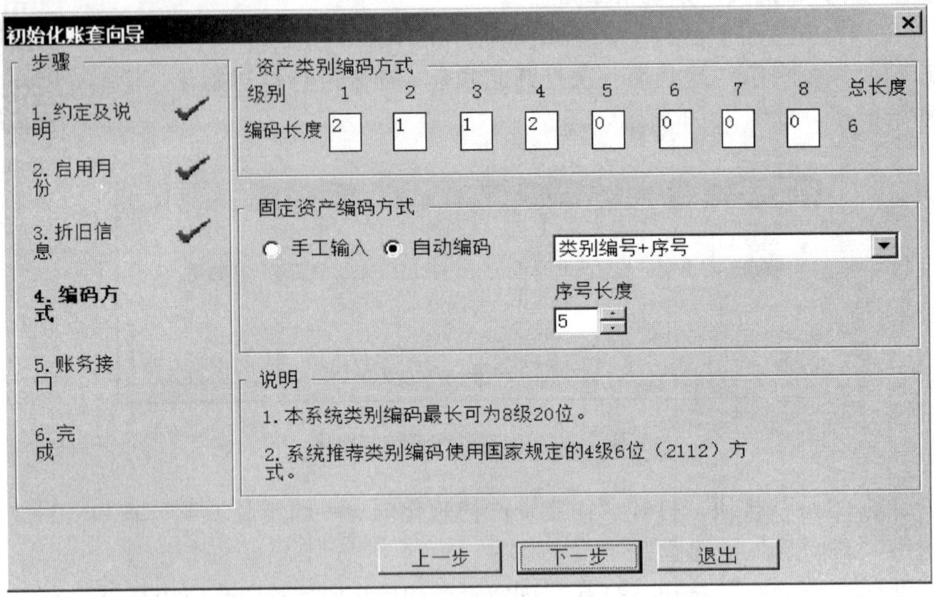

图 7 – 4　固定资产初始化向导—编码方式

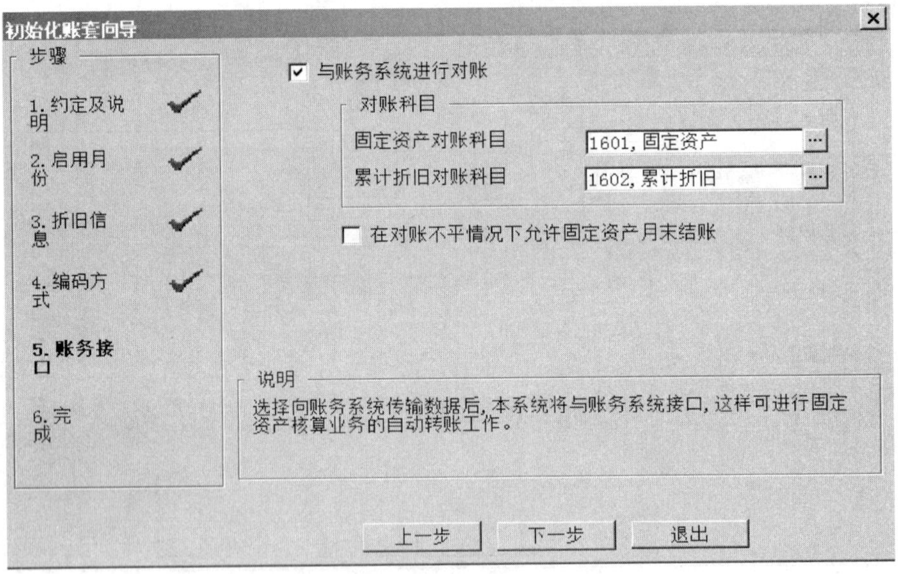

图 7 – 5　固定资产初始化向导—财务接口

（7）单击“下一步”按钮，打开“固定资产初始化向导—完成”窗口，如图 7 – 6 所示。

（8）单击“完成”按钮，系统提示“已经完成了新账套的所有设置工作，是否确定所设置的信息完全正确并保存对新账套的所有设置？”。

（9）单击“是”按钮，系统提示“已成功初始化本固定资产账套！”，如图 7 – 7 所示。

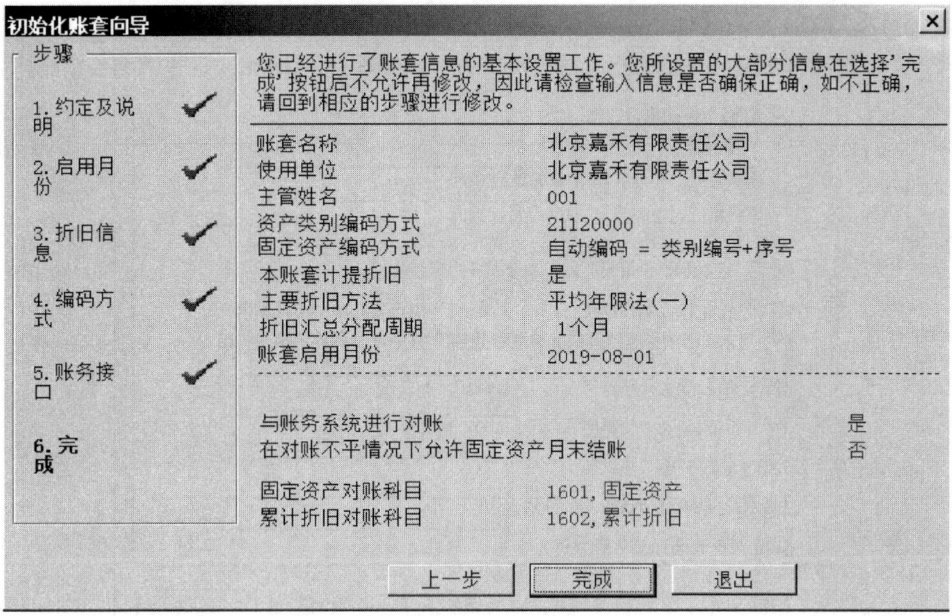

图 7-6 固定资产初始化向导—完成

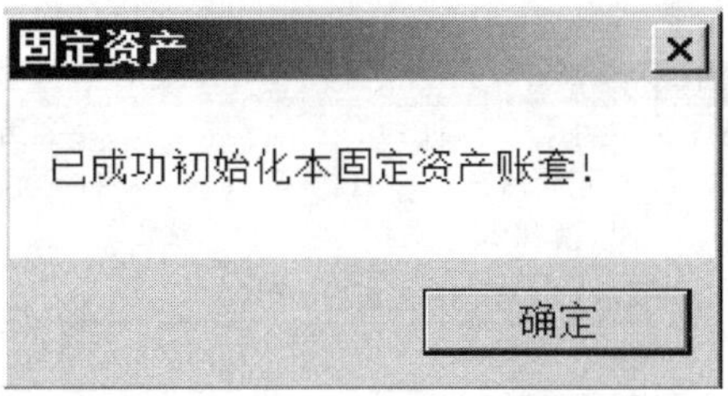

图 7-7 已成功初始化

（10）单击“确定”按钮。

实验指导 3：设置缺省入账科目

（1）在“企业应用平台”中，单击“业务工作”|“财务会计”中的“固定资产”。

（2）“设置”|“选项”，单击“与账务系统接口”。

（3）单击“编辑”，［固定资产］缺省入账科目输入“160101”、在［累计折旧］缺省入账科目输入“1602”，单击“确定”，如图 7-8 所示。

文本：知识点拓展与提示 2

实验指导 4：设置部门对应折旧科目

（1）单击“设置”|“部门对应折旧科目”，打开“固定资产部门编码录入—列表视图”窗口。

（2）单击“总经理办公室”所在行，单击“修改”按钮，在折旧科目栏录入或选择“660206”。

（3）单击“保存”按钮。依此方法继续录入其他部门对应的折旧科目，如图 7-9 所示。

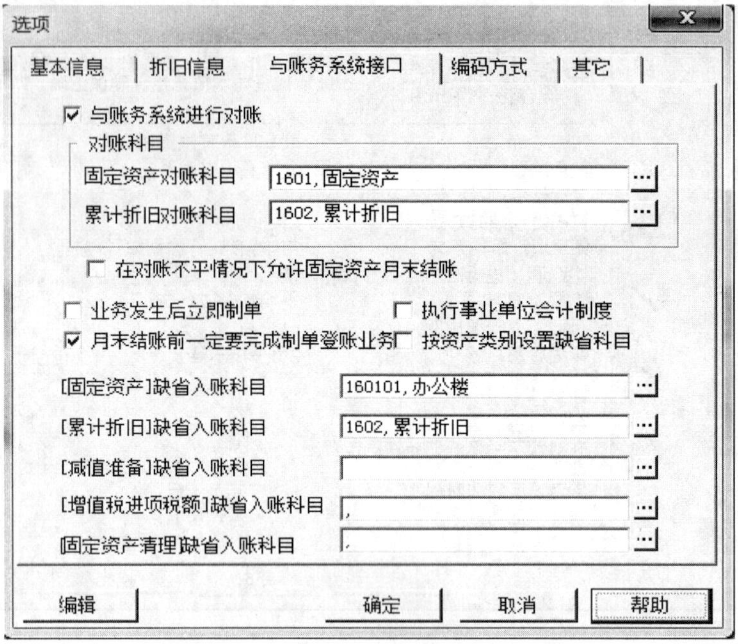

图 7－8　设置缺省入账科目

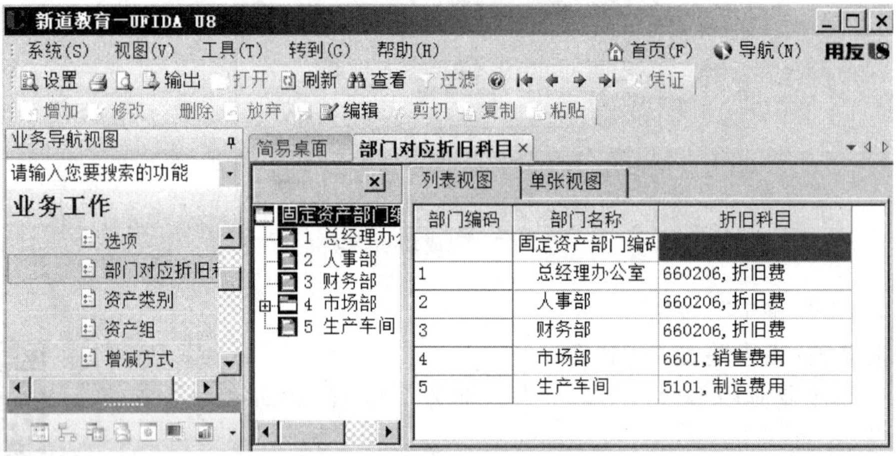

图 7－9　部门对应折旧科目

实验指导 5：设置固定资产类别

（1）单击“设置”|“资产类别”，打开“类别编码—列表视图”窗口。

（2）单击“增加”按钮，打开“类别编码—单张视图”窗口。

（3）在类别名称栏录入“房屋及建筑物”，在使用年限栏录入“30”，在净残值率栏录入“2”，如图 7－10 所示。

（4）单击“保存”按钮。继续录入 02 号资产的类别名称“机器设备”，单击“保存”按钮。

（5）单击“取消”按钮，系统提示“是否取消本次操作”，单击“是”按钮，返回“类别编码—列表视图”窗口。

（6）单击选中“固定资产分类编码表”中的“01 房屋及建筑物”，再单击“增加”按钮，在类别名称栏录入“办公楼”，如图 7－11 所示。

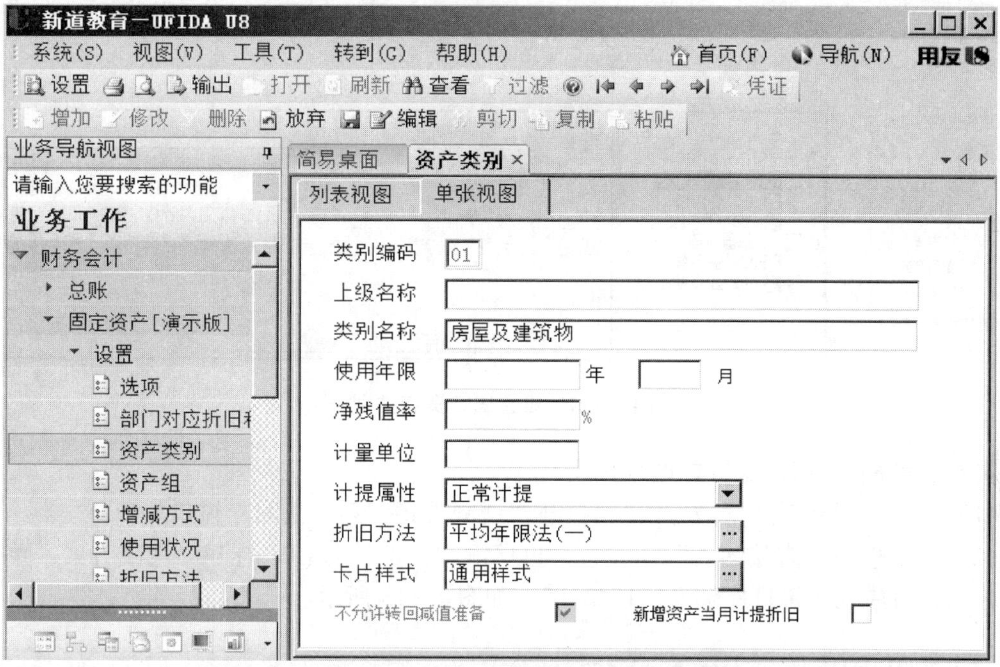

图 7－10　固定资产类别

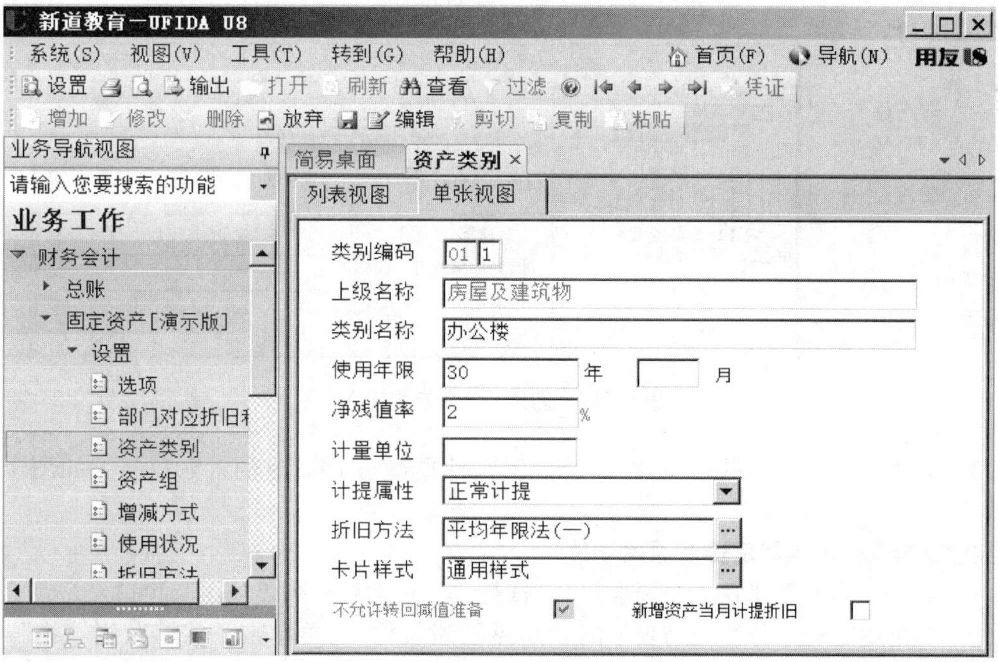

图 7－11　固定资产分类编码

（7）单击“保存”按钮，依此方法继续录入其他的固定资产分类，如图 7－12 所示。

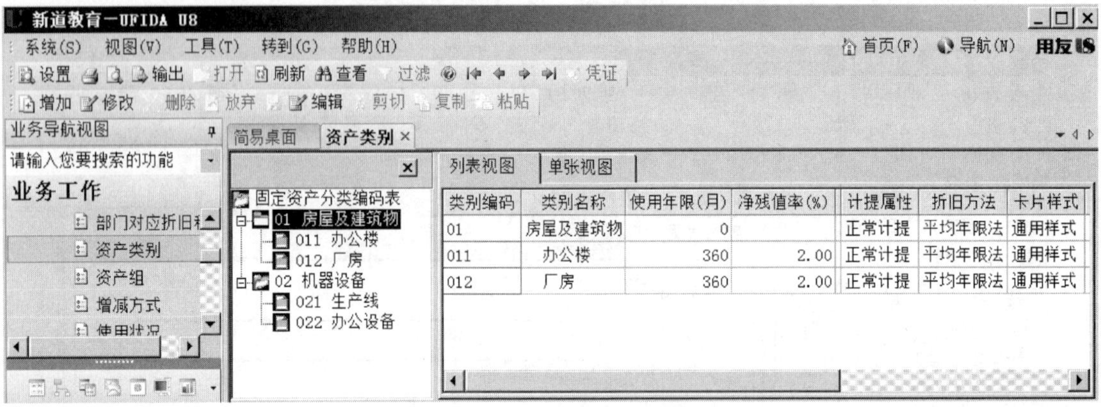

图 7－12　设置固定资产类别

实验指导 6：设置固定资产增减方式

（1）单击“设置”|“增减方式”，打开“增减方式—列表视图”窗口。

（2）单击选中“直接购入”所在行，再单击“修改”按钮，打开“增减方式—单张视图”窗口，对应入账科目栏录入“100201”，如图 7－13 所示。

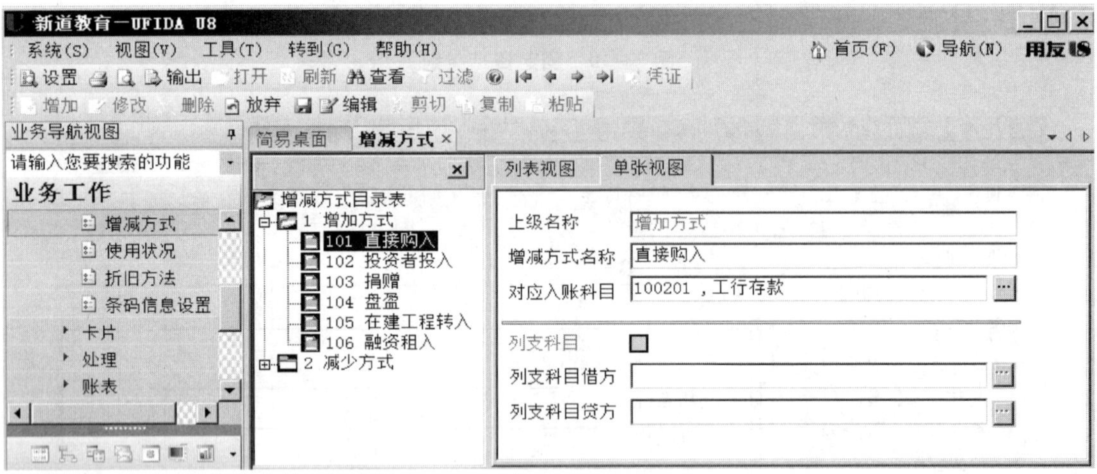

图 7－13　固定资产—直接购入

（3）单击“保存”按钮，依次继续设置其他增减方式对应的入账科目，如图 7－14 所示。

实验指导 7：录入固定资产原始卡片

（1）单击“卡片”|“录入原始卡片”，打开“资产类别—列表视图”窗口。

（2）双击固定资产分类编码表中的“房屋及建筑物”，再单击“房屋及建筑物”下级类别中的“011 办公楼”。

（3）单击“确认”按钮，打开“固定资产卡片［录入原始卡片］：00001 号卡片”对话框。

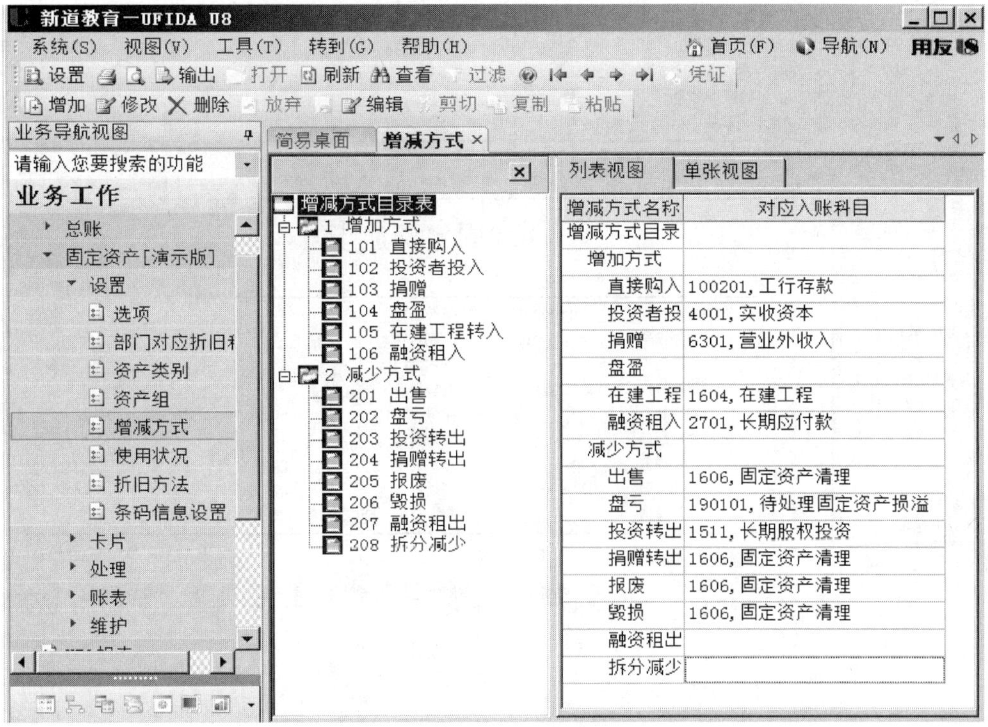

图 7－14　设置固定资产增减方式

（4）在固定资产编号栏录入“01100001”，在固定资产名称栏录入“1 号楼”，单击部门名称栏，再单击“部门名称”按钮，打开“固定资产—本资产部门使用方式”对话框。

（5）单击“确定”按钮，打开“部门参照”窗口，选择“人事部”，使用年限 360。

（6）单击“确定”按钮。

（7）单击增加方式栏，再单击“增加方式”按钮，打开“增减方式参照”窗口，单击选中“在建工程转入”。

（8）单击“确认”按钮，单击使用状况栏，再单击使用状况按钮，打开“使用状况参照”窗口。

（9）单击“确认”按钮。

（10）在开始使用日期栏录入“2015－09－08”，在原值栏录入“400 000”，在累计折旧栏录入“37 800”，如图 7－15 所示。

（11）单击“退出”按钮，系统提示“是否保存数据?”。

（12）单击“是”按钮，系统提示“数据成功保存”。

（13）单击“确认”按钮。依此方法继续录入其他的固定资产卡片。

实验指导 8：期初固定资产与总账系统对账

（1）单击“处理”按钮。

（2）打开“与账务对账结果”窗口，如图 7－16 所示。

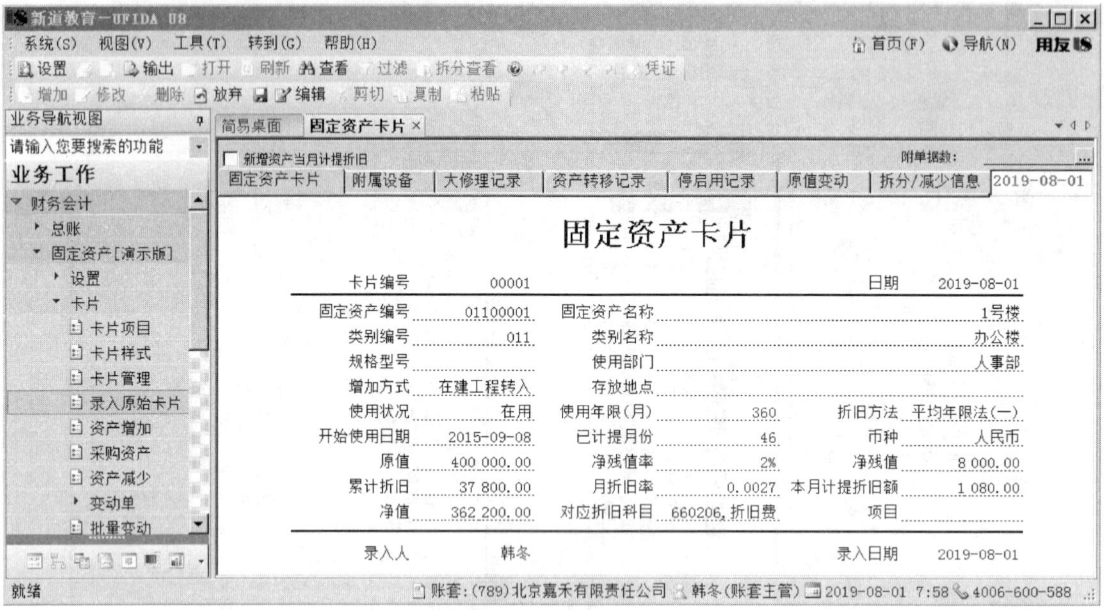

图 7－15　固定资产原始卡片

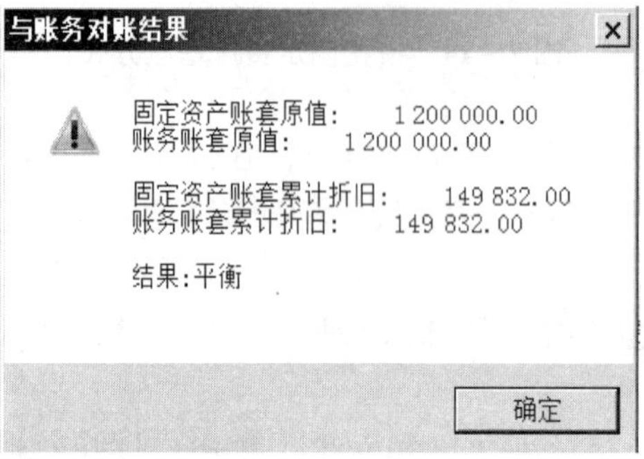

图 7－16　期初对账

实验指导 9：固定资产日常业务处理

1. 使用状况变动

（1）双击“卡片”|“变动单”|“使用状况调整”，增加“使用状况调整单”。

（2）自动生成变动单号“00001”，单击卡片编号，选择“00003”资产，相关信息自动生成。

（3）单击“变动后使用状况”栏，选择“大修理停用”，填写变动原因为“大修理停用”，单击“保存”按钮，如图 7－17 所示。

文本：知识点拓展与提示 3

2. 购置固定资产

（1）以账套主管身份登录企业应用平台，选择登录日期“2019－08－15”，单击“卡片”|“资产增加”，打开“资产类别参照”窗口。

（2）双击“02 机器设备”，再单击选中“02 机器设备”的下级类别“022 办公设备”。

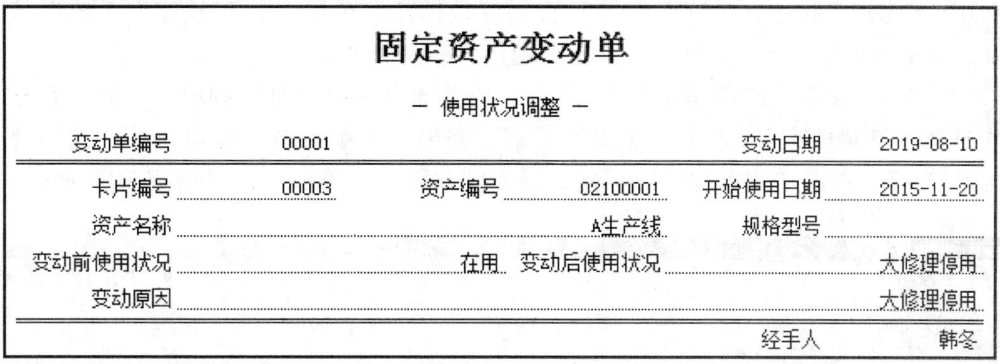

固定资产变动单

— 使用状况调整 —

变动单编号	00001	变动日期	2019-08-10
卡片编号	00003	资产编号	02100001
开始使用日期	2015-11-20		
资产名称	A生产线	规格型号	
变动前使用状况	在用	变动后使用状况	大修理停用
变动原因	大修理停用		
		经手人	韩冬

图 7-17　变动单

（3）单击“确认”按钮，打开“固定资产卡片［新增资产：00006 号卡片］”窗口。

（4）在固定资产卡片编号栏录入“02200002”，在固定资产名称栏录入“电脑”，单击部门名称栏，再单击“部门名称”按钮，出现“本资产部门使用方式”对话框。

（5）单击“确定”按钮，打开“部门对照”对话框，双击“市场部”，再单击市场部的下级部门“销售科”，单击“确认”按钮。

（6）单击“增加方式”栏，再单击“增减方式参照”对话框，单击“确认”按钮。

（7）单击使用状况栏，再单击“使用状况”按钮，打开“使用状况参照”窗口。

（8）单击“确认”按钮，修改开始使用日期为“2019－08－15”。

（9）单击折旧方法栏，再单击“折旧方法”按钮，打开“折旧方法参照”对话框。单击选中“5—年数总和法”，单击“确认”按钮。在原值栏录入“12 000”，如图 7－18 所示。

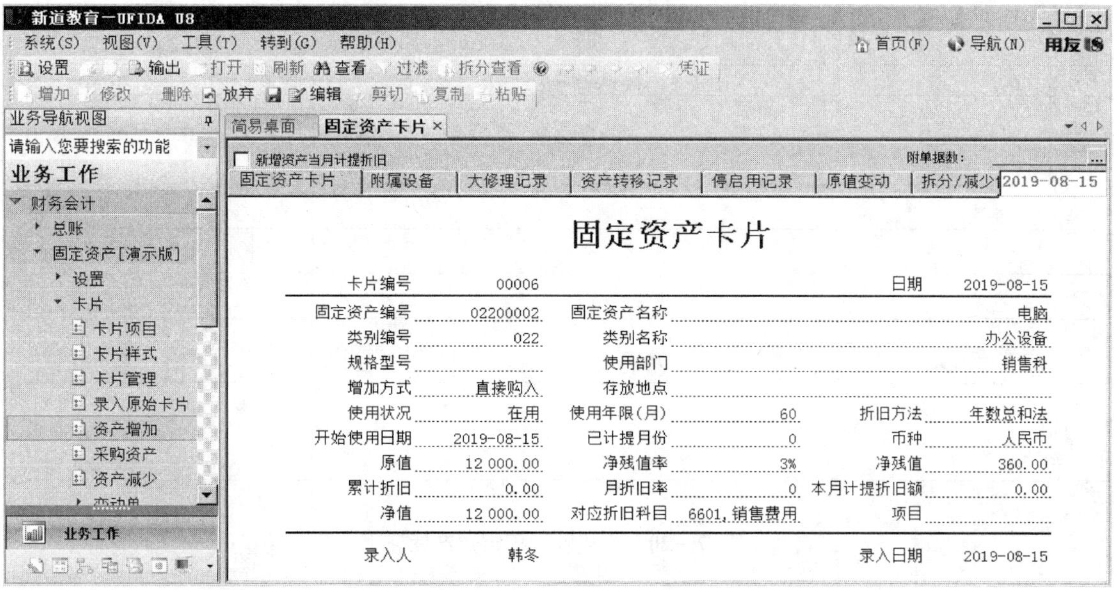

图 7-18　增加固定资产

（10）单击退出按钮，系统提示“是否保存数据?”。单击“是”按钮，系统提示“数据成功保存”。单击“确定”按钮，单击“退出”按钮，退出。

（11）单击“处理”|“批量处理”，打开“查询条件选择—批量制单”窗口。业务类型菜单中选择“新增资产”，单击“确定”按钮。弹出“制单选择”窗口，在“选择项”中双击显示“Y”，单击“制单设置”页签，输入借方科目“160105”，如图 7－19 所示。

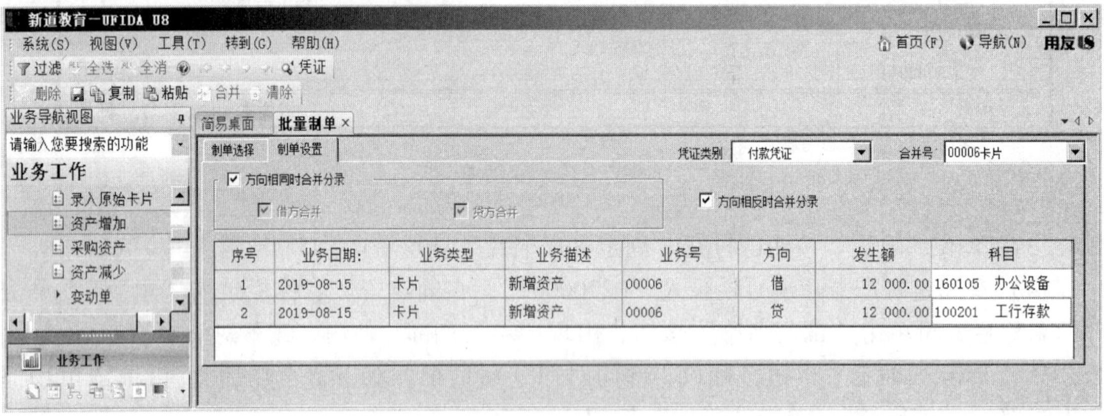

图 7－19　制单设置

（12）单击任务栏中的“凭证”按钮，打开“凭证”，生成一张记账凭证。

（13）修改凭证类别为“付款凭证”，输入结算方式：工行转账支票，票号：56783412，同时填现金流量“购建固定资产、无形资产和其他长期资产所支付的现金”，单击“保存”按钮，如图 7－20 所示。

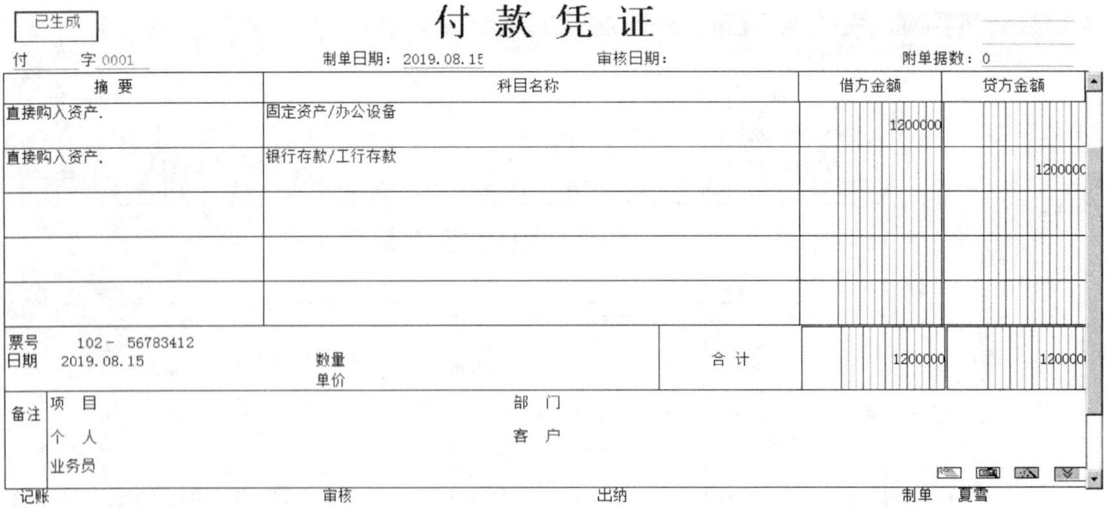
已生成

付 款 凭 证

付 字 0001　制单日期：2019.08.15　审核日期：　附单据数：0

摘 要	科目名称	借方金额	贷方金额
直接购入资产.	固定资产/办公设备	1200000	
直接购入资产.	银行存款/工行存款		1200000
票号 102－56783412 日期 2019.08.15　数量 单价	合 计	1200000	1200000

备注　项 目　部 门
个 人　客 户
业务员

记账　审核　出纳　制单 夏雪

图 7－20　生成购置固定资产凭证

3. 购置固定资产配件

（1）以账套主管身份登录企业应用平台，选择登录日期“2019－08－26”。

（2）单击“设置”|“卡片”|“固定资产变动单”|“原值增加”，选择卡片编号“00003”，输入增加金额“10 000”元。

（3）在变动原因中输入“工作需要”。

（4）单击“确定”按钮，单击“退出”按钮，退出，如图7－21所示。

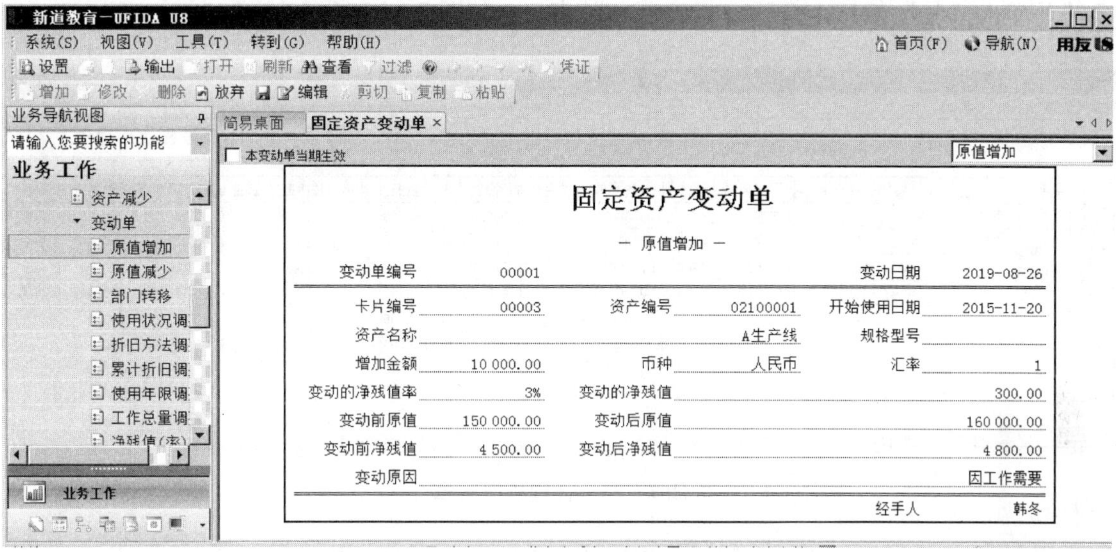

图7－21　固定资产原值变动

（5）单击“处理”|“批量处理”，打开“查询条件选择—批量处理”窗口，单击“业务类型”，选择变动单的选择项“增加资产”，单击“确定”按钮。

（6）单击“凭证”按钮，生成一张记账凭证。修改凭证类别为“付款凭证”，输入结算方式：工行转账支票，票号：56783415，同时填现金流量“购建固定资产、无形资产和其他长期资产所支付的现金”，保存凭证，如图7－22所示。单击“退出”按钮，退出。

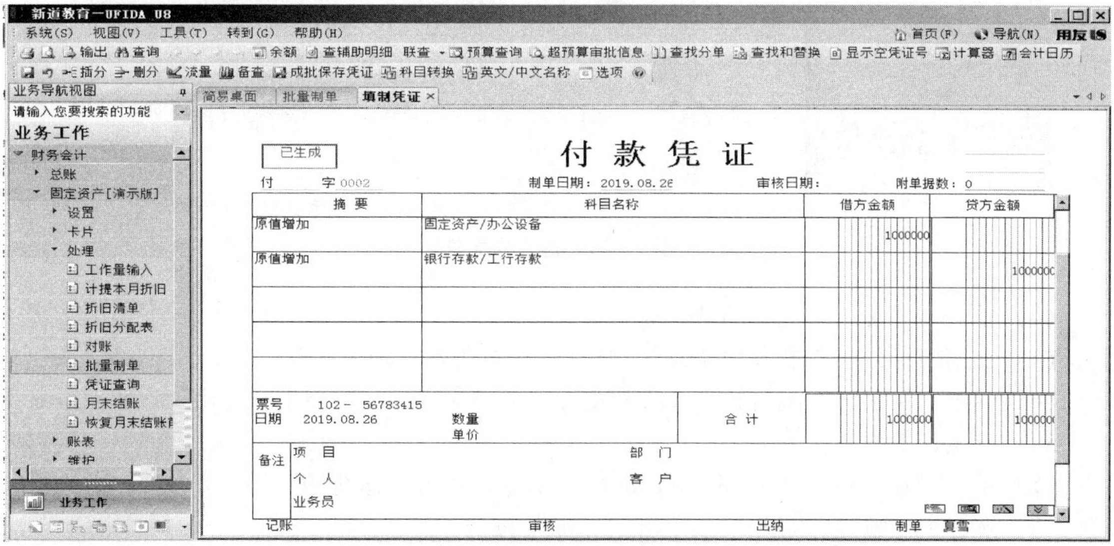

图7－22　生成付款凭证

4. 计提固定资产折旧

（1）以操作员“002 夏雪”身份登录企业应用平台，单击“处理”|“计提本月折旧”，系统提示“计提折旧后是否要看清折旧清单?”。

（2）单击“是”按钮，系统提示“本操作将计提本月折旧，并花费一定时间，是否继续?”，单击“是”按钮，打开“折旧清单”窗口，如图 7－23 所示。

图 7－23　计提折旧清单

（3）单击“退出”按钮，打开“折旧分配表”窗口，如图 7－24 所示。

图 7－24　折旧分配表

（4）单击“凭证”按钮，生成一张记账凭证。

（5）在第四行分录栏录入“1602”，修改凭证类别为“转账凭证”。

（6）单击“保存”按钮，显示“已生成”，如图 7－25 所示。单击“退出”按钮，退出。

5. 固定资产毁损

（1）单击“设置”|“卡片”|“资产减少”命令，进入“减少窗口”。

（2）选择卡片编号“00004”，单击“增加”按钮。

（3）选择减少方式“毁损”，单击“确定”按钮，如图 7－26 所示。

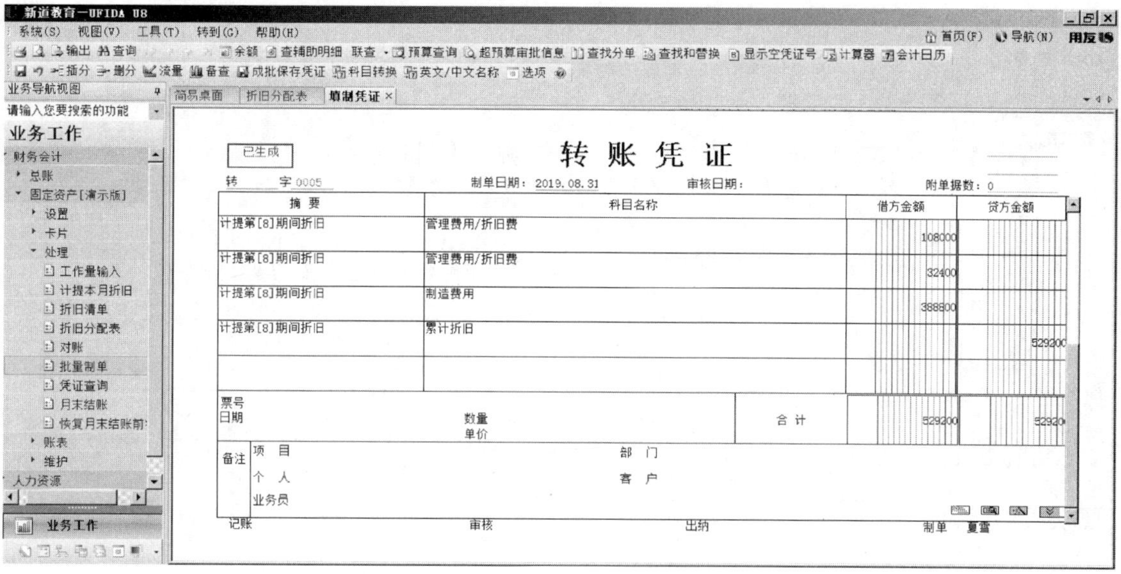

图 7-25　生成折旧凭证

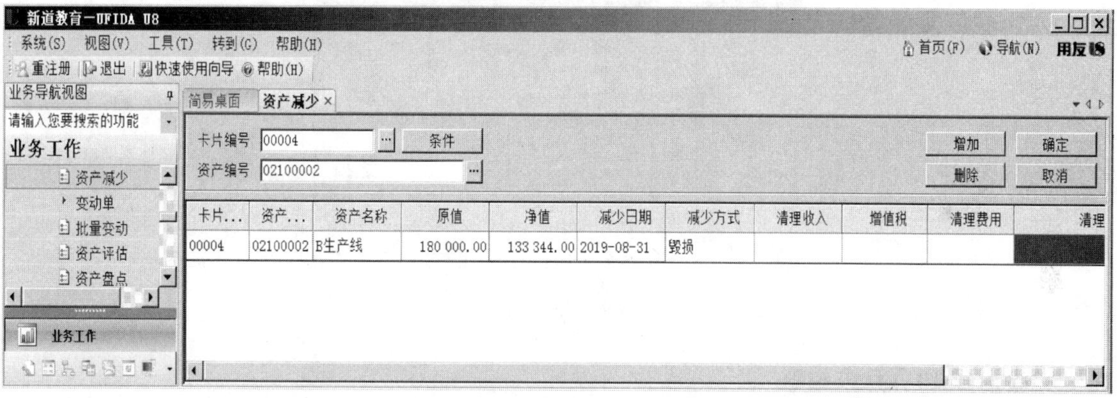

图 7-26　资产减少（毁损）

（4）单击“处理”|“批量处理”，打开“查询条件选择—批量处理”窗口，单击“业务类型”，选择变动单的选择项“资产减少”，单击“确定”按钮。

（5）单击“凭证”按钮，生成一张记账凭证。修改凭证类别为“转账凭证”，保存凭证，如图 7-27 所示。

6. 对固定资产系统生成的记账凭证进行处理

（1）更换操作员 003，到总账系统对生成的付款凭证进行出纳签字。

（2）更换操作员 001，到总账系统对生成的记账凭证进行审核、记账。

7. 对账（与账务对账）

（1）固定资产系统，单击“处理”|“对账”，出现“与账务对账结果”对话框。

（2）单击“确定”按钮，如图 7-28 所示。

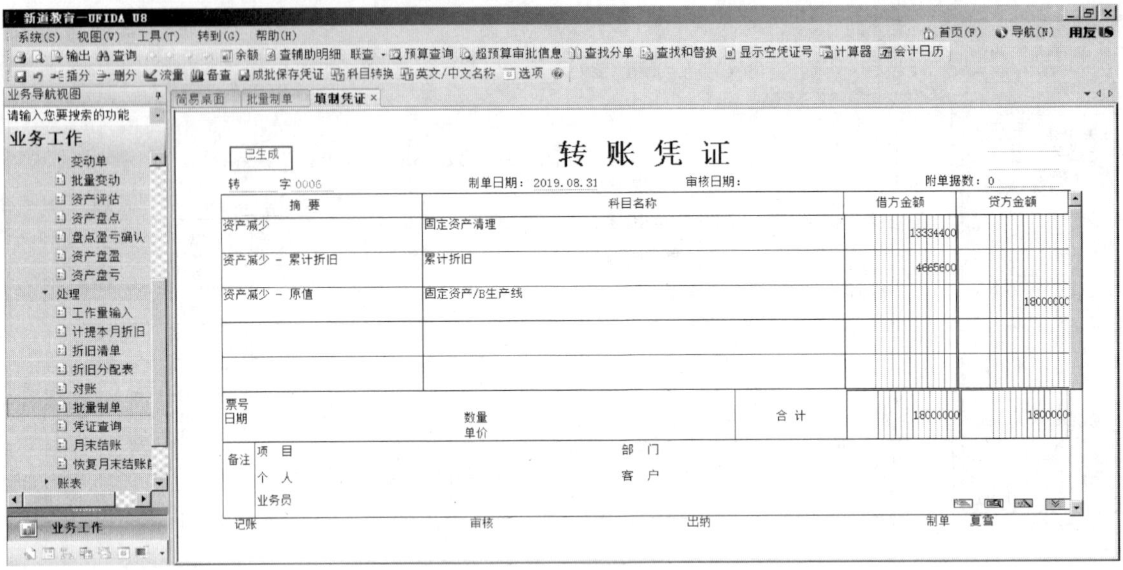

图 7－27 资产减少凭证

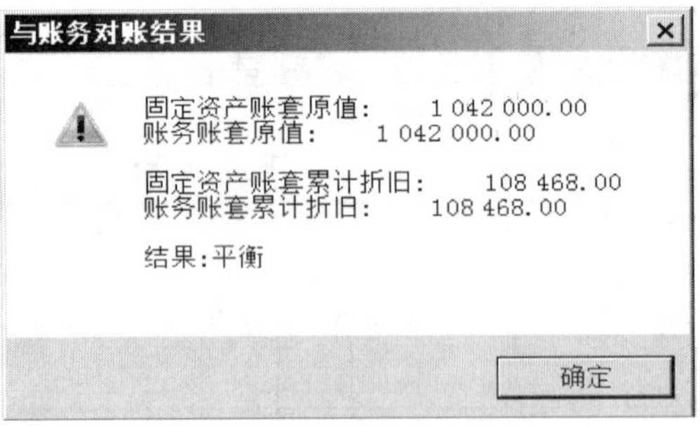

图 7－28 对账

实验指导 10：月末结账

（1）单击"处理/月末结账"功能，如图 7－29 所示。

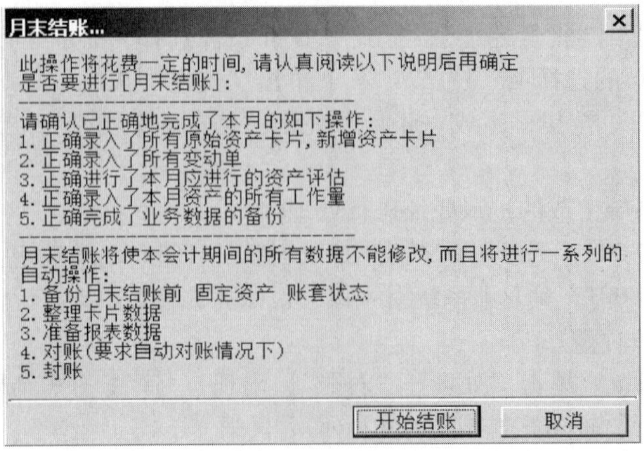

图 7－29 月末对账

（2）满足结账条件后，单击“开始结账”，系统自动进行结账。单击“确定”按钮退出。

实验指导 11：查询账表

1. 查询固定资产原值一览表

（1）单击“账表”|“我的账表”，打开“固定资产—［报表］”窗口。

（2）单击“账簿”中的“统计表”。

（3）双击“［（固定资产原值）一览表］”，打开“条件—［（固定资产原值）一览表］”窗口。

（4）单击“确定”按钮，打开“（固定资产原值）一览表”窗口，如图 7－30 所示。

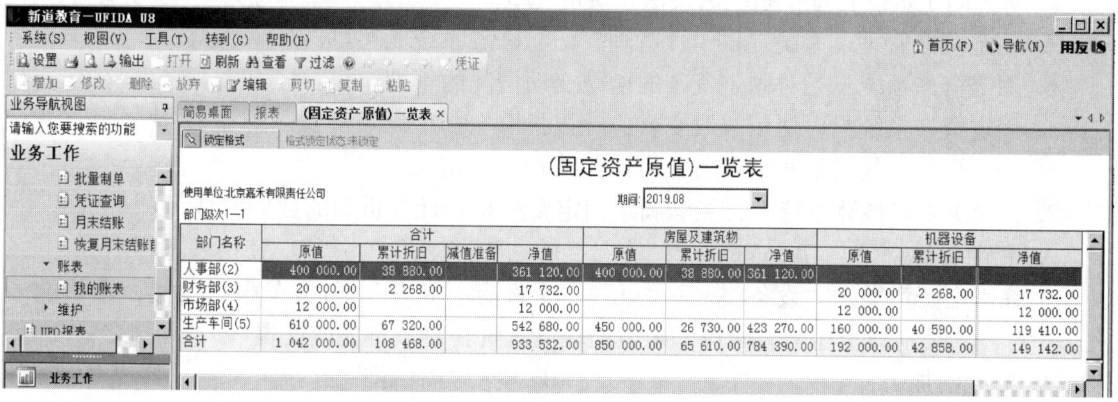

部门名称	合计				房屋及建筑物			机器设备		
	原值	累计折旧	减值准备	净值	原值	累计折旧	净值	原值	累计折旧	净值
人事部(2)	400 000.00	38 880.00		361 120.00	400 000.00	38 880.00	361 120.00			
财务部(3)	20 000.00	2 268.00		17 732.00				20 000.00	2 268.00	17 732.00
市场部(4)	12 000.00			12 000.00				12 000.00		12 000.00
生产车间(5)	610 000.00	67 320.00		542 680.00	450 000.00	26 730.00	423 270.00	160 000.00	40 590.00	119 410.00
合计	1 042 000.00	108 468.00		933 532.00	850 000.00	65 610.00	784 390.00	192 000.00	42 858.00	149 142.00

图 7－30　（固定资产原值）一览表

（5）单击“退出”按钮，退出。

2. 查询“价值结构分析表”

（1）单击“账表”|“我的账表”，打开“固定资产（报表）”窗口。

（2）单击“分析表”。

（3）双击“价值结构分析表”，出现“条件—［价值结构分析表］”对话框。

（4）单击“确定”按钮，打开“价值结构分析表”，如图 7－31 所示。

资产类别	数量	计量单位	期末原值	期末累计折旧	期末减值准备	期末净值	累计折旧占原值百分	减值准备原值百分比%	净值率%
房屋及建筑物(01)	2		850 000.00	65 610.00		784 390.00	7.72		92.28
办公楼(011)	2		850 000.00	65 610.00		784 390.00	7.72		92.28
机器设备(02)	3		192 000.00	42 858.00		149 142.00	22.32		77.68
生产线(021)	1		160 000.00	40 590.00		119 410.00	25.37		74.63
办公设备(022)	2		32 000.00	2 268.00		29 732.00	7.09		92.91
合计	5		1 042 000.00	108 468.00		933 532.00	10.41		89.59

图 7－31　价值结构分析表

（5）单击“退出”按钮，退出。

实验指导 12：账套备份

在 E 盘（或 D 盘）“会计信息系统实训教程”文件夹中新建“实验九”文件，将账套保存至“实验九”文件夹中。

章节练习

文本：章节练习参考答案

一、单项选择题

1. 对于固定资产管理子系统的说法正确的是（　　）。

A. 固定资产管理子系统提供卡片管理，但与账务系统无关

B. 固定资产系统只是对固定资产的增减变动情况的管理

C. 固定资产系统只要使用或改变就应计提折旧

D. 固定资产系统计提折旧的方法可以由用户自行定义

2. 在固定资产核算系统中，能够确定固定资产是否计提折旧的数据项是（　　）。

A. 资产名称　　B. 资产原值　　C. 折旧方法　　D. 使用状态

3. 在固定资产类别“设备类（一级）”下，设有“机床”和“车床”两类，本月购入汽车一台，其类别与上述两类同级，则增加该汽车资料时，首先应设置（　　）。

A. 资产增加　　B. 资产类别编码

C. 固定资产卡片录入　　D. 资产增减方式

4. 在（　　）中，用户可查询当月购进固定资产的记账凭证。

A. 固定资产子系统　　B. 资金管理子系统

C. 账务处理子系统　　D. 采购子系统

5. 在（　　）中，用户可查询当月购进固定资产的记账凭证。

A. 固定资产子系统　　B. 资金管理子系统

C. 账务处理子系统　　D. 采购子系统

6. 下列各项中，（　　）不包括在固定资产初始设置中。

A. 建立固定资产子账套　　B. 固定资产类别设置

C. 固定资产评估　　D. 原始卡片录入

7. 固定资产系统初始化中“固定资产对账科目”选择的对账科目是（　　）。

A. 总账一级科目　　B. 总账末级明细科目

C. 固定资产一级科目　　D. 固定资产末级明细科目

8. 固定资产系统初始化的内容包括（　　）。

A. 约定及说明、启用月份、折旧信息、编码方式、账务接口和完成设置

B. 定义固定资产卡片样式

C. 计提以前年度折旧

D. 录入固定资产原始卡片

9. 关于固定资产管理系统的月末结账功能，正确的是（　　）。

A. 本月不结账，可以以下月日期登录系统，处理下期数据

B. 结账后发现有未处理的业务，只能在下月处理
C. 本月结账后，仍然可以以本月日期登录系统操作
D. 为保证数据的安全性，结账前一定要进行数据备份
10. 固定资产卡片录入时，（　　）是系统自动生成的，不能修改。
A. 录入人　　B. 固定资产名称
C. 存放地点　　D. 对应折旧科目

二、多项选择题

1. 固定资产系统与账务系统的对账，主要是通过设置对账科目（　　）来进行的。
A. 产品生产成本　　B. 固定资产
C. 累计折旧　　D. 在建工程
2. 固定资产管理子系统应具备的功能有（　　）。
A. 管理固定资产的增减变动情况　　B. 管理固定资产卡片
C. 计提折旧　　D. 计算固定资产净值
3. 下列各项中，关于固定资产的卡片样式说法不正确的有（　　）。
A. 固定的　　B. 不能修改的
C. 不能选择的　　D. 可修改的
4. 固定资产卡片的辅助页签包括（　　）。
A. 附属设备　　B. 大修理记录
C. 资产转移记录　　D. 原值变动
5. 固定资产原始卡片的原值、工作总量、累计折旧信息，在没有做变动单或评估单情况下，下列说法不正确的有（　　）。
A. 录入下月可修改　　B. 录入当月可修改
C. 录入后随时可修改　　D. 录入后不能修改
6. 固定资产管理系统期末不允许结账的情况（　　）。
A. 若本账套计提折旧，且本月计提折旧完成
B. 提取本月折旧后，又改变了某项固定资产的折旧方法
C. 有两项固定资产增加未制单
D. 对账不平
7. 固定资产初始设置包括（　　）。
A. 建立固定资产子账套　　B. 固定资产类别设置
C. 固定资产评估　　D. 原始卡片录入
8. 关于固定资产的变动说法错误的有（　　）。
A. 使用年限调整当月有效　　B. 部门转移调整当月有效
C. 原值调整当月有效　　D. 累计折旧调整当月有效
9. 固定资产卡片上的项目一般包括（　　）。
A. 设备类码　　B. 同类固定资产累计折旧汇总数
C. 固定资产原值　　D. 已使用年限及剩余年限
10. 关于新增固定资产卡片计提折旧，说法不正确的有（　　）。
A. 第一月开始计提折旧　　B. 第二月开始计提折旧

C. 根据企业需要随时开始计提折旧　　D. 以上均有可能

三、判断题

1. 固定资产核算软件是一个独立的软件，与其他财务软件毫无关系。（　　）

2. 固定资产卡片表中的数据是固定不变的。（　　）

3. 固定资产核算系统日常数据输入量少，数据处理方式较单纯。（　　）

4. 系统投入使用时，将手工方式下的固定资产卡片全部录入到计算机中，形成固定资产卡片文件。（　　）

5. 为了提高数据处理的安全性、稳定性，在实际设计中往往将固定资产卡片中基本固定不变的数据和变动数据进行分割，形成不同的数据文件。（　　）

第八章

应收款管理系统

学习目标

应收款管理系统主要用于核算和管理客户往来款项。通过本章的学习，要求学生掌握应收款管理系统的功能，理解应收款管理系统和其他系统之间的关系，完成应收款管理系统的初始化、日常处理和期末处理工作。

第八章　PPT：应收款管理系统

第一节　应收款管理系统概述

应收款管理主要用于核算和管理客户往来款项，及时、准确地提供客户往来款项余额资料，提供各种分析报表，帮助企业合理进行资金调配，提供资金的利用效率。

一、应收款管理系统的应用方案

根据对客户往来款项的核算和管理的程度不同，系统提供了详细核算和简单核算两种方案。不同的应用方案，其系统功能、产品接口、操作流程等均不相同。

（一）详细核算

如果企业销售业务和应收款核算与管理内容比较复杂，或者需要追踪每一笔业务的应收款、收款等情况，或者希望对应收款项进行各种分析，或者需要将应收款核算到产品一级，则可以选择详细核算方案。

在这种方式下，客户往来款项由应收款管理系统核算，应收款管理系统主要与总账系统、销售系统、应付款管理系统、UFO报表系统、库存管理系统、存货核算系统等有接口。所有的客户往来凭证全部由应收款管理系统生成，总账系统不再生成该种凭证。

详细核算方式下，应收款管理系统的功能主要包括以下几个方面：

（1）根据输入的单据记录应收款项的形成以及收款结算处理；

（2）处理应收款项的收款及转账情况；

（3）生成应收款项处理的会计凭证，并向总账系统传递；

（4）对外币业务及汇兑损益进行处理；

（5）提供各种查询和分析功能。

如果应收款管理系统与销售管理系统集成使用，系统根据由销售管理系统传递过来的单据记录应收款项的形成，非商品交易形成的应收项目在应收款管理系统中记录；若应收款系统不与销售管理系统集成使用，销售发票和应收单都在应收款管理系统中直接记录。

（二）简单核算

如果在销售业务中应收账款业务并不十分复杂，或者现销业务很多，则可以选择简单核算方案。

在这种方式下，客户往来款项由总账系统核算，应收款管理系统主要与总账系统有接口。应收款管理系统只是连接总账与销售业务系统的一座桥梁，即只是对销售系统生成的发票进行审核并生成凭证传递到总账，而不能对发票进行其他的处理，也不能对往来明细进行实时查询、分析。此时，往来明细只能在总账中进行简单的查询。

简单核算方式下，应收款管理系统的功能主要包括以下几个方面：

（1）接受销售系统的发票，对其进行审核；

（2）对销售发票进行制单处理，并可查询凭证。

二、应收款管理系统的主要功能

应收款管理系统主要提供了设置、日常处理、单据查询、账表管理和其他处理等功能。

（一）设置

设置主要包括三方面的内容：

（1）系统参数设置。企业可以结合管理有权进行参数设置，它是整个系统运行的基础。

（2）单据类型设置、账龄区间设置和坏账初始设置。该设置是为各种应收款业务的日常核算及统计分析做准备。

（3）期初余额录入。录入期初余额可以保证企业数据的完整性和连续性。

（二）日常处理

日常处理提供了应收单据、收款单据的录入、处理、核销、转账、汇兑损益、制单等功能。

（三）单据查询

单据查询提供了查阅各类单据的功能，包括各类单据、详细核算信息、报警信息、凭证等内容。

（四）账表管理

账表管理提供了总账表、余额表、明细账等多种账表的查询功能，以及应收账龄分析、收款账龄分析等统计分析功能。

（五）其他处理

其他处理功能包括进行远程数据传递、对核销或转账等处理进行恢复的功能、进行月末结账等处理功能。

应收款管理系统的操作流程如图 8－1 所示。

应收款管理系统操作流程说明：

（1）初次进入应收款管理系统，要进行账套参数的设置。

（2）在进入正常处理之前，还应进行一些初始设置，并且录入期初余额。

（3）日常处理包括单据的录入、单据的结算、票据的管理、凭证的处理以及转账处理等。

（4）月末处理包括汇兑损益的处理及月末结账的处理。

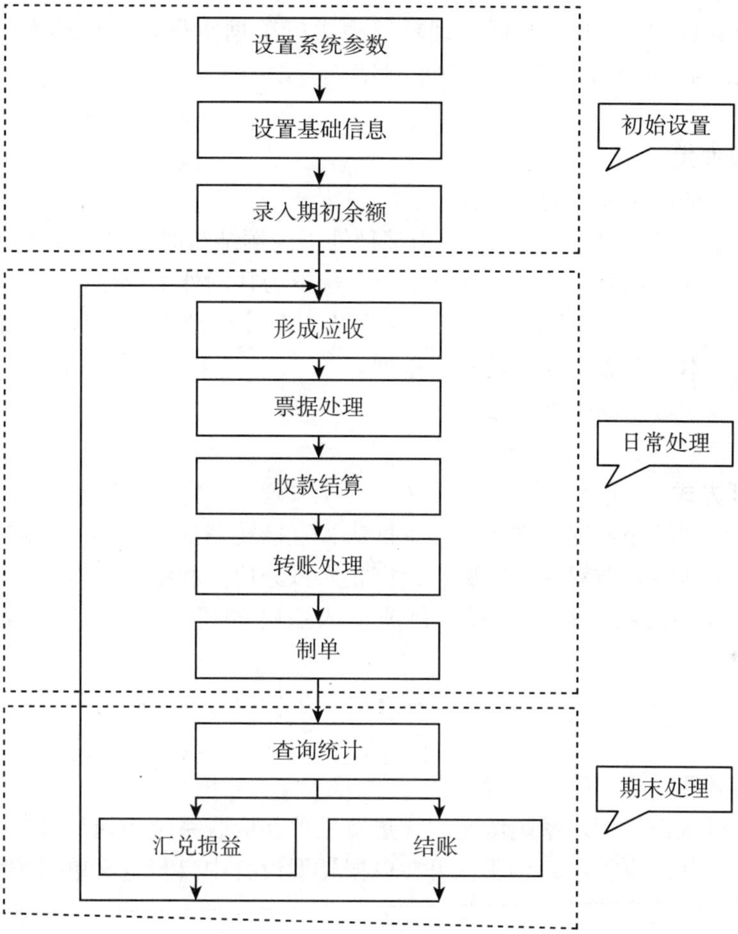

图 8－1　应收款管理系统操作流程

第二节　应收款管理系统初始化

应收款管理系统业务参数

在使用应收款管理系统前，应设置所需要的账套参数，以便系统根据企业所设定的选项进行相应的处理。应收款管理系统账套参数设置主要包括“常规”“凭证”“权限与预警”“核销设置”四项内容。

（一）“常规”选项卡

1. 单据审核日期依据

系统提供了两种确认单据审核日期的依据，即单据日期和业务日期。

若选择“单据日期”，则在单据处理功能中进行单据审核时，自动将单据的审核日期（即入账日期）记为该单据的单据日期。

若选择“业务日期”，则在单据处理功能中进行单据审核时，自动将单据的审核日期（即入账日期）记为当前业务日期（即登录日期）。

2. 汇兑损益方式

系统提供了两种汇兑损益的方式：

一是“外币余额结清时计算”，即仅当某种外币余额结清时才计算汇兑损益，在计算汇兑损益时，界面中仅显示外币余额为 0 且本币余额不为 0 的外币单据。

二是“月末计算”，即每个月末计算汇兑损益，在计算汇兑损益时，界面中显示所有外币余额不为 0 或者本币余额不为 0 的外币单据。

账套使用过程中可以修改该参数。

3. 坏账处理方式

系统提供了两种坏账处理的方式，即备抵法和直接转销法。

备抵法具体包括应收余额百分比法、销售收入百分比法和账龄分析法三种方法，在初始设置中需要录入坏账准备期初和计提比例或输入账龄区间等，并在坏账处理中进行后续处理。

直接转销法下，当坏账发生时，直接在坏账发生处将应收账款转为费用即可。

4. 代垫费用类型

其设置是针对从销售管理系统传递的代垫费用单在应收系统用何种单据类型进行接收的问题。系统默认为其他应收单，企业也可在单据类型设置中自行定义单据类型，然后在系统选项中进行选择。该选项随时可以更改。

5. 应收账款核算模型

系统提供了“简单核算”“详细核算”两种模型。

6. 自动计算现金折扣

为了鼓励客户在信用期间内提前付款而采用现金折扣政策，可以在系统中选择是否自动计算现金折扣。

若选择“自动计算现金折扣”，则需要在发票或应收单中输入付款条件，在核销处理界面中系统依据付款条件自动计算该发票或应收单可享受折扣，输入本次折扣进行结算，则“原币余额＝原币金额－本次结算金额－本次折扣”。

若不选择“自动计算现金折扣”，则系统不自动计算现金折扣。

7. 登记支票

登记支票即自动登记支票登记簿的功能，该选项可以随时修改。

若选择“登记支票登记簿”，则系统自动将具有票据管理的结算方式的付款单登记支票登记簿。

若不选择“登记支票登记簿”，则企业也可以通过付款单上的“登记”按钮，进行手工填制支票登记簿。

8. 应收票据直接生成收款单

若选择“是”，则表示应收票据保存时，同时生成收款单；若选择“否”，则表示应收票据保存后，不生成收款单，需在票据界面手工点“生成”按钮才可生成收款单。

（二）“凭证”选项卡

1. 受控科目制单方式

受控科目制单方式有两种：

一是“明细到客户”，即当将一个客户的多笔业务合并生成一张凭证时，若核算这多笔业务的控制科目相同，系统将自动将其合并成一条分录，从而在总账系统中能够根据客户来查询其详细信息。

二是“明细到单据”，当将一个客户的多笔业务合并生成一张凭证时，系统会将每一笔业务形成一条分录从而在总账系统中能查看到每个客户每笔业务的详细情况。

2. 月末结账前是否全部生成凭证

若选择了月末结账前需要全部生成凭证，则在进行月末结账时将检查截至结账月是否有未制单的单据和业务处理（若有则系统将提示不能进行本次月结处理，但可以详细查看这些记录；若没有才可以继续进行本次月结处理）。

若选择了在月末结账前不需要全部生成凭证，则在月结时只是允许查询截至结账月的未制单的单据和业务处理，不进行强制限制。在账套使用过程中可以修改该参数。

3. 预收冲应收是否生成凭证

若选择“是”，则对预收冲应收业务，当预收、应收科目不相同时，需要生成一张转账凭证，月末结账时需要对预收冲应收进行分别检查有无没有制单的记录。

若选择“否”，则对预收冲应收业务，不管预收、应收科目是否相同均不需要生成凭证，月末结账时不需要检查预收冲应收记录有无制单。

该选项可以随时修改。

4. 红票对冲是否生成凭证

若选项“是”，则对于红票对冲处理，当对冲单据所对应的受控科目不相同时，需要生成一张转账凭证，月末结账时需要对红票对冲处理分别检查有无须要制单的记录。

若选择“否”，则对于红票对冲处理，不管对冲单据所对应的受控科目是否相同均不需要生成凭证，月末结账时不需要检查红票对冲处理制单情况。

该选项可以随时修改。

（三）“权限与预警”选项卡

1. 单据报警

按信用方式报警其单据到期日根据客户档案中信用期限而定；按折扣期则根据单据中的付款条件最大折扣日期计算。在账套使用过程中可以修改该参数。

2. 信用额度报警

系统根据设置的预警标准显示满足条件的客户记录，只要客户的信用比率小于等于设置的提前比率时就对该客户进行报警处理；若选择“信用额度＝0”的客户也预警，则当该客户的“应收账款＞0 ”时即进行预警。

（四）“核销设置”选项卡

系统提供了两种应收款的核销方式：一是按单据核销，系统将满足条件的未结算单据全部列出，由企业选择要结算的单据进行核销；二是按产品核销，系统将满足条件的未结算单据按存货列出，由企业选择要结算的存货进行核销。

企业收款时，如果没有指定具体是哪个存货的款项，则可以采用按单据核销。对于单位价值较高的存货，企业可以采用按产品核销，即收款指定到具体存货上。在账套使用过程中，可以随时修改该参数的设置。

实验十　应收款管理系统初始化设置

【实验准备】

可以引入 E 盘中“会计信息系统实训教程”文件夹中“实验三”的备份数据，将系统日期修改为“2019 年 8 月 31 日”。由 001 韩冬完成应收款管理系统的初始化设置。

【实验内容】

（1）修改会计科目；
（2）设置控制参数、初始设置；
（3）设置计量单位、存货分类、存货档案；
（4）设置开户银行；
（5）录入期初余额。

【实验资料】

1. 系统启用

启用应收款管理系统、销售管理系统，启用时间为“2019 年 8 月 1 日”。

2. 修改会计科目

修改“应收账款”“应收票据”“预收账款”科目的受控系统为应收系统。

3. 控制参数设置（见表 8-1）

表 8-1　控制参数设置

控制参数	参数设置
坏账处理方式	应收余额百分比法
是否自动计算现金折扣	是

4. 初始设置

（1）科目设置，如表 8-2 所示。

视频：基本科目设置

表 8-2　科目设置

科目设置	参数设置
基本科目设置	应收科目（本币）：应收账款 预收科目（本币）：预收账款 销售收入科目：主营业务收入——甲产品 应交增值税科目：应交税费——应交增值税——销项税额
控制科目设置	所有客户的控制科目：应收科目为“应收账款” 预收科目为“预收账款”
结算方式科目设置	现金支票：币种为人民币；科目为“银行存款——工行存款” 转账支票：币种为人民币；科目为“银行存款——工行存款”

（2）设置坏账准备，如表 8-3 所示。

视频：坏账准备设置

表 8-3　坏账准备

控制参数	参数设置
提取比例	0.5%
坏账准备期初余额	800
坏账准备科目	坏账准备
对方科目	资产减值损失（系统中仍为旧科目）

（3）设置账期内账龄区间，如表 8－4 所示。

表 8－4　　账期内账龄区间

序号	起止天数	总天数
01	0～30	30
02	31～60	60
03	61～90	90
04	91 以上	

（4）设置逾期账龄区间，如表 8－5 所示。

表 8－5　　逾期账龄区间

序号	起止天数	总天数
01	1～30	30
02	31～60	60
03	61～90	90
04	91 以上	

5. 设置计量单位

（1）设置计量单位组：

计量单位组编号：01；

计量单位组名称：无换算关系；

计量单位组类别：无换算率。

（2）设置计量单位，如表 8－6 所示。

表 8－6　　计量单位表

计量单位编码	计量单位名称	计量单位组编码	计量单位组名称	计量单位组类别
01	件	01	无换算关系	无换算率
02	台	01	无换算关系	无换算率
03	只	01	无换算关系	无换算率
04	千米	01	无换算关系	无换算率
05	吨	01	无换算关系	无换算率

6. 设置存货分类（见表8－7）

表8－7　　存货分类

存货类别编码	存货类别名称
1	原材料
2	半成品
3	产成品
4	应税劳务

7. 设置存货档案（见表8－8）

表8－8　　存货档案

存货编码	存货名称	所属类别	主计量单位	税率（%）	存货属性
001	C原料	1	吨	13	外购、生产耗用
002	V原料	1	件	13	外购、生产耗用
003	K零件	2	件	13	外购、生产耗用
004	甲产品	3	台	13	自制、生产耗用、内销、外销
005	乙产品	3	台	13	自制、生产耗用、内销、外销
006	运输费	4	千米	9	外购、内销、应税劳务

8. 设置单据编号

设置销售专用发票、其他应收款、收款单的单据编号，允许手工改动。

9. 设置开户银行

中国工商银行海淀支行；银行账号：682476300012。

10. 设置收发类型、销售类型（见表8－9和表8－10）

表8－9　　收发类型

收发类别编码	收发类别名称	收发标志
1	入库	收
2	出库	发

表8－10　　销售类型

销售类别编码	销售类别名称	出库类别	是否默认值
01	经销	出库	是

11. 录入期初余额

（1）应收票据账户期初余额。会计科目：1121应收票据；借方余额70 000元；开票单位。具体构成如表8－11所示。

表 8 - 11　　应收票据期初余额明细　　单位：元

单据名称	单据类型	方向	票据编号	开票单位	票据面值	票据余额	签发日期	收到日期	到期日
应收票据	银行承兑汇票	正	J453	兰州新风公司	70 000	70 000	2019.7.19	2019.7.19	2020.7.19
合计					70 000	70 000			

（2）应收账款账户期初余额。会计科目：应收账款 1 122，余额：借方 282 000 元，具体构成如表 8 - 12 所示。

表 8 - 12　　应收账款期初余额明细　　单位：元

单据类型	方向	开票日期	票号	客户名称	销售部门	科目编码	存货名称	数量	含税单价	含税金额
销售专用发票	正	2019.7.20	P029	北京远洋公司	销售科	1122	甲产品	495	339	167 805
销售专用发票	正	2019.7.26	J031	上海锦江公司	销售科	1122	乙产品	420	271.2	113 904
其他应收款单	正	2019.7.28	K002	上海锦江公司	销售科	1122	代垫运费			291
合计										282 000

12. 期初对账

查看期初余额明细表，进行期初对账。

13. 账套备份

完成上述操作，账套备份。

【实验指导】

实验指导 1：系统启用

由账套主管 001 登录系统，时间为 2019 年 8 月 1 日，启用应收款管理系统、销售管理系统，启用日期为 2019 年 8 月 1 日。

文本：知识点拓展与提示 1

实验指导 2：修改会计科目

（1）在“企业应用平台”中，单击“基础设置”|“基础档案”|“财务”，打开“会计科目”，单击“查找”按钮，弹出“查找科目”窗口，输入 1122，单击“查找”按钮，系统自动定位在 1122 应收账款科目处。

（2）鼠标选中 1122 应收账款科目，单击“修改”命令，再单击“修改”按钮，选择右下方的受控科目的下三角按钮，在下拉显示项中选择“应收系统”，单击“确认”按钮。将“1122 应收账款”的受控系统修改为“应收系统”，如图 8 - 2 所示。

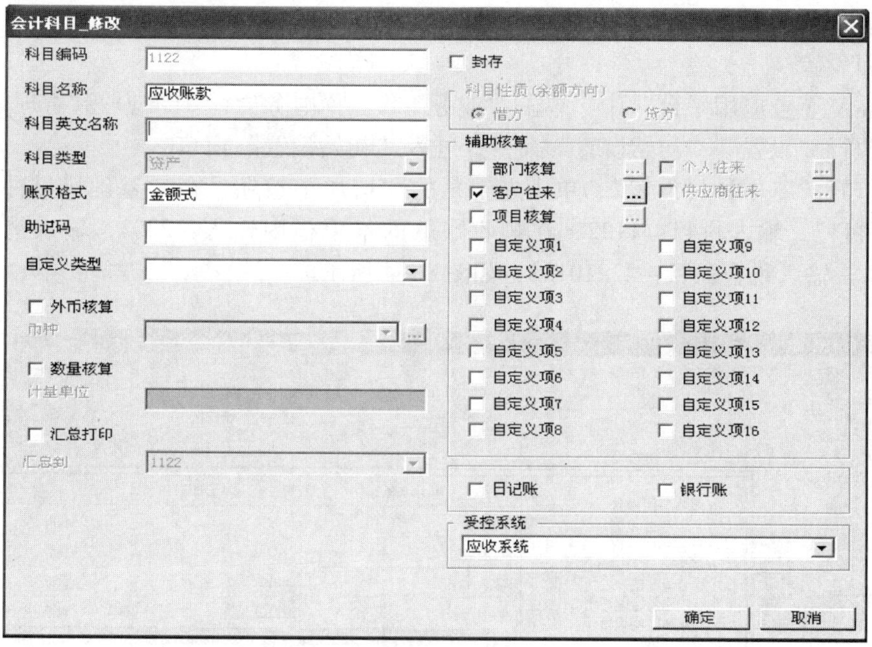

图 8－2 应收账款受控系统修改

实验指导 3：设置控制参数

（1）在“企业应用平台”中，单击“业务工作”|“财务会计”|“应收款管理”。

（2）单击“设置”|“选项”，打开“账套参数设置”对话框。

（3）单击“编辑”按钮，选择“坏账处理方式”旁边三角按钮，在下拉菜单中选择“应收余额百分比法”，选择“是否自动计算现金折扣”选项，单击“确定”按钮，如图 8－3 所示。

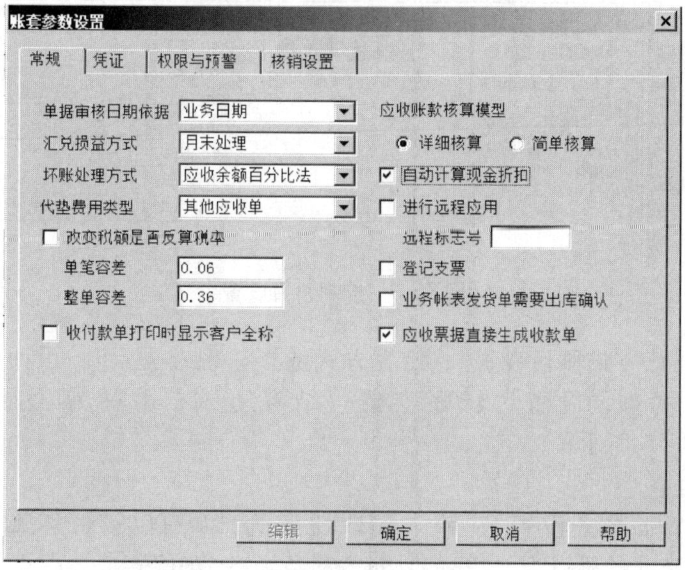

图 8－3 应收款管理参数设置

实验指导4：初始设置

1. 科目设置

（1）在“企业应用平台”中，单击“业务工作”|“财务会计”|“应收款管理”。

（2）执行“设置”|“初始设置”命令，进入“初始设置”窗口。

（3）打开“基本科目设置”，单击左上角的“增加”按钮，在“基础科目种类”下选择“应收科目”，输入科目：1122，在预收账款的本币栏内输入：2203，输入销售收入科目：600101，输入税金科目：22210102，如图8－4所示。

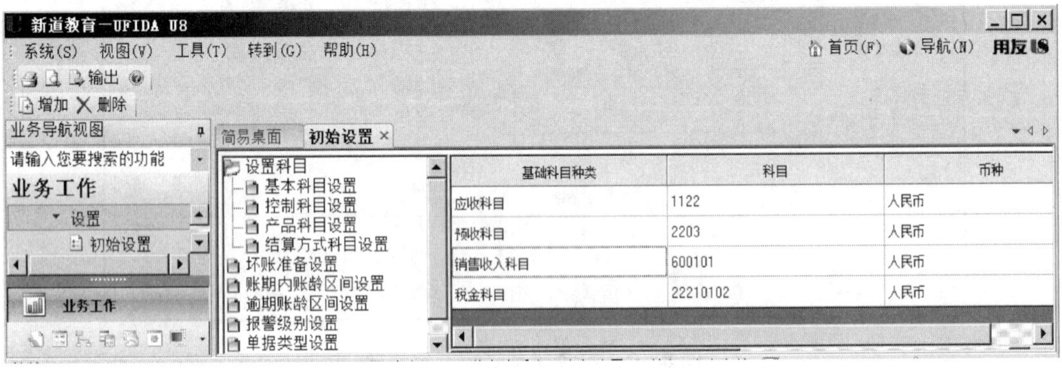

图8－4 基本科目设置

（4）打开“控制科目设置”，将所有客户的“应收科目”设置为1122、“预收科目”设置为2203，如图8－5所示。

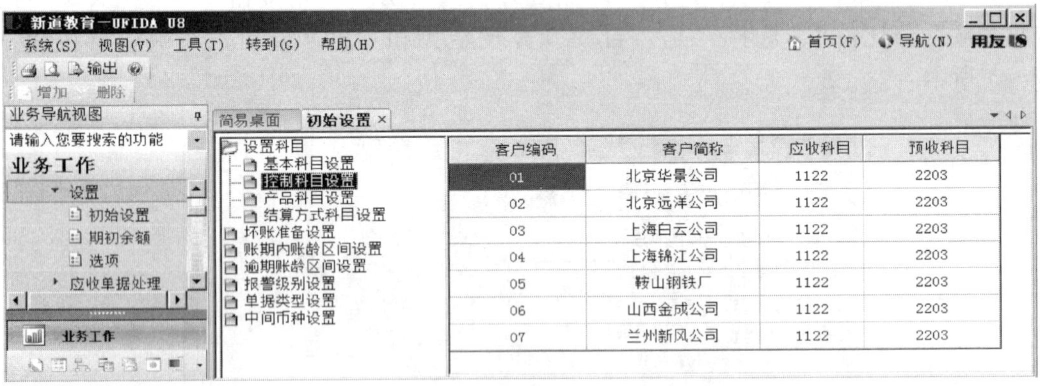

图8－5 控制科目设置

（5）打开“结算方式科目设置”，结算方式选择“现金支票”，币种为“人民币”，科目为“100201”；同理，设置“转账支票”结算方式，币种为“人民币”，科目为“100201”，如图8－6所示。

2. 设置坏账准备

（1）单击“坏账准备设置”，输入提取比率为“0.500%”，坏账准备期初余额为“800.00”元，坏账准备科目为“1231”，对方科目为“6701”。

（2）单击“确定”按钮，设置完毕，如图8－7所示。

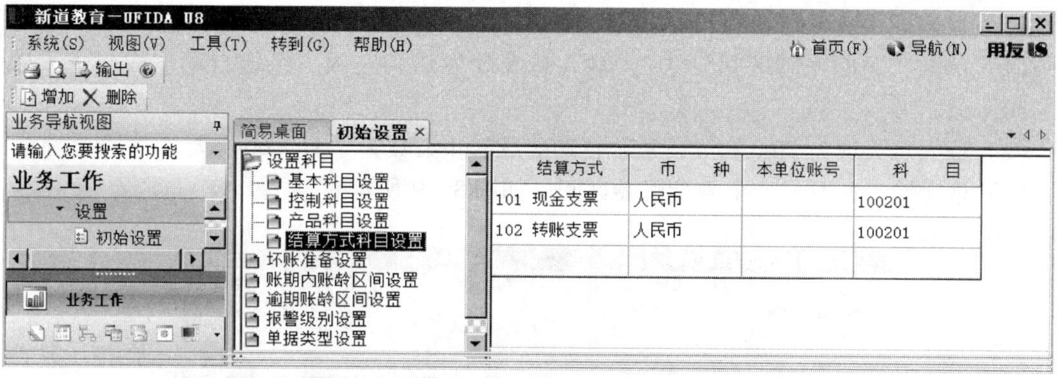

图 8-6 结算方式科目设置

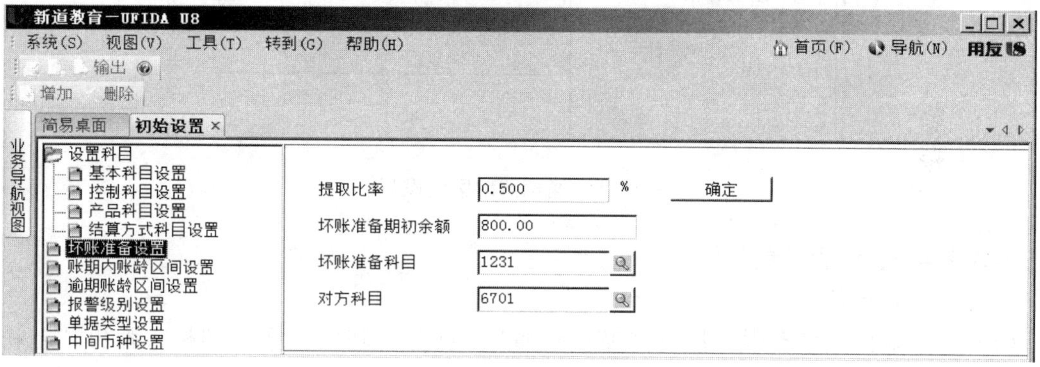

图 8-7 坏账准备设置

3. 设置账龄内账龄区间

（1）单击“账龄内账龄区间设置”，输入总天数为“30”天，系统自动生成起止天数为“0-30”天。

（2）输入总天数为“60”天，系统自动生成起止天数为“31-60”天。

（3）依次输入，形成四个账龄区间，如图 8-8 所示。

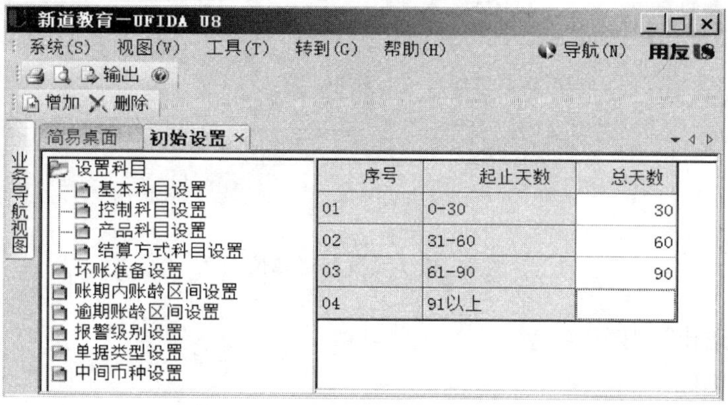

图 8-8 账龄内账龄区间设置

4. 设置逾期账龄区间

（1）单击“逾期账龄区间设置”，输入总天数为“30”天，系统自动生成起止天数为“0－30”天。

（2）输入总天数为“60”天，系统自动生成起止天数为“31－60”天。

（3）依次输入，形成四个逾期账龄区间，如图 8－9 所示。

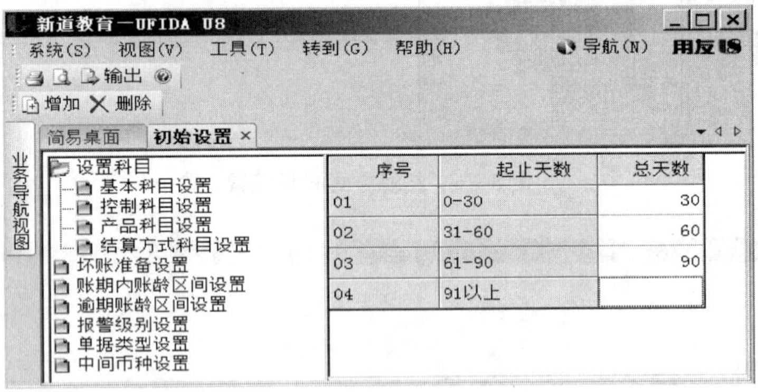

图 8－9　逾期账龄区间设置

实验指导 5：设置计量单位

1. 设置计量单位组

（1）在企业应用平台中，执行“基础设置”，双击“基础档案”图标，弹出“基础档案”对话框。双击“存货”类别下的“计量单位”，进入“计量单位—计量单位组别”窗口。

（2）单击“分组”按钮，打开“计量单位分组”对话框。

（3）单击“增加”按钮，输入计量单位组编码“01”，输入计量单位组名称：无换算关系。

（4）选择计量单位组类别“无换算率”，单击“保存”按钮，如图 8－10 所示。

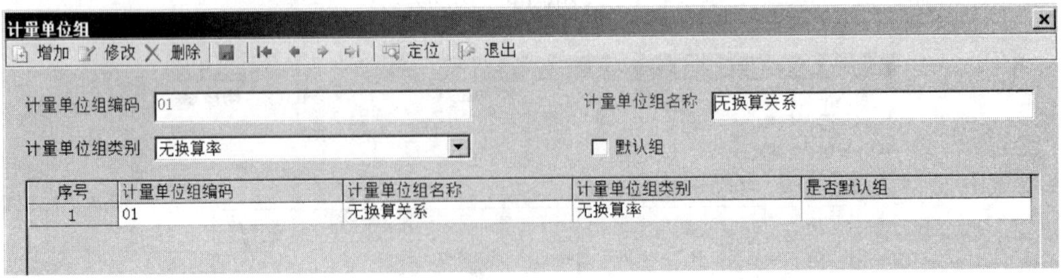

图 8－10　设置计量单位组

（5）单击“退出”按钮。

2. 设置计量单位

（1）在企业应用平台中，执行“基础设置”，双击“基本档案”图标，弹出“基础档案”对话框。双击“存货”类别下的“计量单位”，进入“计量单位—计量单位组别”窗口。

（2）单击“单位”按钮，单击“增加”按钮，输入计量单位编码“01”，输入计量单位名称“件”，单击“保存”命令。

（3）同理，分别录入其他计量单位，如图 8－11 所示。

图 8－11　设置计量单位

实验指导 6：设置存货分类

（1）在企业应用平台中，执行“基础设置”，双击“基本档案”图标，弹出“基础档案”对话框。双击“存货”类别下的“存货分类”，进入“存货分类”窗口。

（2）单击“增加”按钮，输入存货分类“1”，输入存货类别名称“件”，单击“保存”命令。同理分别输入其他存货的计量单位，如图 8－12 所示。

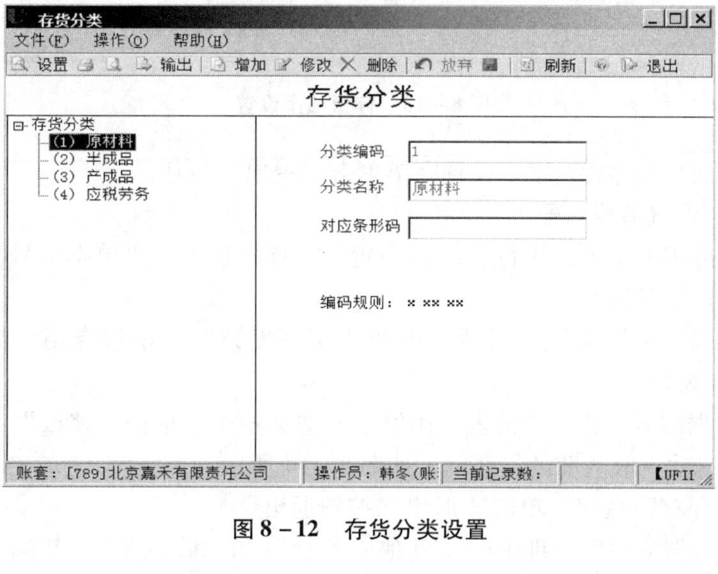

图 8－12　存货分类设置

实验指导 7：设置存货档案

（1）在企业应用平台中，执行“基础设置”命令。

（2）双击“基础档案”窗口下的存货类别下的“存货档案”，进入“存货档案”窗口，选中左侧的“原材料”分类。

（3）再单击“增加”按钮，输入存货编码“001”，输入存货名称“C 原料”，选择“无换算关系”计量单位组，删除“主计量单位”处的默认单位“件”，单击主计量单位处的参照钮，选择计量单位“吨”，单击“确定”，再选择存货属性：“外购”“生产耗用”。单击“保存”命令，如图 8－13 所示。

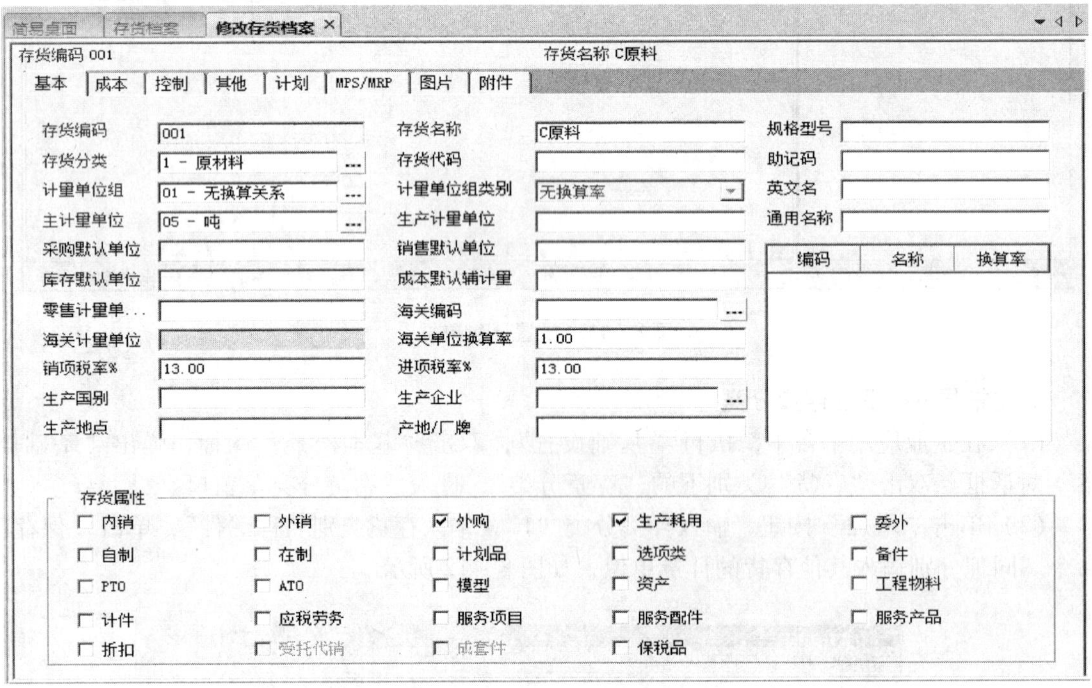

图 8－13　存货档案设置

（4）同理增加其他存货档案。设置完毕单击“退出”按钮。

实验指导 8：设置单据编号

（1）在企业应用平台中，执行“基础设置”|“单据设置”|“单据编号设置”命令，打开“单据编号设置”对话框。

（2）单击左侧“单据类型”对话框中的“销售发票”|“销售专用发票”命令，打开“单据编号设置”窗口。

（3）在“单据编号设置”|“销售专用发票”对话框中，单击“修改”按钮，选中“手工改动，重号时自动重取”前的复选框，如图 8－14 所示。

（4）单击“保存”按钮，单击“退出”按钮退出。

（5）同理，设置应收款管理中的“其他应收款”和“收款单”，其编号选中“手工改动，重号时自动重取”。

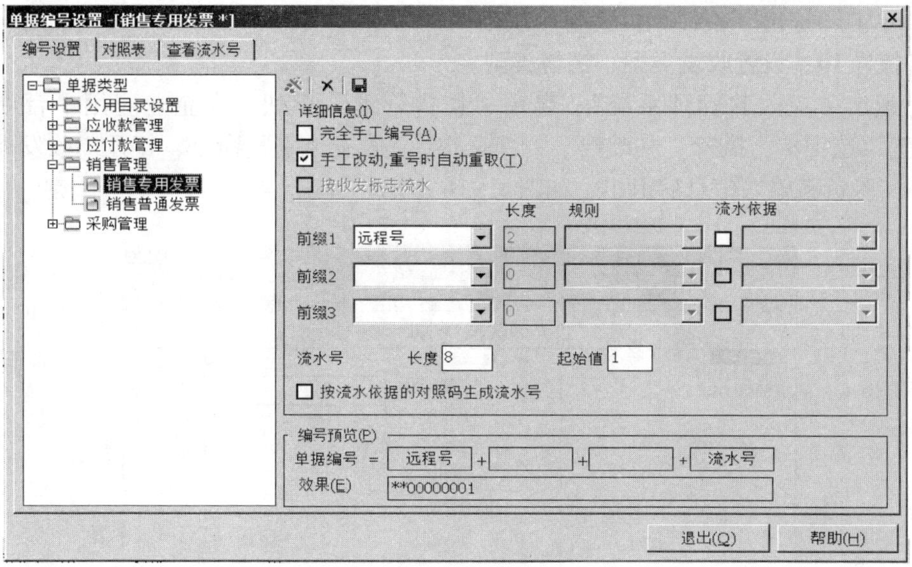

图 8－14　设置单据编号

实验指导 9：设置开户银行

（1）在企业应用平台中，双击“基础档案”窗口下的收付结算类别下的“开户银行”，进入“本单位开户银行”窗口。

（2）单击“增加”按钮，输入开户银行编码“01”，输入银行账号“682476300012”，选择币种“人民币”，输入开户银行名称“中国工商银行海淀支行”，所属银行编码点开下拉菜单选择“01 中国工商银行”。

（3）单击“保存”按钮，如图 8－15 所示。

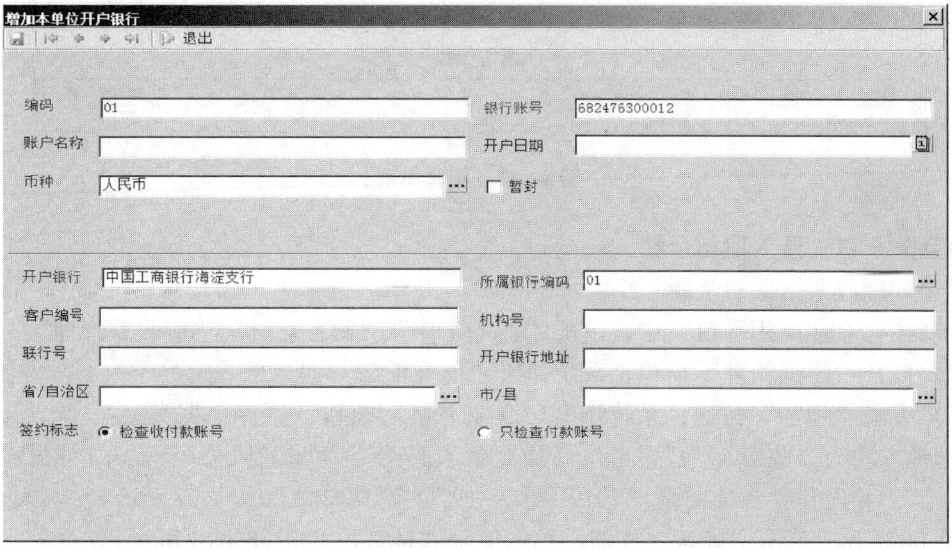

图 8－15　设置本单位开户银行

（4）单击“退出”按钮，再关闭“基础档案”窗口。

实验指导 10：设置收发类型、销售类型

（1）退出“应收款管理系统”，启用“销售管理”模块，在企业应用平台中，打开“基础设置”选项卡，执行“基础档案”|“业务”|“收发类别”命令，打开“收发类别”对话框，按实验资料输入信息后退出，如图 8－16 所示。

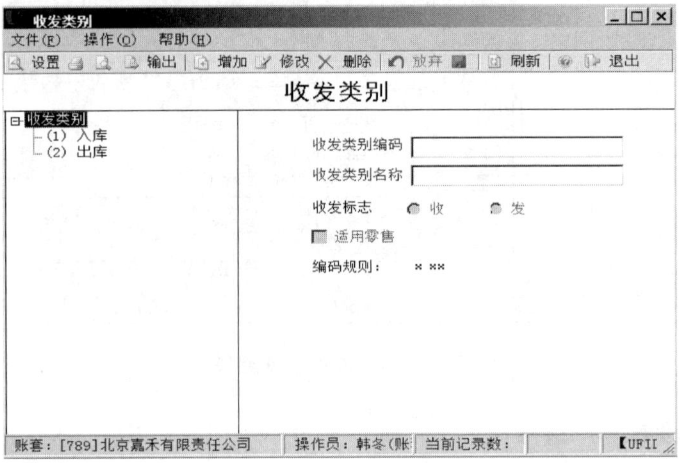

图 8－16　收发类别

（2）执行“基础档案”|“业务”|“销售类别”命令，打开“销售类别”对话框，按实验资料输入信息后退出，如图 8－17 所示。

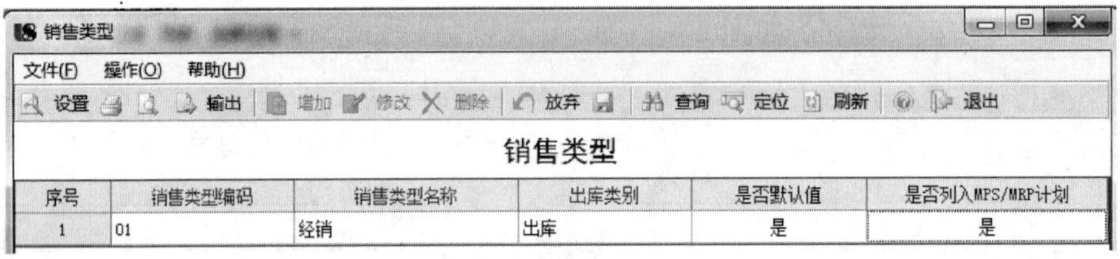

图 8－17　销售类别

实验指导 11：录入期初余额

1. 录入应收票据期初余额

（1）在“企业应用平台”中，单击“业务工作”|“财务会计”|“应收款管理”。

（2）打开“票据管理”窗口，系统弹出“商业汇票”对话框。

（3）单击“增加”按钮，系统弹出“商业汇票”窗口，选择单据类型：“银行承兑汇票”，选择方向为“收款”，开票单位（或开票人）为“兰州新风公司”，开户银行“中国工商银行”，签发和收到日期是“2019－07－19”，到期日“2020－07－19”，输入金额为“70 000.00”元，单击“确认”按钮。单据编号“J453”，如图 8－18 所示。

2. 录入应收账款期初余额（期初销售发票）

（1）在“企业应用平台”中，单击“业务工作”|“财务会计”|“应收款管理”。

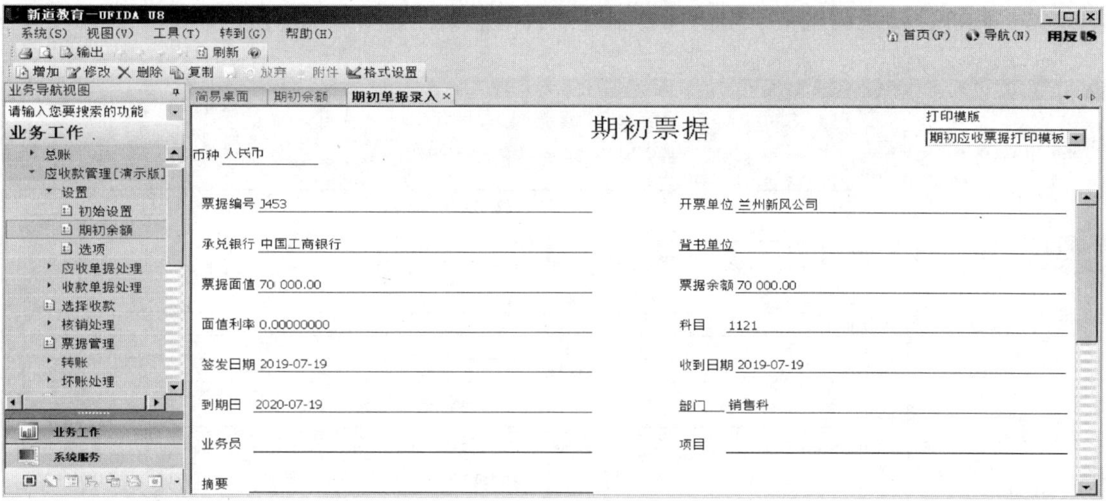

图 8－18　应收票据期初

（2）执行“设置”|“期初余额”命令，进入“期初余额—查询”对话框，单击“确认”按钮，进入期初余额明细表窗口。

（3）单击“增加”按钮，系统弹出“单据类型”对话框，选择单据名称“销售发票”，选择单据类型“销售专用发票”，单击“确认”按钮，进入销售发票对话框，如图 8－19 所示。

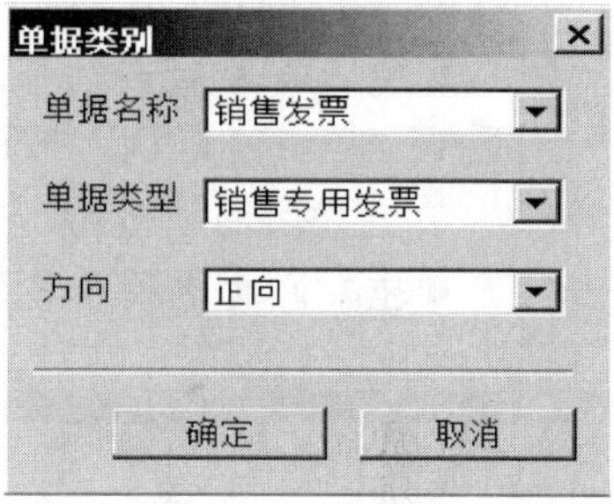

图 8－19　“单据类型”对话框

（4）单击“增加”按钮，修改发票号为“P029”，输入开票日期 2019－07－25，单击客户名称处的参照钮，选择“北京远洋公司”，单击销售部门处的参照钮，选择销售部门“销售科”。

（5）双击表体的货物名称栏，单击参照钮，选择“甲产品”，输入数量“495”，输入含税单价“339”，单击“保存”按钮，如图 8－20 所示。

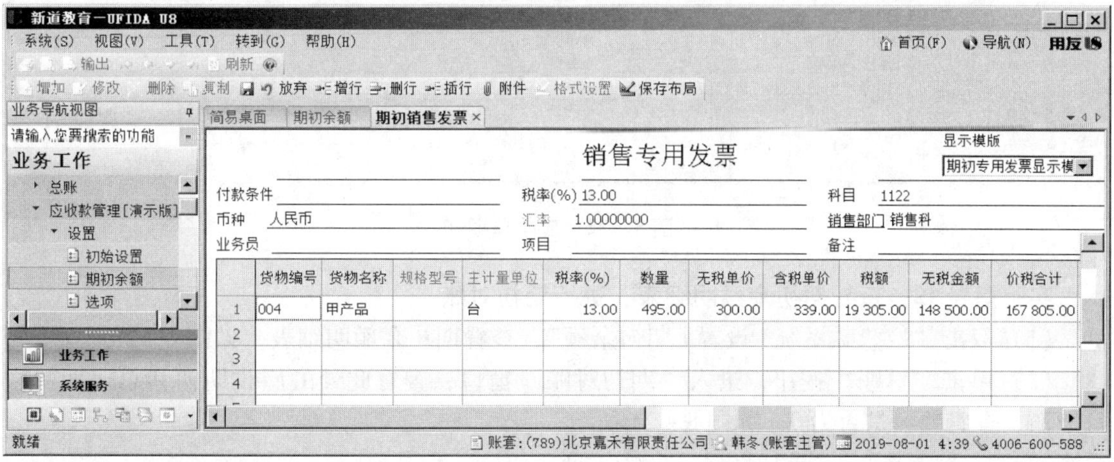

图 8－20　销售专用发票

（6）同理，输入第二张期初销售专用发票数据信息，如图 8－21 所示。

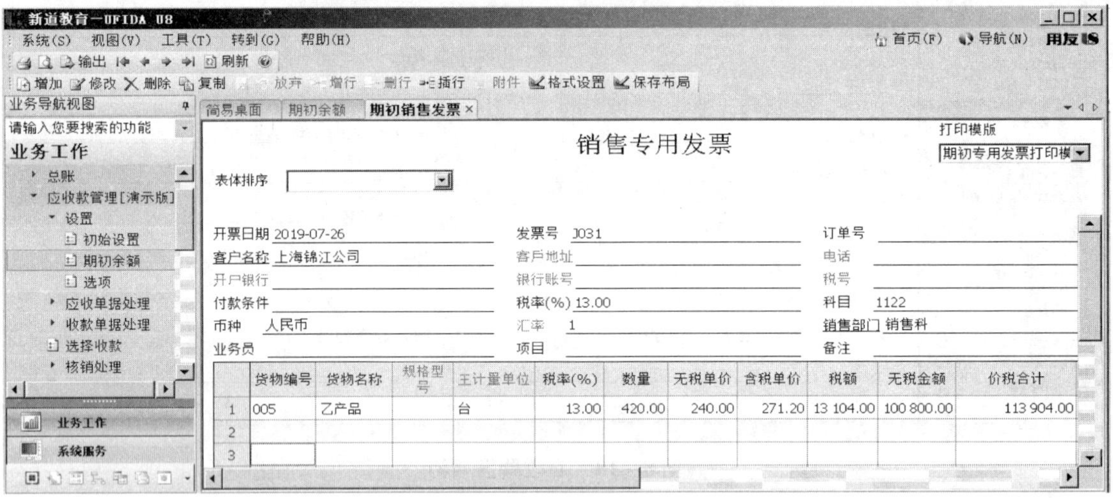

图 8－21　销售专用发票

3. 录入期初其他应收单

（1）在应收款管理系统中，执行“设置”|“期初余额”命令，进入“期初余额—查询”对话框，单击“确认”按钮，进入期初余额明细表窗口。

（2）单击“增加”按钮，打开“单据类别”对话框。

（3）单击“单据名称”栏的下三角按钮，选择“应收单”，如图 8－22 所示。

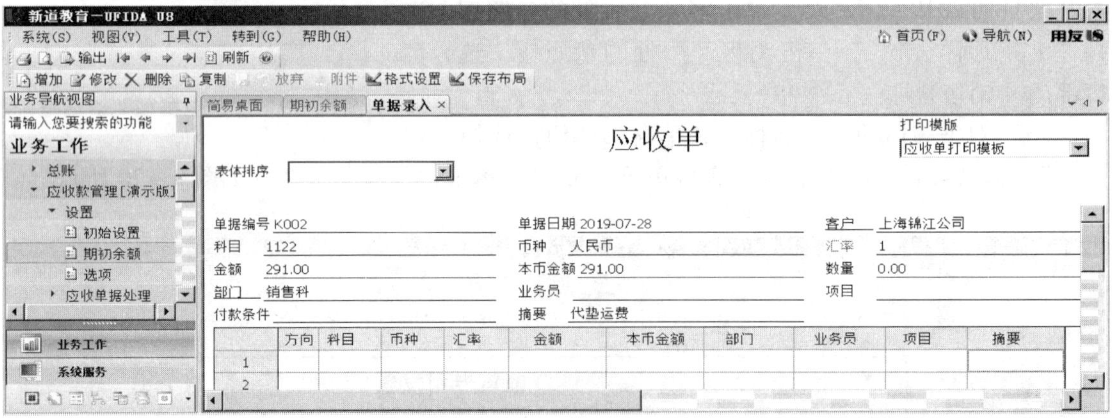

图 8－22　应收单期初

实验指导 12：查看期初余额明细表，进行期初对账

（1）双击“应收款系统｜设置｜期初余额”，查看期初余额明细表，如图 8－23 所示。

（2）单击“对账”按钮，进入“期初对账”窗口，查看此处的应收期初和总账期初栏目金额，查看差额是否为 0，如图 8－24 所示。

（3）单击“退出”按钮退出。

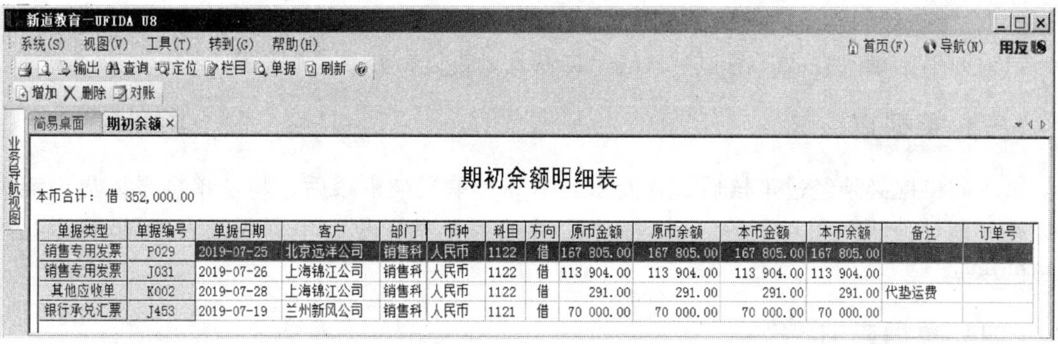

单据类型	单据编号	单据日期	客户	部门	币种	科目	方向	原币金额	原币余额	本币金额	本币余额	备注	订单号
销售专用发票	P029	2019-07-25	北京远洋公司	销售科	人民币	1122	借	167 805.00	167 805.00	167 805.00	167 805.00		
销售专用发票	J031	2019-07-26	上海锦江公司	销售科	人民币	1122	借	113 904.00	113 904.00	113 904.00	113 904.00		
其他应收单	K002	2019-07-28	上海锦江公司	销售科	人民币	1122	借	291.00	291.00	291.00	291.00	代垫运费	
银行承兑汇票	J453	2019-07-19	兰州新风公司	销售科	人民币	1121	借	70 000.00	70 000.00	70 000.00	70 000.00		

图 8－23　应收系统期初余额明细表

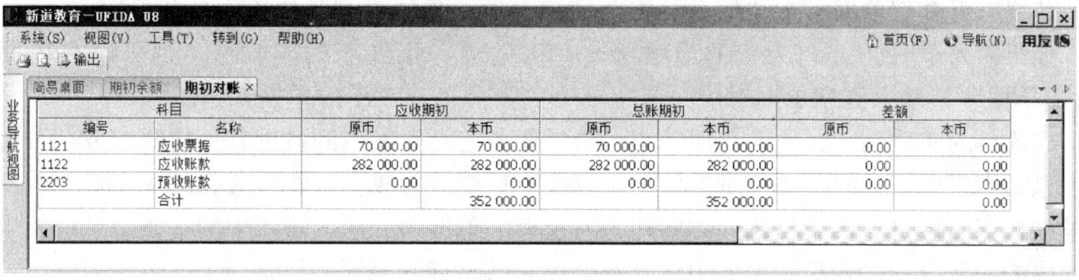

科目		应收期初		总账期初		差额	
编号	名称	原币	本币	原币	本币	原币	本币
1121	应收票据	70 000.00	70 000.00	70 000.00	70 000.00	0.00	0.00
1122	应收账款	282 000.00	282 000.00	282 000.00	282 000.00	0.00	0.00
2203	预收账款	0.00	0.00	0.00	0.00	0.00	0.00
	合计		352 000.00		352 000.00		0.00

图 8－24　期初对账

实验指导 13：账套备份

在 E 盘（或 D 盘）“会计信息系统实训教程”文件夹中新建“实验十”文件，将账套保存至“实验十”文件夹中。

第三节　应收款管理系统业务

一、单据处理

销售发票和应收单据是应收款管理系统日常核算的最主要的原始单据。单据处理是应收款管理系统的起点，在不启用销售系统或者企业未购买销售系统的情况下，销售发票和应收单据的录入和查询工作都在应收款管理系统下进行。

（一）单据录入

本系统可对销售发票和应收单进行录入工作，如果企业同时启用销售管理子系统，则本系统只能录入应收单。

（二）单据的修改、删除

单据录入后可进行单据修改，但单据的名称和类型不能修改。

若单据已审核但尚未核销，发现它有错误，由于审核后的单据在单据明细表中看不到，可以选取“系统工具”菜单中“取消操作”，选取“应收单记账”，则显示所有未核销的单据，再返回单据录入界面，刚才审核的单据恢复，再进行修改、删除操作。

（三）单据审核

录入的单据必须经过审核后，才能参与结算。单据被审核后，将从单据录入界面消失。可以在“统计分析”菜单下的“单据查询”中查看这些单据，单据明细表中显示的均为未审核的单据。

（四）单据查询

若只查看未审核的单据，在单据录入界面，选取要查询的单据，单击“单据”按钮即可。若要查看全部单据，在“统计分析”菜单下的“单据查询”中查看这些单据。

如果输入了一张方向为贷的应收单，它将生成一张红字的应收单，则可以在单据的“对应单据”栏输入红字单据对应的蓝字（方向为借）应收单的单据编号。

应收单的实质是一张凭证，用于记录销售业务之外所发生的各种其他应收业务。表头中的信息相当于凭证中的一条分录的信息，表头科目应该为核算该客户欠款的一个带有客户往来辅助核算的科目，表头科目的方向即为所选择的单据的方向。表体中的一条记录也相当于凭证中的一条分录，表头、表体中的金额合计应借、贷方相等。

（五）单据结算

单据结算的功能包括录入收款单、付款单，对发票及应收单进行核销，形成预收款并核销预收款和处理代付款。

（六）核销

核销就是指确定收款单与原始的发票、应收单之间的对应关系的操作，即需要指明每一次收款是收的哪些销售业务的款项。明确核销关系后，就可以进行精确的账龄分析，更好地管理应收账款。

核销时，与“选项”中设置的应收款核销方式有关。如果按单据核销，需要在核销时指明具体要进行核销的收款单和发票或应收单；如果按余额核销，则系统自动按时间顺序对单据进行核销；如果有代付款情况，则核销时被代付的客户应一次核销。

单据的核销分为以下几种情况：

（1）完全核销。收款单的数额等于原有单据的核销数额，收款单与原有单据完全核销。

（2）与预收款一并核销。如果一张收款单的金额小于单据中的金额，而该客户有预收款，在核销时可以单击“使用预收”，输入预收金额，在“本次结算”一栏输入结算单金额和预收金额合计，系统即进行核销，核销时系统优先使用收款单中的金额。例如，收款单金额 100 元，本次使用预收款 100 元，但本次结算 150 元，则收款单结算 100 元，预收款仅使用了 50 元。

（3）核销后生成预收款。当收款金额大于单据中的金额，核销时，系统将单据金额进行核销，并自动将剩余部分转为该客户的预收款。

（4）部分核销。收款单的数额小于原有单据的数额，核销后单据仅得到部分核销，单据金额减去核销金额的部分在下次进行核销。

(5) 预收冲应收。如果用预收款冲应收款，应到“其他处理”中的“预收冲应收”中进行。

二、转账处理

在日常处理中，经常会发生如下几种转账处理的情况：某客户有预收款时，可用该客户的一笔预收款冲一笔应收款；若某客户既是销售客户又是供应商，则可能发生应收款冲应付款的情况；当发生退货时，用红字发票对冲蓝字发票；当一个客户为另一个客户代付款时，发生应收款冲应收款的情况。

（一）预收款冲应收款

当销售给某客户一批货物，该客户有预收款时，可以用该客户的预收款冲销应收款。操作过程中输入的日期应大于已经结账日期并且小于当前业务日期。每一笔预收款和应收款的转账金额不能大于其余额；应收款的转账金额合计应该等于预收款的转账金额合计。

（二）应收款冲应付款

当销售给某客户一批货物，形成一笔应收账款，但同时，本企业还欠该客户采购货物款项，则可使用应收冲应付功能进行转账。如本单位在 2 月份从大地公司购入一批货物，货款未付，随后销售给该公司一批货物，货款未收，此时可进行应收冲应付。

应收冲应付功能可以进行不等额对冲。如果应收金额大于应付金额，则多余金额作为预付处理，即将多余金额生成一张该供应商的预付款凭证。如果应付款金额大于应收款金额，则多余金额作为预收处理，即将多余金额生成一张该客户的预收款凭证。

如果应付款系统采用的是总账控制方式，则该功能不能执行。

（三）红字单据冲蓝字单据

红字单据冲销正向单据的处理，系统提供两种处理方式：自动冲销和手工冲销。如果红字单据中有对应单据号，系统会自动执行红冲；如果单据发票中无对应单据号或红字单据所对应的单据已经转账，可以手工选择相互转账的单据以冲减部分应收款。

三、坏账处理

坏账处理包括坏账计提、坏账发生及坏账收回等。

（一）计提坏账准备

系统提供的计提坏账的方法主要有销售收入百分比法、应收账款百分比法和账龄分析法。在进行坏账处理之前，应在系统“选项”中选择坏账处理的方法，然后在“初始设置”中设置有关参数（如计提比率、坏账期初等）。

不管采用什么方法计提坏账，初次计提时，如果没有进行预先的设置，则应先在初始设置中进行设置。应收账款的余额默认为本会计年度最后一天所有未结算完的发票和余额之和减去预收款数额。外币账户用其本位币余额，可以根据实际情况进行修改。销售总额默认为本会计年度发票总额，可以根据实际情况进行修改。账龄分析法各区间余额由系统生成（本会计年度最后一天的所有未结算完的发票和应收单余额之和减去预收款数额），可以根据实际情况进行修改。

（二）坏账发生

当某笔金额确认无法收回时，确认为坏账，反映坏账的发生。

（三）坏账收回

当收回一笔坏账时，应首先在“单据结算”功能中录入一张收款单，该收款单的金额即为收回坏账的金额。单击“日常处理”菜单项下“坏账处理”中的“坏账收回”，输入必要信息，进行确认即可。在录入一笔坏账收回的款项时，应该注意不要把该客户的其他的收款业务与该笔坏账收回业务录入到同一张收款单中。例如，12 月 4 日大地公司支付了一笔货款，同时还付了一笔以前的坏账款项，这时，应录入两张收款单，分别记录收到的货款和收到的坏账款项。

四、票据管理

票据管理功能可以对银行承兑汇票和商业承兑汇票进行管理。记录票据详细信息，记录票据处理情况，查询票据贴现、背书、计息、结算、转出等情况。如果要实现票据的登记簿管理，必须将“应收票据”科目设置成为带有客户往来辅助核算的科目。

（一）增加（修改、删除）应收票据

将本单位的应收票据的基本信息录入到系统中，票据基本信息包括：票据种类、票据编号、承兑单位、承兑银行、票据面值、票面利率、背书单位、背书金额等信息。对于刚刚输入到系统中的票据，可以进行修改和删除。

以下票据不允许修改和删除：

（1）收到日期在已经结账月的票据；

（2）票据所形成的收款单已经核销；

（3）已经计息、结算、转出处理过的票据。

（二）票据贴现

票据贴现是指持票人因急需现金，将未到期的承兑汇票背书后转让银行，贴给银行一定利息后收取剩余票款的业务活动。可在“票据管理”界面中，选择要贴现的票据，单击“贴现”按钮进行贴现。票据贴现后，将不能再对其进行其他处理。

（三）票据背书处理

票据背书是指收款人或者持票人为将票据权利转让他人或者将一定的票据权利授权予他人，在票据背面或者粘单上记载有关事项并签章的行为。可在“票据管理”界面中，选择

要背书的票据，单击“背书”按钮进行背书。票据背书后，将不能再对其进行其他处理。

（四）票据计息处理

如果应收票据是代息票据，需要对其进行计息处理。可在“票据管理”界面中，选择需要计息的票据，单击“计息”按钮进行计息。

（五）票据结算处理

应收票据到期时，如果对方付款，需要对票据进行结算处理。可在“票据管理”界面中，选择要结算的票据，单击“结算”按钮进行结算。

（六）票据转出处理

在应收票据到期后，如果既没有结算，也没有贴现，或者对方拒绝承兑，应将其从应收票据中转入到应收款。可在“票据管理”界面中，选择要转出的票据，单击“转出”按钮进行转出。票据转出后，将不能再对其进行其他处理。

五、制单

系统提供两种制单方式，一种为业务发生后立即制单，另一种是批量制单。在单据审核完毕、转账处理完毕、坏账处理完毕后，系统会自动提示：“是否立即制单?”，当选择“是”时，系统会自动立即制单，传递到总账。也可选择“否”，当日常业务全部完成后，快速、成批生成凭证。

文本：知识点拓展与提示2

六、期末结账

（一）月末结账

如果确认本月的各项处理已经结束，可以选择执行月末结账功能。结账后本月不能再次进行单据、票据、转账等业务的增、删、改等处理。

结账后如果发现错误，可以执行“取消结账”功能，然后修改错误，重新结账。但取消结账的时间应在总账系统进行当月月末结账之前。

文本：知识点拓展与提示3

（二）年末结账

每年年末，结束本年度工作，开始下一年度工作，执行“年末结账”功能，将上年度数据结转到新的年度账上。

实验十一　应收款管理系统业务处理

【实验准备】

可以引入E盘中“会计信息系统实训教程”文件夹中“实验十”的备份数据，将系统日期修改为“2019 年 8 月 31 日”。由 002 夏雪执行应收款管理系统业务处理。

【实验内容】

（1）日常业务处理；
（2）期末业务处理。

【实验资料】

1. 权限

设置操作员数据权限，即设置操作员 002 夏雪对其他操作员所做单据具有相应的删改、审核、关闭等权限。

2. 日常业务处理

2019 年 8 月发生下列经济业务：

（1）3 日，销售科吴军销售给远洋公司甲产品 150 台，无税单价 300 元，开出专用发票，货已发出。

视频：日常业务3

（2）5 日，收到锦江公司转账支票（支票号 70243），金额 63 800 元，结算其所欠购货款。

（3）6 日，销售科吴军销售给锦江公司乙产品 120 台，无税单价 240 元，价税合计 32 544 元，开出专用发票，并以库存现金代垫运费 500 元。货已发出，款项尚未收到。

（4）8 日，收到远洋公司现金支票（支票号 68432）一张，金额 10 000 元，作为预购乙产品的订金。

视频：日常业务6

（5）20 日，收到通知，将 8 月 6 日应收锦江公司款项 33 044 元（货款 32 544 元和运费 500 元）转为应收远洋公司的款项。

（6）20 日，收到远洋公司通知，暂不采购 8 月 8 日预订的乙产品，将其订金用于偿还 2019 年 7 月 3 日所欠购货款。

（7）23 日，确认 8 月 20 日转给远洋公司的运费 500 元为坏账，做坏账处理。

视频：日常业务8

（8）31 日，计提本月坏账准备。

3. 期末处理

（1）完成本月应收款管理系统的月末结账。

（2）取消结账。

4. 账套备份

【实验指导】

实验指导 1：权限设置

（1）以 001 账套主管韩冬的身份进入企业应用平台。

（2）打开“系统服务”|“权限”|“数据权限分配”，选择用户“002 夏雪”，单击“业务对象”下拉菜单，选择“用户”，单击“授权”按钮，进入“记录权限设置”界面。

（3）设置权限，将 002 夏雪设置为“可用”，单击“保存”按钮，如图 8－25 所示。

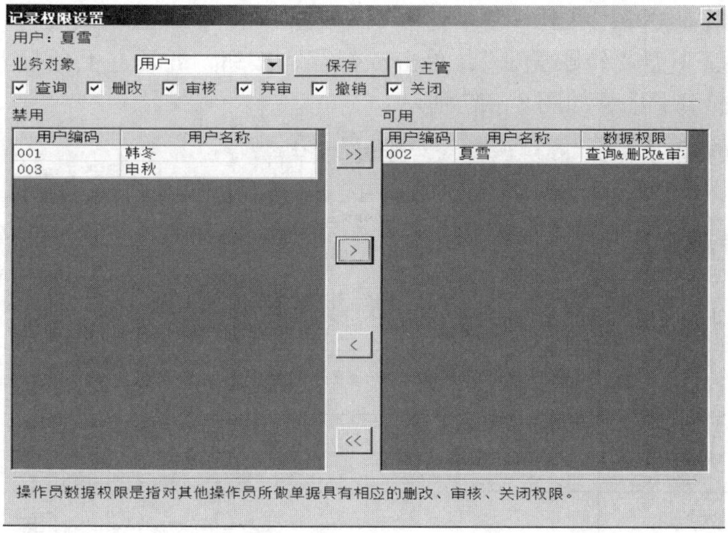

图 8-25 记录权限设置

实验指导 2：日常业务处理

1. 经济业务 1——销售产品

（1）由 002 执行“应收款管理”|“应收单据处理”|“应收单据录入”命令，打开单据类型对话框。选择单据名称“销售发票”，单据类型“销售专用发票”，方向“正向”，单击“确认”按钮，进入销售专用发票窗口。

（2）单击“增加”，输入开票日期“2019-08-03”，客户名称“远洋公司”，选择货物名称“甲产品”，输入数量“150.00”台，无税单价“300.00”元，其他金额自动算出，如图 8-26 所示。

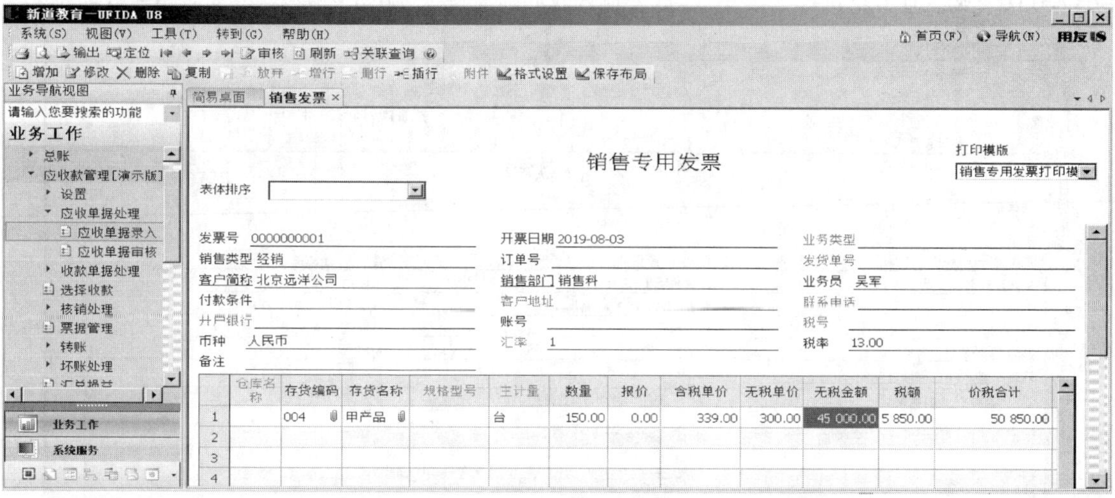

图 8-26 销售专用发票

（3）单击“保存”按钮。

（4）更换操作员 001 审核销售专用发票。

（5）单击“审核”按钮，系统提示，本次选择 1 张单据，审核成功 1 张，退出。

（6）更换操作员 002，单击“制单处理”|“发票制单”，单击“确定”。

（7）选择凭证类型“转账凭证”，单击“保存”按钮，凭证左上角打上“已生成”标记，表明凭证已传到总账，如图 8－27 所示。

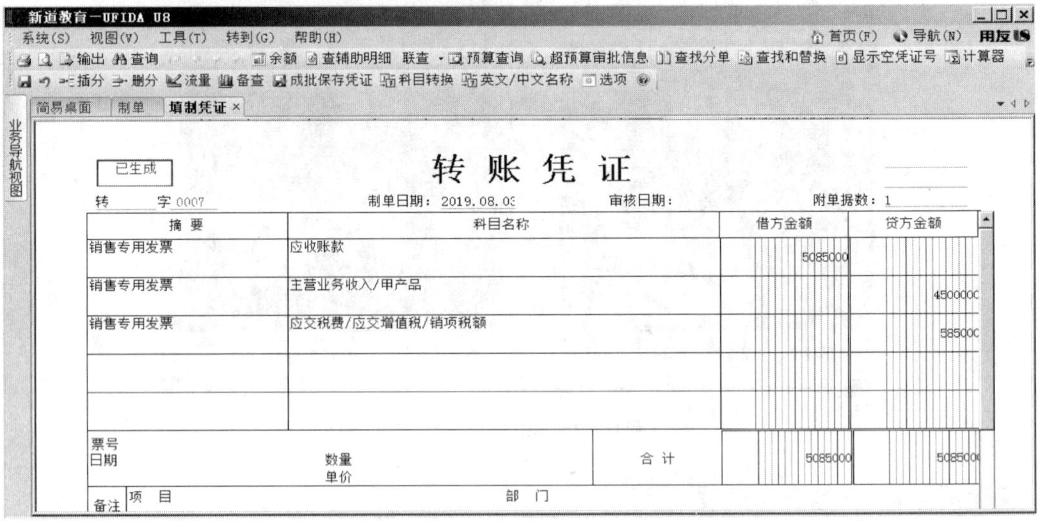

图 8－27　销售制单（经济业务 1）

（8）更换操作员 001，到总账系统对这张凭证进行审核记账。

2. 经济业务 2——收款处理

（1）由 002 单击“收款单据处理”|“收款单据录入”，进入收款单窗口，单击“增加”按钮，选择客户“上海锦江公司”，结算方式“转账支票”，单据号输入 70243，输入金额“63 800.00”元，业务员选择“吴军”，摘要输入收回前欠货款，单击“保存”，如图 8－28 所示。

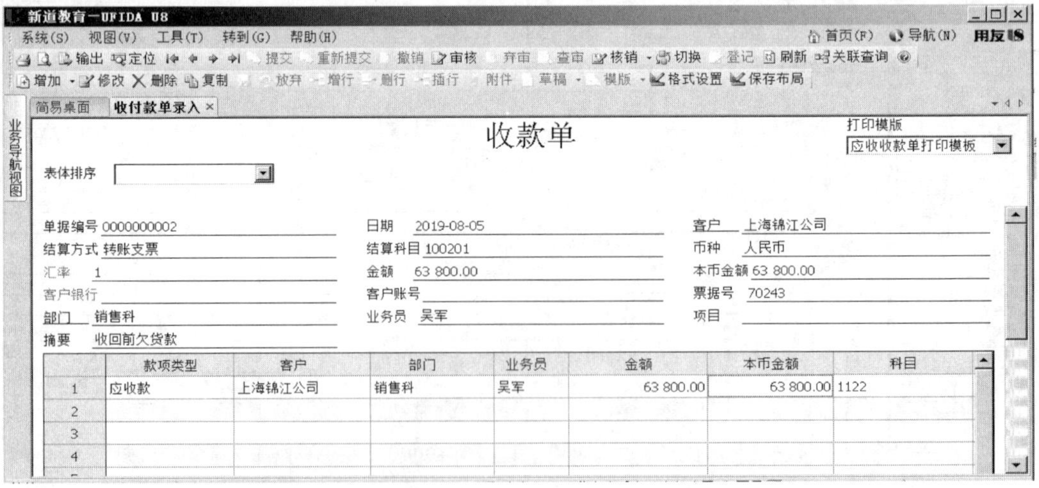

图 8－28　收款单

（2）以 001 操作员进入应收款管理系统，打开“收款单”，单击“审核”按钮，系统弹出“是否立即制单？”信息提示对话框，单击“否”按钮。

（3）以 002 应收款管理系统，打开“应收款管理”系统，选择“制单处理”窗口，系统自动弹出“制单查询”窗口，选择“收付款单制单”选项，单击“确定”按钮。

（4）系统弹出“应收制单”窗口，单击任务栏中的“全选”按钮，单击“制单”，再选择现金流量项目，单击“保存”按钮。凭证自动打上“已生成”标志，如图 8－29 所示。

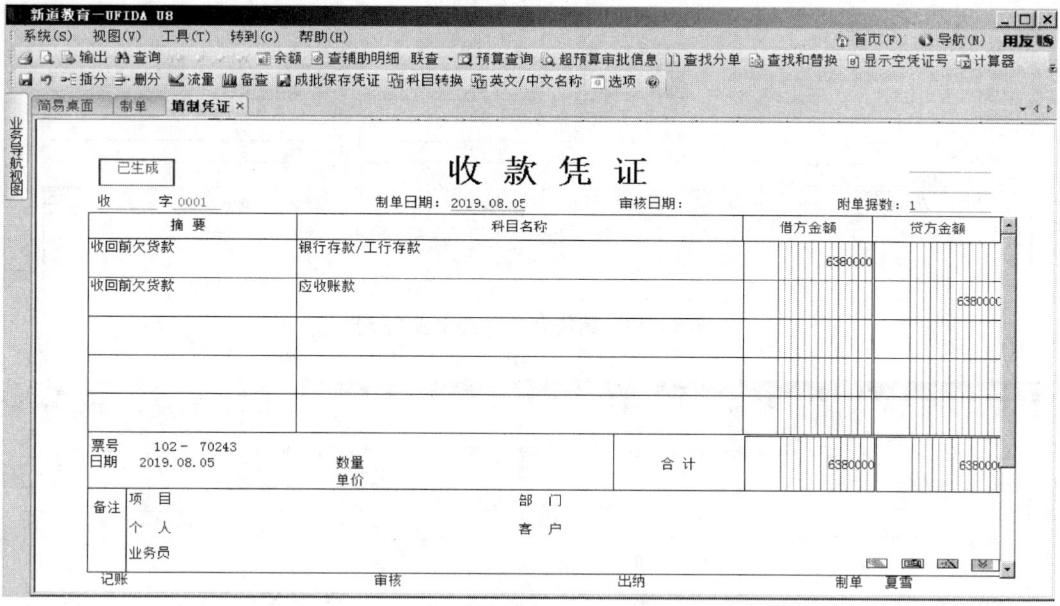

图 8－29　收款单据制单（经济业务 2）

（5）更换操作员 003 出纳签字，由 001 操作员到总账系统对这张凭证进行审核记账。

3. 经济业务 3——销售产品并代垫运费

（1）执行“应收款管理”|“应收单据处理”|“应收单据录入”命令，打开单据类型对话框。选择单据名称“销售发票”，单据类型“销售专用发票”，方向“正向”，单击确认按钮，进入销售专用发票窗口。

（2）单击“增加”按钮，输入开票日期“2019－08－06”，选择销售类型“经销”，客户名称“上海锦江公司”，选择货物名称“乙产品”，输入数量“120.00”台，无税单价“240.00”元，其他金额自动算出，单击保存按钮，如图 8－30 所示。

（3）单击“审核”按钮，系统弹出“是否立即制单?”，单击“否”按钮，单击“退出”按钮，完成销售专用发票的录入和审核。

（4）执行“应收款管理”|“应收单据处理”|“应收单据录入”命令，打开“单据类型”对话框。

（5）选择单据名称“应收单”，单据类型“其他应收单”，方向“正向”，单击确认按钮，进入销售专用发票窗口。

（6）单击“增加”按钮，输入开票日期“2019－08－06”，客户名称“锦江公司”，输入金额“500.00”元，摘要代垫运费，输入对应科目 1001，单击“保存”按钮，如图 8－31 所示。

（7）单击“审核”按钮，系统弹出“是否立即制单?”，单击“否”按钮，单击“退出”按钮。

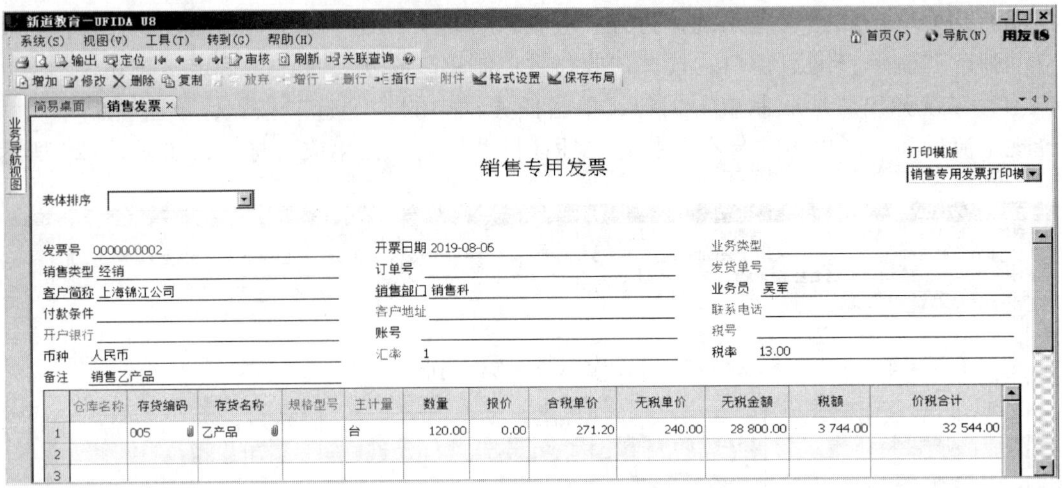

图 8－30　销售制单（经济业务 3）

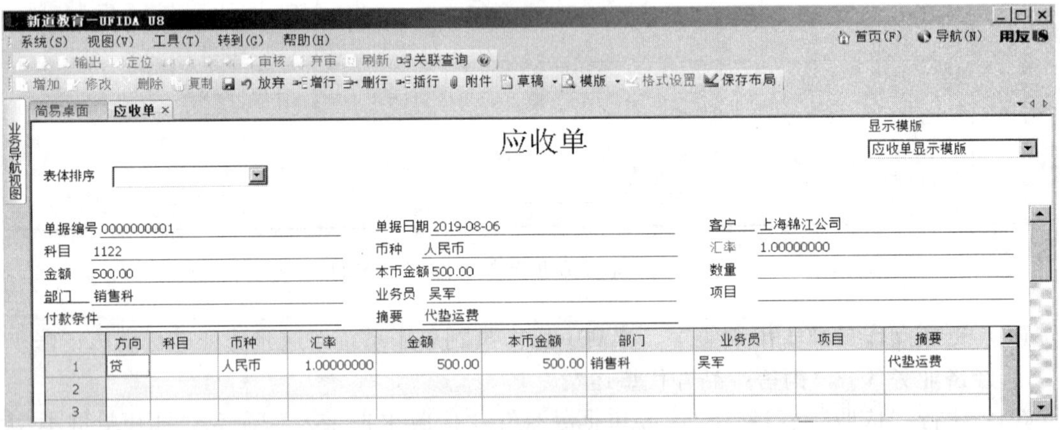

图 8－31　填制应收单

（8）更换 002 操作员，进入应收款管理系统，打开“应收款管理”系统，选择“制单处理”窗口，系统自动弹出“制单查询”窗口，选择“发票制单”和“应收单制单”选项，单击“确定”按钮，如图 8－32 所示。

图 8－32　应收制单

(9) 系统弹出“应收制单”窗口，单击任务栏中的“全选”按钮，单击“制单”，系统弹出“应收制单”，选择“转账凭证”，打开凭证，单击“保存”按钮，凭证自动打上“已生成”标志。按翻页键再制单，如图8－33和图8－34所示。

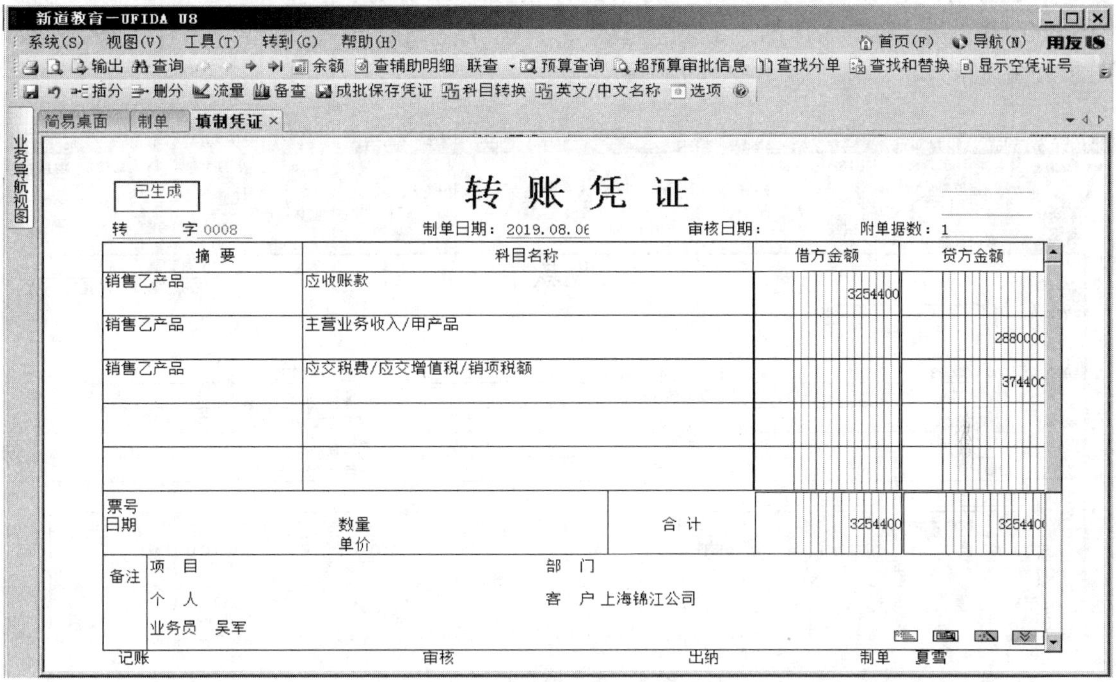

图8－33 销售凭证（经济业务3）

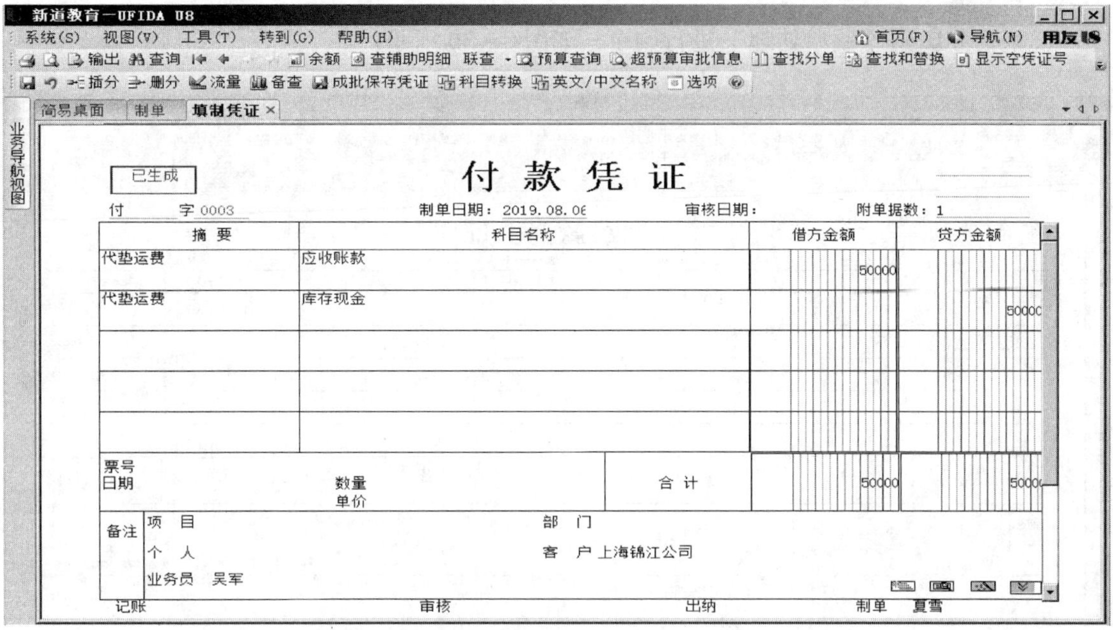

图8－34 代垫运费（经济业务3）

（10）更换 003 进行出纳签字，再更换 001 进行审核、记账。

4. 经济业务 4——预收款项

（1）执行“应收款管理”|“收款单据处理”|“收款单据录入”命令，进入“收款单”窗口，单击增加按钮，选择客户“北京远洋公司”结算方式“现金支票”，输入金额“10 000.00”元，双击表体的“款项类型”栏，选择“预收款”，单击“保存”按钮，如图 8－35 所示。

图 8－35　填制收款单

（2）单击“审核”按钮，系统弹出“是否立即制单?”，单击“否”按钮，单击“退出”按钮。

（3）由 002 到“制单处理”进行制单，如图 8－36 所示。

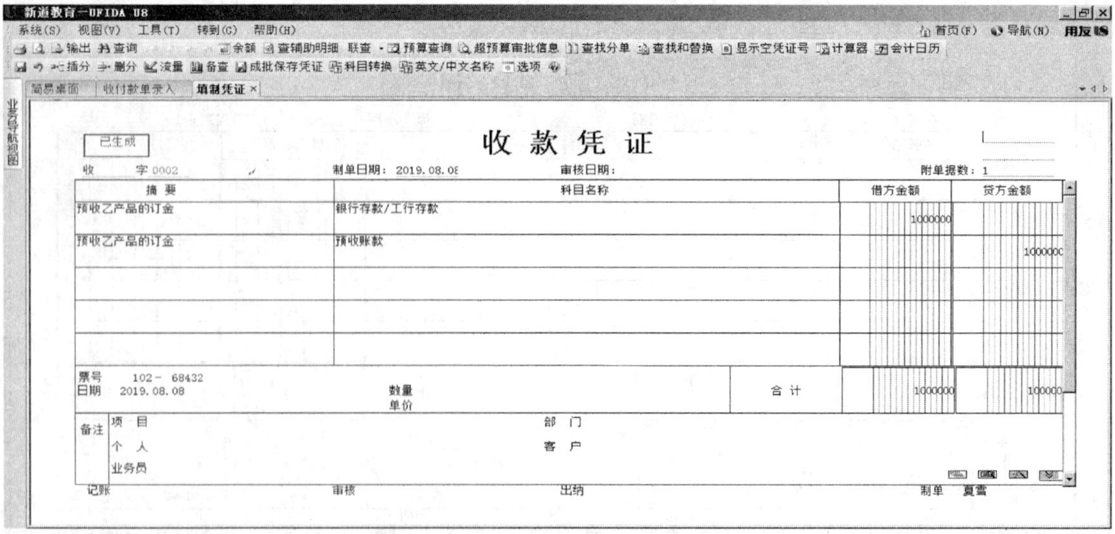

图 8－36　预收订金（经济业务 4）

5. 经济业务5——应收冲应收

（1）单击“应收款管理”|“转账”|“应收冲应收”，进入应收冲应收窗口，选择转出户“上海锦江公司”，选择转入户“北京远洋公司”，单击“查询”按钮。

（2）在表体第一行的最后一列“并账金额”栏内输入转账金额32 544.00元，第二行最后一列“并账金额”金额栏输入转账金额500.00元，如图8－37所示。

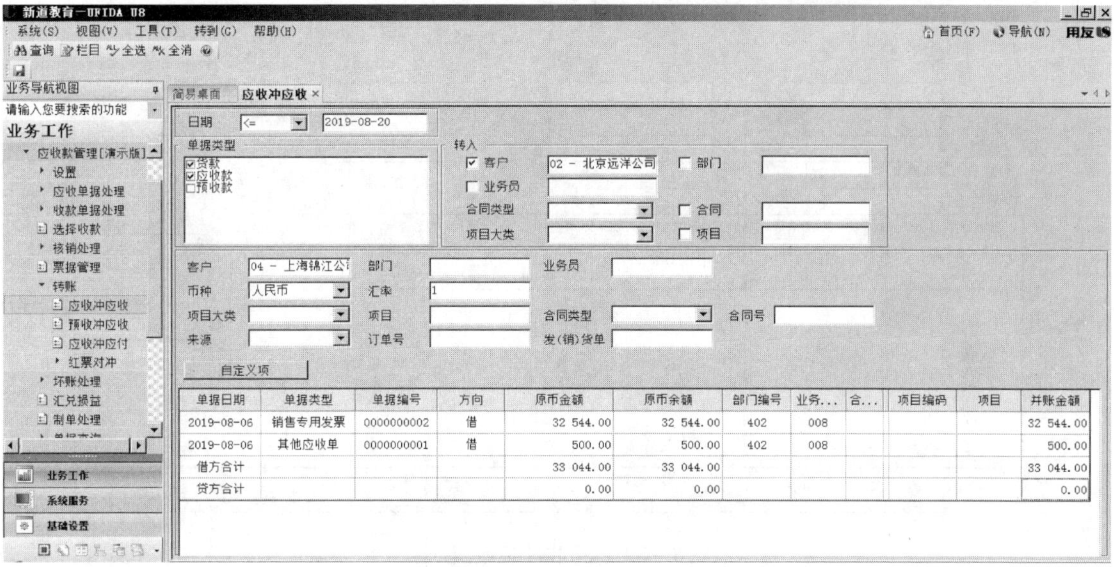

图8－37 应收冲应收

（3）单击“确定”按钮，应收冲应收并账完成。

（4）系统提示“是否立即制单?”，单击“是”，如图8－38所示。

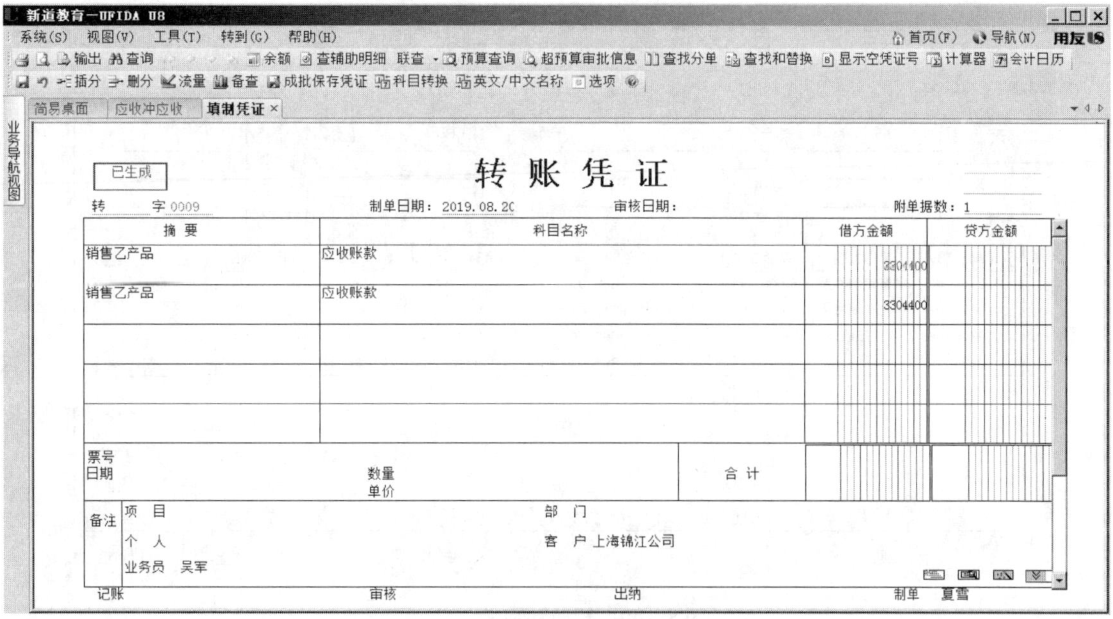

图8－38 应收冲应收（经济业务5）

6. 经济业务 6——预收冲应收

（1）单击“应收款管理”|“转账”|“预收冲应收”，进入“预收冲应收”窗口，选择客户“北京远洋公司”，单击“过滤”按钮。在表体第一行的“转账金额”栏内输入转账金额 10 000.00 元，如图 8－39 所示。

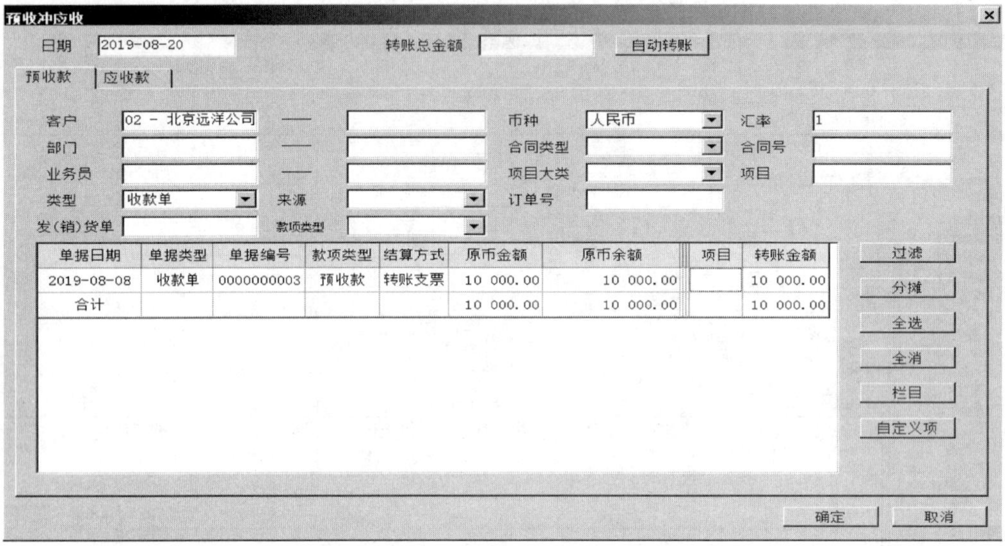

图 8－39　预收冲应收（一）

（2）再单击“应收款”页签，选择客户“北京远洋公司”，单击“过滤”按钮，表体显示出了北京远洋公司的应收款金额。在表体第一行的“转账金额”栏内输入转账金额 10 000.00 元。如图 8－40 所示。

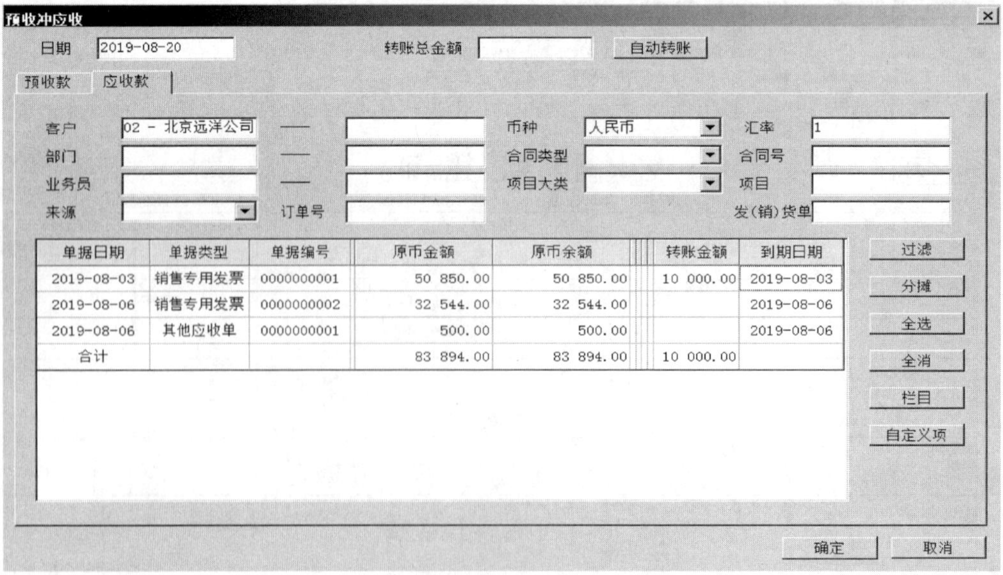

图 8－40　预收冲应收（二）

（3）单击“确定”按钮，系统提示“是否立即制单?”单击“是”，预收冲应收结转完成，如图8－41所示。

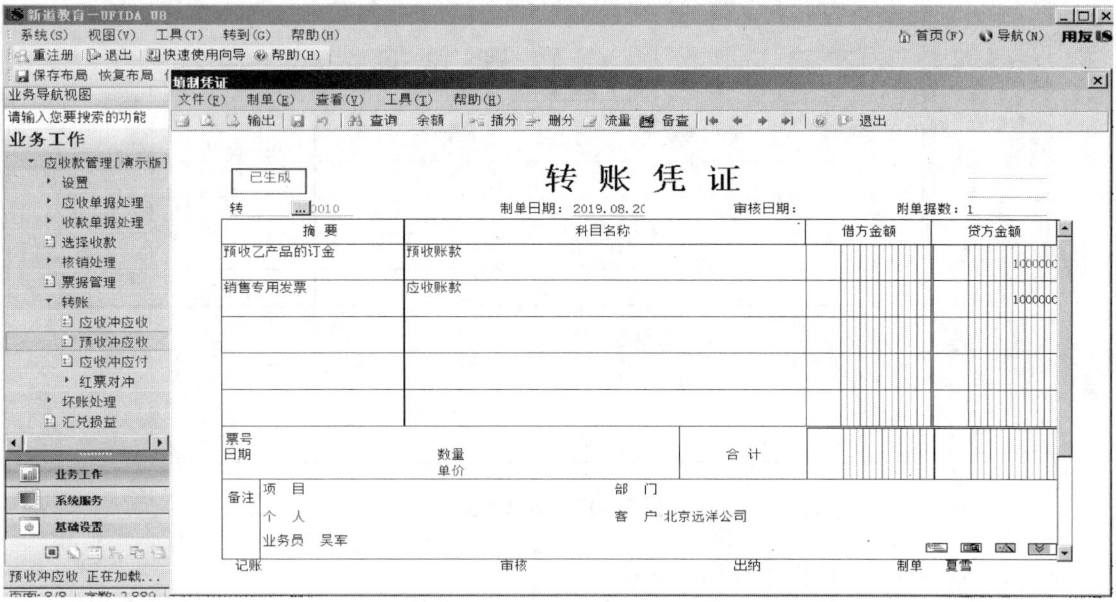

图8－41　预收冲应收凭证

7. 经济业务7——坏账发生

（1）以操作员002身份登录应收款管理系统，登录日期2019－08－23。

（2）单击“应收款管理”|“坏账处理”|“坏账发生”，进入坏账发生窗口，选择客户“北京远洋公司”，单击“确认”按钮，进入坏账发生单据明细窗口。

（3）在其他应收单的“本次发生坏账金额处”输入坏账金额500.00元，如图8－42所示。

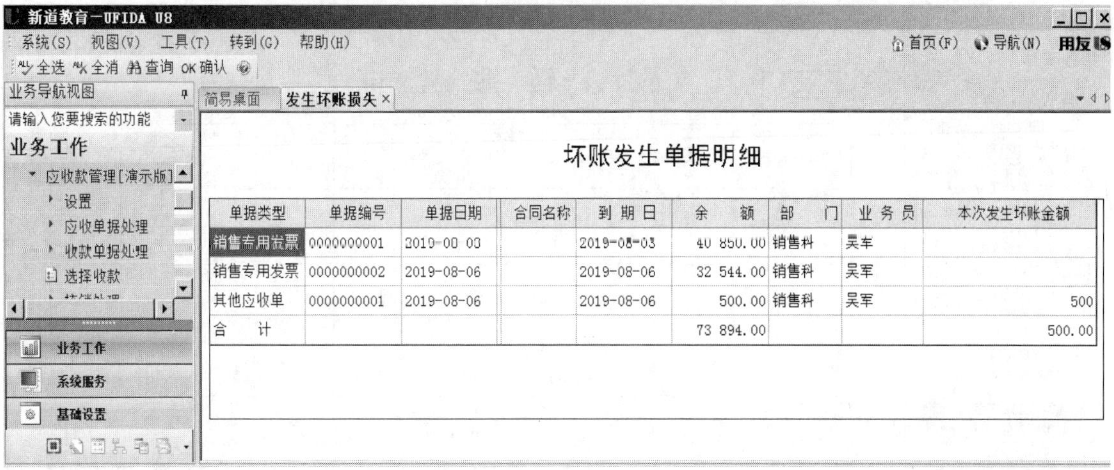

图8－42　发生坏账凭证单据明细

（4）点击“确认”按钮，系统提示“是否立即制单?”，单击“是”，生成凭证，如图8－43所示。

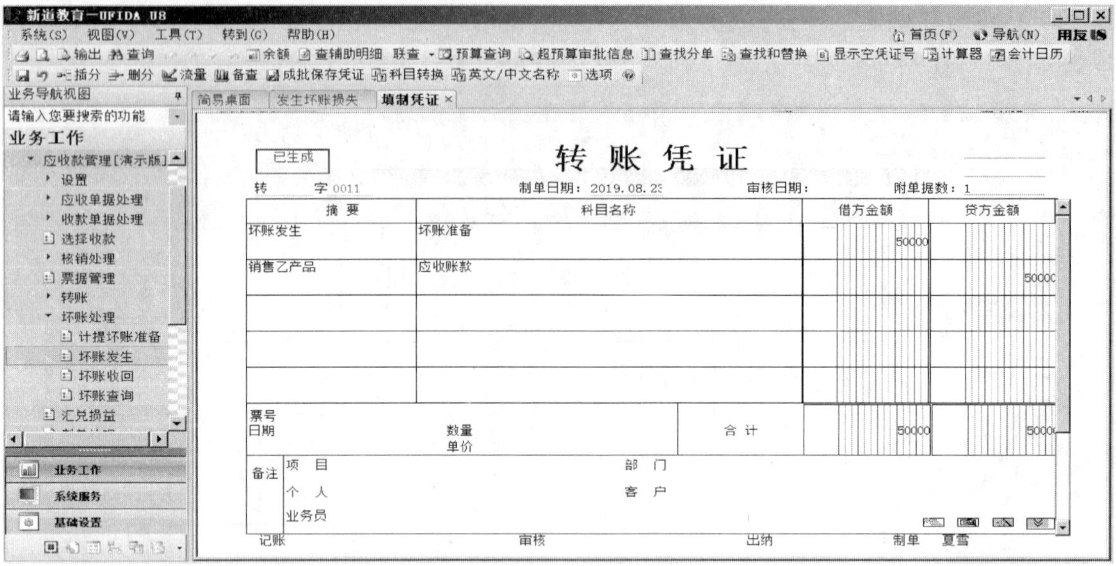

图 8－43　坏账发生

8. 经济业务 8——计提本月坏账准备

（1）以操作员 002 身份登录应收款管理系统，登录日期 2019－08－31。

（2）单击"应收款管理"|"坏账处理"|"计提坏账准备"，进入"应收账款百分比法"窗口，系统根据本月应收账款余额、坏账准备余额等数据自动计算本月应计提坏账数据。

（3）单击"确认"按钮，系统提示"是否立即制单?"，单击"是"，生成凭证，如图 8－44所示。

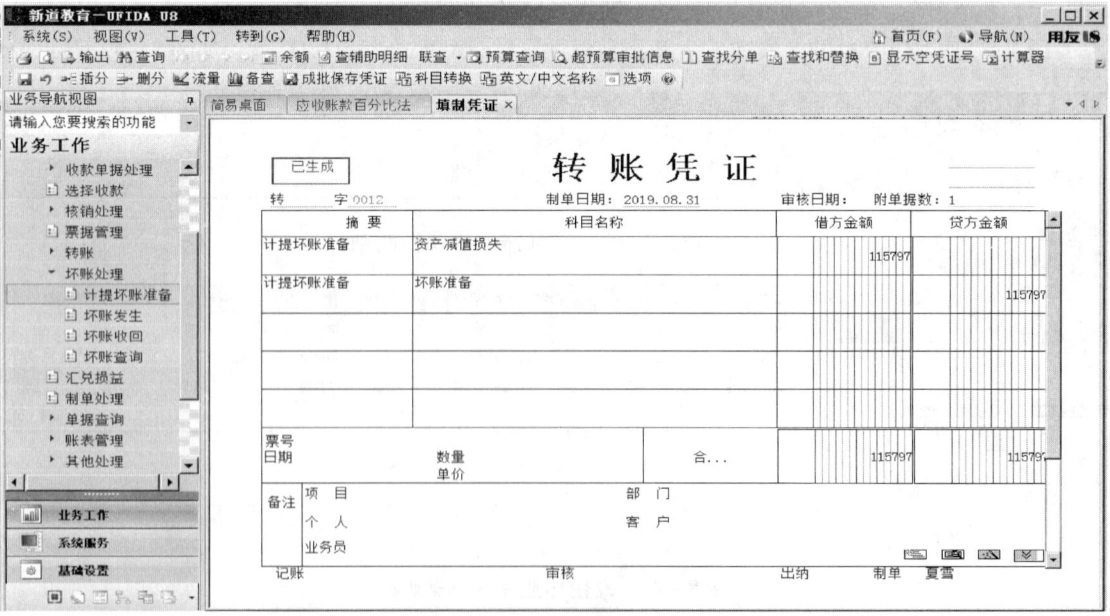

图 8－44　计提坏账准备凭证

（4）由 001 对以上所有凭证执行审核、记账。

实验指导 3：期末处理

1. 完成期末处理

（1）执行“应收款管理”|“期末处理”|“月末结账”命令，打开“月末处理”对话框。双击 8 月份的结账标志栏，系统在 8 月的结账标志栏打上“Y”标记，如图 8－45 所示。

（2）单击“下一步”按钮，屏幕显示各处理类型的处理情况。单击“确认”按钮，系统进行结账工作。结账完毕，系统弹出“8 月份结账成功”信息提示对话框，如图 8－46 所示。

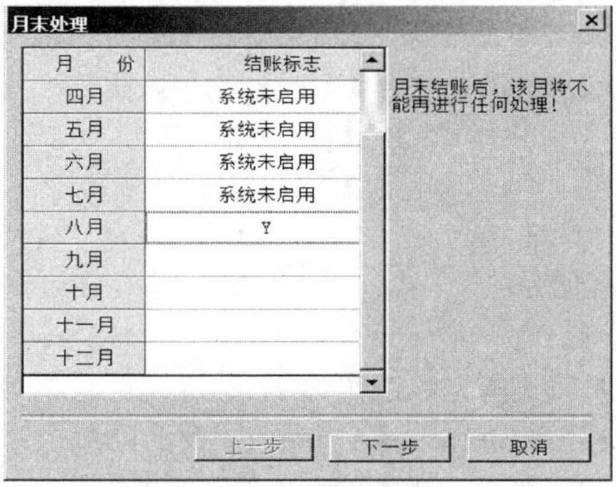

图 8－45 月末处理

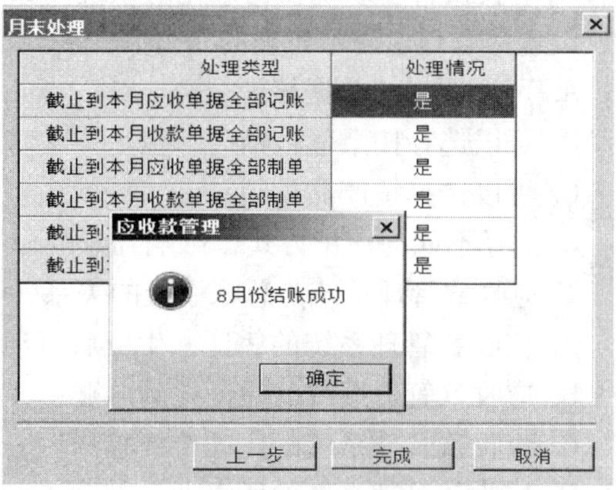

图 8－46 结账成功

（3）单击“确认”按钮，系统自动在对应的结账月份的“结账标志”栏中显示“已结账”字样，如图 8－47 所示。

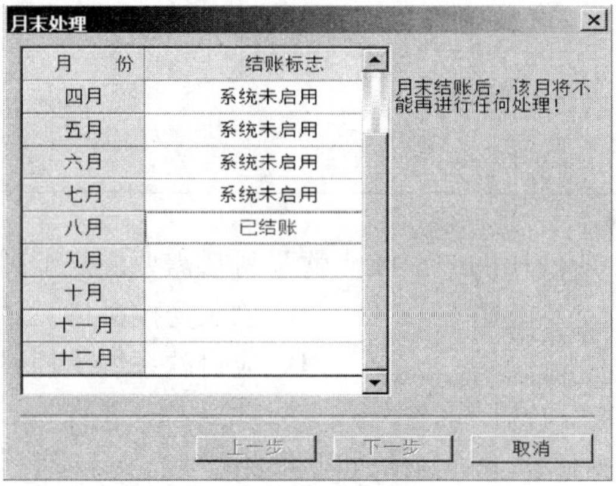

图 8－47 已结账

2. 取消结账

（1）执行“应收款管理”|“期末处理”|“取消月结”命令，打开“取消结账”对话框，选择“8 月已结账”月份。

（2）单击“确认”按钮，系统弹出“取消结账成功”信息提示对话框。

（3）单击“确定”按钮，当月结账标志即被取消。

实验指导4：账套备份

在E盘（或D盘）“会计信息系统实训教程”文件夹中新建“实验十一”文件，将账套保存至“实验十一”文件夹中。

章节练习

文本：章节练习参考答案

一、单项选择题

1. 应收款管理系统在初始化的系统参数设置中，关于应收账款核销的方式设置，下列说法不正确的是（　　）。

A. 可以选择按单据核销

B. 可以选择按余额核销

C. 可以选择按产品核销

D. 选择不同的核销方式，影响到账龄分析的精确性

2. 应收款管理系统与总账系统的关系，不正确的是（　　）。

A. 应收款管理系统的凭证，生成后自动传递到总账

B. 应收款管理系统的凭证传到总账后，总账自动进行记账工作

C. 应收款管理系统的凭证传到总账后，总账还需要进行审核、记账工作

D. 应收款管理系统的所有业务都制单，传递到总账后，才能进行月末结账工作

3. 应收款管理系统的期初余额的录入不包括（　　）。

A. 期初销售发票的录入　　B. 期初应收票据的录入

C. 期初预收款的录入　　D. 期初应付款的录入

4. 在应收款管理系统中，如果使用应收余额百分比法计提坏账准备，当坏账发生时不必完成以下（　　）操作。

A. 在“坏账发生”对话框中输入“客户”信息

B. 输入本次坏账发生金额

C. 打开“坏账发生”对话框

D. 输入应收账款余额

5. 应收款管理系统中所使用的“应收账款”科目需要满足下列（　　）条件。

A. 一级科目　　B. 总账受控科目

C. 应收款系统受控科目　　D. 应付款系统受控科目

二、多项选择题

1. 应收款管理系统的启用时间应满足如下条件（　　）。

A. 大于等于业务日期　　B. 大于等于总账的启用时间

C. 小于等于总账的启用时间　　D. 小于等于业务日期

2. 计量单位组分为（　　）三种类型。

A. 数量核算　　B. 固定核算　　C. 浮动核算　　D. 无核算

3. 在应收款管理系统中，制单类型主要包括（　　）。

A. 收款单制单　　B. 并账制单　　C. 核销制单　　D. 发票制单

4. 在应收款管理系统中，系统提供的核销方式主要有（　　）。

A. 手工核销　　B. 自动核销　　C. 单张核销　　D. 多张核销

5. 在应收款管理系统中，转账处理功能主要包括（　　）。

A. 应收冲应收　　B. 红票对冲　　C. 预收冲应收　　D. 应收冲预付

三、判断题

1. 因为应收款系统的凭证生成后要向总账系统传递，所以，应收款系统的启用会计期间应小于等于总账系统的启用期间。（　　）

2. 在设置计量单位时必须先设置计量单位组，再设置各个计量单位组中的计量单位。（　　）

3. 应收款系统中的凭证不经保存也能传递到总账系统，再在总账系统中进行保存、审核和记账等。（　　）

4. 计量单位只能事先设置，在使用过程中不可以根据需要随时增加。（　　）

5. 如果应收款管理系统当月未经结账，也可以开始下月的工作。（　　）

6. 在应收款管理系统中，手工核销及自动核销一次均可对多个客户进行核销处理。（　　）

7. 应收款系统与总账系统对账，必须在总账与应收系统同时启用后才可以进行。（　　）

8. 坏账准备期初余额被确认后，只要进行了坏账准备的日常业务处理就不允许再修改，下一年度使用本系统时，可以修改提取比率、区间和科目。（　　）

9. 计量单位组如果需要换算，一般认为应将大的单位作为主计量单位。（　　）

10. 设置报警级别时，最后一个比率不能删除，如果录入错误则应先删除上一级比率，再修改最后一级比率。（　　）

第九章

应付款管理系统

学习目标

应付款管理系统主要用于核算和管理供应商往来款项。通过本章的学习，要求学生掌握应付款管理系统的功能，理解应付款管理系统和其他系统之间的关系，完成应付款管理系统的初始化、日常处理和期末处理工作。

第九章　PPT：应付款管理系统

第一节　应付款管理系统概述

应付款管理系统主要用于核算和管理供应商往来款项，及时、准确地提供供应商往来款项余额资料，提供各种分析报表，帮助企业合理进行资金调配，提高资金利用效率。应付款管理系统和应收款管理系统从初始设置、系统功能、系统应用方案、业务流程上极为相似。

一、应付款管理系统的应用方案

应付款管理系统主要是对企业与供应商业务往来账款进行核算与管理，在应付款管理系统中以采购发票、其他应付单等原始单据为依据，记录采购业务及其他业务所形成的应付款项，处理应付款项的支付、冲销等情况；提供票据处理功能；实现对应付票据的管理。

根据对供应商往来款项的核算和管理的程度不同，系统提供了详细核算和简单核算两种方案。不同的应用方案，其系统功能、产品接口、操作流程等均不相同。

（一）详细核算

如果在企业采购业务中应付款核算与管理内容比较复杂，或者需要追踪每一笔业务的应付款、付款等情况，或者希望对应付款项进行各种分析或者需要将应付款核算到产品一级，则可以选择详细核算方案。

在这种方式下，供应商往来款项由应付款管理系统核算，应付款管理系统主要与总账系统、采购管理系统、应收款管理系统、UFO 报表系统、库存管理系统、存货核算系统等有接口。所有的供应商往来凭证全部由应付款管理子系统生成，总账系统不再生成该种凭证。

详细核算方式下，应付款管理系统的功能主要包括以下几个方面：

（1）根据输入的单据记录应付款项的形成；

（2）处理应付款项的付款及转账情况；

（3）生成应付款项处理的会计凭证，并向总账系统传递；

（4）对外币业务及汇兑损益进行处理；

（5）提供各种查询和分析功能。

如果应付款管理系统与采购管理系统集成使用，系统根据由采购管理系统传递过来的单据记录应付款项的形成，非商品交易形成的应付项目在应付款管理系统中记录；若应付款系统不与采购管理系统集成使用，采购发票和应付单都在应付款管理系统中直接记录。

（二）简单核算

如果在采购业务中应付账款业务并不十分复杂，或者现购业务很多，则可以选择简单核算方案。

在这种方式下，供应商往来款项由总账系统核算，应付款管理系统主要与总账系统有接口。应付款管理系统只是连接总账与采购业务系统的一座桥梁，即只是对采购系统生成的发票进行审核并生成凭证传递到总账，而不能对发票进行其他的处理，也不能对往来明细进行实时查询、分析。此时，往来明细只能在总账中进行简单的查询。

简单核算方式下，应付款管理系统的功能主要包括以下两个方面：

（1）接受采购系统的发票，对其进行审核；

（2）对采购发票进行制单处理，并可查询凭证。

二、应付款管理系统的主要功能

应付款管理系统主要提供了设置、日常处理、单据查询、账表管理和其他处理等功能。

（一）设置

设置主要包括三个方面的内容：

（1）系统参数设置。企业可以结合管理有权进行参数设置，它是整个系统运行的基础。

（2）单据类型设置、账龄区间设置。该设置是为各种应付款业务的日常核算及统计分析做准备。

（3）期初余额录入。录入期初余额可以保证企业数据的完整性和连续性。

（二）日常处理

日常处理提供了应付单据、付款单据的录入、处理、核销、转账、汇兑损益、制单等多项功能。

（三）单据查询

单据查询提供了查阅各类单据的功能，包括各类单据、详细核算信息、报警信息、凭证等内容。

（四）账表管理

账表管理提供了总账表、余额表、明细账等多种账表的查询功能，以及应付账龄分析、付款账龄分析、欠款分析等统计分析功能。

（五）其他处理

其他处理功能包括进行远程数据传递、对核销或转账等处理进行恢复的功能、进行月末结账等处理功能。

应付款管理系统的操作流程如图 9－1 所示。

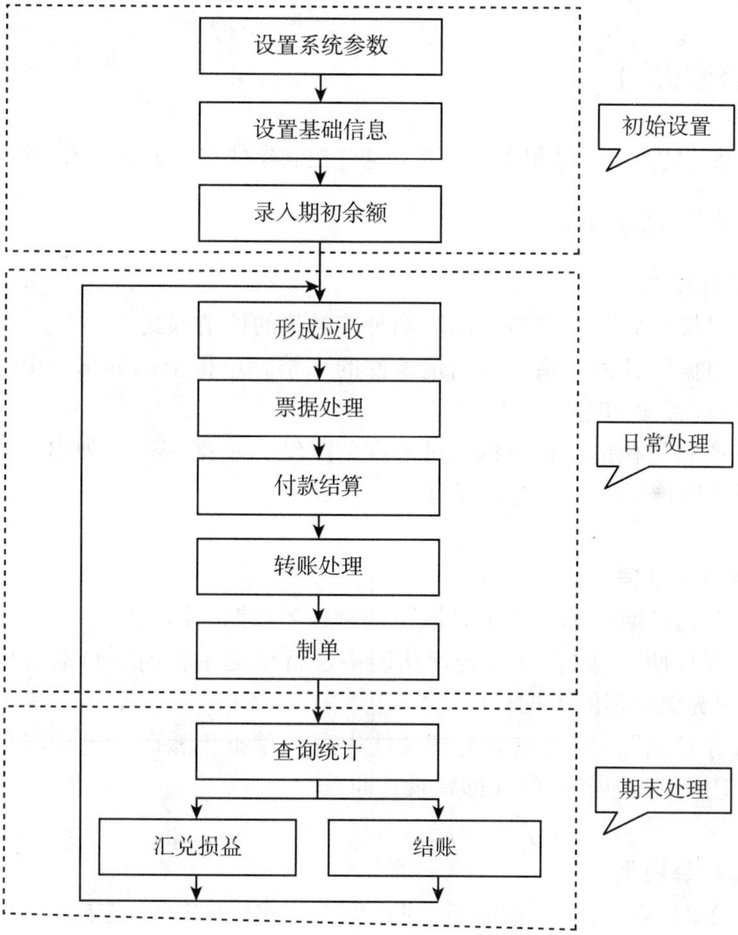

图 9－1　应付款管理系统操作流程

应付款管理系统操作流程说明：

（1）初次进入应付款管理系统，要进行账套参数的设置。

（2）在进入正常处理之前，还应进行一些初始设置，并且录入期初余额。

（3）日常处理包括单据的录入、单据的结算、票据的管理、凭证的处理以及转账处理等。

（4）月末处理包括汇兑损益的处理及月末结账的处理。

第二节　应付款管理系统初始化

一、应付款管理系统初始化准备

为便于系统初始化，应该准备相应的数据和资料：一是和本单位有业务往来的所有供应商的详细资料，包括供应商名称、地址、联系电话、开户银行、信用制度、最后的交易情况等。应付款管理系统可以根据供应商目录中的内容来准备资料。二是用于采购的所有存货的详细资料：包括存货的名称、规格型号、价格、成本等数据。

二、控制参数说明

应付款管理系统的控制参数很多，需要对这些控制参数有所了解，才能熟练应用该系统。

（一）“常规”选项卡

1. 应付款核销方式

系统提供了“按单据”和“按产品”两种应付款的核销方式。

若选择“按单据”核销，系统将满足条件的未结算单据全部列出，由操作员选择要结算的单据，根据所选择的单据进行核销。

若选择“按产品”核销，系统将满足条件的未结算单据按产品列出，由操作员选择要结算的产品，根据所选择的产品进行核销。

2. 单据审核日期依据

系统提供“单据日期”和“业务日期”两种核销日期选择依据。

若选择“单据日期”，则在单据处理功能中进行单据审核时，自动将单据的审核日期（即入账日期）记为该单据的单据日期。

若选择“业务日期”，则在单据处理功能中进行单据审核时，自动将单据的审核日期（即入账日期）记为当前业务日期（即登录日期）。

3. 应付账款核算模型

系统提供“简单核算”和“详细核算”两种核算方式，系统默认选择“详细核算”方式。

（二）“凭证”选项卡

1. 受控科目制单方式

若选择“明细到供应商”，则在将一个供应商的多笔业务合并生成一张凭证时，如果核算这多笔业务的控制科目相同，系统自动将其合并成一条分录。这种方式的目的是企业在总账系统中能够根据供应商来查询其详细信息。

若选择“明细到交易所”，则在将一个供应商的多笔业务合并生成一张凭证时，系统会将每一笔业务形成一条分录。这种方式的目的是在总账系统中也能查看到每个供应商的每笔业务的详细情况。

2. 控制科目依据

若选择“按供应商分类”，系统则根据一定的属性将供应商分为几个大类，在不同的方式下，针对不同的供应商分类设置不同的应付科目和预付科目。

若选择“按地区”，系统则针对地区分类的不同设置不同的应付科目和预付科目。

3. 采购科目依据

按存货分类和按存货设置存货采购科目。

（三）“权限与预警”选项卡

通过对报警级别的设置，将供应商按照对其欠款余额与其授信额度的比例分为不同的类型，以便于掌握在各个供应商处的信用情况，提高公司的信用度。

三、初始化设置

（一）科目设置

1. 基本科目设置

在基本科目设置中所设置的应付科目中的“应付账款”、预付科目中的“预付账款”和银行承兑科目与商业承兑科目中的“应付票据”，应在总账系统中设置其辅助核算为“供应商往来”，并且其受控系统为“应付系统”，否则在这里不能使用。只有在这里设置了基本科目，在生成凭证时才能直接生成凭证中的会计科目，否则凭证中将没有会计科目，相应的会计科目只能手工再录入。

2. 控制科目设置

在核算对供应商的赊购欠款时，若针对不同的供应商（供应商分类、地区分类）分别设置了不同的应付账款科目和预付账款科目，并且与基本科目设置中的科目不同时，在控制科目设置界面的内容受账套参数选择设置控制（即选择供应商设置、供应商分类设置、地区分类设置）。应付、预付科目必须是有“供应商”往来辅助核算的末级科目。

3. 产品科目设置

如果针对不同的存货（存货分类）分别设置不同的采购科目、税金科目，则可以先在账套参数中选择设置的依据（即选择存货设置和存货分类设置）。当入账科目与“基本科目设置”中的科目不一致时在此处设置。

4. 结算方式科目设置

结算方式科目设置是针对已经设置的结算方式设置相应的结算科目，即在付款或收款时只要告诉系统结算时使用的结算方式，就可以由系统自动生成该种结算方式所使用的会计科目。如果在此不设置结算方式科目，则在付款或收款时可以手工输入不同结算方式对应的会计科目。

（二）账龄区间设置

为了对应付账款进行账龄分析，应首先在此设置账龄区间。

（三）报警级别设置

通过对报警级别的设置，将供应商按照对其欠款余额与其授信额度的比例分为不同的类型，以便于掌握对各个供应商的信用情况。

（四）单据类型设置

与应收款管理子系统的单据类型对应，应付款管理子系统也提供了发票和应付单两大类型的单据。

（1）单据类型中的发票根据启用系统的不同而有所不同，若同时使用采购管理子系统，发票类型默认为专用发票、普通发票、运费发票、废旧物资收购凭证、农副产品收购凭证和其他收据；若只使用应付款管理子系统发票只有专用发票和普通发票两种。发票的单据类型不能删改。

（2）应付单记录采购业务之外的应付款情况。可以按应付款项的不同设置应付单类型，例如，可以将应付单分为应付费用款、应付利息款、应付罚款、其他应付款等。应付单的对应科目由用户自己定义，在此只能增加应付单的类型。

（五）付款条件

付款条件也叫现金折扣，是指企业为了鼓励客户偿还贷款而允诺在一定期限内给予的规定的折扣优待。这种折扣条件通常可表示为 5/10，2/20，n/30，它的意思是客户在 10 天内偿还贷款，可得到5%的折扣，只付原价的95%的货款；在 20 天内偿还贷款，可得到2%的折扣，只要付原价的98%的货款；在 30 天内偿还贷款，则须按照全额支付货款；在 30 天以后偿还贷款，则不仅要按全额支付贷款，还可能要支付延期付款利息或违约金。

付款条件主要用于采购订单、销售订单、采购结算、销售结算、客户目录、供应商目录。系统最多同时支持 4 个时间段的折扣，即最多允许设置 4 个折扣条件。

四、期初数据录入

（一）期初余额录入

在初次使用应付款管理系统时，应将启用应付款系统时未处理完的所有供应商的应付账款、预付账款、应付票据等数据录入到本系统。当进入第二年度时，系统自动将上年度未处理完的单据转为下一年度的期初余额。期初余额的录入包括采购发票、应付单、预付款、应付票据四种。

（二）应付款系统与总账系统对账

在录入完成应付款的期初余额后，即可进行“期初对账”工作。当保存了期初余额结果，或在每二年使用需要调整期初余额时可以进行修改。当第一个会计期已结账后，期初金额只能查询不能再修改。应付款系统与总账系统对账，必须在总账与应付系统同时启用后才可以进行。

实验十二 应付款管理系统初始化设置

【实验准备】

可以引入 E 盘中“会计信息系统实训教程”文件夹中“实验十一”的备份数据，将系统日期修改为“2019 年 8 月 31 日”。

【实验内容】

（1）修改会计科目；
（2）设置控制参数、初始设置；
（3）录入期初余额。

【实验资料】

1. 系统启用
启用应付款管理系统，启用时间为“2019 年 8 月 1 日”。
2. 修改会计科目
修改“应付账款”“应付票据”“预付账款”科目的受控系统为应付系统。
3. 设置控制参数（见表 9－1）

表 9－1　　应付款管理系统控制参数

控制参数	参数设置
是否自动计算现金折扣	是
选择单据报警提前天数	提前天数：7 天

4. 初始设置
（1）科目设置，如表 9－2 所示。

表 9－2　　科目设置

科目设置	参数设置
基本科目设置	应付科目（本币）：应付账款 预付科目（本币）：预付账款 银行承兑科目：应付票据 商业承兑科目：应付票据 采购科目：在途物资——生产用 采购税金科目：应交税费——应交增值税——进项税额

续表

科目设置	参数设置
控制科目设置	所有供应商的控制科目：应付科目为“应付账款” 预付科目为“预付账款”
产品科目设置	所有产品：采购科目为“在途物资——生产用” 采购税金科目为“应交税费——应交增值税——进项税额”
结算方式科目设置	现金支票：币种为人民币；科目为“银行存款——工行存款” 转账支票：币种为人民币；科目为“银行存款——工行存款”

（2）设置账期内账龄区间，如表 9－3 所示。

表 9－3　账期内账龄区间

序号	起止天数	总天数
01	0～30	30
02	31～60	60
03	61～90	90
04	91 以上	

（3）设置预警级别，如表 9－4 所示。

表 9－4　预警级别

序号	起止比率（%）	总比率（%）	级别
01	0～10	10	A
02	10～20	20	B
03	20～30	30	C
04	30～40	40	D
05	40～50	50	E
06	>50		F

5. 设置单据编号

将采购专用发票、采购普通发票、采购运费发票的编号修改为“完全手工改动”。

6. 录入期初余额（见表 9－5）

会计科目：应付账款 2202，余额：贷方 454 260，为期初两张采购普通发票。

视频：录入期初余额并对账

表 9－5　　期初采购发票

单据类型	开票日期	发票号	供应商	采购部门	科目	存货名称	数量	含税单价	金额
普通发票	2019. 7. 20	P025	联创公司	供应科	2202	C 原料	226	1 130	255 380
普通发票	2019. 7. 30	J033	中信公司	供应科	2202	K 零件	500	397. 76	198 880
合计									454 260

7. 期初对账

查看期初余额明细表，进行期初对账。

8. 账套备份

完成上述操作，账套备份。

【实验指导】

实验指导 1：系统启用

由账套主管注册登录，单击“基础设置”|“基本信息”|“系统启用”命令，启用应付款管理系统，启用时间为“2019 年 8 月 1 日”。

实验指导 2：修改会计科目

（1）单击“基础档案”|“财务”|“会计科目”命令，单击工具栏里的“查找”按钮，弹出“科目查找”窗口，输入“2201”，单击“查找”按钮，系统自动定位在“2201 应付票据”科目处。

（2）选中“2201 应付票据”科目，单击“修改”命令，再单击“修改”按钮，选择右上方的“辅助核算”下的“供应商往来”，并选择受控系统为“应付系统”。同理，选择应付账款为供应商往来应付系统，预付账款为客户往来应收系统。

实验指导 3：设置控制参数

（1）在“企业应用平台”中，单击“业务工作”|“财务会计”|“应付款管理”。

（2）执行“设置”|“选项”命令，打开“账套参数设置”对话框。

（3）单击“编辑”按钮，在“常规”选项卡选中“自动计提现金折扣”的复选框，打开“权限与预警”选项卡，选择“单据报警”下的“提前天数”栏输入“ 7”，如图 9－2 所示。

实验指导 4：初始设置

1. 科目设置

（1）在“企业应用平台”中，单击“业务工作”|“财务会计”|“应付款管理”。

（2）执行“设置”|“初始设置”命令，进入“初始设置”窗口。

（3）打开“基本科目设置”，单击左上角的“增加”按钮，在“基础科目种类”下选择“应付科目”，输入科目：2202，在预付科目输入：1123，输入银行承兑汇票科目：2201，输入商业承兑汇票科目：2201，输入采购科目：1402，输入税金科目：22210101，如图 9－3 所示。

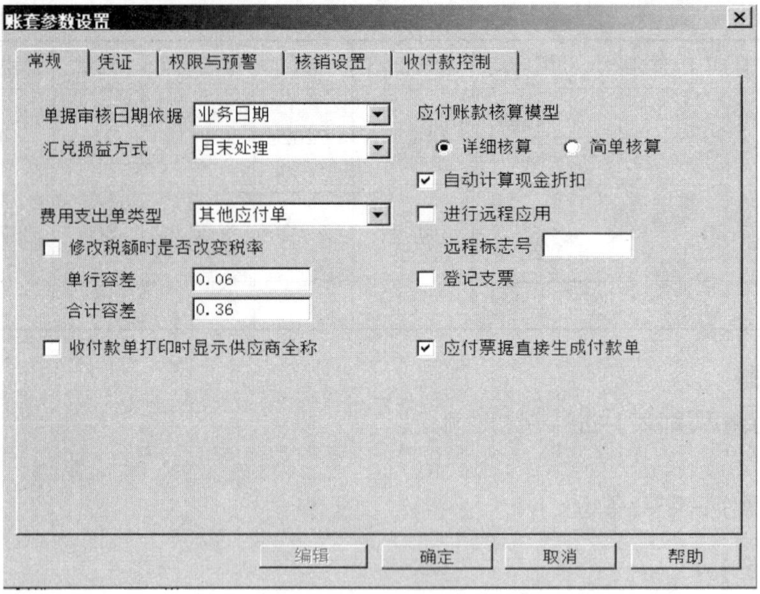

图 9－2　权限与预警选项卡

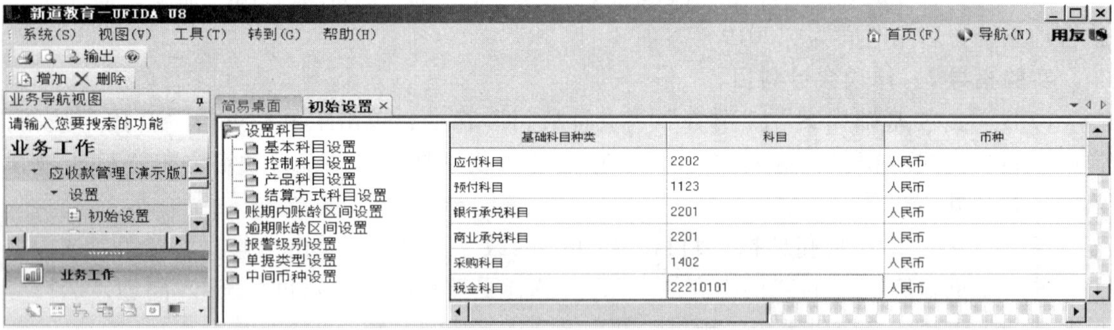

图 9－3　基本科目设置

（4）控制科目设置。执行“设置”|“初始设置”命令，打开“初始设置”，执行“控制科目设置”命令，录入控制科目，如图 9－4 所示。

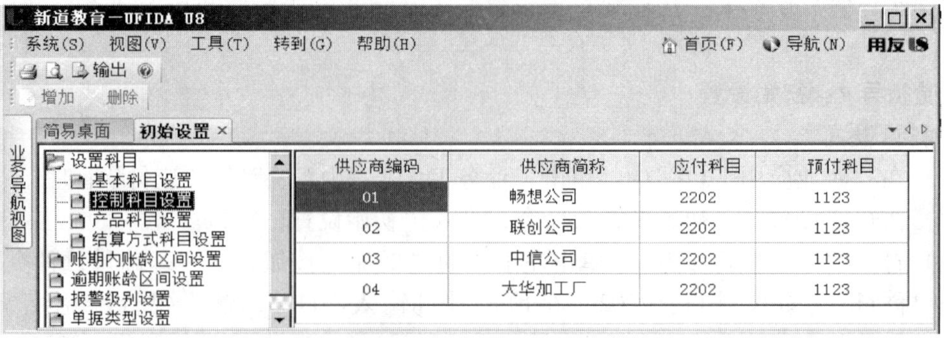

图 9－4　控制科目设置

（5）产品科目设置。同理，打开“产品科目设置”，在存货名称下的所有采购科目全部输入“1402”，采购税金科目输入“22210101”，税率输入13%，如图9－5所示。

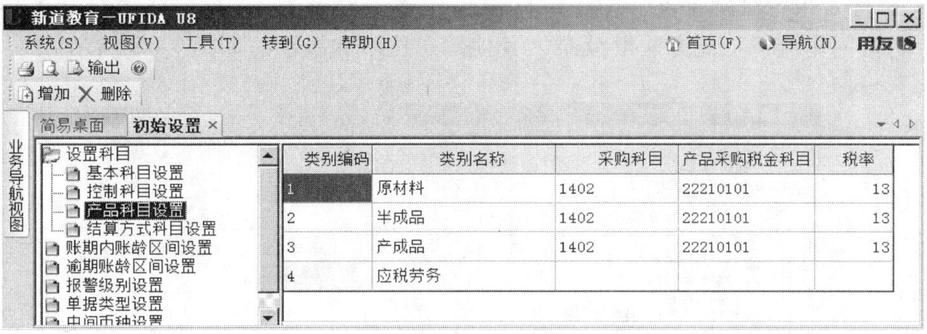

图9－5　产品科目设置

（6）结算方式科目设置。执行“结算方式科目设置”命令，单击“结算方式”栏的下三角按钮，选择“现金支票”，单击“币种”栏，选择“人民币”；在“科目”栏录入或选择“100201”，按回车键。依此方法继续录入其他的结算方式科目，如图9－6所示。

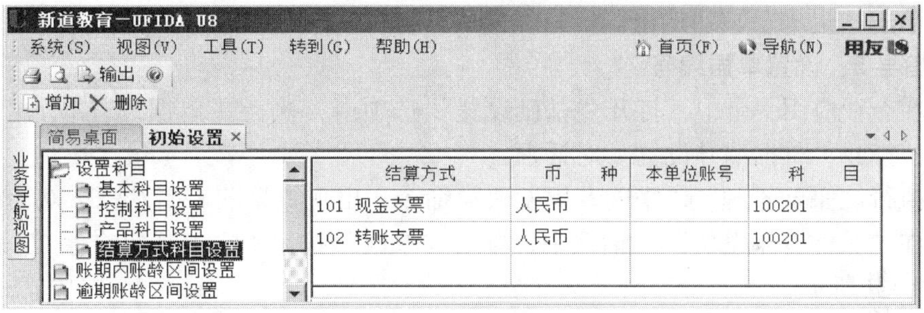

图9－6　结算方式科目设置

2. 设置账期内账龄区间

（1）在应付管理系统中，执行“设置”|“初始设置”命令，打开“初始设置”选项卡。

（2）执行“账期内账龄区间设置”命令，在“总天数”栏录入“30”，按回车键后再在“总天数”栏录入“60”后按回车键。依此方法继续录入其他的总天数，如图9－7所示。

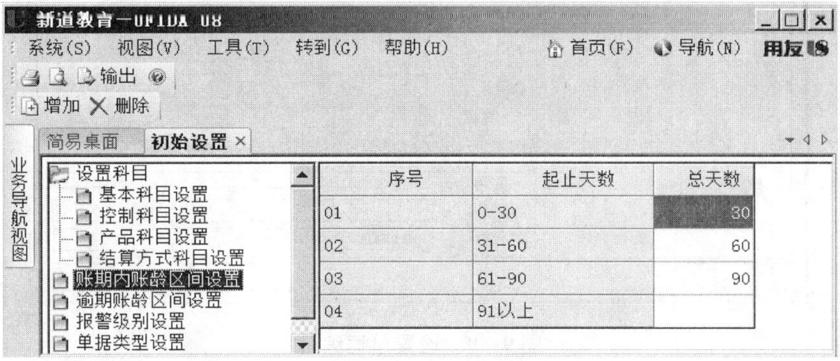

图9－7　账期内账龄区间设置

3. 设置报警级别

（1）在应付管理系统中，执行“设置”|“初始设置”命令，打开“初始设置”选项卡。

（2）执行“报警级别设置”命令，在“总比率”栏录入“10”，在“级别名称”栏录入“A”后按回车键。依此方法继续录入其他的总比率和级别，如图 9－8 所示。

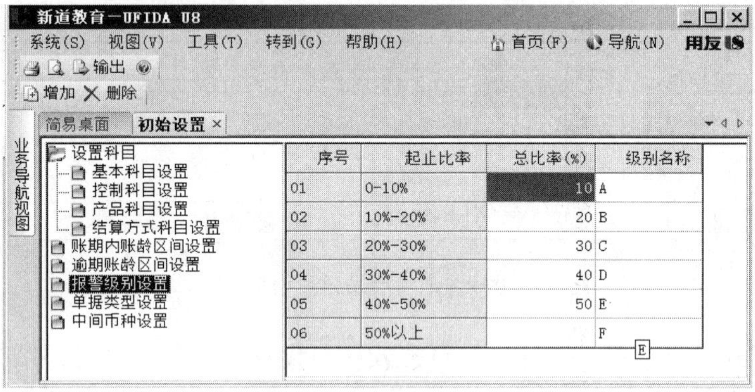

图 9－8　报警级别设置

（3）单击“退出”按钮退出。

实验指导 5：设置单据编号

（1）在企业应用平台中，打开“基础设置”选项卡，执行“单据设置”|“单据编号设置”命令，打开“单据编号设置”对话框。

（2）执行“采购管理”|“采购专用发票”命令，出现“采购专用发票”对话框。

（3）在“采购专用发票”对话框中，单击“修改”按钮，选中“完全手工编号”复选框，如图 9－9 所示。

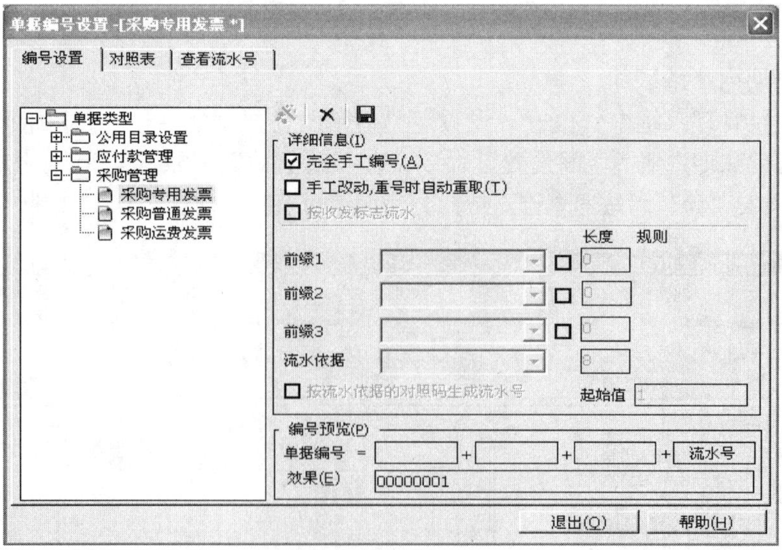

图 9－9　设置单据编号

（4）单击“保存”按钮。

（5）同理，设置采购普通发票、采购运费发票的编号为“完全手工编号”，单击“退出”按钮退出。

实验指导6：录入期初余额

（1）在应付款管理系统中，执行“设置”|“期初余额”命令，打开“期初余额——查询”对话框。

（2）单击“确定”按钮，打开“期初余额明细表”对话框。

（3）单击“增加”按钮，打开“单据类别”对话框。

（4）单击“确定”按钮，打开“采购普通发票”对话框。

（5）单击“增加”按钮，修改开票日期为2019年7月20日，录入票号“P029”；“在供应商”栏录入“02”或单击“供应商”栏的参照按钮，选择“联创公司”；在“部门”栏选择“供应科”；在“存货编码”栏录入“001”或单击“存货编码”栏的参照按钮，选择“C原料”，在“数量”栏录入“226”，录入原币单价1 130元，在“原币金额”栏录入“255 380. 00”，如图9－10所示。

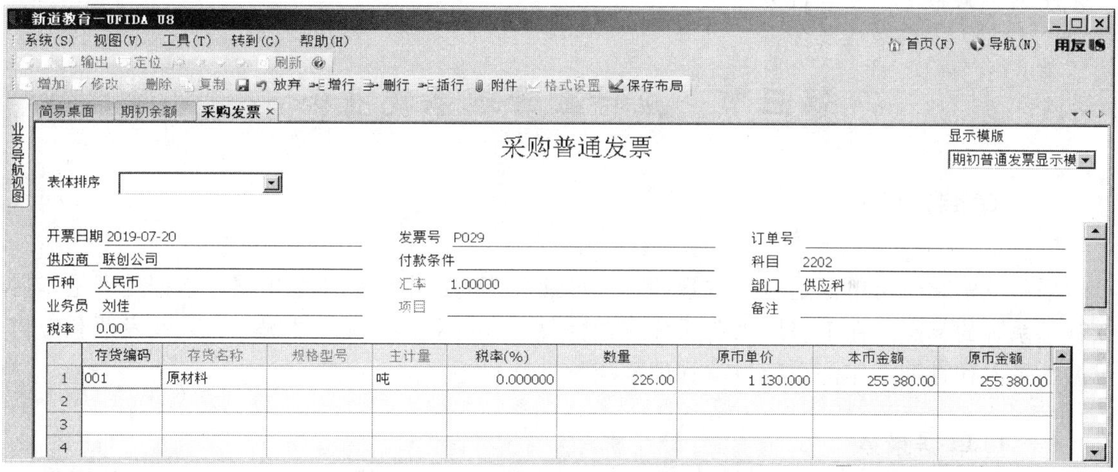

图9－10 录入期初余额采购普通发票

（6）单击“保存”按钮，依此方法继续录入第2张采购普通发票。

实验指导7：查看期初余额明细表，进行期初对账

（1）打开“期初余额—查询”对话框，查看“期初余额明细表”，如图9－11所示。

期初余额明细表

本币合计：贷 454, 260. 00

单据类型	单据编号	单据日期	供应商	部门	业务员	币种	科目	方向	原币金额	原币余额	本币金额	本币余额
采购普通发票	J033	2019-07-30	中信公司	供应科	刘佳	人民币	2202	贷	198 880.00	198 880.00	198 880.00	198 880.00
采购普通发票	P025	2019-07-20	联创公司	供应科	刘佳	人民币	2202	贷	255 380.00	255 380.00	255 380.00	255 380.00

账套:(789)北京嘉禾有限责任公司 韩冬(账套主管) 2019-08-31 17:57 4006-600-588

图9－11 期初余额明细表

（2）在“期初余额明细表”对话框中，单击“对账”按钮，打开“期初对账”选项卡，如图 9－12 所示。

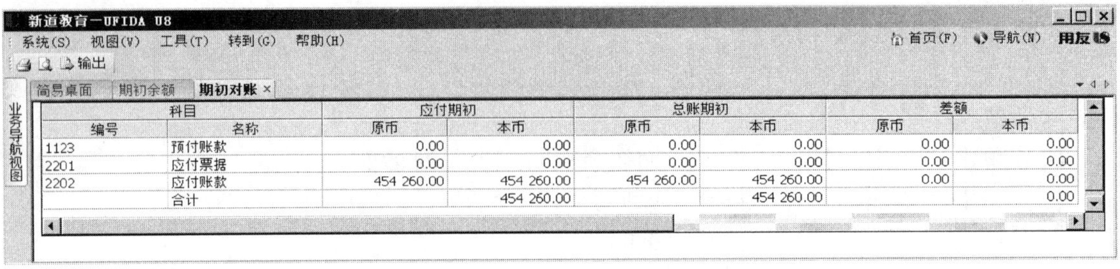

科目		应付期初		总账期初		差额	
编号	名称	原币	本币	原币	本币	原币	本币
1123	预付账款	0.00	0.00	0.00	0.00	0.00	0.00
2201	应付票据	0.00	0.00	0.00	0.00	0.00	0.00
2202	应付账款	454 260.00	454 260.00	454 260.00	454 260.00	0.00	0.00
	合计		454 260.00		454 260.00		0.00

图 9－12　期初对账

（3）单击“退出”按钮退出。

实验指导 8：账套备份

在 E 盘（或 D 盘）“会计信息系统实训教程”文件夹中新建“实验十二”文件，将账套保存至“实验十二”文件夹中。

第三节　应付款管理系统业务

一、单据处理

采购发票和应付单据是应付款管理系统日常核算的最主要的原始单据。单据处理是应付款管理系统的起点。在不启用采购系统或者企业未购买采购系统的情况下，采购发票和应付单据的录入和查询工作都在应付款管理系统下进行。

（一）单据录入

在应付款管理子系统中要录入采购发票，必须是没有启用采购管理子系统，如果启用采购管理子系统，在此只能录入应付单。单据的录入、审核、查询与应收款管理子系统相同，参照应收款管理子系统部分。单据录入审核后，可立即制单，也可以以后在制单功能中批量制单。生成的凭证自动传到总账子系统。

（二）单据结算

企业发生付款业务应录入子系统，以提供生成应付账款所需要的付款信息，然后对发票及付款单进行核销，形成预付款，并处理代付款等。

（三）核销

核销就是指确定收/付款单与原始的发票、应付单之间的对应关系的操作。应付款子系统的所有采购须通过应付账款，单据录入是增加应付款的业务，当要支付款项时，通过单据结算，录入付款金额，同时减少应付款，为进行精确的账务分析，要指明本次是支付哪几笔采购业务的款项，此过程叫核销。

核销操作只用在单据结算中录入付款单，在表体中找到对应的单据，单击“核销”按钮，在单据的“本次结算”栏中输入核销金额保存即可。单据核销后，可立即制单，也可在制单功能中成批制单。生成的凭证自动传到总账子系统。

应付款核销有以下几种情况：

1. 完全核销

付款单的数额等于原有单据的核销数额，付款单与原有单据完全核销。

2. 与预付款一并核销

付款单的金额小于单据金额，对此供应商有预付款，结算时，则单击“使用预付”输入预付金额，在“本次结算”金额栏输入预付金额与付款金额的合计，系统优先使用付款单的金额。

3. 核算生成预付款

付款单的金额大于单据金额，在“本次结算”金额栏输入单据金额，剩余金额将由系统自动形成预付款。

4. 部分核销

付款单的金额小于单据金额，在“本次结算”金额栏输入付款单金额，剩余单据金额留待下次核销。

5. 选择付款

本系统提供了在“日常处理”菜单下的“选择付款”，可以一次支付多个供应商、多笔款项的业务处理，以简化日常付款操作，同时便于掌握和控制资金的流出。

（四）单据查询

对于业务单据及结算单的查询，在“统计分析”菜单下的“单据查询”中进行。

二、转账处理

同应收款管理子系统相对应，应付款管理子系统也有预付冲应付、应付冲应收、红票对冲及应付冲应付等几种转账处理情况。

（一）预付款冲应付款

当单位给某个供应商付款时，如果对此供应商有预付款，则可用预付款冲应付款。

（二）应付款冲应收款

若某单位既是客户又是供应商，则可进行应付款冲应收款。

（三）红票对冲

当发生采购退货时，可用红字单据冲蓝字单据，即红票对冲。

（四）应付款冲应付款

当一个供应商为另一个供应商代付款时，发生应付款冲应付款的情况。

三、票据处理

一个企业一般情况下都有应付票据，本系统具有强大的票据管理功能，可以对开出的应付票据进行登记、转出、计息、结算的处理。应付票据的管理与应收票据的管理基本类似，与应收票据相比，应付票据没有贴现、背书处理。如果要实现票据的登记簿管理，必须将“应付票据”科目设置成为带有供应商往来辅助核算的科目。

（一）应付票据的增加、修改、删除

当增加一张应付票据后，系统自动将该张票据生成一张付款单（在单据结算中可查到），该张付款单用来冲应付账款。已经核销的付款单（依票据生成），或已经结算、转出计息的票据不能被删除。应付票据的增加、修改、删除操作同应收款管理子系统的应收票据的相关操作。

（二）应付票据的计息

如果开出的应付票据是带息的票据，需要对其进行计息处理。

（三）应付票据的结算

如果应付票据到期向供应商付款，则应进行票据的结算。

（四）应付票据的转出

如果票据到期后仍不能付款，则应进行应付票据转入应付账款的处理。

四、制单

应付款管理子系统提供了与应收款管理子系统相对应的制单操作。其制单类型包括：单据制单（包括发票和应付单）、核销制单、票据处理制单、汇兑损益制单、转账制单、并账制单和现结制单。

五、月末处理

（一）汇兑损益结转

应付款管理子系统提供了月末计算汇兑损益和单据结清时计算汇兑损益两种方式。如果单位发生有外币付款业务，同时在初始设置中汇兑损益的处理方式为月末计算，则在月末结账前须计算汇兑损益。若选取“单据结清时计算汇兑损益”，只有在外币应付款和应付票据两方面的外币全部付清时，才能对其进行汇兑损益处理。

（二）月末结账

如果确认本月的各项处理已经结束，可以选择执行月末结账功能。当执行了月末结账功能后，该月将不能再进行任何处理。如果启用了采购管理子系统，采购管理子系统结账后，应付款管理子系统才能结账。若结账后发现有错误，在总账子系统没有结账前，可取消结账。应付款管理子系统的结账要求与应收款管理子系统的相同，此处不再赘述。

如果对原始单据进行了审核，对付款单进行了核销等操作后，发现操作失误，而又不能进行删除和取消时，可用“取消操作”和“取消结账”将其恢复到操作前的状态，以便进行修改。

系统提供了对以下几种情况的恢复操作功能：恢复应付单据（发票和应付单）的未审核状态，恢复付款单的核销前状态，恢复票据的处理前状态，恢复转账处理前状态，恢复计算汇兑损益前状态，恢复并账处理前状态。

实验十三　应付款管理系统业务处理

【实验准备】

可以引入E盘中“会计信息系统实训教程”文件夹中“实验十二”的备份数据，将系统日期修改为“2019年8月31日”。

【实验内容】

（1）日常业务处理；
（2）期末业务处理。

【实验资料】

1. 日常业务处理

2019年8月发生下列经济业务：

（1）8日，供应科刘佳向北京联创公司采购原材料C原料100吨，单价为960元/吨，增值税率为13%，原材料已验收入库，货款尚未支付。对方开出采购专用发票一张，发票号P202。

（2）9 日，支付给北京联创公司 8 日购货款 108 480 元，以转账支票（票号 56734576）支付。

（3）15 日，供应科刘佳向中信公司以转账支票（票号 32456567）支付预购 C 原料的预付款 10 000 元。

（4）20 日，经协商，同意将预付中信公司的预付款 10 000 元用于偿付所欠应付账款。

（5）21 日，收到联创公司通知，将本公司 2019 年 7 月 20 日所欠应付账款 255 380 元转为欠中信公司的应付账款。

（6）25 日，向中信公司签发并承兑商业承兑汇票一张，票据号 F9569，面值为 100 000 元，到期日 2019 年 12 月 25 日。

2. 期末业务处理

（1）完成本月应付款管理系统的月末结账。

（2）取消结账。

【实验指导】

实验指导 1：日常业务处理

视频：应付款业务处理

1. 经济业务 1——购入原材料

（1）在应付款管理系统中，执行“应付单据处理”|“应付单据录入”命令，打开“单据类别”对话框。

（2）单击“确定”按钮，打开“采购专用发票”对话框。

（3）单击“增加”按钮，修改发票日期为“2019 年 8 月 8 日”，录入发票号“P203”，在“供应商”栏录入“02”或单击“供应商”栏的参照按钮，选择“联创公司”；在“存货编号”栏录入“001”；在“存货名称”栏录入“C 原料”，在“数量”栏录入“100”，在“原币单价”栏录入“960”，如图 9－13 所示。

图 9－13　采购专用发票

（4）单击“保存”按钮，单击“审核”按钮，系统提示“是否立即制单?”，单击“是”，系统自动弹出该业务的凭证，选择“转账凭证”，单击“保存”按钮。凭证左上角打上“已生成”字样，表明凭证已经传递到总账系统，如图 9－14 所示。

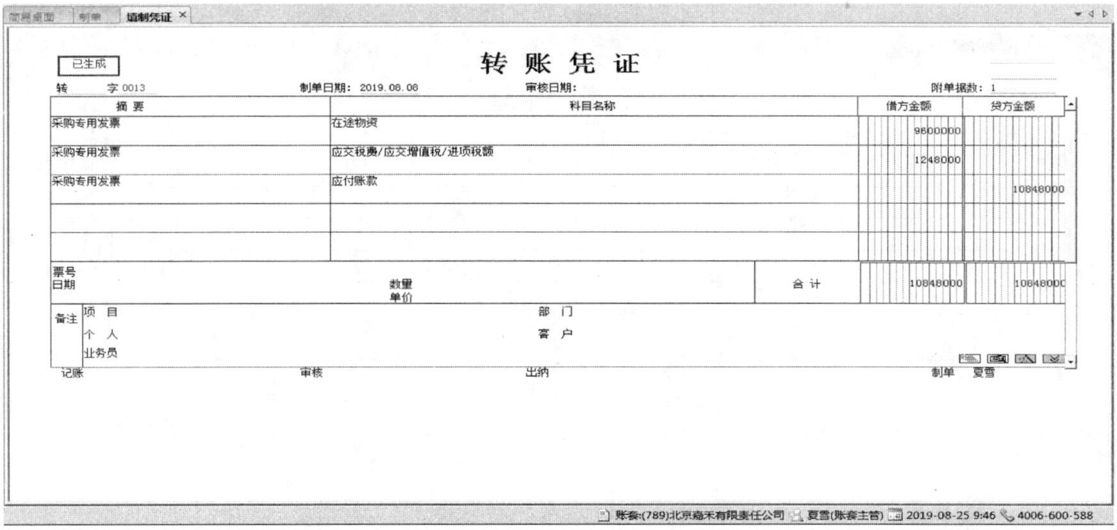

图 9－14　发票制单（经济业务 1）

2. 经济业务 2——付款处理

（1）执行“付款单据处理”|“付款单据录入”命令，打开“付款单”对话框。

（2）单击“增加”按钮，修改开票日期为“2019－08－09”；在“供应商”栏录入“002”或单击“供应商”栏的参照按钮，选择“联创公司”；在“结算方式”栏录入“202”或单击“结算方式”栏的下三角按钮，选择“转账支票”；在“币种”栏选择“人民币”，金额栏录入“108 480.00”元，在“摘要”栏录入“支付购货款”，单击明细栏，如图 9－15 所示。

视频：付款处理

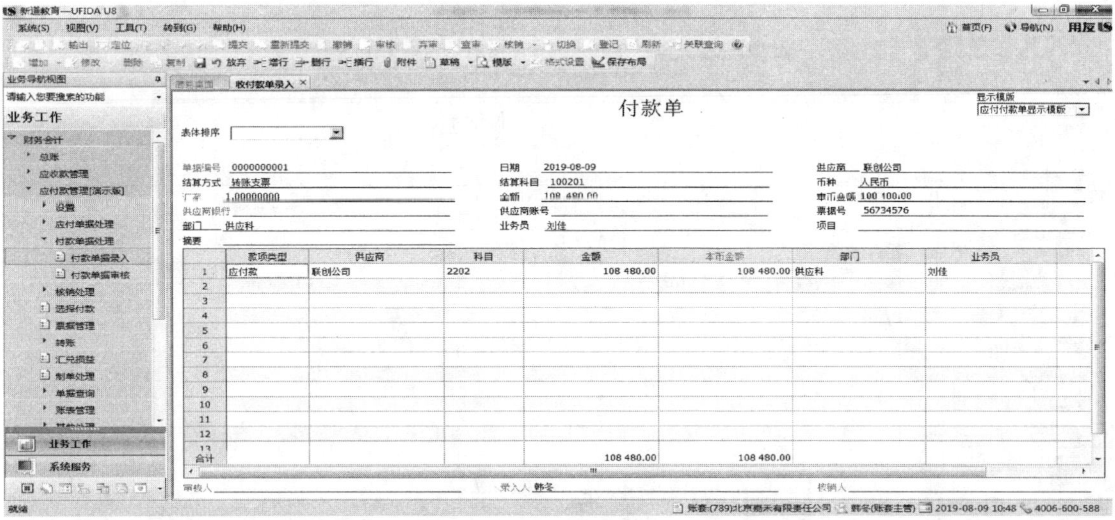

图 9－15　付款单

（3）单击“审核”按钮，系统提示“是否立即制单?”，单击“是”，系统自动弹出付款凭证，单击“保存”按钮，如图 9－16 所示。

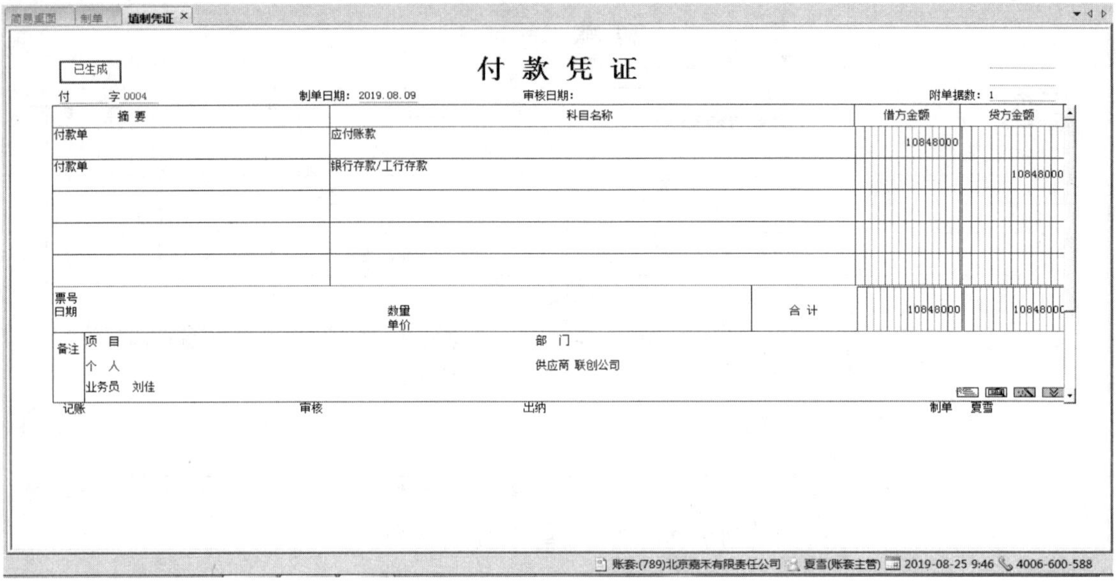

图 9－16　付款单制单（经济业务 2）

3. 经济业务 3——预付款处理

（1）执行“付款单据处理”|“付款单据录入”命令，打开“付款单”对话框。

（2）单击“增加”，开票日期“2019－08－15”；在“供应商”栏录入选择“中信公司”；在“结算方式”栏录入“202”或单击“结算方式”栏的下三角按钮，选择“转账支票”；在“币种”栏选择“人民币”，金额栏录入“10 000.00”元；在“摘要”栏录入“预付购料款”，“款项类型”选择“预付款”，单击“保存”按钮，如图 9－17 所示。

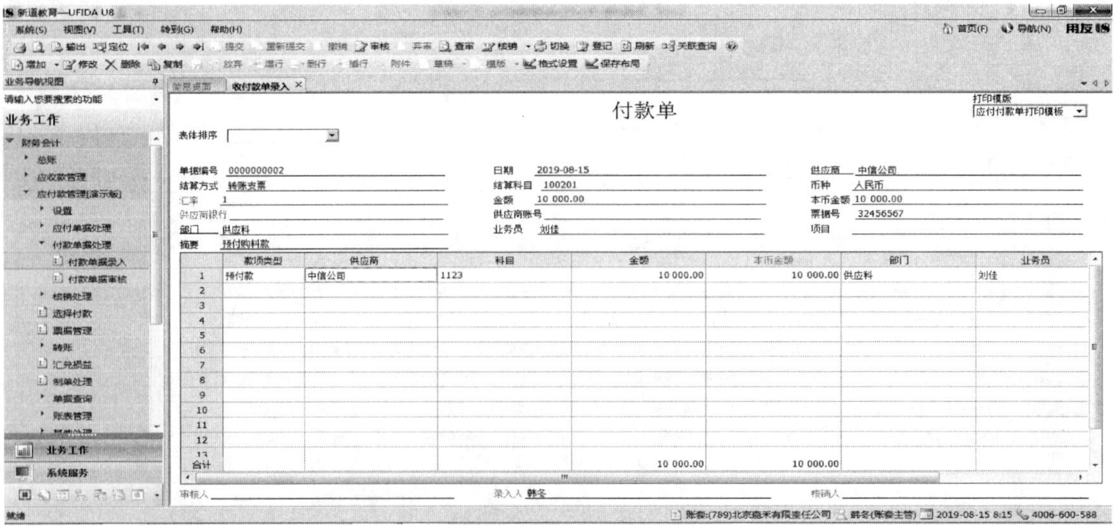

图 9－17　预付款

（3）单击“审核”按钮，系统提示“是否立即制单?”，单击“是”，系统自动弹出付款凭证，单击“保存”按钮，如图 9－18 所示。

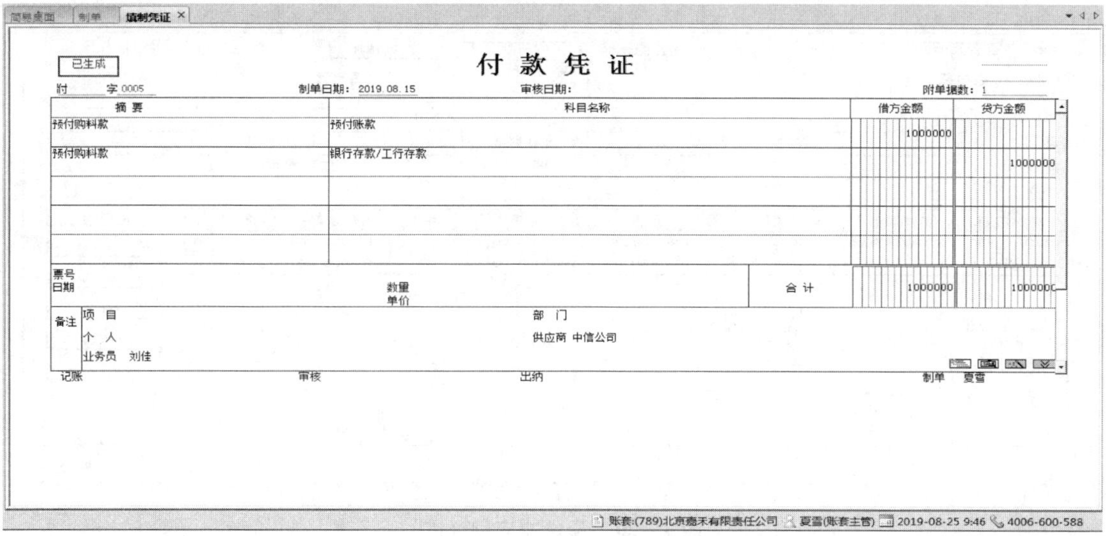

图 9－18　收付款单制单（经济业务 3）

4. 经济业务 4——预付账款冲抵应付账款

（1）在应付款管理系统中，执行“转账”|“预付冲应付”命令，打开“预付冲应付”对话框。在“供应商”栏录入“03”或单击“供应商”栏的参照按钮，选择“中信公司”。

（2）单击“过滤”按钮，在“转账金额”栏录入“10 000.00”元，如图 9－19 所示。

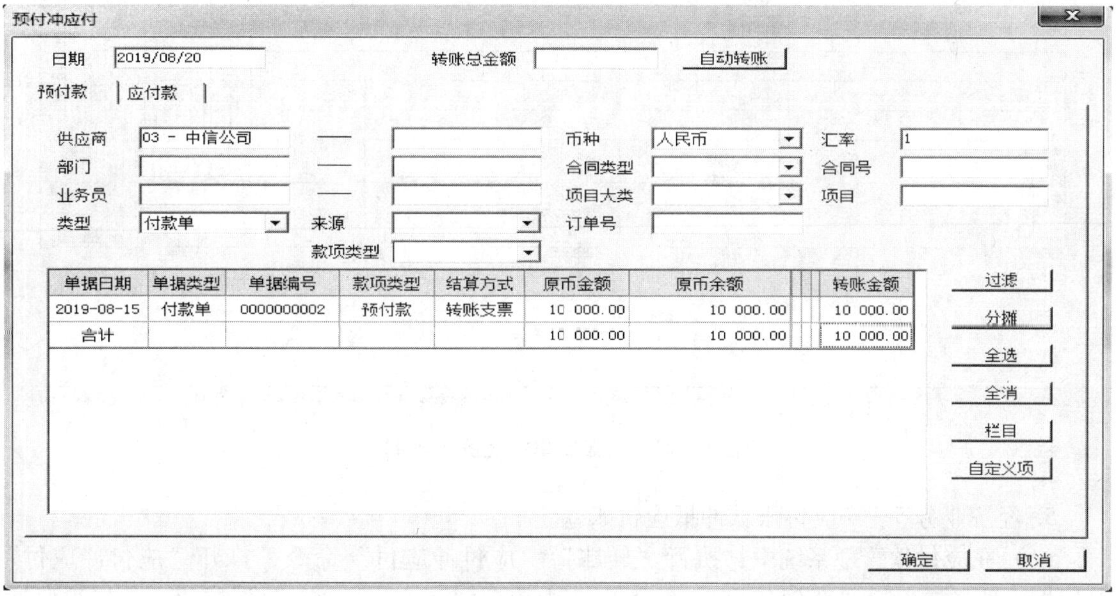

图 9－19　预付冲应付（一）

（3）打开“应付款”选项卡，单击“过滤”按钮，在“转账金额”栏录入“10 000.00”元，如图 9－20 所示。

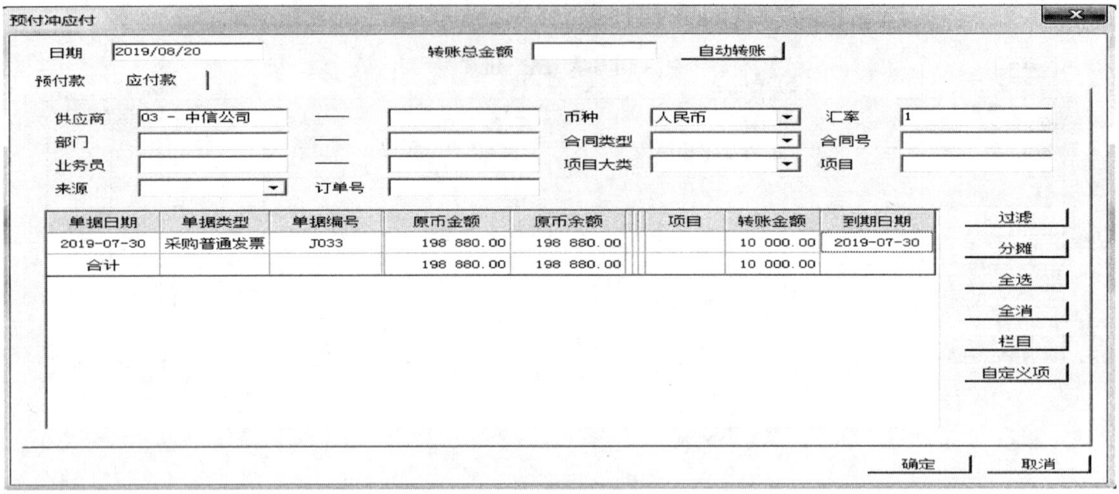

图 9－20　预付冲应付（二）

（4）单击“审核”按钮，系统提示“是否立即制单?”，单击“是”，系统自动弹出付款凭证，单击“保存”按钮，如图 9－21 所示。

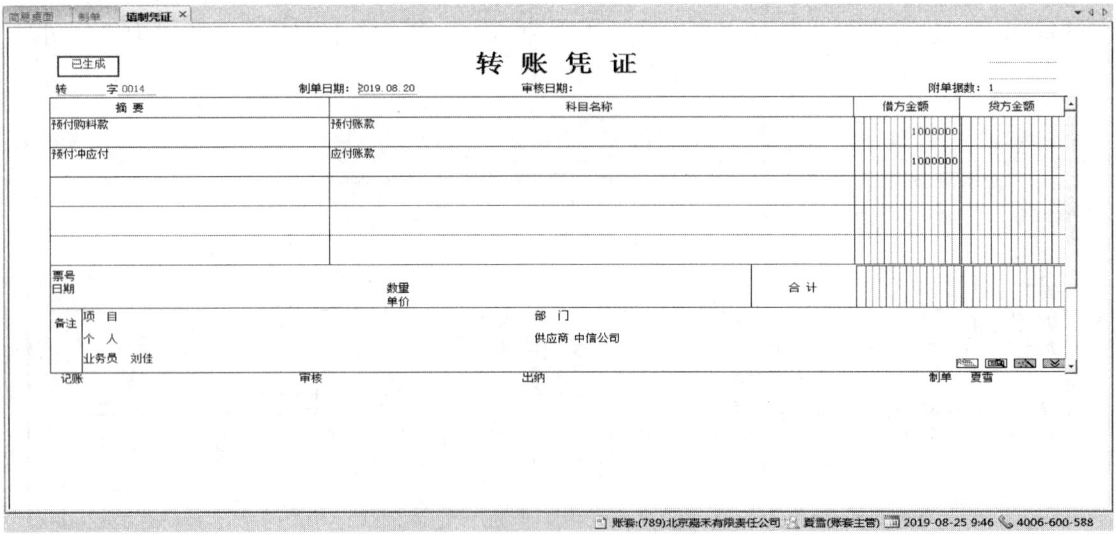

图 9－21　转账制单（经济业务 4）

5. 经济业务 5——应付账款冲抵应付账款

（1）在应付款管理系统中，执行“转账”“应付冲应付”命令，打开“应付冲应付”对话框。选择转出户“联创公司”，转入户“中信公司”，单击“查询”按钮，选择需要冲账的款项，输入并账金额“255 380.00”元，如图 9－22 所示。

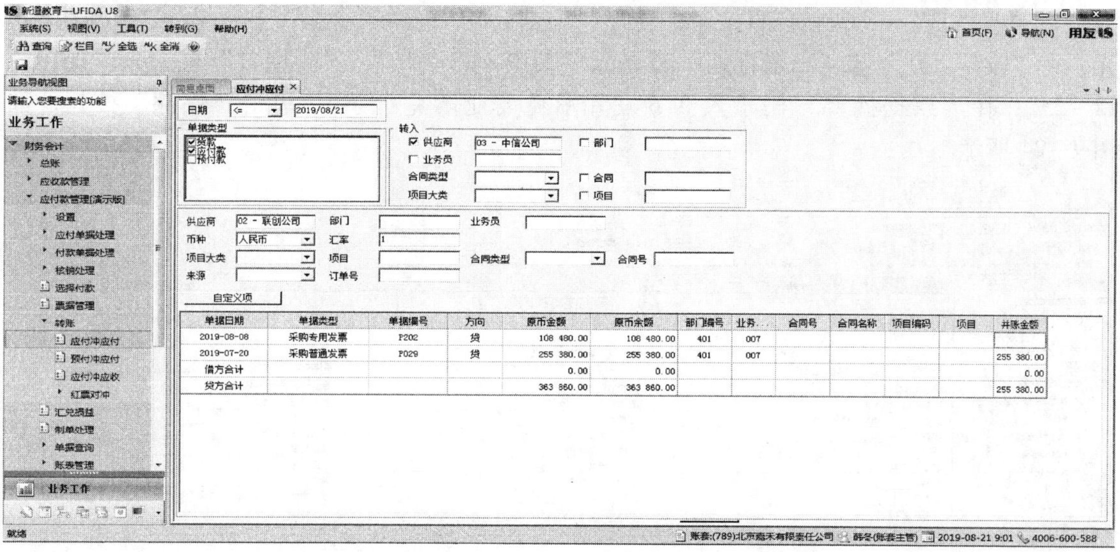

图 9－22 应付冲应付

（2）单击“保存”按钮，系统提示“是否立即制单?”，单击“是”，系统自动弹出付款凭证，单击“保存”按钮，如图 9－23 所示。

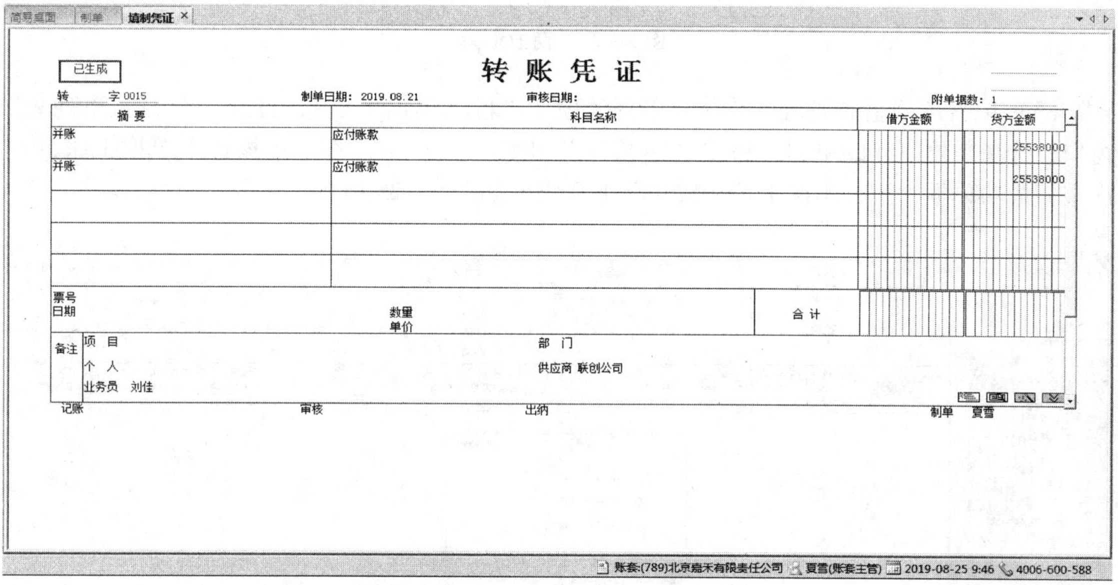

图 9－23 并账制单（经济业务 5）

6. 经济业务 6——填制商业汇票

（1）在应付款管理系统中，执行“票据管理”命令，打开“过滤条件选择”对话框，单击“过滤”按钮，进入“票据管理”界面。

（2）单击“增加”按钮，打开“商业汇票”录入窗口，单击“票据类型”与“结算方式”栏的下三角按钮，选择“商业承兑汇票”，在“票据编号”栏录入“F9569”，在“收款人”栏录入“03”，或单击参照按钮，选择“中信公司”，在“金额”栏录入“100 000.00”元，在“收到日期”与“出票日期”栏录入“2019-08-25”，“到期日”栏录入“2019-12-25”；在“票据摘要”栏录入“签发并承兑商业承兑汇票”，单击“保存”按钮，如图9-24所示。

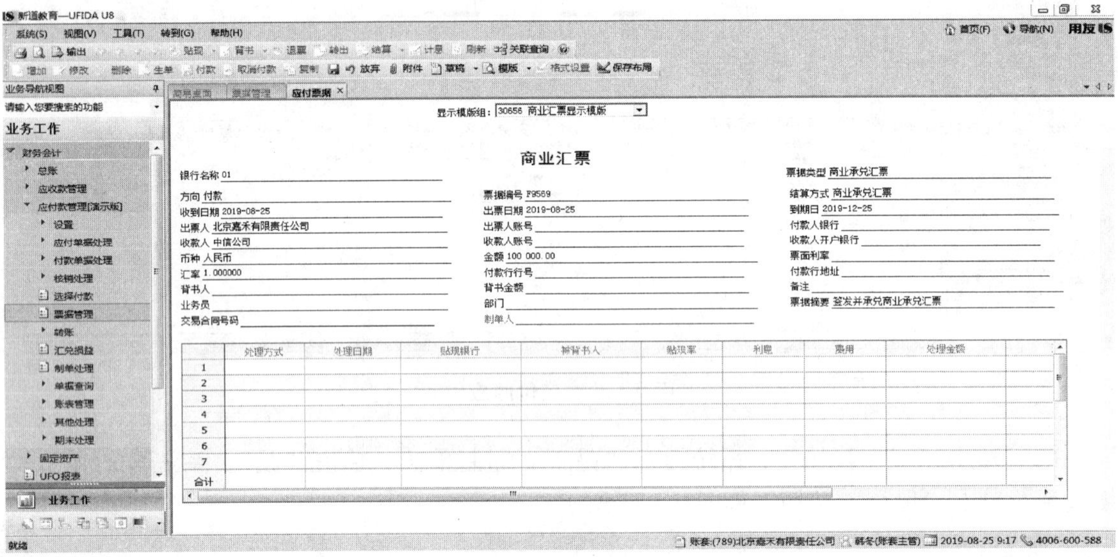

图9-24　商业汇票

（3）单击“应付款管理”|“付款单据处理”|“付款单据审核”，打开“收付款单列表”窗口，选择需要审核的单据，单击“审核”按钮，系统显示：本次审核选中单据1张，本次审核成功单据1张，本次审核未成功单据0张，如图9-25所示。

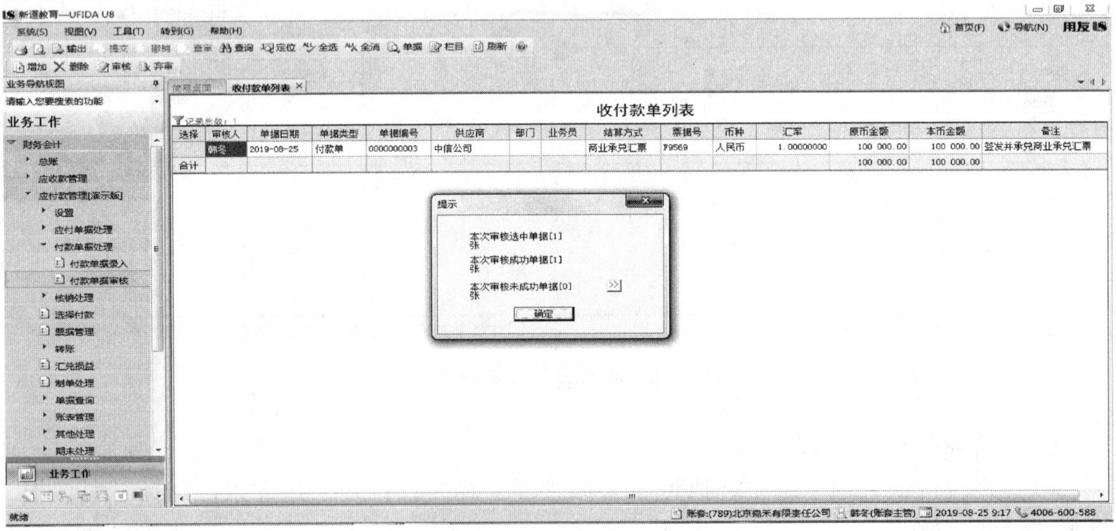

图9-25　付款单据审核

（4）执行“应付款管理系统”|“制单处理”命令，打开“制单查询”对话框。选中“票据处理制单”和“收付款单制单”复选框，单击“确认”按钮，进入“收付款单制单”窗口。选择制单日期“2019－08－25”，单击“制单”按钮，进入“填制凭证”窗口。单击“保存”按钮，凭证左上方出现“已生成”字样，表明此凭证已传递到总账系统，如图9－26所示。

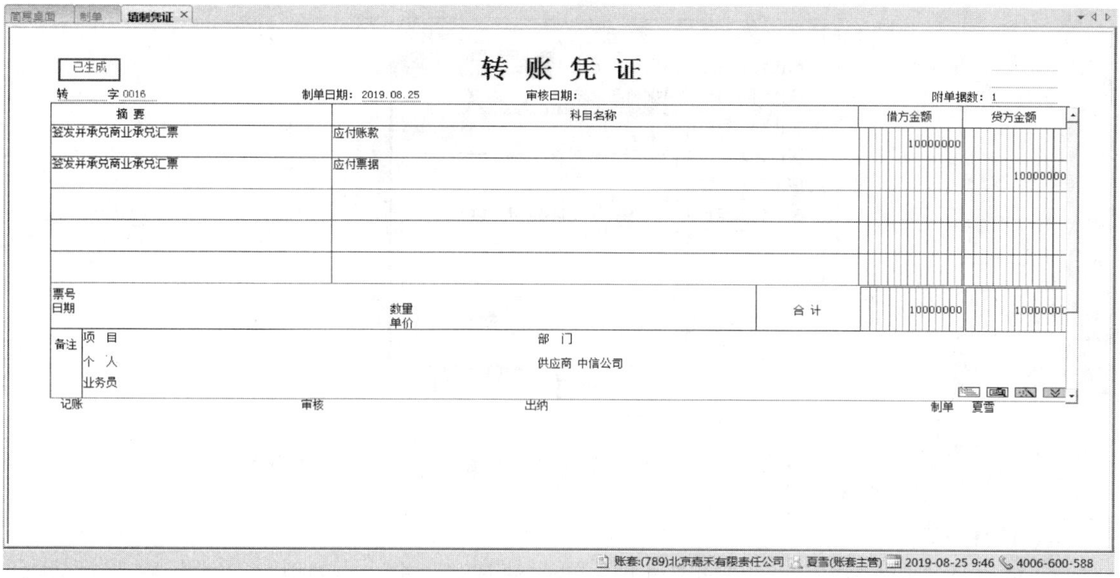

图9－26　收付款单制单（经济业务6）

（5）以账套主管身份对这些传递到总账的凭证进行审核、记账工作。

实验指导2：期末处理

1. 完成本月应付款管理系统的月末结账

（1）执行“应付款管理”|“期末处理”|“月末结账”命令，打开“月末处理”对话框，双击8月份的结账标志栏，系统在8月的结账标志栏打上“Y”标记，如图9－27所示。

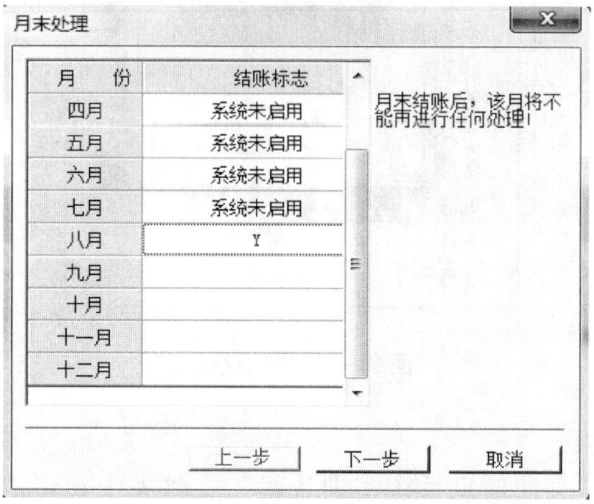

图9－27　月末处理

（2）单击“下一步”按钮，屏幕显示各处理类型的处理情况。单击“确认”按钮，系统进行结账工作。结账完毕，系统弹出“8 月份结账成功”信息提示对话框。

（3）单击“确定”按钮，系统自动在对应的结账月份的“结账标志”栏中显示“已结账”字样，如图 9－28 所示。

图 9－28　月末结账

2. 取消结账

（1）执行“应付款管理”|“期末处理”|“取消月结”命令，打开“取消结账”对话框，选择“八月已结账”月份。

（2）单击“确认”按钮，系统弹出“取消结账成功”信息提示对话框。

（3）单击“确定”按钮，当月结账标志即被取消，如图 9－29 所示。

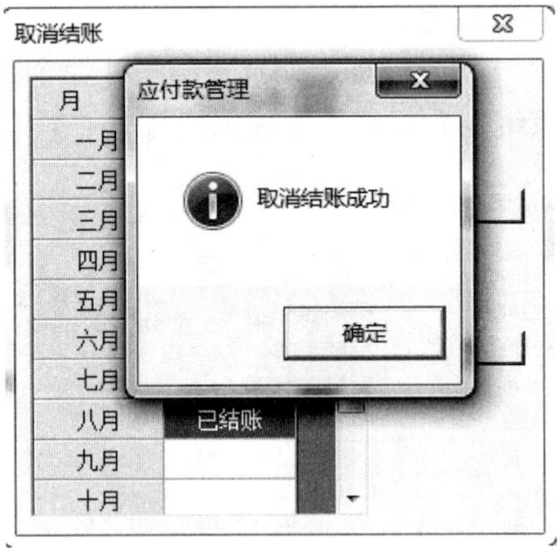

图 9－29　取消结账

实验指导 3：账套备份

在 E 盘（或 D 盘）“会计信息系统实训教程”文件夹中新建“实验十三”文件，将账套保存至“实验十三”文件夹中。

章节练习

文本：章节练习参考答案

一、单项选择题

1. 应付款管理系统的票据管理功能不包括（　　）。

A. 票据背书　　B. 票据登记　　C. 票据计息　　D. 票据结算

2. 应付款管理系统的期初余额的录入不包括（　　）。

A. 期初采购发票的录入　　B. 期初应付票据的录入

C. 期初预付款的录入　　D. 期初应收款的录入

3. 如果同时使用应付账款系统和采购系统，则发票由（　　）录入，在应付系统可以对这些单据进行审核、弃审、查询、核销、制单等功能。此时，在应付系统需要输入的单据仅限于应付单。

A. 应付系统　　B. 采购系统　　C. 应收系统　　D. 总账系统

4. 应付款管理系统中所使用的“应付账款”科目需要满足（　　）条件。

A. 一级科目　　B. 总账受控科目

C. 应收款系统受控科目　　D. 应付款系统受控科目

5. 在进行应付冲应付操作时，每一笔应付款的转账金额（　　）其余额。

A. 大于　　B. 小于　　C. 等于　　D. 不能大于

6. 一张发票所生成的凭证被删除后，该张发票（　　）。

A. 也应删除　　B. 可以重新生成凭证

C. 不再能生成凭证　　D. 必须重新输入

二、多项选择题

1. 应付款管理系统的启用时间应满足（　　）条件。

A. 大于等于业务日期　　B. 大于等于总账的启用时间

C. 小于等于总账的启用时间　　D. 小于等于业务日期

2. 在应付款管理系统中，制单类型主要包括（　　）。

A. 结算单制单　　B. 并账制单　　C. 核销制单　　D. 发票制单

3. 根据对供应商往来款项核算和管理的程度不同，系统提供了（　　）两种应用方案。

A. 详细核算　　B. 辅助核算　　C. 简单核算　　D. 总分类核算

4. 在应付款管理系统中，系统提供的核销方式主要有（　　）。

A. 手工核销　　B. 自动核销　　C. 单张核销　　D. 多张核销

5. 在应付款管理系统中，转账处理功能主要包括（　　）。

A. 应收冲应收　　B. 红票对冲　　C. 预付冲应付　　D. 应付冲应付

6. 应付款管理系统与总账系统的关系，正确的有（　　）。

A. 应付款管理系统的凭证，生成后自动传递到总账

B. 应付款管理系统的凭证传到总账后，总账自动进行记账工作

C. 应付款管理系统的凭证传到总账后，总账还需要进行审核、记账工作

D. 应付款管理系统的所有业务都制单，传递到总账后，才能进行月末结账工作

三、判断题

1. 因为应付款系统的凭证生成后要向总账系统传递，所以，应付款系统的启用会计期间应小于等于总账系统的启用期间。（　）

2. 应付款系统中的凭证不经保存也能传递到总账系统，再在总账系统中进行保存、审核和记账等。（　）

3. 录入期初采购发票后，在下一年度的第一个会计期间里，可以进行期初余额的调整。（　）

4. 在应付款管理系统中，手工核销及自动核销一次均可对多个客户进行核销处理。（　）

5. 应付款系统与总账系统对账，必须在总账与应付款系统同时启用后才可以进行。（　）

6. 一张凭证被删除后，它所对应的原始单据可以重新制单。（　）

7. 只有当月结账后，才可以开始下月的工作。（　）

附录

综合业务

综合业务要求

根据所给资料，自行建账并完成当月业务处理。

要求：启用总账系统、固定资产系统、薪资管理系统、应收款管理系统、应付款管理系统。

一、企业基本情况简介

新东方工厂是小型生产企业，其主要产品为ABC产品。注册资金为300万元。该厂于2019年11月1日开始筹建，于2020年3月1日正式开始生产经营。2020年3月1日正式启用用友U8－V10.1软件。

工厂地址：内蒙古呼和浩特市新城区

开户银行：中国工商银行呼和浩特新城支行，银行账号682476312345

纳税人登记号：547183447

二、有关财务制度规定

1. 原材料和产成品采用实际成本计价；低值易耗品采用一次摊销法。
2. 固定资产折旧方法：房屋、建筑物、机器设备均采用平均年限法（一）。
3. 开办费于开始生产经营的当月一次性摊销。
4. 企业为一般纳税人，适用的增值税税率为13%。
5. 其他有关制度、规定在经济业务中提供。

三、建账信息

记账本位币：人民币（RMB）；

企业类型：工业；

行业性质：2007年新会计制度科目；

无外币核算业务，且不需要对存货、客户、供应商进行分类；

分类编码方案：科目编码级次422，其他自行设定。

四、财务分工

1. 刘芳：账套主管，负责总账系统的凭证审核、记账、账簿查询、月末结账工作；负责报表管理及其财务分析工作。
2. 张宇：出纳，负责总账系统的出纳签字、现金日记账的查询及打印、银行存款日记账的查询及打印、资金日报表的查询及打印、支票登记以及银行对账的业务处理。
3. 李钢：会计，负责总账系统的填制凭证、凭证整理、查询凭证、自动转账定义、执行自动转账等业务处理；负责薪资管理系统、固定资产系统、应收款管理系统、应付款管理系统的全部业务处理。

五、基础档案

1. 部门：行政部、市场部、生产部，其中行政部下设办公室和财务科。

2. 职员：刘芳（行政部—财务科）、张宇（行政部—财务科）、李钢（行政部—财务科）、赵强（行政部—办公室）、张立新（市场部）、李志强（生产部）。

3. 客户档案（见附表 1）。

附表 1　　客户档案

名称	地址	纳税人登记号	开户银行	银行账号
星宇公司	呼和浩特市新华大街 56 号	245871584	工行西街支行	5123384
华天公司	呼和浩特市通道街 2 号	544123787	工行站前支行	6412427

4. 供应商档案（见附表 2）。

附表 2　　供应商档案

名称	地址	纳税人登记号	开户银行	银行账号
宏远公司	大连市甘井子区	71274521	工行大连甘井子支行	468742
亿力公司	广州深圳市	51456632	工行深圳福田支行	849741

5. 存货档案（见附表 3）。

附表 3　　存货档案

名称	计量单位	税率（%）	存货属性
ABC 产品	件	13	自制、内销、外销
原材料	吨	13	外购、生产耗用

6. 凭证类别：收款凭证、付款凭证、转账凭证。

7. 结算方式：现金、支票（包括现金支票和转账支票）。

六、各系统控制参数

1. 总账系统：凭证审核控制到操作员、出纳凭证必须经出纳签字。

2. 薪资管理系统：工资类别为单个；不核算计件工资；从工资中代扣个人所得税（基数 5 000 元）；不进行扣零设置。

3. 固定资产系统：折旧汇总分配周期为一个月；当“月初已计提月份＝可使用月份－

1”时将剩余折旧全部提足；固定资产自动编码（类别编码+序号，序号长度2位数）；设置对账科目；设置缺省科目；对账不平衡的情况下不允许固定资产月末结账；自行设置相关科目；设置固定资产类别（房屋建筑物、机器设备）。

4. 应收款管理系统：坏账处理采用应收余额百分比法（提取比例0.5%）；自动计算现金折扣；自行设置相关科目。

5. 应付款管理系统：自动计算现金折扣；自行设置相关科目。

七、各系统期初余额

1. 总账系统期初余额（见附表4）。

附表4　　总账期初余额　　单位：元

账户	辅助核算	借方余额	贷方余额
库存现金	日记账	6 140	
银行存款	银行账、日记账	1 412 000	
应收账款	客户往来		
固定资产		2 080 000	
长期待摊费用（均为开办费）		1 860	
短期借款			500 000
应付账款	供应商往来		
应交税费	增加应交增值税的三级明细：进项税额、销项税额		
实收资本			3 000 000
合　计		3 500 000	3 500 000

2. 固定资产系统期初余额（见附表5）。

附表5　　固定资产期初余额

名称	使用部门	增加方式	使用状况	使用年限	开始使用日期	原值（元）	净残值率（%）
房屋	财务科（5%） 办公室（5%） 市场部（10%） 生产部（80%）	直接购入	在用	30	2020.2.1	1 900 000	2
A设备	生产部	直接购入	在用	10	2020.2.1	180 000	3

八、经济业务处理

文本：附录【参考答案】经济业务1

2020 年 3 月份发生的经济业务如下：

1. 2 日，从宏远公司购入原材料 1 000 吨，单价 56 元，取得的增值税专用发票上注明：价款 56 000 元，增值税 7 280 元。材料已验收入库，货款尚未支付。

文本：附录【参考答案】经济业务2

2. 4 日，以现金 260 元购买办公用品，经批准，予以报销。

文本：附录【参考答案】经济业务3

3. 10 日，职工张立新预借差旅费 3 000 元，现金支付。

文本：附录【参考答案】经济业务4

4. 12 日，生产 ABC 产品领用原材料 150 吨，实际成本 14 000 元。

文本：附录【参考答案】经济业务5

5. 15 日，以现金支票（票号 XJ001）支付业务招待费 1 680 元。

文本：附录
【参考答案】
经济业务 6

6. 18 日，开出现金支票（票号 XJ002）支付产品广告费 1 000 元。

文本：附录
【参考答案】
经济业务 7

7. 31 日，分配本月工资（见附表 6）。

附表 6 **工资表** 单位：元

序号	姓名	部门	基本工资	奖金	应发合计
1	刘芳	财务科	1 500	300	1 800
2	张宇	财务科	1 500	300	1 800
3	李钢	财务科	1 500	300	1 800
4	赵强	办公室	1 500	300	1 800
5	张立新	市场部	2 000	500	2 500
6	李志强	生产部	5 000	500	5 500
合计			13 000	2 200	15 200

文本：附录
【参考答案】
经济业务 8

8. 31 日，计提固定资产折旧。

文本：附录
【参考答案】
经济业务 9

9. 31 日，结转制造费用。

文本：附录
【参考答案】
经济业务 10

10. 31 日，产品全部完工，验收入库 100 件，结转完工产品成本。

文本：附录
【参考答案】
经济业务 11

11. 31 日，向华天公司销售 ABC 产品 96 件，单价 440 元，开出的增值税专用发票注明：价款 42 240 元，增值税 5 491.2 元，款项尚未收到。

文本：附录
【参考答案】
经济业务 12

12. 31 日，摊销应由本月负担的开办费。

文本：附录
【参考答案】
经济业务 13

13. 31 日，结转已售 ABC 产品实际成本。

文本：附录
【参考答案】
经济业务 14

14. 31 日，预提短期借款利息，月利率为 0.38%。

文本：附录

【参考答案】

经济业务 15

15. 31 日，结转当期损益。

要求：

（1）要求选择正确的操作员、选择恰当的系统进行业务处理。

（2）填制 2020 年 3 月份会计凭证。

（3）执行月末处理，各系统对账并结账。

文本：附录

【参考答案】

资产负债表

（4）编制 2020 年 3 月 31 日的资产负债表。

文本：附录

【参考答案】

利润表

（5）编制 2020 年 3 月的利润表。

参考文献

1. 牛永琴，杨琴．会计信息化．用友 U8V10.1 版［M］．北京：经济科学出版社，2019.

2. 李吉梅．财务业务一体化实训教程：用友 U8V10.1 微课版［M］．北京：清华大学出版社，2018.

3. 王新玲．用友 ERP 财务管理系统实验教程：U8V10.1－微课版［M］．北京：清华大学出版社，2017.

4. 唐波岐．新编会计信息化实用教程［M］．上海：上海交通大学出版社，2019.

5. 毛华扬．会计信息系统原理与应用：基于用友 ERP－U8V10.1 版［M］．北京：中国人民大学出版社，2018.

6. 王珠强．会计信息系统应用：用友 ERP－U8 V10.1 版［M］．北京：人民邮电出版社，2019.